Die
Landgemeindeordnung

für die

sieben östlichen Provinzen der Monarchie

vom 3. Juli 1891

nebst dem Zweckverbandsgesetze vom 19. Juli 1911

erläutert von

Dr. St. Genzmer,

Senatspräsidenten des Königl. Preußischen Oberverwaltungsgerichts,
Wirklichem Geheimen Oberregierungsrat.

Fünfte, neu bearbeitete Auflage.

Berlin 1914.

Verlag von H. W. Müller.

W. 35, Potsdamerstr. 121 k.

Vorwort zur 5. Auflage.

Die im Jahre 1892 erschienene erste Auflage des vorliegenden Werkes war von dem Verfasser nicht für das wissenschaftliche Studium, sondern für den praktischen Gebrauch bestimmt. Auch die jetzt veranstaltete fünfte Auflage soll demselben Zwecke dienen. Sie will ein möglichst reichhaltiges Material auf möglichst kleinem Raum bieten und leichte Verständlichkeit des Inhalts mit Kürze des Ausdrucks verbinden.

Der in die Erläuterungen aufzunehmende Stoff hat seit dem Inkrafttreten des Gesetzes eine große Ausdehnung gewonnen. Daher ist, um ein Wachsen des Umfangs des Buches zu vermeiden, auf den vollständigen Abdruck der Ausführungsanweisungen, auf die Wiedergabe von Stellen aus der amtlichen Begründung des Gesetzentwurfes und aus den ihn betreffenden Verhandlungen des Landtags sowie auf Anführungen aus anderen Werken verzichtet worden. Ebenso ist eine Erörterung von Streitfragen, eine Bekämpfung abweichender Ansichten und in der Regel auch eine nähere Begründung der eigenen des Verfassers unterblieben. Dagegen ist die Rechtsprechung des Oberverwaltungsgerichts, soweit sie sich auf Vorschriften der Landgemeindeordnung bezieht oder für deren Auslegung verwertbar ist, möglichst vollständig mitgeteilt worden. Die Anführung eines Urteils bedeutet jedoch nicht immer, daß der vorher aufgestellte Rechtssatz den Gründen dieses Urteils wörtlich entnommen ist, sondern oft nur, daß er dort eine Stütze findet.

Verweisungen auf Literatur sind erfolgt, soweit es sich dort um Erörterungen von Einzelheiten handelt, die bei der Anwendung der Landgemeindeordnung in Betracht kommen. Zur besseren Übersicht über den Inhalt der Anmerkungen sind ihnen Stichworte vorangestellt.

An Stelle des aufgehobenen vierten Titels der Landgemeindeordnung ist das ihn ersetzende Zweckverbandsgesetz vom 19. Juli 1911 abgedruckt und, soweit hierbei das Geltungsgebiet der Landgemeindeordnung in Betracht kommt, auch erläutert worden.

Berlin-Grunewald, im Dezember 1913.

Der Verfasser.

Inhaltsübersicht.

Landgemeindeordnung vom 3. Juli 1891.

Seite

Erster Titel. Allgemeine Bestimmungen. §§ 1—4 . . . 1

Zweiter Titel. Landgemeinden. §§ 5—121 44

1. Abschnitt. Rechtliche Stellung der Landgemeinden. §§ 5, 6 44
2. Abschnitt. Gemeindeangehörige, deren Rechte und Pflichten. §§ 7—38 49
3. Abschnitt. Gemeindeglieder, deren Rechte und Pflichten. §§ 39—48 60
4. Abschnitt. Gemeindevertretung. §§ 49—67 . . . 83
5. Abschnitt. Gemeindevermögen. §§ 68—73 . . . 138
6. Abschnitt. Verwaltung der Landgemeinden. §§ 74 bis 91 149
7. Abschnitt. Aufhebung der mit dem Besitze gewisser Grundstücke verbundenen Berechtigung und Verpflichtung zur Verwaltung des Schulzenamts. §§ 92 bis 101 180
8. Abschnitt. Geschäfte der Gemeindeversammlung und Gemeindevertretung. §§ 102—116 183
9. Abschnitt. Besoldete Gemeindebeamte, deren Gehälter und Pensionen. §§ 117, 118 201
10. Abschnitt. Gemeindehaushalt. §§ 119—121 . . 206

Dritter Titel. Selbständige Gutsbezirke. §§ 122—127 . 212

[**Vierter Titel. Verbindung nachbarlich belegener Gemeinden und selbständiger Gutsbezirke behufs gemeinsamer Wahrnehmung kommunaler Angelegenheiten.** §§ 128—138] . 221

Fünfter Titel. Aufsicht des Staates. §§ 139—145 . . . 222

Sechster Titel. Ausführungs- und Übergangsbestimmungen. §§ 146—149 239

Anhang: Zweckverbandsgesetz vom 19. Juli 1911 245

Schlagwortverzeichnis 277

Abkürzungen.

a. a. O. = am angeführten Orte.
Abs. = Absatz.
Anm. = Anmerkung.
Anw. I, II, III = Anweisung des Ministers des Innern zur Ausführung der Landgemeindeordnung vom 7. November 1891, 28. Dezember 1891 und 29. Dezember 1891 (MBl. für 1891 S. 182, für 1892 S. 2 und 9).
ALR. = Allgemeines Landrecht für die preußischen Staaten vom 5. Februar 1794 (die folgende römische Zahl bezeichnet den Teil, die arabische Zahl den Titel).
BGB. = Bürgerliches Gesetzbuch vom 18. August 1896.
BGBl. = Bundesgesetzblatt.
GS. S. = Gesetzsammlung für die Königlichen Preußischen Staaten, Seite . . .
KAG. = Kommunalabgabengesetz vom 14. Juli 1893 (GS. S. 152).
LGO. = Landgemeindeordnung vom 3. Juli 1891 (GS. S. 233).
LVG. = Gesetz über die allgemeine Landesverwaltung vom 30. Juli 1883 (GS. S. 195).
MBl. S. = Ministerialblatt für die gesamte innere Verwaltung, Seite . . .
OVG. = Entscheidungen des Königlich Preußischen Oberverwaltungsgerichts, herausgegeben von verschiedenen Mitgliedern des Gerichtshofs (die folgende fette Zahl bezeichnet den Band, die zweite Zahl die Seite).
OVG. in St. St. S. = Entscheidungen des Oberverwaltungsgerichts in Staatssteuersachen (Ergänzungsbände).
PrVBl. = Preußisches Verwaltungsblatt, Wochenschrift für Verwaltung und Verwaltungsrechtspflege in Preußen (die folgende fette Zahl bezeichnet den Jahrgang, die zweite Zahl die Seite). Fehlt eine weitere Angabe, so ist auf ein dort abgedrucktes Urteil des Oberverwaltungsgerichts verwiesen.
RG. = Reichsgesetz.
RGBl. = Reichsgesetzblatt.
RGer. (unmittelbar vor Zahlen) = Entscheidungen des Reichsgerichts in Zivilsachen (die fette Zahl bezeichnet den Band, die zweite Zahl die Seite).
S. = Seite.
s. = siehe.
ZG. = Gesetz über die Zuständigkeit der Verwaltungs- und Verwaltungsgerichtsbehörden vom 1. August 1883 (GS. S. 237).
ZVG. = Zweckverbandsgesetz vom 19. Juli 1911 (GS. S. 115).

Landgemeindeordnung

für die 7 östlichen Provinzen der Monarchie.

Vom 3. Juli 1891.

(Gesetzsammlung Seite 233.)

Wir Wilhelm, von Gottes Gnaden König von Preußen rc. verordnen, unter Zustimmung beider Häuser des Landtages, für die Provinzen Ostpreußen, Westpreußen, Brandenburg, Pommern, Posen, Schlesien und Sachsen, was folgt:

Erster Titel.

Allgemeine Bestimmungen.

§ 1.

Die gegenwärtige Landgemeindeordnung findet in den Provinzen Ostpreußen, Westpreußen, Brandenburg, Pommern, Posen, Schlesien und Sachsen hinsichtlich der Landgemeinden [1]) und selbständigen Gutsbezirke [2]) Anwendung.

---

1) **Begriff der Landgemeinde.** Unter einer Landgemeinde wird die Gesamtheit der Personen verstanden, die auf einem räumlich abgegrenzten Gebiete des platten Landes zusammenwohnen und einer gemeinsamen Ortsverfassung unterstehen. Den Gegensatz bildet erstens die Stadtgemeinde, die von den Bewohnern einer Ortschaft mit städtischer Verfassung gebildet wird, und zweitens der Gutsbezirk, der sich (abgesehen von Ausnahmen für bestimmte Rechtsgebiete) nicht als eine korporative Vereinigung von Personen, sondern als das Herrschaftsgebiet eines einzelnen Grundbesitzers darstellt. Das Unterscheidende zwischen Landgemeinde, Stadtgemeinde und Gutsbezirk ist nicht die äußere Bezeichnung des Ortes als Dorf, Stadt oder Gut, sondern die Ortsverfassung,

Landgemeinden kann die Annahme der Städteordnung und Stadtgemeinden die Annahme der Landgemeindeordnung auf ihren Antrag nach Anhörung des Kreistages und Provinziallandtages durch Königliche Verordnung gestattet werden. [2a])

Die sogenannten Flecken (s. Städteordnung § 1 Abs. 2, ALR. Teil II Tit. 8 §§ 176, 178) sind Landgemeinden, auf die nur einzelne der für die Stadtgemeinde gegebenen Gesetzesvorschriften Anwendung finden (OVG. vom 24. Oktober 1913 — Aktenz. VIII C 171/13). Dies ist nach ZG. § 22 der Fall hinsichtlich der Zuständigkeit der Aufsichtsbehörden (vgl. OVG. **13** 182) und hinsichtlich der Bestimmungen des Kommunalbeamtengesetzes vom 30. Juli 1899 (§ 16 daselbst). Welche Bezeichnung ein Flecken führt, insbesondere ob er Stadt genannt wird, ist für seine kommunalrechtliche Eigenschaft ohne Bedeutung (RGer. **26** 325). Die Verfassung jedes Fleckens ist durch Königliche Verordnung bestimmt. So ist für Tiegenhof (Westpreußen) das Gemeindestatut vom 24. Januar 1859 erlassen worden (GS. für 1861 S. 85). Soweit nicht durch das Gemeindestatut eines Fleckens oder durch die erwähnten gesetzlichen Vorschriften etwas anderes bestimmt ist, finden auf den Flecken die Vorschriften der LGO. Anwendung.

Die Landgemeinde wurde früher auch „Dorfgemeine" genannt. Diese bildeten nach ALR. II 7 § 18 „die Besitzer der in einem Dorfe oder in dessen Feldmark gelegenen bäuerlichen Grundstücke". Die frühere Landgemeinde des Allgemeinen Landrechts war hiernach eine „Realgemeinde", während die jetzige eine „Einwohnergemeinde" ist (vgl. LGO. § 7 und die dortigen Anmerkungen). — Über den Begriff des „Domänendorfs" s. OVG. **12** 217, **44** 213, **63** 157 und 162).

Streitigkeiten über die kommunale Eigenschaft eines Ortes werden gemäß § 4 der LGO. entschieden. — Über die Rechtsstellung der Landgemeinden s. § 5 und die dortigen Anm.

2) **Begriff des Gutsbezirks.** Unter einem selbständigen Gutsbezirke wird ein räumlich abgegrenzter Teil des platten Landes verstanden, dessen Gebiet und Bewohner der obrigkeitlichen Gewalt eines Gutsherrn unterstehen. Er ist der Regel nach kein Kommunalverband, sondern ein Herrschaftsgebiet; für bestimmte Aufgaben ist ihm aber durch besondere gesetzliche Vorschrift die Eigenschaft eines Kommunalverbandes mit Rechtspersönlichkeit beigelegt (s. unten § 122 Anm. 1 und 2).

2a) **Wechsel zwischen Städte- und Landgemeindeverfassung.** Durch die vom Könige gestattete Annahme der Städteordnung wird die bisherige Landgemeinde zu einer Stadt im gesetzlichen Sinne und umgekehrt die bisherige Stadt durch Annahme der Landgemeindeordnung zur Landgemeinde (s. oben Anm. 1). Über die sich hieraus ergebenden Veränderungen in der Gemeindeverfassung s. den Aufsatz von Immich im PrVBl. **23** 234. —

§ 2.

Die zur Zeit des Inkrafttretens dieses Gesetzes vorhandenen [3]) Landgemeinden [4]) und Gutsbezirke [5]) bleiben

---

Über die tatsächlichen Voraussetzungen, unter denen sich die Verfassungsänderung empfiehlt, verbreitet sich Anw. II Nr. 7.

3) **Vorhandene Gemeinden.** Als vorhandene Gemeinden oder Gutsbezirke sind nicht alle Ortschaften anzusehen, die zur Zeit des Inkrafttretens der LGO. tatsächlich von den Verwaltungsbehörden als Gemeinden oder Gutsbezirke behandelt wurden, sondern nur diejenigen, denen diese Eigenschaft rechtlich zukam. Herkommen oder Verjährung (Ersitzung) sind vor Einführung der LGO. keine Rechtsgründe für die Entstehung von Gutsbezirken gewesen (OVG. **37** 157; PrVBl. **30** 155) und sind es auch jetzt nicht.

4) **Entstehung der Landgemeinden.** Nach Einführung des Allgemeinen Landrechts (dem 1. Juni 1794, in den mit der Preußischen Monarchie 1814 wieder vereinigten Landesteilen dem 1. Januar 1815, in den vormals zum Herzogtume Warschau gehörigen Teilen Westpreußens dem 1. Januar 1817, in dem Großherzogtume Posen und den ehemals Sächsischen Landesteilen dem 1. März 1817) haben ländliche Ortschaften, denen die Eigenschaft von Landgemeinden damals rechtlich noch nicht zukam, diese Eigenschaft nur durch landesherrliche Verleihung (durch Kabinettsorder) erlangen können. Ländliche Ortschaften, die bereits vor jenem Zeitpunkt eine Gemeindeverfassung gehabt haben, galten nach ALR. II 7 § 18 ohne weiteres als Landgemeinden. Der Nachweis einer ausdrücklichen Verleihung der Gemeindeeigenschaft ist bei ihnen daher nicht erforderlich; es genügt vielmehr der Nachweis, daß eine bäuerliche Feldmark mit bäuerlichen Besitzern (die regelmäßige Grundlage für das Bestehen einer Landgemeinde) zur Zeit der Einführung des Landrechts vorhanden gewesen ist. Es können sich aber Landgemeinden auch ohne diese regelmäßige Grundlage gebildet haben (z. B. aus Fischern, Gärtnern). Für diesen Fall bedarf es des Nachweises, daß eine Organisation als Gemeinde vor Einführung des Landrechts bestanden und ein Gemeindeleben stattgefunden hat. Eines solchen Nachweises bedarf es auch dann, wenn vor Einführung des Landrechts durch Zerschlagung eines herrschaftlichen Gutes oder eines Teiles von ihm in Trennstücke eine Mehrheit von Besitzungen entstanden war (s. unten Anm. 5: Zerteilung von Gutsbezirken, Kolonien in Gutsbezirken). Kennzeichen eines Gemeindelebens in der Zeit vor Einführung des Landrechts ist das Vorhandensein eines Gemeindevorstandes, gemeinsamer Einrichtungen und einer auf Gemeindezwecke gerichteten Tätigkeit, wie z. B. von Gemeindeweide, Gemeindewald, gemeinschaftlicher Wegeunterhaltung, Vertragsabschlüssen namens der Gemeinde (OVG. **39** 123, 124, 7 203, 205, 207, **9** 91; PrVBl. 31

95). — Das Dorf und seine Feldmark bilden den Gemeindebezirk (OVG. **39** 106). — Hinsichtlich der Landgemeinden in den ehemals Königlich Sächsischen Landesteilen s. OVG. **39** 123, in den ehemals polnischen Landesteilen PrVBl. **27** 449 und **29** 165. — Die am 11. März 1850 erlassene Gemeindeordnung (GS. S. 213) ist durch Erlaß vom 19. Juni 1852 (GS. S. 388) vorläufig und durch Ges. v. 24. Mai 1853 (GS. S. 238) endgültig aufgehoben worden. Die auf Grund dieser Gemeindeordnung durch Beschlüsse der Kommissionen ausgeführten Bildungen von Gemeinden sind nur dann rechtswirksam geworden und auch nach Aufhebung jener Gemeindeordnung geblieben, wenn sie bereits vom Minister des Innern genehmigt und im Amtsblatte bekannt gemacht worden waren (OVG. **22** 111, **25** 153). — Über die Abgrenzung der Gemeinden gegenüber den Gutsbezirken s. unten Anm. 37 und 39.

5) **Entstehung der Gutsbezirke.** Die Gutsbezirke haben sich aus dem Gegensatze heraus entwickelt, in den nach Aufhebung des Obereigentums des Gutsherrn am Bauernland und nach Regulierung der gutsherrlich-bäuerlichen Verhältnisse das gutsherrliche Vorwerksland (Ritteräcker, Dominialland) zu der bäuerlichen Feldmark (Rustikaläcker) trat. Abgesehen von den Rittergütern ist eine Bezeichnung der einzelnen Güter, die selbständige Gutsbezirke bilden, durch die Gesetzgebung oder die Staatsverwaltung nicht erfolgt. Die Eigenschaft eines Guts als Gutsbezirk muß daher, wenn hierüber Zweifel entstehen, in jedem einzelnen Falle nachgewiesen werden. Für die Frage, ob einer ländlichen Besitzung diese Eigenschaft zukommt, ist nicht ihre wirtschaftliche Selbständigkeit entscheidend. Selbständige Gutsbezirke bilden nur diejenigen Güter, mit denen entweder vor Aufhebung der Erbuntertänigkeit der Bauern (Edikte vom 9. Oktober 1807, GS. S. 170, vom 28. Oktober 1807, GS. S. 174, Publ. vom 8. April 1807, GS. S. 557, Edikt vom 14. September 1811, GS. S, 281) das „Recht auf Untertanen" verbunden gewesen ist (Gutsbezirke älteren Rechts, ALR. II 7 §§ 91, 92; OVG. **1** 109, **2** 119, **7** 180, **22** 98, **37** 157; PrVBl. **30** 425), oder denen die Eigenschaft als Rittergut vom Könige verliehen worden ist (Gutsbezirke neueren Rechts). Diese Verleihung konnte geschehen durch Aufnahme eines Gutes, das kein Rittergut war, aber irriger Weise als ein solches angesehen wurde, in die vom Könige vollzogene Rittergutsmatrikel, die auf Grund des Gesetzes wegen Anordnung der Provinzialstände vom 5. Juni 1823 (GS. S. 129) und der für jede Provinz besonders erlassenen Gesetze und Verordnungen (für Brandenburg und die Niederlausitz G. vom 1. Juli 1822, V. vom 17. August 1825, für das Königreich Preußen G. vom 1. Juli 1823, V. vom 17. März 1823, für Pommern und Rügen G. vom 1. Juli 1823, V. vom 17. August 1825, für Schlesien, Glatz und die Oberlausitz G. vom 27. März 1824, V. vom 2. Juli 1827, für Sachsen G. vom 27. März 1824, V. vom 27. Mai 1827, für Posen G. vom 27. März 1824, V. vom 15. Dezember 1830)

aufgestellt worden ist (s. Kormann: die Rittergüter — Preußisches Kommunalarchiv 2 215 —, ferner Kab.-Order vom 7. Juli 1845, GS. S. 515 und OVG. 16 228, 21 120, 22 105). Während für die Güter, denen bereits die Rittergutseigenschaft zustand, die Aufnahme in die Rittergutsmatrikel nur die Anerkennung dieser Eigenschaft bedeutete, enthielt sie für andere Güter die Verleihung dieser Eigenschaft durch den König. Die Rittergutseigenschaft ist auch, abgesehen von der Rittergutsmatrikel, manchen Gütern besonders vom Könige verliehen worden. Endlich ist manchen Gütern nur die Eigenschaft eines selbständigen Gutsbezirks vom Könige verliehen worden, ohne daß sie zu Rittergütern erklärt worden sind. Ein Gut, das durch die Verleihung der Rittergutseigenschaft ein selbständiger Gutsbezirk geworden war, blieb es auch dann, wenn es jene Eigenschaft durch Löschung in der Rittergutsmatrikel später verlor (OVG. 31 113).

Als „Recht auf Untertanen" wurde die Befugnis bezeichnet, über die auf dem „Gute" befindlichen Personen (Hintersassen) die ortsobrigkeitlichen Rechte auszuüben. Diese Befugnis erstreckte sich nicht lediglich auf das Gebiet, welches aus dem Gutshof und den zu ihm gehörigen Ländereien gebildet wurde, sondern auch auf die bäuerliche Gemeinde und ihre Ländereien, die innerhalb des Landgebiets des Gutsherrn angesiedelt worden waren oder über die dem Gutsherrn die obrigkeitliche Gewalt von dem Landesherrn ehemals verliehen worden war. Die obrigkeitliche Gewalt des Gutsherrn über seine Gutsuntertanen wurde in früherer Zeit oft „Gerichtsbarkeit" genannt (OVG 31 113, 45 123; PrVBl. 12 530). Mit ihr waren häufig nutzbare Rechte gegenüber den Untertanen nnd ihrem Grundbesitz verbunden (namentlich Recht auf Hand- und Spanndienste zur Bewirtschaftung des Landes des Gutsherrn, auf gewisse Naturalabgaben, das Jagdrecht, Fischereirecht und gewisse gewerbliche Zwangs- und Bannrechte, wie Bierbrauerei, Branntweinbrennerei und das Krugverlagsrecht, d. i. die ausschließliche Befugnis, die Schankwirtschaften mit Getränken zu versehen). Solche herrschaftlichen Rechte standen ehemals allen Rittergütern (adligen Gütern, Dominien), andern Gütern aber nur dann zu, wenn sie von ihnen durch Privileg oder Verjährung erworben waren oder ihnen nach provinzialrechtlichen Bestimmungen zukamen (ALR. II 7 §§ 91, 92; OVG. 1 109, 7 180, 22 101, 37 157). Dies gilt auch für die Provinz Posen (OVG. 36 153, PrVBl. 14 354 und 22 589), die Provinz Sachsen (OVG. 47 136) und die Provinz Schlesien (PrVBl. 24 568). Die Verjährungsfrist mußte schon vor der Aufhebung der Untertänigkeit der Bauern, also vor Erlaß des Edikts vom 9. Oktober 1807, beendet sein (OVG. 7 180). — Ob ein Gut mit herrschaftlichen Rechten verliehen worden ist, kann oft zweifelhaft sein und muß in jedem Falle urkundlich nachgewiesen werden (OVG. 8 80, 22 98). — Über die Verleihung zu „Kölmischen Rechten" und über die Freigüter in den Provinzen Westpreußen und Ostpreußen s. OVG. 16 224, 21 115, 37 150, über schatullkölmische Güter OVG. 8 100. — Herrschaftliche Güter und daher Gutsbezirke sind (auch die Landsassengüter in der früheren Oberlausitz, die ursprünglich Rittergüter gewesen und in den Besitz der Städte Bautzen, Görlitz, Zittau, Kamenz, Lauban oder Löbau gekommen und der städtischen Gerichtsbarkeit unterstellt worden waren. — Über das Fortbestehen der Gutsbezirke in den durch den Tilsiter Frieden zum Herzogtume Warschau geschlagenen Landesteilen s. PrVBl. 27 449, 29 165; OVG. **39** 194, **45** 202. — Über die ursprüngliche Verleihung eines Gutes an einen Adligen nach Ostpreuß. Provinzialrecht s. PrVBl. **21** 453. — Auch mit den Gütern der Klöster und der Geistlichkeit waren in der Regel herrschaftliche Rechte verbunden. Sie sind dann ebenfalls selbständige Gutsbezirke geworden (s. PrVBl. **18** 378, **24** 568).

Über Kämmereigüter der Städte als Gutsbezirke s. Anm. 39. — Gutsbezirke kommen auch innerhalb von Städten vor als Reste des Herrschaftsgebiets des ehemaligen Mediatherrn der Stadt (s. für Naumburg a. S. PrVBl. **19** 35, OVG. **47** 136, für Brandenburg a. H. PrVBl. **19** 442). Auch größere Gewässer (Haffe, Bodden) können Gutsbezirke bilden (PrVBl. **23** 21); in der Regel sind aber öffentliche Gewässer, sowie Land- und Heerstraßen keine selbständigen Gutsbezirke, sondern gehören zu den sie umgebenden Kommunalbezirken (OVG. **6** 93, PrVBl. **20** 249 und **26** 165).

Zerteilung von Gutsbezirken. Bei Abverkäufen von gutsherrlichen Besitzungen entstanden nicht ohne weiteres neue Gutsbezirke; die abverkauften Trennstücke blieben vielmehr Teile des alten Gutsbezirkes (s. unten Anm. 37). Selbst die vollständige Zerstückelung jenes Gutsbezirkes hatte auch vor Erlaß der LGO. seine Aufhebung nicht ohne weiteres zur Folge, es bedurfte hierzu einer Königlichen Anordnung (OVG. **1** 102, 147, **7** 203). S. auch § 122 Anm. 2.

Kolonien in Gutsbezirken. Kolonien, die auf gutsherrlichem Gebiet entstanden sind, bilden Teile des Gutsbezirkes, solange sie nicht förmlich (s. Anm. 4) in Landgemeinden umgewandelt oder solchen zugeschlagen worden sind (OVG. **8** 86, **16** 249).

Fiskalische Gutsbezirke. Auch die Staatsdomänen waren Güter mit herrschaftlichen Rechten und sind daher jetzt selbständige Gutsbezirke, in welchen der Staat die Rechte und Pflichten des Gutsherrn hat. Schwierig ist oft die Feststellung der Grenzen dieser fiskalischen Gutsbezirke. Der Regel nach muß die Einheit des Besitzes, wie sie sich in der früheren Zusammenfassung von ländlichen Grundstücken zu einem Domänengut in der Form eines Domänenamts darstellte, als die für die Abgrenzung des jetzigen fiskalischen Gutsbezirkes maßgebende Tatsache angesehen werden. Die zu einem Domänenamte bei dessen Eintragung in das Hypothekenbuch (gemäß den Verordnungen vom 26. und 28. Januar 1809) gehörigen Grundstücke bilden daher einen Gutsbezirk, soweit nicht in dem Domänenamte nachweisbar besondere kommunale Verbände (Landgemeinden oder mit besonderen herrschaftlichen Rechten für ihren Bezirk, namentlich mit besonderen Untertanen, ausgestattete selbständige Güter) bestanden haben (OVG. **8** 93). Zu dem Gutsbezirke des Domänenamts gehörten in der Provinz Preußen auch die Kölmischen Güter und die Freigüter, sofern sie nicht selbständige Gutsbezirke bildeten, sondern der örtlichen Polizeiverwaltung des Domänenamts unterstellt und ihm zinspflichtig waren. Die in dem Bezirke des Domänenamts belegenen einzelnen Domänenvorwerke (dies sind größere herrschaftliche Domänengüter, nicht etwa Nebenguts-höfe) mit selbständigen herrschaftlichen Rechten sind besondere Guts-bezirke (OVG. **37** 148, PrVBl. **26** 215 und 326). — Ein vom Fiskus veräußertes Gut bildet nur dann einen selbständigen Gutsbezirk, wenn es bereits in der Hand des Fiskus ein rechtlich für sich bestehendes mit eigenen herrschaftlichen Rechten ausgestattetes Gut, und nicht nur Teil eines solchen gewesen war (OVG. **16** 231). Nach der Domänenveräußerungsinstruktion vom 25. Oktober 1810 konnte die Veräußerung auch einzelner Domänenvorwerke mit der Wirkung erfolgen, daß der Erwerber in den Stand der Ritter-gutsbesitzer trat, mithin das erworbene Vorwerk ein selbständiges Rittergut wurde (OVG. **10** 94). Ob dies geschehen ist, muß in jedem einzelnen Falle aus dem betreffenden Kauf- oder Erbpacht-vertrage festgestellt werden. Wurden in diesem Vertrage die guts-herrlichen Rechte dem Fiskus vorbehalten, so blieb das ver-äußerte Gut in öffentlich-rechtlicher Hinsicht Bestandteil des fiska-lischen Gutsbezirkes. Wurde bei der Veräußerung über die guts-herrlichen Rechte keine Bestimmung getroffen, so blieb das Gut auch in der Hand des Erwerbers ein selbständiger Gutsbezirk, wenn es vorher innerhalb des Domänenamtes ein selbständiges Gut mit besonderen herrschaftlichen Rechten (insbesondere mit eigenen Unter-tanen) gewesen war. Traf letzteres nicht zu, so blieb es nach wie vor ein Bestandteil des fiskalischen Gutsbezirks des Domänenamts. — Bisweilen wurde dem Erwerber die Gutsherrlichkeit nur über den erworbenen eigenen Grundbesitz (das Vorwerk) übertragen, während die zum Gute bisher gehörigen Landgemeinden in dem fiskalischen Gutsbezirke verblieben (PrVBl. **12** 530). War ein selbständiges herrschaftliches Gut ohne Vorbehalt wesentlicher Teile vom Fiskus zu Erbzins- oder Erbpachtrechten derart veräußert worden, daß der Fiskus nur als Obereigentümer die gutsherrlichen Rechte behielt, so gingen diese später auf Grund des Reallasten-Ablösungs-Gesetzes vom 2. März 1850 mit dem vollen Eigentum an dem Gut auf den Erbzinsmann oder den Erbpächter über (PrVBl. **12** 530, **14** 477 OVG. **16** 233, **36** 149). Die in einem Erbpacht-vertrage dem Erbpächter auferlegte Verpflichtung, Gärtnerfamilien auf dem Gute anzusetzen, begründete für ihn noch keine gutsherr-lichen Rechte (OVG. **16** 231), wohl aber die Verleihung der Gerichts-barkeit über die angesetzten Gärtner usw. (OVG. **31** 117; PrVBl. **12** 530; Entsch. d. OVG. am 20. September 1912 I C 58/10. — Die Bestimmungen der erwähnten Domänenveräußerungsinstruktion waren auch maßgebend bei der Veräußerung eingezogener geist-licher Güter (OVG. **10** 95), sowie bei der Veräußerung von Domänen in Landesteilen, die in den Jahren 1814 und 1815 zu Preußen gekommen waren (OVG. **45** 123). — Über die Ab-grenzung der fiskalischen Gutsbezirke s. Anm. 37. — Auch die Staatsforsten bilden besondere fiskalische Gutsbezirke, jedoch in ihrer bisherigen Begrenzung [6]) unter den nachfolgenden Maßgaben [7]) bestehen:

---

können trotzdem einzelne Forstgrundstücke oder Forsthäuser Bestandteile des Gutsbezirkes eines Domänenamtes sein oder zu einem Gemeindebezirke gehören (vgl. Minist.-Erlaß vom 3. März 1859, MBl.d.i.V. S. 95). — Ebenso wie fiskalische Güter konnten auch herrschaftliche Landgüter, welche Stadtgemeinden, Stiftern oder Klöstern gehörten, unter Vorbehalt der Gutsherrlichkeit für diese juristischen Personen veräußert werden (PrVBl. **24** 568).

Rittergüter ohne kommunale Selbständigkeit. Herrschaften. Rittergüter, die nicht selbständige Gutsbezirke bilden, kommen in dem ehemals zum Königreiche Westfalen gehörigen Teile der Provinz Sachsen vor. Wenn das dauernde Fortbestehen der dort durch die fremdherrliche Gesetzgebung bewirkten Verbindung von Rittergütern mit Gemeinden von beiden Teilen auf Grund der Verordnung vom 31. März 1833 als ihr Wille erklärt wurde, so blieben die Rittergüter Bestandteile des Gemeindebezirkes, behielten aber im übrigen ihre Rittergutseigenschaft (OVG. **6** 100, **11** 151, PrVBl. **18** 157). Eine Beitragsleistung der aus dem Gemeindeverbande ausscheidenden Rittergüter zu den Gemeindeanstalten konnte auf Grund derselben Verordnung bei dem Ausscheiden zwischen dem Rittergutsbesitzer und der Gemeinde vereinbart werden (vgl. OVG. **29** 76; PrKBl. **25** 366, **30** 41). S. auch unten Anm. 37 Abs. 4.

Die jetzigen Vorrechte der Rittergüter bestehen in ihrer Zugehörigkeit zum landschaftlichen Kreditverbande der Rittergüter, in dem Stimmrecht ihrer Besitzer bei den Wahlen des alten oder befestigten Grundbesitzes zum Herrenhause (§ 4 der V. vom 12. Oktober 1854, GS. S. 541 und §§ 2, 3 der V. vom 10. November 1865, GS. S. 1077), in der Provinz Posen auch in der Kreisstandschaft (Art. V der V. vom 15. Dezember 1830, GS. für 1832 S. 9; § 4 A der Kreisordnung vom 20. Dezember 1828, GS. für 1829 S. 3; § 2 I c des G. vom 27. März 1834, GS. S. 141), in der Altmark auch in der Mitgliedschaft zum Kommunallandtage der Altmark (vgl. Rauer, Die ständische Gesetzgebung II S. 574).

Über die Frage, ob und wann eine als „Herrschaft" bezeichnete Mehrheit von Gütern einen oder mehrere Gutsbezirke bildet, s. OVG. **33** 257 und PrVBl. **28** 671; über die Frage, wer Gutsherr in einem zerstückelten Gutsbezirke ist, s. unten Anm. 2. zu § 122.

6) **Grenzen der Gutsbezirke.** Nicht die tatsächlich, sondern die rechtlich bestehenden Grenzen sind maßgebend. Hierüber und über die Abgrenzung des Gutsbezirkes gegenüber den Landgemeinden s. unten Anm. 37.

7) **Arten der Bezirksveränderung.** Es behandeln in § 2: Nr. 1 die Eingemeindung bisher gemeindefreier Grundstücke, Nr. 2 die Auflösung von Gemeinden und Gutsbezirken,

1. Grundstücke, welche noch keinem Gemeinde- oder Gutsbezirke angehören,[8]) sind, sofern nicht ihre Eingemeindung in einen Stadtbezirk geeignet erscheint,[9]) nach Vernehmung der Beteiligten[10]) durch Beschluß des Kreisausschusses mit einer Landgemeinde oder einem Gutsbezirke zu vereinigen.[11]) Aus solchen Grundstücken kann,

---

Nr. 3 die Veränderung der kommunalen Eigenschaft ganzer Bezirke (Vereinigung von Bezirken mit anderen und Umwandlung von Gutsbezirken in Landgemeinden oder von Landgemeinden in Gutsbezirke),

Nr. 4 die Veränderung der kommunalen Zugehörigkeit von Bezirksteilen (Abtrennung von Bezirksteilen und ihre Vereinigung mit anderen Bezirken oder ihre Umbildung zu besonderen Bezirken).

Vgl. Stephan, Die Veränderung von Gemeindegrenzen und ihre Rechtsfolgen (Verwaltungsarchiv **11** 317); Landsberg, Eingemeindungsfragen (Heft 2 der Schriften des Verbandes Deutscher Städtestatistiker, Breslau 1912).

8) **Gemeindefreiheit.** Die Beseitigung der Gemeindefreiheit (Kommunalfreiheit) von Grundstücken war schon durch die Gesetze vom 3. Dezember 1842 und 14. April 1856 angeordnet, ist aber bisweilen aus Irrtum über die kommunale Eigenschaft des Grundstücks unterlassen worden.

Ragt die Feldmark eines jenseits der Grenze des Preußischen Staates belegenen Dorfes in das Preußische Staatsgebiet hinein, so ist dieser Teil der Feldmark, solange er noch nicht mit einer preußischen Gemeinde in der vorgeschriebenen Form vereinigt worden ist, vom Standpunkte des preußischen Gemeinderechts aus gemeindefrei (PrVBl. **21** 94).

9) **Stadtbezirk.** Die Eingemeindung des gemeindefreien Grundstückes in einen Stadtbezirk erfolgt nach Maßgabe des § 2 der Städteordnung für die östl. Provinzen vom 30. Mai 1853 und § 8 des ZG. (Anw. II Nr. 6), da sie nicht zu den in § 2 Ziffer 6 der LGO. behandelten Fällen gehört.

10) **Begriff der Beteiligten.** Beteiligte sind hier die Eigentümer der bezirksfreien Grundstücke und die Gemeinde oder der Gutsherr des Gutsbezirkes, mit der oder mit dem jene Grundstücke vereinigt werden sollen. Nur ihre Anhörung, aber nicht ihre Zustimmung ist erforderlich.

11) **Eingemeindung kommunalfreier Grundstücke.** Die Vereinigung mit einem Bezirk ist hier notwendig und darf daher von dem Kreisausschusse nicht abgelehnt werden. Meinungsverschiedenheiten können darüber entstehen, mit welchem Gemeinde- oder Gutsbezirke die Vereinigung zu bewirken ist. Gegen den Beschluß des Kreisausschusses steht sowohl den beteiligten Gutsbesitzern und der Gemeinde, welcher das Grundstück einverleibt wird, als auch aus Gründen des öffentlichen Interesses dem Vorsitzenden

soweit dies nach ihrem Umfange und ihrer Leistungsfähigkeit angezeigt erscheint, mit Königlicher Genehmigung [12]) ein besonderer Gemeinde- oder Gutsbezirk gebildet werden.

2. Landgemeinden und Gutsbezirke, welche ihre öffentlich-rechtlichen Verpflichtungen zu erfüllen außerstande sind, [13]) können [14]) durch Königliche Anordnung aufgelöst

---

des Kreisausschusses die Beschwerde an den Bezirksausschuß zu (LVG. §§ 121, 123). Ist eine Beschwerde gegen die Vereinigung nicht erhoben worden oder erfolglos geblieben, so kann die Vereinigung in einem Verwaltungsstreitverfahren mit der Behauptung, daß das Grundstück kein kommunalfreies gewesen sei, von den Beteiligten nicht mehr angegriffen werden (s. unten Anm. 36). Wohl aber kann der Beschwerdebeschluß des Bezirksausschusses auf Grund des § 126 des LVG. von dem Regierungspräsidenten durch Klage bei dem OVG. mit der Behauptung angefochten werden, daß der Bezirksausschuß bei dem Beschlusse seine Befugnisse überschritten oder daß bestehende Recht verletzt habe (OVG 22 84 und 87). — Eine „provisorische" (einstweilige) Eingemeindung ist dem Gesetz unbekannt und daher ohne Rechtswirkung (PrVBl. 20 345).

12) **Verfahren.** Auch in diesem Falle muß zunächst ein Beschluß des Kreisausschusses (oder Bezirksausschusses) ergehen, bevor die Königliche Genehmigung nachgesucht werden kann (s. § 2 Nr. 7). Der rechterzeugende (konstitutive) Akt, durch den die neue Gemeinde oder der neue Gutsbezirk geschaffen wird, ist aber nicht der Beschluß des Kreisausschusses, sondern die „Königliche Genehmigung". Es handelt sich hier — ebenso wie bei Nr. 2 — um eine Anordnung des Königs. Das gleiche gilt von der in Nr. 3 behandelten „Königlichen Genehmigung", die dort auch als „Königlicher Erlaß" bezeichnet wird, und der in Nr. 4 letzter Satz erwähnten.

13) **Begriff der Leistungsunfähigkeit.** Die Vorschrift unter Nr. 5a, wonach bei Beurteilung der Leistungsfähigkeit „Zuwendungen, welche Gemeinden oder Gutsbezirken vom Staate oder größeren Kommunalverbänden zustehen, nicht als bestimmend zu erachten sind", bezieht sich ihrer äußeren Stellung nach zwar nur auf die unter Nr. 3 und 4 behandelten Bezirksveränderungen. Sie wird aber, da kein innerer Grund vorliegt, dem durch jene Vorschrift begrenzten Begriffe der Leistungsunfähigkeit einer Gemeinde in den betreffenden Fällen eine verschiedene Auslegung zu geben, auch auf die unter Nr. 2 behandelte Auflösung von Gemeinden und Gutsbezirken Anwendung finden müssen.

Bei einem Gutsbezirke kommt es auf die Leistungsfähigkeit des Gutes als solchen nach seinen wirtschaftlichen Verhältnissen an, nicht auf die des jeweiligen Besitzers, dessen persönliche Vermögensverhältnisse wechseln können. Bei Lasten, die nicht dem Gutsherrn, sondern den Anwohnern des Gutsbezirkes zufallen werden.[15]) Die Regelung der kommunalen Verhältnisse der Grundstücke derselben erfolgt nach Maßgabe der Vorschriften in Nr. 1.

3. Landgemeinden und Gutsbezirke können mit anderen Gemeinde- oder Gutsbezirken nach Anhörung der beteiligten Gemeinden und Gutsbesitzer sowie des Kreisausschusses[16]) mit Königlicher Genehmigung vereinigt

---

(Armenlasten, Schullasten), kann auch deren Leistungsfähigkeit in Betracht kommen (PrVBl. 22 394). Die Belastung des Gutes mit Hypotheken ist für die Leistungsfähigkeit des Gutsbezirkes nicht entscheidend (OVG. **36** 236). Dagegen ist für die Frage, ob ein bestimmter Gutsherr zu einer ihm obliegenden bestimmten Leistung fähig ist, seine ganze Vermögenslage, nicht nur der Ertrag des Gutes entscheidend (OVG. **43** 188).

14) **Verfahren.** In manchen Fällen wird sowohl das Verfahren nach Nr. 2 (Auflösung) als auch das nach Nr. 3 (Vereinigung mit einer anderen Gemeinde) gesetzlich zulässig sein. Im Zweifel wird dann das letztere anzuwenden sein. Das Verfahren nach Nr. 1 ist eine außerordentliche Maßregel, die nur dort angezeigt ist, wo nicht andere Mittel zu demselben Ziele führen.

15) **Anhörung der Beteiligten.** Eine der Königlichen Anordnung vorausgehende Anhörung der Beteiligten ist für diesen Fall im Gesetze nicht vorgeschrieben, aber durch Minist.Erlaß vom 11. April 1893 (MBl. S. 109) als zweckmäßig angeordnet worden. Eine Beschlußfassung über die anderweitige Regelung der kommunalen Verhältnisse (Satz 2) kann erst erfolgen, nachdem die Auflösung vom König angeordnet worden ist. Ein bedingter Beschluß, dessen Gültigkeit von dem späteren Ergehen der Königlichen Anordnung abhängig gemacht wird, erscheint nicht zulässig, da dem Kreisausschusse hierfür die Zuständigkeit fehlt, solange die betreffenden Grundstücke noch nicht kommunalfrei (Nr. 1) geworden sind. Es empfiehlt sich aber die Beschlußfassung derartig vorzubereiten, daß sie unmittelbar nach Eingang der Königlichen Anordnung erfolgen kann, damit ein längerer Zustand der Kommunalfreiheit für die Bestandteile des aufgelösten Bezirks vermieden wird.

Untergang von Gemeinden und Gutsbezirken. Die völlige Zerstückelung eines Gutsbezirkes bewirkt nicht dessen Auflösung (s. § 122 Anm. 2). Ebenso hat weder der Übergang des gesamten Grund und Bodens eines Gemeindebezirkes in das Eigentum eines Einzelnen noch ein hiermit verbundener Wegzug sämtlicher Bewohner des Gemeindebezirkes aus diesem den Untergang der Landgemeinde zur Folge. Es bedarf hierzu ihrer Auflösung durch Königliche Anordnung. Dagegen ist die räumliche Vernichtung eines ganzen Gemeinde- oder Gutsbezirkes durch Naturereignisse (Abspülung durch das Meer) denkbar.

16) **Vereinigung von Gemeinden oder Gutsbezirken.** Der

werden, wenn die Beteiligten[17]) hiermit einverstanden sind. Wenn ein Einverständnis der Beteiligten nicht zu erzielen ist, so ist die Zustimmung derselben, sofern das öffentliche Interesse dies erheischt,[18]) im Beschluß=

Beschluß des Kreisausschusses hat hier nur die Bedeutung einer gutachtlichen Äußerung. Es finden daher gegen ihn keine Rechtsmittel statt.

17) **Einverständnis der Beteiligten.** Beteiligte sind hier nur die betreffenden Gemeinden, die ihre Erklärungen in Form von Gemeindebeschlüssen abzugeben haben, und die Gutsherren der zu vereinigenden Gutsbezirke, jedoch nicht die Eigentümer der von der Bezirksveränderung betroffenen Grundstücke. Das Einverständnis muß noch in dem Zeitpunkte bestehen, in welchem die Allerhöchste Genehmigung zu der Vereinigung erbeten wird. Die Zustimmung kann bis zu diesem Zeitpunkte von jedem Beteiligten zurückgezogen werden (Minist.Erlaß vom 18. April 1893, MBl. S. 129).

Die im § 2 behandelten Bezirksveränderungen können sowohl von der Kommunalaufsichtsbehörde als auch von den Beteiligten beantragt werden. Auch die Anträge der Beteiligten sollen, bevor sie an die Beschlußbehörde abgegeben werden, von den Kommunalaufsichtsbehörden gehörig vorbereitet werden (Minist.=Verf. vom 19. Dezember 1893, MBl. 1894 S. 17).

18) **Voraussetzungen der Zwangsvereinigung.** Hierfür sind die Bestimmungen unter Nr. 5 dieses § maßgebend. Bei Einverständnis der Beteiligten mit der Bezirksveränderung kann diese auch dann erfolgen, wenn die Voraussetzungen ihrer Notwendigkeit im öffentlichen Interesse nicht vorliegen. Über die Voraussetzungen wird in der Anw. II folgendes bemerkt:

„Zu § 2 Nr. 5 lit. a ist zu beachten, daß die hier vorgesehene Voraussetzung (abgesehen von der in einem Absatze hinzugefügten Bestimmung) wörtlich mit der in Nr. 2 erwähnten Voraussetzung übereinstimmt. Landgemeinden und Gutsbezirke, die ihre öffentlich=rechtlichen Verpflichtungen zu erfüllen außerstande sind, können daher bei mangelndem Einverständnis der Beteiligten auf dem einen wie dem anderen Wege als selbständige Gebilde beseitigt werden. Wird der erstere Weg eingeschlagen, so muß der Auflösung des Bezirks durch Königliche Anordnung eine Anhörung der einzelnen Besitzer der bezirksfrei gewordenen Grundstücke über die demnächstige Neuregelung folgen; ist diese Anhörung mit Schwierigkeiten verbunden, oder stehen solche aus den weiteren Verhandlungen zu besorgen, so wird sich dieser Weg nicht empfehlen. Die Beschreitung des anderen Weges setzt nach dem Wortlaute der Vorschrift unter Nr. 3 in der Regel voraus, daß Bezirke ihrem ganzen Umfange nach mit anderen vereinigt werden; dieser Weg wird sich daher meistens dann nicht empfehlen, wenn ein leistungsunfähiger Bezirk nicht ungeteilt an einen anderen, sondern geteilt an mehrere andere angeschlossen werden soll. Solche Erwägungen werden bei der Auswahl des einen oder anderen Weges zu berücksichtigen sein.

Wird der zweite Weg gewählt, so ist ferner die Bestimmung des Abs. 2 in § 2 Nr. 5a zu beachten. Danach soll für die Frage der Leistungsunfähigkeit die Tatsache, daß den betreffenden Gemeinden oder Gutsbezirken Zuwendungen für gewisse öffentlich-rechtliche Zwecke vom Staate oder größeren Kommunalverbänden gewährt werden, an sich nicht entscheidend sein. Hierbei sind gänzlich außer Betracht zu lassen alle diejenigen Zuschüsse, welche Gemeinden oder Gutsbezirke allgemein ohne Rücksicht auf ein nachgewiesenes besonderes Bedürfnis zufolge gesetzlicher Bestimmung unter gewissen Voraussetzungen zu beanspruchen haben, wie dies hinsichtlich der Zuschüsse zu den Besoldungen der Lehrer und Lehrerinnen nach den Gesetzen vom 14. Juni 1888 und vom 31. März 1889 der Fall ist. Dasselbe gilt in der Regel auch von Zuwendungen zur Ausführung von Wegebauten. Für die Frage der Leistungsunfähigkeit können vielmehr überhaupt nur solche Zuwendungen in Frage kommen, welche als „Bedürfniszuschüsse" bezeichnet werden, wie beispielsweise die Beihilfen, welche die Landarmenverbände gemäß § 36 des Preußischen Ausführungsgesetzes vom 8. März 1871 zu dem Bundesgesetz über den Unterstützungswohnsitz unvermögenden Ortsarmenverbänden bei nachgewiesenem Bedürfnisse zu gewähren haben. Wo Gemeinden oder Gutsbezirke solche Bedürfniszuschüsse vom Staate, Provinzial- oder Kreisverband erhalten, ist aber auf Grund dieser Tatsache allein noch nicht als nachgewiesen zu erachten, daß sie außerstande sind, ihre öffentlich-rechtlichen Verpflichtungen zu erfüllen; vielmehr kommt es auf eine sachliche Prüfung der Leistungsunfähigkeit selbst an, welche darauf zu richten ist, ob eine dauernde Leistungsunfähigkeit zur Erfüllung der öffentlich-rechtlichen Verpflichtungen vorliegt, oder ob etwa die Gewährung der Bedürfniszuschüsse nur auf wohlwollender Fürsorge, auf einer ungenügenden Prüfung der Leistungsfähigkeit oder auf einem nur vorübergehenden Zustande der Leistungsunfähigkeit beruht. — Für den Fall der Vereinigung einer leistungsunfähigen Gemeinde mit einem leistungsfähigen Gutsbezirke schreibt § 2 Nr. 3 in Abs. 2 ausdrücklich vor, daß der letztere als solcher bestehen bleibt, sofern der Gutsbesitzer dies beantragt; in diesem Falle geht die Landgemeinde unter Fortfall der Gemeindeverfassung völlig im Gutsbezirk auf. Es wird dies der Regel nach schon an und für sich der Natur der Sache entsprechen. Dennoch ist nicht ausgeschlossen, daß der Gutsbesitzer selbst unter Umständen die Bildung einer Landgemeinde aus seinem bisher selbständigen Gute und der zuzuschlagenden bisher leistungsunfähigen Gemeinde wünscht, und es wird alsdann diesem Wunsche, soweit ein öffentliches Interesse nicht entgegensteht, Folge zu geben sein.

Zu § 2 Nr. 5 lit. b wird es kaum der Bemerkung bedürfen, daß nicht allgemein da, wo einzelne Trennstücke von einem größeren Gute abgezweigt und in andere Hände übergegangen sind, eine solche Zersplitterung des Gutsbezirkes vorliegt, welche eine Neuregelung des kommunalen Verhältnisses erheischt. Es ist vielmehr davon auszugehen, daß, solange die Einheit des Besitzes nicht erheblich beeinträchtigt ist, und die Leistungsfähigkeit erhalten bleibt, der Fortbestand des Gutes als eines selbständigen Gutsbezirkes sich der Regel nach rechtfertigt. Dagegen wird in allen denjenigen Fällen, in welchen die Zersplitterung eines Gutsbezirkes oder die Bildung von Kolonien innerhalb desselben eine solche Ausdehnung gewonnen hat, daß das Kennzeichen der Einheit des Besitzes verloren gegangen ist, zu prüfen sein, ob die Umwandlung dieses Gutsbezirkes in eine Landgemeinde, oder ob die Abtrennung einzelner Teile desselben unter Zuschlagung zu einer oder mehreren Landgemeinden geboten erscheint. Insbesondere ist in allen Fällen, in denen auf den Antrag des Gutsbesitzers ein die Aufbringung der Kosten der öffentlichen Armenpflege anderweit regelndes Statut gemäß § 8 des Gesetzes vom 8. März 1871 erlassen ist, in Erwägung zu ziehen, ob nicht einem solchen Gutsbezirke die Voraussetzungen seines rechtlichen Fortbestandes verloren gegangen sind, und folgeweise eine kommunale Neubildung nach der Bestimmung unter Nr. 5 lit. b angezeigt ist.

Zu § 2 Nr. 5 lit. c. Ob eine Gemengelage in solchem Umfange vorliegt, daß eine Vereinignng der im Gemenge liegenden Bezirke nach Maßgabe dieser Vorschrift erforderlich wird, ist eine Frage des örtlichen Ermessens. Wenn die Gebäude selbständiger Güter sich in unmittelbarem Zusammenhange mit der Dorflage befinden, oder wenn einzelne Grundstücke mit Bestandteilen der Gemeindefeldmark im Gemenge liegen, so wird darin noch kein zwingender Grund zu einer kommunalen Vereinigung zu finden sein. Nur dann, „wenn aus einer solchen Gemengelage ein erheblicher Widerstreit der kommunalen Interessen entsteht, dessen Ausgleichung auch durch die Bildung von Verbänden im Sinne der §§ 128 ff. nicht zu erreichen ist", muß beim Widerspruche der Beteiligten die kommunale Neuregelung nach Maßgabe der Vorschriften § 2 Nr. 3 erzwungen werden. Läßt sich das Vorhandensein eines öffentlichen Interesses im Sinne der Vorschriften in § 2 Nr. 3 und 5 überhaupt nicht dartun, so ist bei mangelndem Einverständnis der Beteiligten von dem weiteren Verfahren behufs Ersetzung dieses Einverständnisses Abstand zu nehmen. Andernfalls aber ist dieses Verfahren dadurch, daß die Anverfahren durch den Kreisausschuß zu ersetzen. Gegen den auf Beschwerde[19]) ergehenden Beschluß des Bezirksausschusses steht den Beteiligten und nach Maßgabe des § 123 des Gesetzes über die allgemeine Landesverwaltung vom 30. Juli 1883 (GS. S. 195) dem Vorsitzenden des Bezirksausschusses die weitere Beschwerde[20]) an den Provinzialrat zu. Erachtet der Oberpräsident das öffentliche Interesse durch den Beschluß des Provinzialrats für gefährdet, so steht demselben in der gleichen Weise (§ 123 a. a. O.) die Beschwerde an das Staatsministerium

---

gelegenheit dem Kreisausschusse zur Beschlußfassung unterbreitet wird, in die Wege zu leiten und erforderlichenfalls durch Beschreitung des vorgesehenen Instanzenzuges fortzusetzen, bis entweder ein endgültiger Beschluß erzielt ist, durch welchen das mangelnde Einverständnis ersetzt wird, oder aber im Laufe der Verhandlungen überzeugend dargetan ist, daß ein öffentliches Interesse im Sinne der Vorschriften unter § 2 Nr. 5 nicht vorliegt. In betreff des Instanzenweges ist zu beachten, daß die Erhebung der Beschwerde von seiten des Vorsitzenden gegen einen Beschluß des Kreisausschusses, Bezirksausschusses oder Provinzialrats an die im § 123 des Landesverwaltungsgesetzes vorgeschriebenen engen Formen gebunden ist, daß aber anderseits durch das Ergehen eines endgültigen Beschlusses, welcher die Ersetzung des Einverständnisses versagt, die Wiederholung des gesamten Verfahrens nicht ausgeschlossen wird, sobald sich demnächst ergibt, daß Maßnahmen der in Rede stehenden Art dem Wunsche der Beteiligten oder dem öffentlichen Interesse entsprechen. Sobald das mangelnde Einverständnis durch einen endgültigen Beschluß ersetzt sein wird, ist — ebenso wie bei vorhandenem Einverständnis — wegen Einholung der Königlichen Genehmigung zu berichten."

19) **Rechtsmittel.** Gegen den Beschluß des Kreisausschusses können ebenfalls sowohl die Beteiligten (s. oben Anm. 17) als der Vorsitzende innerhalb zwei Wochen Beschwerde einlegen. Diese ist dem Kreisausschuß einzureichen (LVG. §§ 121—123).

20) **Weitere Beschwerde.** Das Rechtsmittel der weiteren Beschwerde ist hier neu eingeführt. Nach §§ 121, 123 des LVG. ist eine Beschwerde gegen Beschlüsse des Bezirksausschusses nur zulässig, wenn diese in erster Instanz ergangen sind. Eine Frist ist für die weitere Beschwerde nicht bestimmt, insbesondere auch nicht in den §§ 51, 121, 123 des LVG. oder im § 139 der LGO. Eine analoge Anwendung der dortigen Fristvorschriften auf die weitere Beschwerde erscheint nicht zulässig (s. Friedenthal im PrVBl. 27 684). Dasselbe gilt von der ferneren Beschwerde des Oberpräsidenten (s. unten Anm. 24a).

offen. Der mit Gründen zu versehende Beschluß des Staatsministeriums ist dem Oberpräsidenten behufs Zustellung an die Beteiligten zuzufertigen. Unter den gleichen Voraussetzungen und in der gleichen Weise können Gutsbezirke in Landgemeinden [21]) und Landgemeinden in Gutsbezirke durch Königlichen Erlaß umgewandelt werden.

Wird eine leistungsunfähige Gemeinde einem leistungsfähigen Gutsbezirk zugelegt, so bleibt letzterer als solcher bestehen, sofern der Gutsbesitzer dies beantragt. [22])

4. Die Abtrennung einzelner Teile von einem Gemeinde- oder Gutsbezirke und deren Vereinigung mit einem anderen Gemeinde- oder Gutsbezirke kann, wenn die beteiligten Gemeinden und Gutsbesitzer sowie die Besitzer der betreffenden Grundstücke [23]) einwilligen, oder

---

21) **Fortdauer der Rittergutseigenschaft.** Die Aufhebung des von einem Rittergute gebildeten Gutsbezirkes durch seine Auflösung, Vereinigung mit einer Gemeinde oder Umwandlung in eine solche beseitigt nur die kommunale Selbständigkeit des Bezirks, hebt aber nicht die Rittergutseigenschaft des beteiligten Grundstücks auf. Die aus seinem Besitze sich ergebende Zugehörigkeit zu einem Wahlverbande für die Herrenhauswahlen und zum Kreditverbande des ritterschaftlichen Grundbesitzes wird daher durch jene Bezirksveränderung nicht berührt (Anm. II Nr. 2). S. auch Holzapfel, Verleihung der Rittergutseigenschaft (PrVBl. **34** 382).

Einstweilige Regelung. Über die einstweilige Regelung der Gemeindeverwaltung bei der Vereinigung eines Gutsbezirkes mit einer Landgemeinde trifft die Verfügung des Ministers des Innern vom 15. August 1899 (MBl. S. 122) Bestimmung.

22) **Fortbestehender Bezirk.** Wird dieser Antrag gestellt, so geht die Landgemeinde in den Gutsbezirk, andernfalls der Gutsbezirk in die Landgemeinde auf. — S. auch Anm. 30.

23) **Gutsbesitzer und Gutsherr. Grenzveränderung.** In einem Gutsbezirke können der „Gutsbesitzer" und der „Besitzer des betreffenden Grundstücks" verschiedene Personen sein. Jener ist der Gutsherr im öffentlich-rechtlichen Sinne (s. § 122 und die dortigen Anmerkungen), dieser der privatrechtliche Eigentümer. — Über das Verfahren bestimmt Anw. II Nr. 3 folgendes:

„Die Abtrennung einzelner Teile von einem Gemeinde- oder Gutsbezirk und deren Vereinigung mit einem anderen Gemeinde- oder Gutsbezirk erfolgt durch Beschluß des Kreisausschusses, dem eine Anhörung der beteiligten Gemeinden und Gutsbesitzer, sowie der Besitzer der betreffenden Grundstücke voranzugehen hat, soweit eine solche Anhörung sich nicht durch die gestellten Anträge erübrigt. Die hier in Rede stehende Maßnahme wird insbesondere vorkommen wenn beim Widerspruche Beteiligter das öffentliche Interesse es erheischt, durch Beschluß des Kreisausschusses [24]) erfolgen. Gegen den auf Beschwerde ergehenden Beschluß des Bezirksausschusses steht den Beteiligten und dem Vorsitzenden des Bezirksausschusses die weitere Beschwerde an den Provinzialrat, und gegen den Beschluß des

---

behufs Verbesserung unzweckmäßiger Bezirksgrenzen, behufs Regelung des kommunalen Verhältnisses der in verschiedenen Landesteilen noch bestehenden Dorfauen, welche rechtlich der Regel nach Bestandteile der Gutsbezirke bilden. In den Verhandlungen des Landtages machte sich überwiegend die Ansicht geltend, daß es dem öffentlichen Interesse entspreche, wenn die Dorfauen allgemein denjenigen Landgemeinden einverleibt würden, in deren Bezirken sie belegen sind. Eine solche Regelung wird sich nötigenfalls namentlich auf Grund der Vorschrift in § 2 Nr. 5c erzwingen lassen, da bei der gegenwärtig bestehenden kommunalen Zugehörigkeit der Dorfauen zu den Gutsbezirken häufig ein erheblicher Widerstreit der kommunalen Interessen zu entstehen pflegt. Die Neuregelung des kommunalen Verhältnisses der Dorfauen hat eine privatrechtliche Änderung des bisherigen Rechtszustandes, namentlich in betreff des Eigentums an diesen Grundstücken, nicht zur Folge; vielmehr bleibt die Herbeiführung einer solchen weitergehenden Änderung der Gesetzgebung vorbehalten. — Liegt kein allseitiges Einverständnis der Beteiligten bezüglich der Abtrennung und Zulegung von Bezirksteilen vor, so kann der Kreisausschuß diese Maßnahmen nur beschließen, wenn „das öffentliche Interesse es erheischt". Ein solches öffentliches Interesse soll gleichfalls nur dann als vorhanden angenommen werden, wenn eine der in § 2 Nr. 5 formulierten, unter 2 bereits näher erörterten Voraussetzungen vorliegt. — Gegen den Beschluß des Kreisausschusses findet in allen Fällen des § 2 Nr. 4 — mag Einverständnis der Beteiligten vorgelegen haben oder nicht — die Beschwerde in dem unter § 2 Nr. 3 vorgesehenen Instanzenzuge statt. Soll aus den abgetrennten Grundstücken ein neuer Gemeinde- oder Gutsbezirk gebildet werden, so ist in dem Beschlusse die Königliche Genehmigung bezüglich der Neubildung vorzubehalten, und, sobald der Beschluß endgültig geworden ist, wegen Einholung der Königlichen Genehmigung Bericht zu erstatten."

Über die Dorfauen s. unten Anm. 37.

24) **Bedeutung des Beschlusses.** Der Beschluß ergänzt hier nicht nur, wie in den Fällen der Nr. 3, die Zustimmung der Beteiligten zu der Bezirksveränderung, sondern spricht diese selbst aus.

Provinzialrats dem Oberpräsidenten die fernere Beschwerde an das Staatsministerium nach Maßgabe der Nr. 3 offen.[24a]) Soll aus den abgetrennten Grundstücken ein neuer Gemeinde- oder Gutsbezirk gebildet werden, so ist die Königliche Genehmigung erforderlich.[24b])

5. Ein öffentliches Interesse im Sinne der Nr. 3 und 4 ist nur dann als vorliegend anzusehen,[25])

a) wenn Landgemeinden oder Gutsbezirke ihre öffentlich-rechtlichen Verpflichtungen[26]) zu erfüllen außerstande sind.

24a) **Beschwerden.** Die Beschwerde gegen den Beschluß des Kreisausschusses ist an eine Frist von zwei Wochen gemäß LVG. § 121 geknüpft. Dagegen ist für die weitere Beschwerde an den Provinzialrat und für die fernere Beschwerde an das Staatsministerium eine Frist nicht vorgeschrieben. Die Bestimmung im § 139 der LGO. bezieht sich nur auf die Beschwerden, welche in Angelegenheiten der Verwaltung der Landgemeinden, Gutsbezirke und Gemeindeverbände bei dem Landrat und bei dem Regierungspräsidenten eingelegt werden (s. oben Anm. 20). Der Beschluß des Staatsministeriums ist in derselben Weise wie in den Fällen zu Nr. 3 den Beteiligten zuzufertigen.

24b) **Neubildung eines Bezirks.** Sollen die abgetrennten Grundstücke nicht mit einem anderen Bezirke vereinigt werden, sondern soll aus ihnen ein neuer Bezirk gebildet werden, so kann dies nicht durch einen Beschluß des Kreisausschusses (wie in den Fällen des ersten Satzes der Nr. 4), sondern nur durch Anordnung des Königs (vgl. oben Anm. 12) geschehen. Ein Beschluß des Kreisausschusses ist dann nur erforderlich, um die mangelnde Zustimmung der Beteiligten zu ersetzen. Das Verfahren ist hier dasselbe wie im Falle des letzten Satzes im ersten Absatze der Nr. 3. Die Bildung des neuen Bezirks erfolgt rechtswirksam durch den Erlaß des Königs (s. unten Anm. 29). Der Beschluß des Kreisausschlusses und gegebenenfalls auch der des Bezirksausschusses und des Provinzialrats ist (gemäß Nr. 7) vor Erwirkung der Königlichen Genehmigung den Beteiligten mitzuteilen.

25) **Bezirksveränderung bei Zustimmung der Beteiligten.** In anderen als den unter a, b und c bezeichneten Fällen darf die Bezirksveränderung nicht gegen den Willen der Beteiligten, wohl aber mit deren Zustimmung erfolgen. (S. oben in Anm. 18 die Bestimmungen der Anw. II Nr. 2 hinsichtlich des Begriffs der Leistungsunfähigkeit, Gemengelage und Zersplitterung der Bezirke.)

Über die Vereinigung von Bestandteilen eines Gutsbezirkes mit einer neugebildeten Rentengütergemeinde s. Minist.Verf. vom 27. November 1901 (MBl. S. 257).

26) **Gemeindepflichten.** Zu den öffentlich-rechtlichen Verpflichtungen gehört besonders die Aufbringung der Kosten für die Ortsverwaltung, das Standesamt, die Amtsverwaltung, die Wege-

Bei Beurteilung dieser Frage sind Zuwendungen, welche Gemeinden und Gutsbezirken vom Staate oder größeren Kommunalverbänden zustehen, nicht als bestimmend zu erachten,

b) wenn die Zersplitterung [27]) eines Gutsbezirks oder die Bildung von Kolonien in einem Gutsbezirke die Abtrennung einzelner Teile desselben oder dessen Umwandlung in eine Landgemeinde oder dessen Zuschlagung zu einer oder mehreren Landgemeinden notwendig macht,

c) wenn infolge örtlich verbundener Lage mehrerer Landgemeinden oder von Gutsbezirken oder Teilen derselben mit Landgemeinden ein erheblicher Widerstreit der kommunalen Interessen entstanden ist, [27a]) dessen Ausgleichung auch durch Bildung von Verbänden im Sinne der §§ 128 ff. [27b]) nicht zu erreichen ist.

---

unterhaltung, die Armenpflege und ferner auch für die Unterhaltung der Schule, wo diese der Gemeinde und nicht, wie in der Provinz Posen, einer Schulsozietät der Hausväter obliegt (s. § 148 Anm. 7).

27) **Zersplitterung des Gutsbezirks.** Eine Zersplitterung ist dort eingetreten, wo das Eigentum an dem zu dem Gutsbezirke gehörigen Grund und Boden einer größeren Anzahl von Personen geteilt zusteht. Verschieden hiervon ist der Fall, daß das ganze Gut im gemeinschaftlichen Eigentume mehrerer Personen steht (s. § 122 Anm. 2).

27a) Ein Widerstreit der kommunalen Interessen infolge örtlich verbundener Lage kann namentlich eintreten, wenn Bewohner des einen Bezirks die Einrichtungen und Veranstaltungen des anderen Bezirks in erheblichem Maße benutzen oder von ihnen Vorteile haben, während sie zu ihrer Herstellung und Unterhaltung, da sie in jenem Bezirke nicht steuerpflichtig sind, nichts beitragen, oder wenn sie wegen ihrer geringen Steuerkraft für die Anstalten ihres Gemeindebezirks, deren Unterhaltungskosten sie erheblich vermehren, wenig oder gar nichts leisten, während ihre Arbeitskraft den wirtschaftlichen Unternehmungen des Nachbarbezirks zugute kommt (vgl. Kommunalabgabengesetz § 53). Ein Widerstreit der kommunalen Interessen kann auch dadurch entstehen, daß eine Gemeinde an der Herstellung einer für sie erforderlichen Einrichtung (z. B. der Anlegung einer Wasserleitung, einer Kanalisation u. dgl.) dadurch gehindert wird, daß die angrenzende Gemeinde ihr die hierzu notwendige Benutzung ihrer Straßen nicht gestattet oder dadurch, daß diese Gemeinde die gemeinschaftliche Feststellung eines Bebauungsplanes für die örtlich verbundenen Ortsteile ablehnt.

27b) Verbände im Sinne der §§ 128ff. kommen jetzt

6. Die vorstehenden Bestimmungen finden in den Fällen, in welchen es sich um die Vereinigung einer Landgemeinde oder eines Gutsbezirks mit einer Stadtgemeinde,[28]) um die Abtrennung einzelner Teile von einem Stadtbezirke und deren Vereinigung mit einem Landgemeinde- oder Gutsbezirke, sowie um die Abtrennung einzelner Teile von einem Landgemeinde- oder Gutsbezirke und deren Vereinigung mit einem Stadtbezirke handelt, sinngemäße Anwendung mit der Maßgabe, daß an die Stelle der Beschlußfassung des Kreisausschusses nach erfordertem Gutachten des Kreistages die Beschlußfassung des Bezirksausschusses tritt.[28a])

7. In den vorstehend bezeichneten, der Königlichen Genehmigung unterliegenden Fällen ist vor deren Erwirkung der Beschluß des Kreisausschusses, des Bezirksausschusses oder des Provinzialrats, sowie das Gutachten des Kreistages den Beteiligten mitzuteilen.[28b])

8. Jede Bezirksveränderung ist durch das Regierungsamtsblatt zu veröffentlichen.[29])

---

nicht mehr in Frage, sondern Zweckverbände im Sinne des Gesetzes vom 19. Juli 1911 (s. Anhang und Anm. 1 daselbst).

28) **Abänderung der Städteordnung.** Die Vorschrift unter Nr. 6 ist für die bezeichneten Fälle an die Stelle des § 2 Abs. 3 der Städteordnung vom 30. Mai 1853 getreten.

28a) **Gutachten des Kreistags.** Der Kreistag ist mit seinem Gutachten hier auch dann zu hören, wenn die Beteiligten der Eingemeindung der ganzen Landgemeinde oder des Gutsbezirkes in die Stadtgemeinde zustimmen (Minist.Verf. vom 13. Dezember 1899, MBl. 1900 S. 56).

28b) **Gegenstand der Mitteilung** werden nur die rechterzeugenden Beschlüsse des Kreisausschusses, des Bezirksausschusses und des Provinzialrats (§ 7 Nr. 1, 3, 4, 5 und 6) sowie das den Beschluß des Bezirksausschusses vorbereitende Gutachten des Bezirksausschusses sein, aber nicht die im ersten Satze der Nr 3. behandelte gutachtliche Äußerung des Kreisausschusses, die auch in Form eines Beschlusses oder auf Grund eines solchen erfolgt.

29) **Veröffentlichungen von Bezirksveränderungen** durch das Regierungsamtsblatt geschehen kostenfrei (Minist.Erlasse vom 21. Juni 1893, MBl S. 143, und vom 14. Juni 1902, MBl. S. 123).

Rechtswirkung. Die Rechtswirkungen der Beschlüsse oder Allerhöchsten Erlasse, durch welche Bezirksveränderungen ausgesprochen werden, treten nicht erst mit der Veröffentlichung im

Amtsblatte, sondern mit der Mitteilung der Beschlüsse oder Erlasse an die Beteiligten ein, sofern nicht in jenen ein anderer Zeitpunkt ihrer Wirksamkeit bestimmt worden ist (s. Minist.Verf. vom 9. November 1893, MBl. S. 235 und OVG. **33** 162). Jedoch kann sich die Wirkung der Anordnung („Genehmigung") des Königs stets nur auf einen Zeitraum erstrecken, der dem Allerhöchsten Erlasse folgt, da das Gesetz den König nicht ermächtigt, solche Bezirksveränderungen mit rückwirkender Kraft vorzunehmen. Ist in der Kabinettsorder nicht bestimmt worden, an welchem Tage die Bezirksveränderung in Kraft treten soll, so tritt sie an dem Tage in Kraft, an welchem die Kabinettsorder den beteiligten Kommunalverbänden zugestellt wird, sofern aber die Zustellung an verschiedenen Tagen erfolgt, am Tage der letzten Zustellung. Ist jedoch die Bezirksveränderung schon vor der Zustellung der Anordnung oder Genehmigung an die Beteiligten im Amtsblatte veröffentlicht worden, so wird bei dem Mangel einer anderen Bestimmung der Tag der Ausgabe des Amtsblatts als der Zeitpunkt, in welchem die Bezirksveränderung in Kraft tritt, anzusehen sein. Die Prüfung der Rechtswirksamkeit der Königlichen Anordnung ist dem Verwaltungsrichter durch Art. 106 der Verfassungsurkunde nicht verwehrt, da es sich bei ihr nicht um einen gemäß dem Gesetze vom 3. April 1846 (GS. S. 151) in der Gesetzsammlung veröffentlichten landesherrlichen Erlaß mit Gesetzeskraft, sondern um einen einzelnen organisatorischen Verwaltungsakt handelt (OVG. 62 306). Eine hiervon abweichende Stellung hatte das OVG. in älteren Urteilen (PrVBl. 27 108) eingenommen, wo die Veröffentlichung der Bezirksveränderung durch das Amtsblatt als Verkündung einer die Bezirksveränderung genehmigenden Königlichen Verordnung im Sinne des Art. 106 der Verfassungsurkunde angesehen worden ist. Hinsichtlich des Umfangs der Zulässigkeit einer Nachprüfung der Rechtsgültigkeit der ergangenen Königlichen Anordnung im Verwaltungsstreitverfahren wird dasselbe gelten müssen, wie für die Nachprüfung von Organisationsakten der Staatsbehörden (s. unten Anm. 36), wo diese Prüfung nur darauf gerichtet sein darf, ob die betreffende Behörde überhaupt zu Anordnungen der betreffenden Art zuständig ist. Der Verwaltungsrichter wird daher, wenn eine Königliche Anordnung (oder „Genehmigung") vorliegt, welche die Auflösung oder Neubildung eines Gemeinde- oder Gutsbezirkes zum Gegenstande hat, nicht zur Prüfung befugt sein, ob die im § 4 für eine solche Anordnung bestimmten Voraussetzungen vorgelegen haben und ob das dort angeordnete Verfahren beobachtet worden war, bevor die Königliche Anordnung erging. — Auch die im Beschlußverfahren erfolgenden Veränderungen der Gemeindegrenzen können nicht mit rückwirkender Kraft angeordnet werden (Minist.Verf. vom 22. Mai 1911, MBl. S. 137).

Kreisgrenzen. Die Veränderung der Grenzen eines Gemeinde- oder Gutsbezirkes, die zugleich die Kreisgrenze bilden, zieht eine Veränderung dieser Grenze nach § 3 der Kreisordnung ohne weiteres nach sich. Dagagen wird durch eine nach Maßgabe dieser Gesetzesvorschrift erfolgende Veränderung der Kreisgrenze eine Veränderung der bisher mit ihr zusammenfallenden Gemeindegrenze nicht bewirkt.

Grenzveränderung bei Stadtkreisen. Über die Frage, ob die Einverleibung einer ganzen Landgemeinde oder eines ganzen Gutsbezirkes in eine Stadt, welche einen eigenen Kreis bildet, durch Königliche Anordnung oder nur durch ein Gesetz bewirkt werden kann, s. Nöll im PrVBl. **21** 336 und Minist.Erlaß vom 17. Juli 1901 (MBl. S. 194). In den letzten Jahren sind solche Bezirksveränderungen immer im Wege der Gesetzgebung erfolgt. Sie sind dann an die Voraussetzungen des § 2 nicht gebunden (s. Löning im PrVBl. **29** 661).

Rechtsfolgen der Bezirksveränderung für die Angehörigen der Bezirke. Eingemeindungsverträge. Die infolge einer Bezirksveränderung einer Gemeinde einverleibten Grundstücke sowie ihre Bewohner und Besitzer treten in allen öffentlich-rechtlichen Beziehungen unter die Verfassung dieser Gemeinde, so daß sie dieselben Rechte und Pflichten haben, wie die übrigen Personen und Grundstücke in dem Gemeindebezirke (OVG. **6** 218, **16** 281, **20** 214, PrVBl. **15** 511). — Vor der Eingemeindung zwischen den beteiligten Gemeinden durch „Verträge" vereinbarte Bedingungen, welche Abweichungen von Vorschriften der Gesetze enthalten, haben an sich keine Rechtsgültigkeit und können sie nur durch ein besonderes Gesetz erhalten, wie es öfters bei Änderungen der Grenzen von Stadtkreisen durch Aufnahme solcher vereinbarten Bedingungen in das die Bezirksveränderung aussprechende Gesetz geschehen ist (vgl. OVG. **48** 21, **57** 36, **62** 306; und Minist.Verf. vom 4. April 1910, MBl. S. 78). Die Vertragsbestimmungen, die in dieser Weise Teile des Eingemeindungsgesetzes werden, erhalten hiermit auch dann gesetzliche Kraft, wenn sie dem älteren Gesetzesrecht widersprechen. Erfolgt die Eingemeindung nicht durch ein Gesetz, sondern durch eine Anordnung des Königs, so können Vereinbarungen, welche dem Gesetze widersprechen, namentlich solche über Abweichungen von der gesetzlichen Gemeindeabgabenpflicht der Einwohner und Grundstücksbesitzer des eingemeindeten Gebiets, deren Vertretung in der Gemeindevertretung, ihre Befugnis zur Mitbenutzung von Gemeindeanstalten usw., durch die Eingemeindung nicht Gültigkeit erlangen, da das Gesetz nur die Genehmigung der Eingemeindung, nicht deren Folgen der Entschließung des Königs übertragen hat. Soweit die Vereinbarungen dem Gesetze nicht widersprechen, werden sie mit der Eingemeindung statutarisches Ortsrecht der vergrößerten Gemeinde, falls sie die Genehmigung der Aufsichtsbehörde (§ 6) erhalten haben, die auch durch schlüssige Handlungen (stillschweigend) erteilt werden kann (OVG. **49** 48, **58** 88, sowie Löning, Eingemeindung und Eingemeindungsverträge, im PrVBl. **29** 657). — Über die Bewilligung von Vorrechten der Bewohner des eingemeindeten Bezirks bei der Besteuerung s. OVG. **62** 385, über die Begründung von Ansprüchen auf Ausgleichung der öffentlichen Interessen durch einen Eingemeindungsvertrag s. unten Anm. 33. Über die Form, in welcher die Vereinbarungen (Bedingungen der Vereinigung) abgefaßt werden sollen, gibt die Verf.

§ 3.

Über die infolge einer Veränderung der Grenzen der Landgemeinden und Gutsbezirke [30]) notwenig wer=

---

d. M. d. J. vom 4. April 1910 (MBl. 78) eingehende Vorschriften. Abmachungen mit einzelnen Beamten der einzuverleibenden Gemeinden über die Gewährung von Abfindungen, über die Übernahme in den Dienst der zu erweiternden Gemeinde oder über sonstige Punkte sollen stets schriftlich getroffen und bei Einreichung der Eingemeindungsverhandlungen mit vorgelegt werden(Minist.Verf. vom 15. April 1909, MBl. S. 88). — Bei der Eingemeindung in eine bestehende Gemeinde treten die in ihr geltenden Polizeiverordnungen nach Ansicht des OVG. (37 411 und 48 21) ohne weiteres für das hinzugeschlagene Gebiet in Geltung, wenn die Polizeiverordnungen ihrem Inhalte nach bezweckten, ein einheitliches Recht für den Gemeindebezirk zu schaffen; sie treten aber nicht in Geltung, wenn sie beabsichtigten, ein Sonderrecht für einzelne Teile des Gemeindebezirkes einzuführen oder besonders geartete Verhältnisse in einer Weise zu regeln, die ihre Ausdehnung auf das hinzugetretene Gebiet nicht zuläßt. Anderer Ansicht ist das Kammergericht, das einen besonderen Erlaß und eine besondere Verkündung der in dem alten Gemeindeteile geltenden Polizeiverordnungen für den eingemeindeten Bezirk erforderlich hält (Johow, Jahrbuch 20 C S. 57 und 27 C S. 49, sowie PrVBl. 22 334). In der Literatur ist überwiegend die Ansicht des Kammergerichts gebilligt worden (s. Koch, Eingemeindungsrecht und Polizeiverordnungen). — Wird ein Gemeinde= oder ein Gutsbezirk aufgelöst, so verlieren alle für ihn erlassenen Rechtsnormen (Ortsstatute, Gemeindebeschlüsse) ihre Geltung (OVG. 24 121).

Mitteilungen an andere Behörden. Von Veränderungen in den gemeinderechtlichen Verhältnissen der Wohnplätze soll auch dem Königlichen statistischen Landesamt durch den Landrat Mitteilung gemacht werden (Minist.Verf. vom 1. November 1899, MBl S. 227 und vom 7. Februar 1910, MBl. S. 29), von Veränderungen der Gemeindegrenzen, welche zugleich Grenzen der Amtsgerichtsbezirke bilden, durch den Regierungspräsidenten dem betreffenden Landgerichtspräsidenten (Minist.Verf. vom 2. Juli 1889, MBl. S. 127).

30) **Rechtsfolgen der Grenzveränderung für die Bezirke.** Nach allgemeinen Rechtsgrundsätzen scheidet der von einem Gemeindebezirk abgetrennte Teil aus allen Rechten und Pflichten aus, die ihm auf Grund der bisherigen Zugehörigkeit zugestanden oder obgelegen haben (OVG. 2 12). Eine Ausnahme machen die vor der Bezirksveränderung begründeten Verpflichtungen auf dem Gebiete der Armenpflege. Sie belasten, solange keine Auseinandersetzung erfolgt ist, gemeinschaftlich diejenigen Ortsarmenverbände (Gemeinden und Gutsbezirke), zu deren Bezirk Bestandteile des früheren, von der Bezirksveränderung betroffenen Ortsarmenver=

bandes gehören, in welchem der Unterstützungswohnsitz begründet war (OVG. **13** 205 und **33** 132). Dieser Zustand kann nur durch eine Auseinandersetzung beseitigt werden (s. unten Anm. 33).

Eine Gemeinde, der eine andere Gemeinde einverleibt wird, wird Rechtsnachfolgerin in die kommunalen Rechte und Pflichten des eingemeindeten Bezirks. Dasselbe tritt bei Einverleibungen eines Teiles einer Gemeinde in eine andere insoweit ein, als es sich um Rechtsverhältnisse handelt, welche in dem einverleibten Teile wurzeln und ihren Sitz haben (RGer. **68** 213, 370; RGer. v. 12. 5. 1908, PrVBl. **30** 58). — Über die rechtlichen Wirkungen der Vereinigung zweier Gemeinden, insbesondere hinsichtlich der Gemeindebeamten, s. das Urteil des RG. v. 17. Januar 1908 III 248/07 (PrVBl. **29** 666) und OVG. **51** 413 u. **58** 455, ferner Löning (Eingemeindung und Eingemeindungsverträge) in PrVBl. **29** 657, Saran (Rechte der Beamten bei Eingemeindungen) in PrVBl. **29** 631 und **30** 63.

Bei Einverleibung eines Gutsbezirkes in eine Gemeinde gehen die Rechte und Pflichten des Gutsherrn, die auf seiner obrigkeitlichen Gewalt beruhen (insbesondere die gutsherrlichen Schullasten), nicht auf die Gemeinde über, sondern erlöschen (OVG. **31** 181 und **39** 110). Wird der Gemeinde nur ein Teil des Gutsbezirkes einverleibt, so verbleiben die gutsherrlichen Rechte und Pflichten dem Besitzer des Rest- oder Stammguts (s. § 122 Anm. 2).

Wird ein Gutsbezirk einem anderen Gutsbezirk einverleibt oder mit ihm zu einem neuen Gutsbezirke vereinigt, so gehen auf den Gutsherrn dieses neuen Gutsbezirkes die Pflichten des Gutsherrn der beiden früheren Gutsbezirke über, wenn er in ihnen Gutsherr gewesen war. Wird aber der eine Gutsbezirk zunächst aufgelöst und werden die hiermit kommunalfrei gewordenen Grundstücke mit einem anderen Gutsbezirke vereinigt, so erlöschen die gutsherrlichen Rechte und Pflichten des aufgelösten Gutsbezirks. Werden Teile einer Gemeinde mit einem Gutsbezirke vereinigt, so bestehen die Rechte und Pflichten des Gutsherrn auch dann fort, wenn der Gutsbezirk bei seiner Vergrößerung einen anderen Namen erhält (OVG. **44** 238).

Wird eine Gemeinde einem Gutsbezirk einverleibt (§ 2 Nr. 3 Abs. 2), so gehen das Vermögen und die Schulden der Gemeinde auf den Gutsherrn des Gutsbezirkes über. Es soll aber nach der Minist.Verf. vom 9. Januar 1895 (MBl. S. 18) dahin gewirkt werden, daß die Gemeinde, wenn sie mit Grundbesitz, insbesonde Schulzendienstland, ausgestattet ist, noch während ihres selbständigen Bestehens eine rechtswirksame Erklärung dahin abgibt, sie bewillige die Zuschreibung des betreffenden Grundstücks zu dem Gute mit der Maßgabe, daß der Gutsbesitzer zu dessen Herausgabe an eine etwa neu zu bildende Gemeinde verpflichtet ist, zu deren Bezirke das Grundstück gehören würde. Ähnlich soll bei Auflösung einer Gemeinde und der Vereinigung ihrer hierdurch kommunalfrei gewordenen Grundstücke mit einem Gutsbezirke verfahren werden.

Die öffentlich-rechtlichen Pflichten, die einer Gemeinde als dende Auseinandersetzung [31]) zwischen den Beteiligten [31a])

---

solcher obliegen, sind von ihr auch für einen ihr eingemeindeten Teil einer anderen Gemeinde oder eines Gutsbezirkes zu erfüllen und erlöschen gleichzeitig für letztere Gemeinde oder letzteren Gutsbezirk.

Werden ganze Gemeinden oder ganze Gutsbezirke eingemeindet, so verlieren sie hiermit ihre Rechtspersönlichkeit, sind fortan nur Ortsteile (Ortschaften in einer Gemeinde s. § 51 Abs. 2) und können als solche auch in einem Streitverfahren nicht selbständig auftreten (vgl. OVG. **13** 204).

Wird eine Gemeinde oder ein Gutsbezirk aufgelöst, ohne daß ihre Bestandteile gleichzeitig anderen kommunalen Verbänden zugelegt werden, so wird anzunehmen sein, daß ihr Vermögen und ihre Schulden gemäß ALR. II 6 §§ 189, 192 und 201 dem Fiskus zufallen.

31) **Zweck der Auseinandersetzung.** Die Auseinandersetzung hat nicht die infolge der Bezirksveränderung kraft Gesetzes eintretenden Änderungen festzustellen oder anders zu bestimmen, als sich aus dem Gesetz ergibt. Sie hat vielmehr nur den Zweck, 1. die durch die Bezirksveränderung herbeigeführte Gemeinsamkeit von Rechten und Pflichten der beteiligten Kommunalverbände aufzuheben (PrVBl. **19** 99) und 2. die öffentlich-rechtlichen Interessen der Beteiligten, wenn es erforderlich ist, auszugleichen (vgl. OVG. **33** 151). Sie kann sowohl privatrechtliche als auch öffentlich-rechtliche Verhältnisse zum Gegenstande haben (vgl. OVG. **2** 1, **6** 9). Eine Auseinandersetzung über privatrechtliche Verhältnisse kann notwendig werden behufs Verteilung des Vermögens oder der Schulden einer Gemeinde, von der einzelne Teile abgetrennt werden, sei es daß diese einer anderen Gemeinde zugelegt werden oder daß aus ihnen eine neue Gemeinde gebildet wird. Hier würde, solange die Auseinandersetzung nicht stattfindet, die verkleinerte Gemeinde alleiniger Eigentümer des Gemeindevermögens und alleiniger Träger der Gemeindeschulden bleiben (OVG. **7** 61).

Die Auseinandersetzung kann erst nach Eintritt der Bezirksveränderung erfolgen, aber bereits vor ihr durch Verhandlungen mit den Beteiligten insbesondere durch sog. Eingemeindungsverträge (s. Anm. 29) vorbereitet werden (Anw. II Nr. 4), insbesondere auch bei Bildung von Rentengütergemeinden, mit denen Teile eines Gutsbezirkes vereinigt werden sollen (Minist.Verf. vom 27. November 1901, MBl. S. 257).

31a) **Beteiligte bei der Auseinandersetzung.** Unter den Beteiligten können nur die an der Bezirksveränderung Beteiligten verstanden werden, also in erster Reihe die Gemeinden und Gutsbezirke, deren Grenzen sich ändern (PrVBl. **30** 253) und — nach Annahme des OVG. — auch der frühere Träger der gutsherrlichen Rechte und Pflichten im Falle der Umwandlung eines Gutsbezirks in eine Gemeinde (OVG. **33** 168, **36** 145), dagegen beschließt[31b]) der Kreisausschuß, soweit aber hierbei Stadtgemeinden in Betracht kommen, der Bezirksausschuß, vorbehaltlich der den Beteiligten gegeneinander zustehenden Klage im Verwaltungsstreitverfahren[32]) bei diesen Behörden.

---

nicht Gemeinden, deren Bezirk durch die Grenzveränderung nicht berührt wird, deren Pflichten aber hierdurch eine Erweiterung erfahren, z. B. dadurch, daß die Teilnahme eines Gutsbezirkes an der ihnen obliegenden Schulunterhaltung infolge seiner Auflösung wegfällt (OVG. **39** 114), auch nicht andere Korporationen oder Sozietäten, wie z. B. eine Schulgemeinde (OVG. **39** 118/119) und ferner nicht einzelne Privatpersonen als solche (PrVBl. **30** 253). Auch im Falle des Abs. 2 Satz 2 des **§ 3** sind als Beteiligte nicht bestimmte einzelne Personen, sondern nur alle Bewohner oder Grundbesitzer bestimmter Teile des Gemeindebezirkes (Ortsteile, Bezirksteile, s. oben Anm. 30) anzusehen (OVG. **42** 85; PrVBl. **26** 501 und **27** 230). — Ein aufgelöster und mit einer Gemeinde vereinigter Gutsbezirk kann (nach Annahme des OVG.), trotzdem er sein rechtliches Dasein als solcher verloren hat, bei der Auseinandersetzung noch insofern beteiligt sein, als seinem letzten Gutsherrn oder nach dessen Tode seinen Gesamtrechtsnachfolgern (nicht dem Erwerber des Grundstücks, mit dem früher die Gutsherrlichkeit verbunden war, OVG. **52** 57), die Verpflichtung zur Gewährung einer Entschädigung zur Ausgleichung öffentlicher Interessen an die Gemeinde auferlegt werden kann (OVG. **26** 93, **33** 168, **36** 145 und **46** 147). Über die Beteiligung des früheren Gutsherrn bei der Auseinandersetzung nach Aufteilung des Gutes in Rentengüter s. OVG. **52** 57 (Anm. 2 zu § 122). — Auch nach Teilung eines Gutsbezirkes in zwei Gutsbezirke kann zwischen diesen eine Auseinandersetzung (Ausgleichung) stattfinden (PrVBl. **20** 421). Ein Rechtsanspruch darauf, daß der neue Gutsbezirk die auf den verkleinerten Stammgutsbezirk entfallenden Lasten anteilig übernimmt, besteht aber nicht (PrVBl. **30** 782).

31b) **Gegenstand der Auseinandersetzung.** Der Beschluß braucht nicht notwendig alle Gegenstände, die für eine Auseinandersetzung in Betracht kommen, zu umfassen. Er kann auch einzelne von ihnen gesondert regeln (OVG. **26** 101), insbesondere auch einzelne Fälle der gemeinschaftlichen Armenlast (PrVBl. **26** 562). Er ist nicht von einem Antrag eines Beteiligten abhängig, sondern kann auch von Amts wegen oder auf Antrag eines an der Auseinandersetzung interessierten Dritten, z. B. eines Gläubigers der verkleinerten Gemeinde oder eines Ersatzansprüche gegen sie erhebenden Armenverbandes, ergehen.

Eine Anfechtung des Beschlusses durch eine Beschwerde ist unzulässig (LVG. § 50).

32) **Klage gegen die Auseinandersetzung.** Die Klage ist an die zweiwöchige Frist des **§ 144** gebunden (OVG. **39** 117). Um-

Bei dieser Auseinandersetzung sind erforderlichenfalls [33]) Bestimmungen zur Ausgleichung der öffentlich-

---

fang und Inhalt des Streitverfahrens bestimmen sie nach dem Inhalte des Beschlusses und nach dessen rechtzeitiger Anfechtung (OVG. **33** 139; PrVBl. **26** 562). Der Verwaltungsrichter hat nicht das Verfahren und die Anordnung der Beschlußbehörde in vollem Umfange nachzuprüfen, sondern nur über die von den Parteien gegeneinander erhobenen Ansprüche zu entscheiden (OVG. **26** 101). Auch ein Beschluß, durch den eine beantragte Auseinandersetzung abgelehnt ist, kann mit der Klage angefochten werden (PrVBl. **19** 99). Die Klage muß, wenn sie Erfolg haben soll, eine bestimmte Festsetzung der Anteile der Parteien an der zu verteilenden Last oder die Festsetzung bestimmter Entschädigungen für alleinige Übernahme der Last durch einen Beteiligten verlangen, sie darf sich nicht darauf beschränken, die Festsetzung der Grundsätze zu beantragen, nach denen die Auseinandersetzung erfolgen soll (PrVBl. **26** 561). — Über die Beteiligten, die in dem Streitverfahren Kläger oder Beklagter sein können, s. Anm. 31 a. — Zu einer Prüfung, ob die Bezirksveränderung mit Recht angeordnet worden, ist der Verwaltungsrichter in dem wegen der Auseinandersetzung eingeleiteten Streitverfahren nicht befugt (PrVBl. **29** 603).

33) **Ausgleichung der Interessen.** Die vor Einführung der LGO. (1. April 1892) geltenden Vorschriften begründeten, auch wo sie eine Auseinandersetzung zwischen den bei einer Bezirksveränderung beteiligten Gemeinden zuließen (s. § 1 Abs. 6 des Gemeindeverfassungsgesetzes vom 14. April 1856), keinen Anspruch auf eine Ausgleichung der öffentlichen Interessen der Beteiligten durch Gewährung von Beihilfen, Vorausleistungen, Entschädigungen usw. Die Auseinandersetzung wegen Bezirksveränderungen, die vor jenem Zeitpunkt eingetreten sind, kann daher nur die Aufhebung einer durch die Bezirksveränderung herbeigeführten Gemeinschaft zwischen den beteiligten Gemeinden und Gutsbezirken und die Verteilung der in der Gemeinschaft begriffenen Rechte und Pflichten unter sie sowie die Feststellung der durch etwaige Vereinbarung zwischen ihnen begründeten Ansprüche zum Gegenstand haben (PrVBl. 25 147/148). Diese Ansprüche können jetzt in dem durch § 3 Abs. 1 geregelten Verfahren geltend gemacht werden. Die materiellen Vorschriften des § 3 Abs. 2 aber haben keine rückwirkende Kraft; aus ihnen können Ansprüche auf Ausgleichung nicht hergeleitet werden, wenn die Bezirksveränderung bereits vor dem 1. April 1892 eingetreten war (OVG. **26** 99).

Durch die Vorschrift des § 3 Abs. 2 ist der Beschlußbehörde und im Verwaltungsstreitverfahren dem Verwaltungsrichter die Befugnis gegeben, eine Ausgleichung der Belastung der Beteiligten zwischen ihnen herbeizuführen. Diese Ausgleichung kann darin bestehen, daß das Eigentum an Grundstücken des einen Bezirkes oder sonstige Privatrechte des einen Bezirkes dem anderen überwiesen werden (OVG. **26** 100, **33** 160), oder darin, daß der eine Bezirk ein Geldkapital oder eine Jahresrente an den anderen zu zahlen verpflichtet wird (OVG. **33** 137), oder darin, daß dem einen Bezirk eine öffentlich-rechtliche Verpflichtung auferlegt wird, die bisher von dem anderen Bezirke ganz oder zum Teil zu tragen war, oder darin, daß die Bewohner oder Grundbesitzer eines Ortsteils zu steuerlichen Vorausleistungen vor denen in den anderen Ortsteilen verpflichtet werden (s. Anm. 34 und 35).

Da an sich aus der Grenzveränderung den Beteiligten kein Recht auf Entschädigung wegen Mehrbelastung mit kommunalen Pflichten erwächst (OVG. **13** 204), so kann eine Ausgleichung der bezeichneten Art nur dann bewirkt werden, wenn besondere Gründe sie erforderlich machen. Eine Veränderung in der Belastung der beteiligten Bezirke gibt hierzu nur dann Anlaß, wenn sie einen solchen Umfang erreicht, daß die eintretende Mehrbelastung des einen Bezirkes dessen Leistungsfähigkeit übersteigt oder der Billigkeit nicht entspricht. Darüber, ob diese Voraussetzungen vorliegen und in welchem Maße ihnen Rechnung zu tragen ist, entscheidet das freie Ermessen der die Auseinandersetzung beschließenden Behörde und des Verwaltungsgerichts (OVG. **33** 163, 166, 169; PrVBl. **20** 421, **22** 393 und **29** 603). Hierbei ist zu prüfen, ob der Zuwachs an der Gesamtheit der Kommunallasten in einem erheblichen Mißverhältnisse zu dem Zuwachs an Steuerkraft steht (OVG. **46** 147). Der Umstand, daß ein Kommunalbezirk durch die Grenzveränderung an Steuerkraft verliert, ist kein besonderer Grund für eine Ausgleichung, kann aber ausnahmsweise dazu werden, wenn der verkleinerte Bezirk durch die Verminderung seiner Steuerkraft außer Stand gesetzt wird, seine öffentlich-rechtlichen Verpflichtungen zu erfüllen, oder wenn ihm dies nur unter übermäßiger Belastung möglich wäre (OVG **53** 66). — Bei Bemessung der dem Besitzer eines Gutsbezirks zur Ausgleichung aufzulegenden Leistung an eine Landgemeinde ist auch die persönliche Leistungsfähigkeit des Gutsbesitzers zu berücksichtigen (Entsch. des OVG. vom 26. November 1912 — I C 42/11). In dem Auseinandersetzungsbeschlusse kann bestimmt werden, von welchem Zeitpunkt ab die Gemeindeabgaben in dem eingemeindeten Teile an die Gemeinde zu zahlen sind, welcher dieser Teil zugelegt worden ist (OVG. **33** 162). — Über die Auseinandersetzung wegen der Kreisabgaben des umgemeindeten Teiles einer Gemeinde s. OVG. **40** 155.

Ausgleichung auf Grund eines besonderen Rechtstitels. In dem Verfahren des § 3 können auch solche Ansprüche auf Ausgleichung öffentlicher Interessen geltend gemacht werden, welche auf einem besonderen Rechtstitel (Vereinbarung der Beteiligten) beruhen (s. oben Anm. 30), insbesondere vertragsmäßig begründete Ansprüche auf Ausstattung einer neugebildeten oder vergrößerten Gemeinde durch die Gemeinde oder den Besitzer des selbständigen Gutsbezirks, welche jene Gemeinde ganz oder zum Teil in sich aufgenommen hat. Solche Ausstattungen können in Grundstücken oder Kapital oder Renten bestehen. Hat sich der Besitzer eines Gutsbezirks vertragsmäßig verpflichtet, die Landgemeinde, welcher der Gutsbezirk einverleibt wird, mittels Hergabe desjenigen Landes oder Kapitals auszustatten, welches dazu etwa von der Kommunalaufsichtsbehörde gefordert werden würde, so ist nach Vollzug der Bezirksveränderung der Kreisausschuß zu der Feststellung berufen, ob die Landgemeinde infolge der Bezirksveränderung einer Erweiterung ihrer Einrichtungen (des Gemeindehauses, Armenhauses, der Feuerlöscheinrichtungen u. dgl.) bedarf und in welcher Höhe hierzu ihre Ausstattung erforderlich ist (OVG. 58 99).

Auseinandersetzung und Ausgleichung wegen der Armenlast. Über die Wirkung der Bezirksveränderung auf die Armenlast (s. oben Anm. 30) und die Auseinandersetzung wegen dieser Last ist folgendes zu bemerken: Bei Abtrennung eines Teiles von dem einen Ortsarmenverband bildenden Gemeindebezirk oder Gutsbezirk und Vereinigung dieses Teiles mit einer anderen Gemeinde sowie bei Teilung eines Gemeinde- oder Gutsbezirkes in zwei oder mehrere Bezirke wird die Armenlast hinsichtlich der Personen, die in dem ungeteilten Ortsarmenverbande den Unterstützungswohnsitz erworben hatten, eine gemeinschaftliche Last der Ortsarmenverbände, welchen Teile des alten ungeteilten Armenverbandes nunmehr angehören. Diese Last bezieht sich nicht nur auf die bei der Bezirksveränderung bereits vorliegenden Unterstützungsfälle, sondern umfaßt auch die Fürsorge für solche später hilfsbedürftig werdenden Personen, welche in dem ungeteilten Bezirk ihren Unterstützungswohnsitz erworben und ihn zur Zeit des Eintritts der Hilfsbedürftigkeit noch nicht verloren hatten, sowie für solche Personen, die ihren Unterstützungswohnsitz von jenen ableiten. Bei der Auseinandersetzung wegen der Armenlast kann die gemeinschaftliche Last entweder einem der beteiligten Armenverbände allein überwiesen und den anderen Beteiligten als Gegenleistung hierfür die Zahlung einer Entschädigung an den Übernehmer der Last auferlegt oder es kann die gemeinschaftliche Last derart verteilt werden, daß jeder der beteiligten Verbände alleiniger Träger eines bestimmten Teiles der Last wird. Entspricht diese Teilung nicht den Anteilen, zu denen die Last bisher von den Beteiligten getragen worden war, so muß für den mehr als bisher belasteten Verband eine seiner Mehrbelastung entsprechende Entschädigung festgesetzt werden. Abgesehen von dieser Teilung der Last unter Gewährung einer Entschädigung kann noch aus Billigkeitsrücksichten „zur Ausgleichung der öffentlichen Interessen" dem einen Verbande die Gewährung einer Beihilfe zu den Armenpflegekosten auferlegt werden, wobei auch die zukünftige Belastung mit später entstehenden, den neuen Verbänden allein zufallenden Armenkosten berücksichtigt werden und die Leistungsfähigkeit der beteiligten Verbände in Betracht gezogen werden kann. Die Auseinandersetzung wegen der bestehenden gemeinschaftlichen Armenlast kann mit öffentlich-rechtlicher Wirkung durch eine Vereinbarung der beteiligten Armenverbände nicht herbeigeführt werden (vgl. OVG. 41 179, 33 132).

rechtlichen Interessen der Beteiligten zu treffen. Insbesondere [34]) können einzelne Beteiligte [34a]) im Verhältnis zu anderen Beteiligten, welche für gewisse kommunale Zwecke bereits vor der Vereinigung für sich allein Fürsorge getroffen haben, oder solche Beteiligte, welche vorwiegend Lasten in die neue Gemeinschaft bringen, zu Vorausleistungen verpflichtet werden. Auch kann, [35])

---

34) **Besondere Fälle.** Es sind hier beispielsweise zwei Fälle angeführt:

a) die Vereinigung von Bezirken (Bezirksteilen), von denen der eine bereits vor der Vereinigung Fürsorge für gewisse kommunale Zwecke getroffen und Einrichtungen hergestellt hat, die dem hinzutretenden Bezirke bisher gemangelt haben, und an denen er nun Anteil erhält (z. B. eine Wasserleitung, ein Armenhaus), ohne zu der Herstellung beigetragen zu haben, — b) die Vereinigung von Bezirken (Bezirksteilen), von denen der eine vorwiegend belastet ist (z. B. mit hohen Armenpflegekosten, Unterhaltung von langen Wegestrecken). Zur Ausgleichung können hier Vorausleistungen an Gemeindeabgaben den Bewohnern desjenigen Teiles des neuen Bezirkes, welcher durch die Vereinigung Anrecht auf die von dem anderen Teile geschaffenen Einrichtungen erhält (Fall a), oder den Bewohnern desjenigen Teiles, welcher vorwiegend Lasten in die neue Gemeinschaft gebracht hat (Fall b), auferlegt werden. Diese Vorausleistungen werden in einem höheren prozentualen Zuschlag zu den der Gemeindesteuer zugrunde zu legenden Staatssteuern zu bestehen haben (s. KAG. § 20).

34a) **Begriff der Beteiligten.** Beteiligte sind hier weder Gemeinde- oder Gutsbezirke noch einzelne Personen, sondern Ortsteile des vergrößerten Gemeindebezirks (s. oben Anm. 31a). Die Auseinandersetzung kann hier nur in der Weise erfolgen, daß den Bewohnern, Grundbesitzern oder Gewerbetreibenden des einen Ortsteils eine höhere Abgabenpflicht (Mehrbelastung) auferlegt wird, als denen des anderen Ortsteils (OVG. 42 86). — Die gewissen Personen und Grundstücken gesetzlich zustehenden Steuerprivilegien dürfen hierdurch nicht beeinträchtigt werden (PrVBl. 23 468).

35) **Entschädigungsanspruch des verkleinerten Bezirks.** In dem hier vorgesehenen Falle handelt es sich nicht um eine verschiedene Belastung der einzelnen Teile eines neugebildeten oder vergrößerten Gemeindebezirkes, sondern um eine Belastung des alten, durch die Bezirksveränderung verkleinerten Bezirkes zugunsten des neugebildeten oder vergrößerten Bezirkes. Die von jenem Bezirke zu gewährende Beihilfe darf die Höhe des Vorteils nicht übersteigen, der aus der Bezirksveränderung dem verkleinerten Bezirk erwächst. Sie kann in Kapitalzahlung oder in fortlaufenden Zuschüssen bestehen. Letztenfalls kann die Ablösung vorbehalten werden. Auch können beide Arten von Beihilfen verbunden werden. Steht der Erleichterung in den Lasten eine Erschwerung gegenüber, so kommt

wenn eine Gemeinde oder der Besitzer eines Gutsbezirks durch die Abtrennung von Grundstücken eine Erleichterung in öffentlich-rechtlichen Verpflichtungen erfährt, der Gemeinde, welcher, oder dem Gutsbezirke, welchem jene Grundstücke einverleibt werden, ferner der neuen Gemeinde oder dem neuen Gutsbezirk, welche aus letzteren gebildet werden, eine Beihilfe zu den ihnen durch die Bezirksveränderung erwachsenden Ausgaben bis zur Höhe des der anderen Gemeinde oder dem Gutsbesitzer dadurch entstehenden Vorteils zugebilligt werden. Im Falle der Vereinigung von Gemeinden geht das Vermögen derselben auf die neugebildete Gemeinde über.

§ 4.

Streitigkeiten [36]) über die bestehenden Grenzen der

---

nur die Erleichterung abzüglich der Erschwerung als wirkliche Erleichterung des verkleinerten Bezirkes in Betracht. Der Umfang der Entschädigung ist in das Ermessen der die Auseinandersetzung bewirkenden Behörde gestellt (PrVBl. 24 149 und 26 501; vgl. auch PrVBl. 23 633).

36) **Verwaltungsstreitverfahren über die kommunale Eigenschaft und Zugehörigkeit. Klagegrund. Klageantrag. Widerklage. Parteien. Beiladung.** Eine Streitigkeit im Sinne des § 4 liegt schon dann vor, wenn Zweifel über die Zugehörigkeit zu einem bestimmten Bezirke bestehen, die im öffentlichen Interesse beseitigt werden müssen. Die Entscheidung dieser Streitigkeiten erfolgt im Verwaltungsstreitverfahren. Gegenstand der Entscheidung ist die Frage, welche Grenzen rechtlich, nicht welche tatsächlich bestehen (OVG. 60 42; PrVBl. 20 91). — Die kommunale Zugehörigkeit ist kein Recht, welches ersessen werden kann. Eine nur tatsächlich vorhandene Zugehörigkeit hat daher, abgesehen von dem besonderen in § 6 Nr. 3 des Armenpflegegesetzes vom 31. Dezember 1842 behandelten Falle (s. unten Anm. 37), keine Rechtswirkungen.

Unzulässig ist eine Klage, welche sich darauf stützt, daß Festsetzungen oder Beschlüsse der für die Bildung und Abgrenzung der Gemeinden zuständigen Behörden deshalb rechtsungültig seien, weil die tatsächlichen Voraussetzungen, von denen jene Behörden bei ihren Organisationsakten ausgegangen sind, unrichtig gewesen seien, insbesondere hinsichtlich der Kommunalfreiheit der eingemeindeten Grundstücke. Eine Nachprüfung solcher organisatorischen Verwaltungsakte im Verwaltungsstreitverfahren ist nur dahin zulässig, ob die betreffende Behörde überhaupt zu Anordnungen der betreffenden Art an sich zuständig gewesen ist, nicht aber dahin, ob die tatsächlichen Voraussetzungen für ihre

Zuständigkeit vorgelegen haben und ob die Vorschriften über das Verfahren beobachtet worden sind (OVG. 22 87, 90, 25 159, 48 153 und PrVBl. 20 270). — Hinsichtlich der älteren Entscheidungen von Verwaltungsbehörden über die kommunale Zugehörigkeit, die im Aufsichtswege vor Erlaß des Zuständigkeitsgesetzes erlassen waren, und hinsichtlich der Zwischenentscheidungen, welche über die Gemeindegrenzen gelegentlich eines anderen Rechtsstreits von den für diesen zuständigen Gerichten ergangen waren, s. unt. Anm. 40. Beruhte bei Fassung eines Beschlusses des Kreisausschusses, ein kommunalfreies Grundstück einem bestehenden Gutsbezirk einzuverleiben, die Annahme des Bestehens eines solchen Gutsbezirkes auf Irrtum, so entbehrt der Beschluß der rechtlichen Wirksamkeit.

Zum Gegenstande der Entscheidung in dem Verwaltungsstreitverfahren kann nur das gemacht werden, worüber die Parteien eine Entscheidung beantragen. Der Antrag braucht nicht stets auf eine positive Feststellung gerichtet zu sein, er kann auch auf eine negative Feststellung gehen, z. B. dahin, daß ein Grundstück einem bestimmten Gemeindebezirke nicht angehört (PrVBl. 19 35), oder auf die Aberkennung der Eigenschaft als Gutsbezirk. — Der Beklagte kann nicht nur die Abweisung der Klage beantragen, sondern auch im Wege der Widerklage beantragen, dem betreffenden Grundstück eine andere kommunale Eigenschaft, als die von dem Kläger gewollte, zuzusprechen. — Der Verwaltungsrichter ist nicht an die Angaben und Beweisanträge der Parteien gebunden. Er hat beim Versagen der von den Parteien angetretenen Beweise für die kommunale Eigenschaft oder Zugehörigkeit der Grundstücke diese von Amtswegen zu ermitteln (OVG. 60 45; PrVBl. 9 4) und darf sich der Entscheidung nicht dadurch entziehen, daß er die Gemeindegrenzen wegen des Mangels ausreichender Beweismittel nicht für feststellbar erklärt (OVG. vom 6. Oktober 1913 — I C 34/12). Dagegen hat in einem Streitverfahren über die Gemeindeabgaben, in welchem die Gemeindezugehörigkeit des besteuerten Grundstücks von dem zur Steuer Herangezogenen bestritten wird, der beklagte Gemeindevorstand den Beweis des Steuerrechts der Gemeinde und mithin auch den Beweis der Zugehörigkeit jenes Grundstücks zum Gemeindebezirk zu führen (OVG. 53 47). — Der Verwaltungsrichter ist in den Streitsachen aus § 4 auch an die Anträge der Parteien nicht derart gebunden, daß er entweder ihnen entsprechen oder sie zurückweisen muß; er darf vielmehr dem Grundstück auch eine andere als die beantragte Eigenschaft oder Zugehörigkeit zusprechen, sofern die hierdurch berührten Gemeinden oder Gutsbezirke an dem Verfahren als Parteien beteiligt gewesen sind (PrVBl. 23 72). Parteien in einer Grenzstreitigkeit zwischen Gemeinden oder Gutsbezirken sind die Gemeinden und die Gutsherren der Gutsbezirke (§ 122), nicht die Gemeindevorsteher als solche oder die Gutsvorsteher, ebensowenig die Gutsbezirke, die (abgesehen von gewissen Ausnahmen) keine juristische Personen sind (PrVBl. 34 666). Die Ansicht des OVG., daß der Gutsvorsteher die Rechte des Gutsbezirkes in einem solchen Streitverfahren wahrzunehmen

Gemeinde- und Gutsbezirke,[37]) sowie über die Eigen-

habe (OVG. 12 181), ist von ihm später aufgegeben worden (OVG. vom 3. Januar 1911 — I B 33/09 und vom 27. März 1913 — I C 7/12). — Steht die Frage, ob einem Grundbesitze die Eigenschaft eines selbständigen Gutsbezirks zukommt, in unzertrennbarem Zusammenhange mit einer Feststellung darüber, ob jener Grundbesitz nicht zu dem Bezirk einer bestimmten Landgemeinde gehöre, so ist neben dem Kommissar zur Wahrnehmung des öffentlichen Interesses, demgegenüber die Frage zu entscheiden ist, ob ein Gutsbezirk besteht, die betreffende Landgemeinde als Partei (Beklagte) bei dem Streitverfahren zu beteiligen, und zwar auch dann, wenn sie zur Beschreitung des Klagewegs keine unmittelbare Veranlassung gegeben haben sollte (OVG. vom 19. April 1912 — I C 74/11). Durch Beiladung (LVG. § 70) kann der Mangel, daß die Klage gegen den hiernach als Beklagten in Anspruch zu nehmenden Kommunalverband nicht erhoben worden ist, nicht beseitigt werden (OVG. 12 274, 40 153, PrVBl. 20 4). Bei einer Grenzstreitigkeit kann die Klage nicht von der einen Gemeinde gegen einen Vertreter des öffentlichen Interesses als Beklagten, wohl aber von diesem gemäß LVG. § 74 Abs. 3 als Kläger erhoben werden, wenn keine der beteiligten Gemeinden eine Klage anstellt (OVG. 52 53). Dagegen ist ein einzelner, namentlich der Eigentümer eines Grundstückes, der durch dessen unrichtige kommunale Behandlung benachteiligt zu sein glaubt, zur Klageerhebung nicht berechtigt (OVG. 54 51). Er kann daher auch als Beigeladener (s. unten) gegen die ergangene Entscheidung kein Rechtsmittel einlegen (PrVBl. 34 666). Im übrigen bedarf es bei bloßen Grenzstreitigkeiten nicht der Beteiligung eines Vertreters des öffentlichen Interesses. Handelt es sich um einen Streit über die Eigenschaft einer Ortschaft als Landgemeinde oder als Gutsbezirk, so muß hierbei ein Vertreter des öffentlichen Interesses in einer Parteirolle (als Kläger oder Beklagter) beteiligt werden (OVG. 12 178, 20 174, 39 120; PrVBl. 29 165). — Die Eigentümer der Grundstücke, welche von der Entscheidung über die kommunale Eigenschaft oder Zugehörigkeit betroffen werden, sind zu dem Streitverfahren beizuladen, soweit sie nicht (als Gutsbesitzer im Gutsbezirke) schon als Parteien beteiligt sind (OVG. 10 92, 12 183, 52 53). Auch der Kreisverband, dessen Grenzen durch die Änderung der Grenzen einer von dem Streitverfahren betroffenen Gemeinde geändert werden (s. oben Anm. 29) kann zu dem Verfahren beigeladen werden (OVG. 54 496).

37) **Abgrenzung der Landgemeinden und Gutsbezirke. Vorwerksland und Bauernland. Normaljahre.** Weder die Bezirke der Landgemeinden noch die Gutsbezirke stellen stets geschlossene Feldmarken dar; sie können miteinander und auch mit den zu einem Stadtbezirk gehörigen Grundstücken sich in vermengter Lage befinden.

Streitigkeiten über die Grenzen zwischen einem Gutsbezirk und einer Landgemeinde können namentlich dann entstehen, wenn es zweifelhaft ist, ob früher bäuerliche, von dem Gutsbesitzer erworbene Grundstücke oder früher herrschaftliche, an bäuerliche Besitzer veräußerte Grundstücke mit dem Wechsel des Eigentümers auch ihre kommunale Zugehörigkeit gewechselt haben. Hierüber ist außer dem bereits oben Anm. 5 Gesagten noch folgendes zu bemerken: Wo von der Regierung das Einziehen bäuerlicher Grundstücke zum gutsherrlichen Vorwerkslande (das sogenannte „Legen der Bauern") dem Gutsherrn untersagt worden war (vgl. OVG. 2 120), konnte eine verbotswidrig erfolgte Einziehung eines Bauerngrundstücks dessen Ausscheiden aus dem bäuerlichen Kommunalverbande, der Landgemeinde, nicht zur Folge haben; wo ein solches Verbot nicht bestand, wurden dagegen eingezogene Bauernländereien Bestandteile des herrschaftlichen Besitzes und hiermit des späteren Gutsbezirkes. In der Mark Brandenburg sollten nach den Edikten vom 29. Juni 1714, 31. März und 30. August 1717 alle Höfe und Äcker, welche nach dem Jahre 1624 eingezogen oder doch im Steuerkataster von 1624 noch als steuerbare und mit Bauern zu besetzende aufgeführt waren, wieder besetzt werden (OVG. 8 103, 20 140). Durch Reskript vom 14. März 1739 wurde vom Könige der pommerschen Kriegs- und Domänenkammer befohlen, darauf zu achten, daß kein Gutsherr einen Bauern ohne genügenden Grund und ohne sofortige Wiederbesetzung der Stelle aus dieser entferne (OVG. 8 104, 20 140). Für das Herzogtum Schlesien und die Grafschaft Glatz wurde in der Konstitution vom 14. Juli 1749 bestimmt, daß die bäuerliche Eigenschaft nur solchen Grundstücken verloren gegangen sein solle, welche bereits vor dem Jahre 1633 von der Gutsherrschaft eingezogen worden waren (OVG. 2 137, 12 163). Das Edikt vom 12. August 1749 dehnte das Verbot des Einziehens von Bauernstellen auf die übrigen Provinzen aus. Es sollte auch für die Domänenämter gelten. Durch die Edikte vom 5. und 12. Juli 1764 wurde die Wiederbesetzung der seit den Jahren 1723 und 1740 eingezogenen Bauernstellen befohlen. Diese Edikte gelten auch für Hinterpommern und die Königlichen Ämter (OVG. 8 103 und PrVBl. 28 569) sowie für die damals zur Preußischen Monarchie gehörigen Teile der jetzigen Provinzen Ost- und Westpreußen. In Ostpreußen wurden sie aber suspendiert und erst wieder durch Verordnung vom 31. Mai 1806 in Kraft gesetzt, wobei als Normaljahr, ebenso wie für Westpreußen, das Jahr 1772 bestimmt wurde. Durch das Edikt vom 9. Oktober 1807 wurde die Einziehung von Bauernhöfen zum Vorwerksland mit Genehmigung der Kriegs- und Domänenkammern gestattet und durch das Regulierungsedikt vom 14. September 1811 §§ 32, 33 (GS. S. 281) und die Deklaration vom 29. Mai 1816 (GS. S. 154) noch weiter erleichtert (s. auch Kab.Order vom 6. Mai 1819, GS. S. 153). Die Verordnung vom 20. Juni 1817 (GS. S. 161) ermächtigte die Auseinandersetzungsbehörde zur Feststellung und Regulierung der öffentlich-rechtlichen Verhältnisse der beteiligten Korporationen auch hinsichtlich der eingezogenen Bauerngüter. Die Bestimmungen der Regulierungsrezesse sind daher für die Gemeindezugehörigkeit der eingezogenen Bauernhöfe in erster Linie maßgebend. Bestimmen sie hierüber nichts, so ist entscheidend, ob die Einziehung verbotswidrig erfolgt ist oder nicht (OVG. 20 132, 140, 30 318). An diesem Rechtszustande wurde durch das Landgemeindeverfassungsgesetz vom 14. April 1856 nichts geändert (OVG. 2 141). In dem von Preußen im Jahre 1815 erworbenen Teile der Oberlausitz war durch die Untertanenenordnung vom 4. Juli 1651 und die Kurfürstliche Resolution vom 7 September 1672 den Gutsherren die Einziehung der Bauernstellen gestattet. Soweit dort Gutsherren vor Einführung des Preußischen Landrechts von diesem Rechte Gebrauch gemacht haben, sind die betreffenden Grundstücke Bestandteile des Ritterguts und hiermit des jetzigen Gutsbezirkes geworden (OVG. 22 107, 27 119).

Änderung der Grenzen des Gutsbezirks bei Veräußerung von Trennstücken an Bauern. Hiernach bestand der Gutsbezirk von alters her aus den Grundstücken, welche stets in herrschaftlichem Besitze gewesen, nicht zu bäuerlichen Rechten unter Anschluß an eine bestehende Landgemeinde oder unter Gründung einer solchen veräußert worden waren, sowie aus den nicht verbotwidrig eingezogenen Bauerngrundstücken („wüsten Hufen“ s. § 28) und dem früheren Bauernlande, das bei Regulierung der gutsherrlich-bäuerlichen Verhältnisse dem Gutsherrn als Abfindung überwiesen worden war. Wurde vor dem Inkrafttreten der neuen Agrargesetzgebung (dem 1. Januar 1812) ein gutsherrliches Grundstück an einen Bauern veräußert, so trat es ohne weiteres in den Gemeindebezirk, ohne daß es hierzu einer staatlichen Anordnung bedurfte (OVG. 48 125). Bestand jedoch neben dem gutsherrlichen Vorwerkslande keine Landgemeinde, so blieben die vom Gutsherrn veräußerten Grundstücke Teile des Gutsbezirkes (PrVBl. 20 5 und 24 570). Auch eine größere Anzahl solcher Grundstücke (Kolonie) konnte nach dem Inkrafttreten des Allgemeinen Landrechts eine Landgemeinde nur durch eine Anordnung des Königs werden (OVG. 8 86). — Trennstücke eines Gutsbezirkes, welche nach dem 1. Januar 1812 und bis zum Erlasse des Armenpflegegesetzes vom 31. Dezember 1842 an bäuerliche Besitzer veräußert worden waren, sind nach § 6 Nr. 3 dieses Gesetzes Bestandteile des Gemeindebezirkes geworden, wenn ihre Vereinigung mit diesem vor Erlaß des Gesetzes, zwar ohne ausdrückliche Zustimmung der Gemeinde und ohne Genehmigung der Landespolizeibehörde, jedoch ohne Widerspruch der Beteiligten wirklich zur Ausführung gekommen war (OVG. 2 119, 10 99 und PrVBl. 22 321). Die erwähnte Bestimmung bezieht sich aber weder auf Gutsländereien, die mit einem anderen Gute wirtschaftlich vereinigt worden sind (OVG. 10 97), noch auf bäuerliche, vom Gutsherrn erworbene Grundstücke (OVG. 8 111), noch auf die Vereinigung eines ganzen Gutsbezirks mit einer Landgemeinde (PrVBl. 29 170), noch auf die Vereinigung eines städtischen Grundstücks mit einer Landgemeinde, deren Gutsherr die Stadt war (OVG. 52 56). — Der Nachweis der tatsächlichen Vereinigung der vom Gutsherrn veräußerten Grundstücke mit der Landgemeinde kann nur durch die Feststellung erbracht werden, daß die Grundstücksbesitzer an den Pflichten, welche mit dem Grundbesitz in der Gemeinde verbunden waren, teilgenommen, und die entsprechenden Rechte ausgeübt haben (PrVBl. 20 289). Eine vor Einführung des Allgemeinen Landrechts von dem Gutsherrn als „Schulzengrundstück" ausgetane Besitzung, die hiernach bei Einführung des Landrechts eine bäuerliche Ackerstelle war, ist auch nach ihrem später erfolgten Heimfall an den Gutsherrn Bestandteil des Gemeindebezirkes geblieben.

Grenzveränderung bei Gemeinheitsteilungen. Die dem Gutsherrn auf Grund des Ediktes vom 14. September 1811 (GS. S. 281) bei der Regulierung der gutsherrlichen und bäuerlichen Verhältnisse überwiesene Abfindung schied aus dem Gemeindebezirk aus und wurde Bestandteil des herrschaftlichen Gutes (OVG. 3 99, 5 150, 20 133; PrVBl. 28 511). Enthielt das berechtigte Gut bis dahin noch kein Vorwerksland, sondern bestand es nur aus „Ehrungen", so bildete nunmehr die Abfindung den Gutsbezirk (OVG. 6 89). Diese Rechtssätze beziehen sich aber nur auf Landabfindungen, welche dem Gutsherrn für die Ablösung bäuerlicher Abgaben und Dienste, nicht aber auf Landflächen, welche ihm bei der Gemeinheitsteilung als Abfindung für ihm gehörige, von ihm in die Teilungsmasse eingeworfene bäuerliche Grundstücke überwiesen worden waren. Diese blieben Teile der Landgemeinde (PrVBl. 27 752). Landabfindungen, die bei der Gemeinheitsteilung für Weidegerechtigkeiten überwiesen worden sind, teilen die kommunale Eigenschaft des Grundstücks, dessen Zubehör die aufgehobenen Gerechtigkeiten gewesen waren (PrVBl. 28 511). Wurde bei einer Separation, bei der ein herrschaftliches Gut und eine Landgemeinde beteiligt waren, Grundstücke des Gutes gegen solche der Gemeinde ausgetauscht, so wechselten diese, wenn in dem Rezesse nichts anderes bestimmt wurde, ohne weiteres auf Grund der Vorschriften des § 147 der Gemeinheitsteilungsordnung vom 7. Juni 1821 ihre kommunale Zugehörigkeit (OVG. 2 158, 48 154; PrVBl. 32 616). — Über die kommunale Zugehörigkeit einer Gesamtabfindung für Grundstücke, die denselben Eigentümer, aber verschiedene kommunale Eigenschaften gehabt hatten, s. OVG. 53 44.

Befugnisse der Generalkommissionen. Die Generalkommissionen waren namentlich auf Grund des § 147 der Gemeinheitsteilungsordnung vom 7. Juni 1821 (GS. S. 53) befugt, in den von ihnen aufgenommenen oder bestätigten Rezessen die Gemeindezugehörigkeit der von einer Ablösung oder Gemeinheitsteilung betroffenen Grundstücke zu bestimmen und demgemäß die bisherigen Grenzen abzuändern (OVG. 3 101, 8 112, 20 136, 48 154; PrVBl. 13 597, 32 616). Diese Befugnis wurde auch durch das Landgemeindeverfassungsgesetz vom 14. April 1856 nicht beseitigt (s. MBl. 1860 S. 223 und PrVBl. 20 270). Zur Bildung neuer Gemeinden oder Gutsbezirke waren die Generalkommissionen nicht befugt (PrVBl. 24 293). Da die LGO. eine neue, erschöpfende Regelung der Zulässigkeit von Bezirksveränderungen und des hierbei zu beachtenden Verfahrens enthält, so ist anzunehmen, daß durch sie die früheren Befugnisse der Generalkommission zur Abänderung der Gemeindegrenzen beseitigt worden sind.

Rittergüter im Gebiete des ehemaligen Königreichs Westfalen. In den zum ehemaligen Königreiche Westfalen gehörigen Landesteilen waren durch die dortige Gesetzgebung die Rittergüter mit den Gemeinden vereinigt worden. Durch die Verordnung vom 31. März 1833 wurde diese Vereinigung wieder aufgehoben. Sie sollte nur dann fortbestehen, wenn beide Teile es vereinbarten. Ist eine solche Vereinbarung nicht geschlossen worden, so sind die Rittergüter selbständige Gutsbezirke geblieben (OVG. 6 99, 11 155, PrVBl. 18 157). Auf andere herrschaftliche Güter als Rittergüter (z. B. auf Klostergüter) beziehen sich die Vorschriften jener Verordnung nicht. — S. auch oben Anm. 5.

Frühere Zuständigkeit der Behörden zu Bezirksveränderungen. Abgesehen von den erörterten Fällen bedurfte es in älterer Zeit zu jeder Bezirksveränderung einer landesherrlichen Anordnung oder einer Vereinbarung der Beteiligten und der Zustimmung der Bezirksregierung als Kommunalaufsichtsbehörde. Die Königliche Anordnung war stets erforderlich, wenn es sich um die Neubildung einer Gemeinde oder eines Gutsbezirks oder deren Auflösung handelte. Das Gesetz vom 3. Januar 1845 übertrug bei Gründung neuer Ansiedlungen und Kolonien sowie bei Zerteilung von Grundstücken der Regierung auch die Aufgabe, hierbei die Kommunalverhältnisse zu regeln (PrVBl. 17 470). — Der Rechtszustand, wonach zur Veränderung der Gemeindegrenzen, wenn sie nicht in einem von der Generalkommission bestätigten Rezesse erfolgte, die Genehmigung der Regierung als Landespolizei- und Kommunalaufsichtsbehörde erforderlich war, dauerte bis zum Erlaß der Gemeindeordnung vom 11. März 1850. Die Beschlüsse, welche auf Grund der §§ 146, 147 dieser nur kurze Zeit in Geltung gewesenen Gemeindeordnung über die Bildung und Begrenzung von Gemeinden durch die hierfür bestimmten Kommissionen gefaßt worden waren, erlangten erst durch ihre Bestätigung seitens des Ministers des Innern Rechtsgültigkeit (OVG. 25 156). Nach Erlaß des Gemeindeverfassungsgesetzes vom 14. April 1856 (§ 1 daselbst) war zur Vereinigung mehrerer Gemeinden oder Gutsbezirke miteinander die Genehmigung des Königs ebenso wie zur Bildung neuer Gemeinden oder Gutsbezirke erforderlich, während es zur Abtrennung einzelner Grundstücke von einem Gemeinde- oder Gutsbezirk und zu deren Vereinigung mit einem anderen Bezirk nur der Genehmigung des Oberpräsidenten (OVG. 42 7) bedurfte. Nach der Kreisordnung vom 13. Dezember 1872, dem Zuständigkeitsgesetz vom 26. Juli 1876 und 1. August 1883 erfolgten diese Bezirksveränderungen durch Beschluß des Kreisausschusses. Eine stillschweigende Eingemeindung eines Grundstücks in den Bezirk einer Landgemeinde war hiernach seit dem Erlasse des Gesetzes vom 31. Dezember 1842 nicht mehr möglich (PrVBl. 22 603). — Ein Gutsbezirk, der sich über mehrere Kreise erstreckt, ist keineswegs mit dem Inkrafttreten der Kreisordnung kraft Gesetzes je nach seiner Kreisangehörigkeit in mehrere selbständige Gutsbezirke zerlegt worden (OVG. **63** 188).

Umfang des Gemeindebezirks. Zu dem Bezirk einer Landgemeinde gehören das eigentliche Dorf (die Wohnhäuser mit den dazu gehörigen Wirtschaftsgebäuden, Höfen und Gärten) und die Dorfflur oder Feldmark (Felder, Wälder, Wege und Gewässer). Nach ALR. § 18 II 7 wurde die Landgemeinde von den Besitzern der in einem Dorfe oder in dessen Feldmark gelegenen bäuerlichen Grundstücke gebildet. Diese Grundstücke, einschließlich derjenigen, deren Besitzer außerhalb der Gemeinde wohnten (Forensen), stellten den Gemeindebezirk dar. Unter ihnen sind jedoch nicht nur solche zu verstehen, deren Besitzer „Gutsuntertanen" waren. Auch die im Dorfe belegenen Grundstücke von Personen, die weder erbuntertänig waren noch Landwirtschaft betrieben, wie Krüge (Schankwirtschaften), Schmieden, Mühlen, konnten zum Gemeindebezirke gehören. Dasselbe gilt von Pfarrgrundstücken und Kirchengrundstücken (OVG. 2 162, **13** 189). Es besteht aber keine Rechtsvermutung dafür, daß sämtliche Grundstücke einer im Dorfe gelegenen Kirche auch zu dessen Gemeindebezirke gehören, vielmehr können Ländereien, welche ehemals der Gutsherr an die Kirche verliehen hat, im Gutsbezirke verblieben sein. Ob das eine oder das andere stattgefunden hat, muß in jedem Streitfalle nach den besonderen Umständen ermittelt werden. Hierbei kann es von entscheidender Bedeutung sein, ob die Kirchen- oder Pfarrländereien mit den Ländereien des Bauerndorfes oder ob sie mit den gutsherrlichen Ländereien (Vorwerksland) in einer wirtschaftlichen Gemeinschaft (Feldgemeinschaft, Hütungsgemeinschaft) gestanden haben. Auch der Umstand, daß von jenen Grundstücken tatsächlich Gemeindeabgaben gezahlt worden sind, läßt einen Rückschluß auf ihre Gemeindezugehörigkeit ebenso zu, wie der Umstand, daß sie in früherer Zeit zu den nur von den bäuerlichen Grundstücken zu entrichtenden Staatsabgaben herangezogen worden waren (PrVBl. **22** 614 und **28** 492). Die tatsächliche Behandlung eines Grundstücks als Bestandteil des Gemeindebezirkes, welche erst nach Erlaß des Gesetzes vom 31. Dezember 1842 (s. oben) erfolgt ist, begründet zwar an sich keine Rechtsvermutung für dessen rechtliche Zugehörigkeit, kann aber als ein Beweismoment für diese verwertet werden und muß bei dem Mangel anderer Beweismittel ebenso entscheidend sein, wie bei einem privaten Grenzstreit der Besitzstand entscheidet, falls die richtige Grenze nicht ermittelt werden kann (PrVBl. **6** 250, **22** 603 und 615). — Die Landstraßen, öffentlichen Plätze, Kirchen, Begräbnisplätze und öffentlichen Flüsse sind nicht kommunalfrei, sondern in der Regel Bestandteile der sie umgebenden Gemeinde- oder Gutsbezirke (OVG. **6** 93, **10** 231, PrVBl. **9** 471, **20** 249). Doch läßt der Umstand, daß ein Grundstück (z. B. ein See) ganz von Gemeindeländereien umschlossen ist, noch keinen sicheren Schluß darauf zu, daß es zum Gemeindebezirk gehört (PrVBl. **26** 165). Trennt eine öffentliche Land- und Heerstraße oder ein öffentlicher Fluß zwei Kommunalbezirke, so muß, solange nicht das Gegenteil nachgewiesen wird, die Mitte der öffentlichen

Land- oder Wasserstraße als die kommunale Grenze gelten (OVG. 6 97, 22 198, 40 221, 60 41; PrVBl. 20 249, 23 24, 24 137; OVG. vom 6. Oktober 1913 — I C 34/12).

Über kommunalfreie Grundstücke s. oben Anm. 8.

Auenrecht der Gutsherrn. Streitigkeiten entstehen oft über die kommunalen Verhältnisse der Dorfauen, die trotz ihrer Lage im Bauerndorfe doch rechtlich in der Regel dem Gutsbezirk angehören. Durch die Anw. II Nr. 3 ist ihre Einverleibung in die Landgemeinden mittels des im § 2 Nr. 4 geordneten Verfahrens auf Grund der Bestimmung zu Nr. 5c daselbst als zweckmäßig anerkannt und darauf hingewiesen worden, daß hierdurch eine privatrechtliche Änderung des bisherigen Rechtszustandes nicht herbeigeführt wird. — Das Auenrecht ist in den einzelnen hierfür in Betracht kommenden Provinzen verschieden gestaltet. Als Auenrecht oder Straßengerechtigkeit war im § 3 Nr. 14 des Reallastenablösungsgesetzes vom 2. März 1850 die Befugnis des Gutsherrn bezeichnet, „über die nicht zu den Wegen nötigen freien Plätze innerhalb der Dorflage zu verfügen". Die dort angeordnete Aufhebung des Auenrechts wurde im § 16 des Landgemeindeverfassungsgesetzes vom 14. April 1856 rückgängig gemacht. Das Auenrecht hat seinen Ursprung in den alten grundherrlichen Rechten des Gutsherrn über den bäuerlichen Grundbesitz und wird entweder auf das Eigentum des Gutsherrn an allen in seinem Herrschaftsgebiete gelegenen Grundstücken zurückgeführt, die er nicht ausdrücklich an seine Hintersassen ausgetan hat, oder als ein Ausfluß der dem Gutsherrn über jenes Gebiet zustehenden Gerichtsbarkeit angesehen. Das Auenrecht kommt nur noch in den Provinzen Brandenburg, Schlesien und Pommern vor. In der Provinz Brandenburg hat es die Straßen und freien Plätze in dem Dorfe zum Gegenstande. Es stand in der Kurmark demjenigen Grundherrn zu, welcher Inhaber der allgemeinen Gerichtsbarkeit oder der Straßengerichtsbarkeit war. Das Eigentum und Nutzungsrecht des berechtigten Gutsherrn ist insoweit eingeschränkt, als der nötige gemeine Gebrauch der Straßen und Plätze nicht behindert werden darf (vgl. Scholz, Provinzialrecht der Kurmark §§ 503 und 511; Urteile des Obertribunals in Striethorst' Archiv 17 20 und 48 173; Minist.-Erlaß vom 31. Mai 1854, MBl. S. 113). Auch in der Neumark hatte nur derjenige Inhaber der Straßengerichtsbarkeit, welcher zugleich Grundherr war, das Auenrecht (vgl. Kunow, Provinzialrecht der Neumark 1 188 und 2 262). In der Provinz Pommern besaß nach dem revidierten Entwurfe des dortigen Provinzialrechts vom Jahre 1836 (§§ 20 - 22) die Gutsherrschaft als „Straßengerichtsbarkeit" das Eigentum an den Stellen und Plätzen im Dorfe, die weder Pertinenzien der Höfe und Gebäude waren, noch als Wege oder Fußsteige benutzt wurden. In der Provinz Schlesien ist das Auenrecht ausgedehnter als in jenen Provinzen. Nach dem dortigen Provinzialrechte (vgl. Wentzel, Das Provinzialrecht des Herzogtums Schlesien und der Grafschaft Glatz S. 14 bis 16) stehen vermöge des Auenrechts im Eigentume der Gutsherrschaft: 1. die eigentliche Aue (Plätze im Dorfe, die nicht zu den Gebäuden, Höfen oder Gütern der Dorfinsassen gehören); 2. die Grenzen und Raine, welche die Feldmarken des Gutes von einem anderen Gute scheiden; 3. die in der Feldmark des Dorfes befindlichen unangebauten, nicht zu den Stellen der Dorfinsassen gehörenden freien Plätze und die darauf befindlichen Bäume; 4. alle in der Feldmark des Dorfes befindlichen Privatflüsse, Bäche, Dorf-, Land-Viehwege und die von dem Dorfe nach einem anderen Dorfe führenden Wege. Jedoch unterliegt ein bloß zum Gebrauche des Besitzers bestimmter, von einer Rustikalstelle auf das Feld führender Weg nicht dem Auenrecht. Auch darf die Gutsherrschaft Wege, Einfahrten und Viehtreibe den Dorfeinwohnern nicht schmälern und muß bei der Benutzung der Aue jedem Grundbesitzer so viel Platz frei lassen, daß er zu seinem Gehöft die nötige Einfuhr nach dem Bedürfnisse seiner Landwirtschaft und seines Gewerbes hat. Nach dem schlesischen Auenrechte gehören die Kommunikationswege mit ihren Böschungen, falls sie nicht Chausseen sind, der Gutsherrschaft (Urteil des Obertribunals in Striethorst' Archiv **4** 54). Da die dortigen Auen in erster Linie öffentlichen Zwecken dienen, unterliegen sie nicht der völlig freien Verfügung des Gutsherrn und stehen unter dem Schutze der Polizei. Eigentums- und Nutzungsrechte können gegen den Gutsherrn durch Verjährung nur in soweit erworben werden, als dies mit der Bestimmung der Auen und dem öffentlichen Interesse, welchem sie dienen, vereinbar ist (OVG. **15** 325). Kommunalrechtlich gehören die Auen nicht zum Gemeindebezirke, sondern zum Gutsbezirke (OVG. **5** 116). S. auch Teske, Die schlesische Dorfaue (PrVBl. **26** 177) und Riemann, Das schlesische Auenrecht, 3. Aufl. 1912. Das Provinzialrecht für Niederschlesien (Stylo und Westarp S. 230) enthält im wesentlichen gleiche Bestimmungen. — Wegen des Auenrechts stehen in Schlesien auch die in der Feldmark des Dorfes befindlichen Privatflüsse und Bäche im Eigentume der Gutsherrschaft und sind deshalb von ihr zu räumen (OVG. **36** 302). Auch das Eigentum an dem Bette der die Feldmark durchziehenden öffentlichen Flüsse, bei Grenzflüssen bis zur Hälfte, steht in Schlesien kraft des Auenrechts dem Gutsherrn zu (Urt. des RGer. vom 3. Oktober 1910, PrVBl. **32** 122). Teile der Aue, die zwar öffentlichen Interessen, nicht aber dem öffentlichen Verkehr dienen, können von dem Gutsherrn mit Zustimmung der Polizeibehörde der allgemeinen Benutzung entzogen werden (PrVBl **29** 203).

Beweis der kommunalen Zugehörigkeit. Der Beweis für die kommunale Eigenschaft oder Zugehörigkeit eines Grundstücks wird durch die Tatsache, daß es in dem Grundsteuerkataster einer bestimmten Gemeinde eingetragen worden ist, nicht erbracht (OVG. **30** 130, PrVBl. **16** 75, **20** 248, 288 und **23** 37, **24** 210), ebensowenig durch die militärischen Zwecken dienenden Generalstabskarten (PrVBl. **24** 135), die Hypothekenbücher (Grundbücher, vgl PrVBl **27** 643) und Flurbücher (OVG. vom 3. Januar 1911 — I B 33/09). Doch können die in diesen Büchern enthaltenen tatsächlichen Angaben als Beweismittel neben anderen schaft[38]) einer Ortschaft als Landgemeinde, oder eines Gutes als selbständigen Gutsbezirks unterliegen der Entscheidung des Kreisausschusses, soweit hierbei Stadtgemeinden[39]) in Betracht kommen, des Bezirksausschusses.

Tatsachen für die Feststellung, welche Auffassung die beteiligten Behörden über den Rechtszustand in früherer Zeit gehabt haben, in Betracht kommen. Sie werden, ebenso wie die Einzeichnungen auf älteren amtlichen Flurkarten, namentlich dann von Bedeutung sein, wenn sonstige Beweismittel mangeln und daher die Vermutung, daß der nachgewiesene frühere tatsächliche Zustand auch dem rechtlichen entsprochen hat, für die zu treffende Entscheidung über die Gemeindezugehörigkeit eines Grundstücks ins Gewicht fällt. Auch sonst begründet beim Mangel entgegenstehender Momente die fortgesetzte Betätigung der kommunalen Zugehörigkeit eines Grundstücks die Vermutung für das rechtliche Bestehen einer solchen (PrVBl. 6 250, 22 614). — Maßgebend ist die Eintragung in das Hypothekenbuch für die Eigenschaft eines Gutes als Rittergut in der Provinz Posen (OVG. 29 190), aber nicht in den anderen Provinzen (vgl. Beschl. des Kammergerichts vom 10. Oktober 1904, Rechtspr. d Oberlandsgerichte 12 170). — Beweismittel für die herrschaftlichen Rechte eines Gutes sind auch die zur Feststellung der Pflichten der bäuerlichen Untertanen gegen den Gutsherrn bestimmten Urbarien (OVG. 48 129).

Der Rechtsgrundsatz, daß Veränderungen in der Gemeindezugehörigkeit eines Grundstücks nicht vermutet werden, gilt nur für die Zeit, welche dem Zeitpunkte folgt, für den ein bestimmter Rechtszustand nachgewiesen ist, nicht für die, welche diesem Zeitpunkte vorangegangen ist (PrVBl. 21 94).

38) **Streitigkeiten über die Frage nach dem Gutsherrn.** Über den Begriff der Landgemeinde und des Gutsbezirkes sowie über die rechtlichen Voraussetzungen ihres Bestehens s. oben Anm. 1 bis 5. Die Frage, wer in einem Gutsbezirk als Gutsherr anzusehen ist, kann in einem Verwaltungsstreitverfahren nicht unmittelbar, sondern nur als Zwischenfrage entschieden werden (OVG. 8 90). S. auch § 122 Anm. 2.

39) **Städtisches Kämmereigebiet.** Auch das Kämmereigebiet einer Stadt kann einen Gutsbezirk darstellen. Die kommunalen Verhältnisse des Grundbesitzes der Stadtgemeinden sind verschieden, je nach der Entstehung dieses Grundbesitzes und der Art seiner Verleihung, gestaltet. Der Grundbesitz kann zu dem Gebiete gehören, über welches der Stadt ursprünglich bei ihrer Gründung oder später bei Erweiterung ihres Gebietes von dem Landesherrn die obrigkeitliche Gewalt übertragen worden ist. Er bildet dann die städtische Feldmark und gehört zum Bezirke der Stadtgemeinde, soweit nicht innerhalb dieser Feldmark später selbständige Gemeinden oder (durch einen Akt der Staatshoheit) Gutsbezirke entstanden sind. Er kann aber auch einer Stadt als ein

Diese Behörden beschließen [40]) vorläufig über die im ersten Absatze bezeichneten Angelegenheiten, sofern das öffentliche Interesse es erheischt. Bei dem Beschlusse be-

---

besonderer Besitz außerhalb der Stadtflur mit herrschaftlichen Rechten, also als ein ländliches Herrschaftsgebiet, übertragen worden sein, so daß die Stadtgemeinde in ihm gutsherrliche Rechte und Pflichten hat. Er bildet dann einen selbständigen Gutsbezirk, soweit nicht Landgemeinden in diesem Gebiete bestehen. Er kann ferner bereits vor dem Erwerbe durch die Stadtgemeinde als ein herrschaftliches Landgut bestanden haben, in welchem die Stadtgemeinde die gutsherrlichen Rechte und Pflichten an Stelle des früheren Besitzers überkommen hat. Seine kommunale Eigenschaft hat dann durch den Übergang des Eigentums auf die Stadtgemeinde keine Änderung erfahren. Endlich kann sich das Kämmereigebiet einer Stadt aus Bestandteilen zusammensetzen, die verschiedene Arten des städtischen Grundbesitzes darstellen und mithin auch verschiedenen Kommunalbezirken angehören (PrVBl. 21 146, **30** 425). Es braucht auch nicht eine geschlossene Feldmark zu sein, sondern kann mit Grundstücken, die zu Landgemeinden oder Gutsbezirken gehören, sich in vermengter Lage befinden. — Über Gutsbezirke, die innerhalb einer Stadt bestehen (oben Anm. 5) und über den Nachweis ihrer ehemals erfolgten Einverleibung in den Stadtbezirk s. PrVBl. 19 442. — Die Angehörigen eines Gemeinde- oder Gutsbezirkes, der einer Stadt einverleibt wird, erlangen dort ohne weiteres das Bürgerrecht, ohne zur Zahlung von Bürgerrechtsgeld verpflichtet zu sein (OVG. **34** 80). — Die Vereinigung der Polizeiverwaltung in einem Gemeinde- oder Gutsbezirk mit der Polizeiverwaltung einer Stadt, innerhalb deren Feldmark jener Bezirk gelegen ist, kann gemäß § 49a der Kreisordnung vom 13. Dezember 1872 stattfinden (vgl. OVG. **9** 28).

40) **Vorläufige Beschlüsse über die kommunale Eigenschaft.** Der Beschluß kann der Klage vorausgehen. Er kann auch im Laufe des betreffenden Streitverfahrens gefaßt werden, wenn das öffentliche Interesse eine so schleunige Feststellung erfordert, daß der Ausgang des Streitverfahrens nicht abgewartet werden kann. Die Klage aus Abs. 1 des § 4 ist auch zulässig, wenn ein Beschluß nicht gefaßt worden ist. Der Beschuß kann die Veranlassung zur Klage sein, ist aber nicht Gegenstand der Entscheidung in dem Streitverfahren. Er verliert von selbst seine Bedeutung, sobald eine seinem Inhalte widersprechende Entscheidung in dem Streitverfahren (§ 4 Abs. 1) ergangen und rechtskräftig geworden ist (PrVBl. 22 589).

Ein Streit, der eine Beschlußfassung oder Entscheidung im Verwaltungsstreitverfahren erforderlich macht, kann nicht nur zwischen den Beteiligten, sondern auch zwischen diesen und der Kommunalaufsichtsbehörde entstehen.

Eine Beschwerde über den Beschluß oder seine Anfechtung

durch den Landrat oder Regierungspräsidenten auf Grund des § 126 des LVG. ist nicht zulässig.

Der Beschluß ist ein deklaratorischer, nicht ein konstitutiver Akt. Eine „provisorische" Eingemeindung kann daher durch ihn nicht ausgesprochen werden (PrVBl. 20 345). Jedoch darf durch den Beschluß nicht ein Grundstück für kommunalfrei erklärt werden, ohne daß gleichzeitig seine Vereinigung mit einem Gemeinde- oder Gutsbezirke (§ 2 Nr. 1) beschlossen wird, da das öffentliche Interesse die ununterbrochene Zugehörigkeit jedes Grundstücks zu einem Gemeinde- oder Gutsbezirk erfordert. Eine andere Auffassung der Vorschrift des § 4 Abs. 2 liegt der Minist.Verf. vom 29. Dezember 1902 (MBl. 1903 S. 4) und der dort erwähnten Entscheidung des OVG. zugrunde, wonach die Beschlußbehörde befugt sei, unabhängig von ihrer Überzeugung über die rechtliche Seite der Angelegenheit, eine vorläufige Unterbringung des für kommunalfrei erachteten Gebietsteils zu beschließen, weil diese Beschlüsse den Charakter von Verwaltungsmaßregeln hätten, die in erster Linie bestimmt seien, dem praktischen Bedürfnisse Rechnung zu tragen. — Nach einem Urteil des OVG. vom 16. Dezember 1901 (MBl. für 1902 S. 54 vgl. OVG. 62 96) ist die Beschlußbehörde befugt, den von ihr gefaßten Beschluß zu ändern, solange ein Streitverfahren noch nicht stattgefunden hat, da der Beschluß eine Verwaltungsmaßregel und keine verwaltungsgerichtliche Entscheidung ist. — Auch die vor Erlaß des Zuständigkeitsgesetzes vom 1. August 1883 im Aufsichtswege ergangenen Entscheidungen der Verwaltungsbehörden (des Oberpräsidenten) über die Gemeindegrenzen entbehrten der Rechtskraft und schlossen spätere abweichende Entscheidungen derselben Behörden hierüber nicht aus (OVG. 22 96; 42 7). Solange sie aber nicht in dem durch § 4 der LGO. bezeichneten Wege abgeändert worden sind, haben sie die gleiche Bedeutung, wie die jetzt auf Grund des § 4 Abs. 2 gefaßten vorläufigen Beschlüsse (OVG. 62 94). Dagegen kommt Entscheidungen der Verwaltungsgerichte oder der ordentlichen Gerichte über die Gemeindezugehörigkeit, die nur als Entscheidungen über eine Vorfrage oder Zwischenfrage in einer eine andere Angelegenheit (z. B. Kommunalgabenpflicht) betreffenden Streitsache (incidenter) eingegangen sind, keine über diese einzelne Streitsache hinausgehende Wirkung zu (PrVBl. 20 91; 22 30; OVG. 22 94).

Die Frage, ob die von dem Beschlusse betroffenen Gutsherrn, Grundbesitzer oder Gemeindeangehörigen nach dessen Beseitigung durch eine rechtskräftige Entscheidung wegen der ihnen in der Zwischenzeit auf Grund des Beschlusses auferlegten öffentlichen Lasten Ersatzansprüche erheben können, ist zu verneinen (OVG. 20 173; 62 94). Die vorläufige Festsetzung ist für die Rechte und Pflichten der Bewohner des von ihr betroffenen Gebiets maßgebend, bis sie eine Änderung durch eine rechtskräftige Entscheidung im Verwaltungsstreitverfahren erfährt. Diese Änderung macht auf die Heranziehung zu Abgaben, die entsprechend der vorläufigen Festsetzung erfolgt war, nicht nachträglich zu einer unrechtmäßigen (OVG. vom 23. Juni 1913 — II. C. 317/12).

hält es bis zur rechtskräftigen Entscheidung im Verwaltungsstreitverfahren sein Bewenden [41])

Zweiter Titel.

Landgemeinden.

Erster Abschnitt.

Rechtliche Stellung der Landgemeinden.

§ 5.

Landgemeinden [1]) sind öffentliche Körperschaften; [2]) es steht ihnen das Recht der Selbstverwaltung ihrer Angelegenheiten [2a]) nach den Vorschriften dieses Gesetzes zu.

---

41) **Wirkung des Beschlusses.** Solange eine anderweite Entscheidung in einem Verwaltungsstreitverfahren, das die Bezirksgrenzen oder kommunale Eigenschaft der Ortschaft unmittelbar zum Gegenstande hat, nicht ergangen ist, behält der vorläufige Beschluß für alle Verhältnisse des öffentlichen Rechts Geltung und bleibt auch maßgebend in einem Streitverfahren, das nicht die im Abs. 1 des § 4 bezeichneten Angelegenheiten, sondern nur Verpflichtungen die hiervon abhängen, zum Gegenstand hat (OVG. **20** 172, **57** 349, **62** 93). Seine Wirkung erstreckt sich aber nur auf die Zukunft, nicht auf die Vergangenheit. Er hat keine rückwirkende Kraft. Der frühere rechtliche Zustand wird durch ihn nicht betroffen und muß daher, wenn es auf ihn in einem Verwaltungsstreitverfahren ankommt, in diesem besonders festgestellt werden (OVG **33** 148).

Der Umstand, daß durch den Beschluß einer Ortschaft die Eigenschaft als Gemeinde abgesprochen worden ist, bildet kein Hindernis für die Erhebung einer Klage des Gemeindevorstehers namens der Gemeinde auf Anerkennung dieser Eigenschaft (OVG. **40** 154).

1) Über den Begriff der „Landgemeinde" s. oben Anm. 1 und 4 zu §§ 1 und 2.

2) **Anwendung des ALR. und des BGB.** Es finden auf die Landgemeinden die Bestimmungen des ALR. T. II Tit. 6 Anwendung, soweit sie nicht durch die LGO abgeändert worden sind, dagegen sind die Bestimmungen des T. II Tit. 7 §§ 18—78 aufgehoben (LGO. § 146). Die Vorschriften des BGB. über die Vereine finden auf die Landgemeinden keine Anwendung mit Ausnahme der Vorschrift über die Haftbarkeit der Gemeinde für den Schaden, den Gemeindebeamte in Ausführung der ihnen zustehenden privatrechtlichen Verrichtungen verursacht haben (BGB. §§ 31, 89); s. Anm 57 zu § 102 und Jebens im PrVBl. **27** 1).

Rechtsverhältnisse der Landgemeinden. Die Landgemeinden

sind juristische Personen, Körperschaften des öffentlichen Rechts im Sinne des BGB., und als solche auch auf dem Gebiete des Privatrechts rechtsfähig, wenn ihre Rechtsfähigkeit auch namentlich in bezug auf den Vermögenserwerb, die Veräußerung gewisser Sachen und die Übernahme gewisser Verpflichtungen durch das staatliche Aufsichtsrecht eingeschränkt ist (s. § 114). Über die Vertretung der Gemeinden s. § 88 Nr. 7. Die Haftung der Gemeinden für den Schaden, den ihre Beamten in Ausführung privatrechtlicher Verrichtungen oder bei Ausübung der öffentlichen Gewalt zufügen, s. Anm. 57 zu § 102. — Der allgemeine Gerichtsstand der Gemeinden wird durch den Ort bestimmt, wo ihre Verwaltung geführt wird (ZPO. §§ 17, 22). Ihre Prozeßvertretung liegt dem Gemeindevorsteher ob (s. Anm. 41 zu LGO. § 88 Nr. 7), an den auch die Zustellungen zu bewirken sind (ZPO. § 171). Über die gerichtliche Zwangsvollstreckung wegen Geldforderungen gegen Landgemeinden s. § 121 Nr. 2.

Aufgaben der Landgemeinden. Über die Begrenzung der Aufgaben der Gemeinde enthält die LGO. ebensowenig wie die frühere Gesetzgebung Vorschriften (vgl. § 102). Die Gemeinden sind als öffentlichrechtliche Verbände dazu bestimmt, öffentliche Aufgaben zu erfüllen, welche begrifflich teils dem Bereiche der Staatsverwaltung angehören (obrigkeitliche Angelegenheiten), teils die gemeinschaftlichen wirtschaftlichen oder geistigen Interessen der Gemeindeangehörigen betreffen (kommunale Angelegenheiten). Gewisse Aufgaben müssen von den Gemeinden nach ausdrücklicher gesetzlicher Vorschrift erfüllt werden (obligatorische Gemeindeaufgaben), andere dürfen freiwillig von der Gemeinde übernommen werden (fakultative Gemeindeaufgaben). Da die Befugnis der Gemeinden in letzter Hinsicht gesetzlich nicht eingeschränkt ist, so darf die Gemeinde alles in den Bereich ihrer Wirksamkeit ziehen, was die Wohlfahrt des Ganzen, die materiellen Interessen und die geistige Entwicklung ihrer Angehörigen fördert. Sie kann hierzu dienende gemeinnützige Anstalten einrichten, übernehmen und unterstützen und ist hierin nur durch das staatliche Aufsichtsrecht beschränkt (OVG. **12** 158). Sie ist daher auch befugt, Beiträge zum Bau von Kunststraßen zu übernehmen, die im Gemeindebezirke den Verkehr erleichtern (OVG. **2** 189), Schulen zu übernehmen, zu errichten oder zu unterstützen oder Lasten ihrer Angehörigen für die Schulen zu übernehmen (OVG. **3** 125). Dasselbe gilt auch hinsichtlich der kirchlichen Lasten (OVG. **12** 159). Ihre Tätigkeit ist aber beschränkt auf die Interessen der örtlichen Gemeinschaft. Daher sind dem Petitionsrechte der Gemeinde die Gegenstände entzogen, welche ihrer tatsächlichen und rechtlichen Natur nach die Beziehung auf eine einzelne Gemeinde ausschließen, wie namentlich Staatsverfassungsangelegenheiten (OVG. **13** 89 und **41** 38). Es beschränkt sich auf die Vertretung der Interessen der Ortsgemeinde in ihrer Beziehung und in ihrem Widerstreite mit denen der staatlichen Gesamtheit. Eine Petition in Gesetzgebungsangelegenheiten des Staates hat dann eine Gemeindeangelegenheit zum Gegenstand und darf von dem Gemeindeorgane eingereicht werden, wenn sie in der Besonderheit der Verhältnisse der örtlichen Gemeinschaft ihren Ausgangspunkt, in dem Schutze und in der Förderung dieser Verhältnisse ihr Ziel hat (OVG. **59** 48). Wegen des Mangels eines besonderen örtlichen Gemeindeinteresses an den allgemeinen Staatsangelegenheiten darf die Gemeinde auch nicht den Wahlmännern für die Wahl von Landtagsabgeordneten Reisekosten für ihre Reise zum Wahlorte bewilligen (OVG. **14** 83). Auch die Zulässigkeit von Zuwendungen der Gemeinde an Vereine hängt davon ab, ob hierdurch ein örtliches Interesse der Gemeindeangehörigen gefördert wird. Doch werden freiwillige Beiträge der Gemeinde zu patriotischen, gemeinnützigen oder wohltätigen Zwecken, die über den Rahmen des Gemeindeinteresses hinausgehen (wie sie auch von Privatpersonen freiwillig gewährt werden), nicht zu beanstanden sein, wenn sie sich in angemessenen Grenzen halten. — Über das Erfordernis der Genehmigung des Kreisausschusses zur Übernahme einer neuen Belastung der Gemeinde durch Errichtung von Gemeindeanstalten oder durch Unterstützung anderer Einrichtungen ohne gesetzliche Verpflichtung s. Anm. 83 zu § 114.

Namen der Landgemeinden. Die Änderung des Namens einer Landgemeinde kann nur durch eine Anordnung des Landesherrn bewirkt werden. Die Feststellung der Schreibweise des Namens steht dem Regierungspräsidenten zu (OVG. **38** 421, PrVBl. **24** 69, **31** 8). Die Gemeindeversammlung kann hierüber keine den Gemeindevorsteher bindenden Beschlüsse fassen (OVG. **37** 116). Änderungen der bisherigen Schreibweise bedürfen ebenso wie die Änderung des Namens der Genehmigung des Königs. Namen von Ortschaften, welche keine selbständigen Gemeinden sind, können durch Anordnung des Regierungspräsidenten mit Zustimmung des Ministers des Inneren geändert werden (MBl. 1892 S. 256, Min.Erlasse vom 29. Juni 1897, MBl. S. 135, vom 27. Oktober 1898, MBl. S. 221, vom 9. November 1903, MBl. S. 242). Die neue Rechtschreibung findet auf die Gemeinde- und Ortsnamen keine Anwendung (Minist.Erlaß vom 9. November 1903, MBl. S. 242). — Wird eine Ortschaft oder ein Grundstück, die vor der Vereinigung einen besonderen Namen geführt haben, mit einer Gemeinde vereinigt, so kann der Wohnsitz ihrer Bewohner mit dem alten Namen auch fernerhin bezeichnet werden (OVG. I A 73/06 — ungedruckt). Bisweilen werden auf Grund staatlicher Anordnung einzelne Wohnplätze (z. B. Bahnhöfe) mit dem Namen einer benachbarten Gemeinde bezeichnet.

2a) **Selbstverwaltung der Landgemeinden.** Sie hat nach § 5, entsprechend der Vorschrift des Art. 105 der Preußischen Verfassungsurkunde, die eigenen Angelegenheiten der Gemeinde zum Gegenstande (sogen. Eigenverwaltung). Diese Verwaltung ihrer Kommunalangelegenheiten steht den Gemeinden als ein ihnen durch die Verfassung und das Gesetz gesichertes Recht zu, das durch die Staatsregierung nur in den Fällen beschränkt werden kann, in denen das Gesetz dies zuläßt, und in den Formen, die hierfür im Gesetze bestimmt sind (s. §§ 139—145). Die Kommunalangelegen-

§ 6.

Die Landgemeinden sind zum Erlasse besonderer statutarischer Anordnungen [3]) über solche Angelegenheiten

---

heiten, für welche den Gemeinden das Recht der Selbstverwaltung eingeräumt worden ist, betreffen die Erfüllung der Aufgaben, welche sich für die Gemeinden daraus ergeben, daß sie vom Staate eingerichtete oder anerkannte Vereinigungen der Bewohner eines bestimmten Bezirkes zur gemeinsamen Pflege ihrer Wohlfahrt sind. Im Gegensatze zu der Selbstverwaltung der eigenen Angelegenheiten der Gemeinde steht die ebenfalls im Sprachgebrauch als Selbstverwaltung bezeichnete Verwaltung gewisser staatlicher (obrigkeitlicher) Angelegenheiten des Gemeindebezirkes durch die Gemeinde kraft gesetzlichen Auftrages des Staats. Zu diesen staatlichen Angelegenheiten, deren Erledigung in der Regel nicht der Gemeinde als Korporation, sondern einzelnen Gemeindebeamten, insbesondere dem Gemeindevorsteher, gesetzlich übertragen ist, gehören namentlich auch die polizeilichen im § 91 angeführten. Hier gehen die Aufsichtsbefugnisse des Staates weiter als bei der Selbstverwaltung der Kommunalangelegenheiten, und stellen sich als eine Befehlsbefugnis dar, die sowohl durch Erlaß allgemeiner Dienstanweisungen als auch durch Anordnung bestimmter Maßregeln in Einzelfällen ausgeübt werden kann (s. § 139 Anm. 1). Die Gemeindebezirke sind hiernach sowohl Gebiete, auf welche sich die Verwaltung der eigenen, kommunalen Angelegenheiten der Gemeinde erstreckt, als auch staatliche Verwaltungsbezirke für staatliche Angelegenheiten und hiermit, neben den Gutsbezirken, die untersten Glieder des staatlichen Verwaltungskörpers, die untersten Stufen der korporativen Organisation des Staates. Die Gemeinden sind mithin sowohl kommunale als auch politische Gebietskörperschaften. Ihnen liegen nach gesetzlicher Vorschrift hauptsächlich ob die Wegebaulast, die Armenlast, die Volksschullast und die Polizeilast, ferner in Schlesien gemäß Gesetz vom 19. August 1897 (GS. S. 393) und in Sachsen gemäß Gesetz vom 7. Juni 1899 (GS. S. 115) bei vorhandenem Bedürfnisse die Bullenhaltung.

Steuerrecht der Gemeinden. Zur Beschaffung ihrer Bedürfnisse und zur Deckung der Ausgaben, welche der Gemeinde aus der Erfüllung ihrer Aufgaben erwachsen und aus dem eigenen Vermögen der Gemeinde nicht bestritten werden können, ist die Gemeinde berechtigt, Gebühren und Beiträge, indirekte und direkte Steuern zu erheben sowie Naturaldienste zu fordern, und zwar (seit Aufhebung der §§ 10—27, 29—38 der LGO.) nach Maßgabe der Vorschriften des KAG. vom 14. Juli 1893 (GS. S. 152).

Über die Aufgaben des Gemeindevorstehers in staatlichen Angelegenheiten s. § 88 Anm. 32.

3) **Statutarische Anordnungen** bilden einen Teil der geschriebenen Ortsverfassung im Gegensatze zum Herkommen (s. § 70

der Gemeinde, hinsichtlich deren das Gesetz Verschiedenheiten gestattet oder auf ortsstatutarische Regelung verweist, sowie über solche Angelegenheiten, deren Gegenstand nicht durch Gesetz geregelt ist,[4]) befugt.

Anm. 6 und § 146 Anm. 2), das die ungeschriebene Ortsverfassung darstellt. Sie können nicht die Ordnung eines Einzelfalls zum Gegenstande haben, sondern nur die allgemeine, in allen zukünftigen Fällen zur Geltung gelangende Regelung einer Angelegenheit. Gegenstände statutarischer Anordnung erwähnt die LGO. in § 41 letzter Satz (Erteilung einer Urkunde über Erlangung des Gemeinderechts), § 49 (Gemeindevertretung), § 74 (Zahl der Schöffen, Gemeindevorstand), § 75 (Anstellung besoldeter Schöffen), § 89 (Befugnisse des Gemeindevorstandes), § 109 (Bekanntmachung der Gemeindeversammlungen), § 112 (Geldstrafen), § 118 (Gehälter der Gemeindebeamten). Ob Ortsstatute zu ihrer Rechtsverbindlichkeit der Verkündigung bedürfen, ist streitig (vgl. Jebens im PrVBl. 21 333 und Sieburg im PrVBl. 32 309). Das OVG. hält eine Verkündigung nicht für eine Vorbedingung der Rechtswirksamkeit des Ortsstatuts, sondern nimmt an, daß die Ortsstatuten ohne weiteres mit dem Tage ihrer Genehmigung rechtswirksam werden, sofern nicht im Statut selber ein anderer Tag für ihr Inkrafttreten bestimmt ist (PrVBl. 21 268). Der Ansicht Sieburg's (aaO.), daß eine richterliche Prüfung des gesetzmäßigen Zustandekommens eines verkündigten Ortsstatuts unzulässig sei, kann nicht beigetreten werden. — Auf den Erlaß von Ortsstatuten wird ferner unter anderem verwiesen in §§ 23, 33, 34, 105b, 119a, 120, 139c und 142 der Reichsgewerbeordnung, in § 7 des Reichsgesetzes über die Naturalleistungen für die bewaffnete Macht im Frieden in der Fassung vom 24. Mai 1898, in §§ 12 und 15 des Straßenfluchtliniengesetzes vom 2. Juli 1875, in § 953 der Reichsversicherungsordnung vom 19. Juli 1911 hinsichtlich des Ersatzes von Renten durch Sachleistungen, in dem Gesetze, betreffend die Befugnis der Polizeibehörden zum Erlasse von Polizeiverordnungen über die Verpflichtung zur Hilfeleistung bei Bränden, vom 21. Dezember 1904 (GS. S. 291), in dem Gesetze gegen die Verunstaltung von Ortschaften und landschaftlich hervorragenden Gegenden vom 15. Juli 1907 (GS. S. 260) und in der hierzu erlassenen Ausführungsanweisung vom 4 August 1907 (MBl. S. 281).

4) **Unzulässigkeit statutarischer Regelung.** Ortsstatutarische Anordnungen dürfen nicht mit bestehenden Gesetzen in Widerspruch treten und können den Gemeindeangehörigen keine neuen, ihnen nicht gesetzlich obliegenden Lasten auferlegen (OVG. 16 54), namentlich nicht vermögensrechtliche Leistungen. Zu solchen Leistungen können sie nur nach Maßgabe der Vorschriften des KAG. verpflichtet werden (OVG. 34 176), das in den §§ 18, 23, 63 und 64 den Erlaß von Steuerordnungen und in den §§ 4—12 für die Erhebung von Gebühren und Beiträgen den Erlaß entsprechender Ordnungen vorsieht. Die Verpflichtung der Gemeindeabgaben-

Die statutarischen Anordnungen bedürfen der Genehmigung des Kreisausschusses.[5])

Zweiter Abschnitt.

Gemeindeangehörige, deren Rechte und Pflichten.

§ 7.

Angehörige[6]) der Landgemeinde sind mit Ausnahme der nicht angesessenen servisberechtigten Militärpersonen

---

pflichtigen zur Leistung von Naturaldiensten (§ 68) kann durch Ortsstatut ausgesprochen werden. — Neue Behörden zur Verwaltung von Gemeindeanstalten können im Wege statutarischer Anordnung von der Landgemeinde nicht ins Leben gerufen werden (Johow, Entsch. des Kammergerichts 38 200; s. auch Anm. 58 zu § 103).

5) **Genehmigung der Ortsstatuten.** Die Frage, ob eine statutarische Anordnung der Gemeinde gesetzlich zulässig war, unterliegt auch trotz ihrer Bestätigung der Nachprüfung in dem Verwaltungsstreitverfahren, das eine auf Grund dieses Statuts erfolgte Heranziehung zu einer Leistung betrifft (OVG. 2 112, 9 29, 34 176). — Gegen einen Beschluß des Kreisausschusses, durch welchen die Genehmigung des Statuts versagt wird, ist die Beschwerde an den Bezirksausschuß nach LVG. § 121 zulässig. — Ob ein mit Genehmigung des Kreisausschusses erlassenes Ortsstatuts nur mit Genehmigung des Kreisausschusses wieder aufgehoben werden kann, ist streitig. Das Kammergericht (Entsch. vom 20. Juni 1895, PrVBl. 17 164) und der Minister des Innern (Erl. vom 1. August 1881, MBl. S. 229) hat es verneint, Oertel (Kommentar zur Städteordnung S. 81) bejaht es dagegen. Überwiegende Gründe sprechen für die Richtigkeit seiner Ansicht. Eine Abänderung des Ortsstatuts bedarf jedenfalls der Genehmigung.

6) **Gemeindeangehörige.** Die LGO. unterscheidet zwischen Gemeindeangehörigen und Gemeindegliedern. Unter jenen werden alle Einwohner der Gemeinde verstanden, unter diesen nur diejenigen, denen das volle Gemeinderecht zusteht (§ 39). Ausländer können zwar Gemeindeangehörige, aber nicht Gemeindeglieder sein. — Die in der Gemeinde ansässigen Aktiengesellschaften, juristischen Personen, Forensen usw. gehören zwar zu den Stimmberechtigten (§ 45), aber nicht zu den Gemeindeangehörigen und haben daher auch nicht die in § 8 angeführten Rechte (OVG. 41 167 und 47 166). — Servisberechtigte Militärpersonen, die in der Gemeinde nicht nur ihren Wohnsitz, sondern auch Grundbesitz haben, sind Gemeindeangehörige als „Angesessene". Über diesen Begriff s. § 41 Anm. 30.

des aktiven Dienststandes [7]) diejenigen, welche innerhalb des Gemeindebezirks einen Wohnsitz haben.

---

7) **Militärpersonen des aktiven Dienststandes** sind, ebenso wie im § 1 der Verordnung vom 23. September 1867 (OVG. **48** 63), nur die „Militärpersonen des Friedensstandes", aber nicht die ebenfalls zum „aktiven Heere" gehörigen aus dem Beurlaubtenstande zum Dienste einberufenen Offiziere, Ärzte, Militärbeamten und Mannschaften. Militärpersonen des Friedensstandes sind nach § 38 des Reichsmilitärgesetzes vom 2. Mai 1874 (RGBl. S. 45): 1. die Offiziere, Ärzte und Militärbeamten des Friedensstandes vom Tage ihrer Anstellung bis zum Zeitpunkte ihrer Entlassung aus dem Dienste; 2. die Kapitulanten vom Beginn bis zum Ablauf oder bis zur Aufhebung der geschlossenen Kapitulation; 3. die freiwilligen und die ausgehobenen Rekruten von dem Tage, mit welchem ihre Verpflichtung durch die Militärverwaltung beginnt, Einjährig-Freiwillige von dem Zeitpunkt ihrer definitiven Einstellung in einen Truppenteil an, sämtlich bis zum Ablaufe des Tages ihrer Entlassung aus dem aktiven Dienste. — Der Auffassung der Minist Erlasse vom 14. Dezember 1864 und 9. Oktober 1866 (MBl. für 1865 S. 2, für 1866 S. 214), daß bei den zu Übungen einberufenen Militärpersonen die Gemeindeangehörigkeit und die aus ihr entspringenden Rechte und Pflichten während der Übung als ruhend zu betrachten seien, hat sich das OVG. nicht angeschlossen (OVG. **48** 66). Welche Militärpersonen des Friedensstandes servisberechtigt sind, ergibt der Servistarif (Beilage I) des Reichsgesetzes vom 6. Juli 1904 (RGBl. S. 272). Welche Stellen unter A 1—8 des Servistarifs fallen, wird alljährlich durch das Etatsgesetz bestimmt (§ 1 des bezeichneten RG.). Zu den servisberechtigten Militärpersonen des aktiven Dienststandes gehören auch die Einjährig-Freiwilligen (OVG. **44** 84, **48** 73). Zur Disposition gestellte Offiziere sind nur dann Militärpersonen des aktiven Dienststandes, wenn sie eine dauernde Wiederverwendung im aktiven Dienste finden (OVG. **40** 132).

Gendarmen und Gendarmerie-Offiziere gehören an sich nicht zu den servisberechtigten Militärpersonen (OVG. **17** 200 und **22** 63), wenn sie auch als solche im Sinne des Kommunalabgabengesetzes gelten (§ 42 daselbst und PrVBl. **19** 211). Sie werden daher als Gemeindeangehörige anzusehen sein. Dagegen zählen die nichtpreußischen Offiziere des deutschen Heeres, wenn sie nach Preußen kommandiert sind (OVG. **19** 38), sowie die zur Probedienstleistung bei Zivilbehörden kommandierten Inhaber von Zivilversorgungsscheinen (OVG. **18** 111) zu den servisberechtigten Militärpersonen des aktiven Dienststandes und sind daher keine Gemeindeangehörige. Dasselbe gilt auch von den Feldjägern. — „Militärbeamte" im Sinne der Vorschrift des § 38 des Reichsmilitärgesetzes sind nur solche Beamten, welche einen Militärrang haben, aber nicht die „Zivilbeamten der Militär-

Einen Wohnsitz im Sinne dieses Gesetzes hat jemand an dem Orte, an welchem er eine Wohnung unter Umständen inne hat, die auf die Absicht dauernder Beibehaltung einer solchen schließen lassen. [8])

---

verwaltung". Zu den Militärbeamten gehören auch die Büchsenmacher und Sattler bei den Truppen (PrVBl. 19 123).

Mitglieder des Königlichen Hauses. Ob (abgesehen von dem Könige selbst) die Mitglieder des Königlichen Hauses Gemeindeangehörige sind oder nicht, ist streitig, wird aber von der Mehrzahl der Schriftsteller bejaht (vgl. Stier-Somlo im Verwaltungsarchiv 12 387 und OVG. 47 30).

8) **Wohnsitz.** Die privatrechtliche Vorschrift im § 7 des BGB. über Erwerb und Verlust des Wohnsitzes hat hier keine Geltung. Ebensowenig kommt es auf den (fingierten) dienstlichen Wohnsitz an. Entscheidend ist vielmehr, ebenso wie im Reichsgesetze wegen Beseitigung der Doppelbesteuerung vom 13. Mai 1870 und im § 1 des Einkommensteuergesetzes (s. den Aufsatz im PrVBl. 19 268), das Innehaben einer Wohnung und die Absicht ihrer dauernden Beibehaltung. Ohne den Besitz einer Wohnung in dem Gemeindebezirke kann hiernach ein Wohnsitz dort weder erworben noch beibehalten werden. Der bloße Besitz einer Wohnung genügt aber nicht zur Begründung eines Wohnsitzes, solange hierbei nicht die Absicht besteht, die betreffenden Räume zum Wohnen (und nicht nur in Fällen vereinzelter oder vorübergehender Anwesenheit als sogenanntes Absteigequartier) zu benutzen (OVG. 30 28). Die Absicht, eine Wohnung dauernd beizubehalten, ist als vorhanden anzusehen, wenn aus dem tatsächlichen Aufenthalt in bestimmten Räumen der Wille des sich dort Aufhaltenden ersichtlich wird, diese Räume als Wohnung entweder ununterbrochen oder für gewisse Zeiträume zu benutzen und beizubehalten. Solange dieser Wille besteht und die Wohnung besessen wird, dauert das Innehaben auch während einer Zeit fort, in welcher die Wohnung tatsächlich nicht benutzt wird (PrVBl. 20 46). Steht die Willenserklärung mit dem tatsächlichen Verhalten des Erklärenden im Widerspruch, so ist dieses maßgebend (OVG. 47 41; PrVBl. 34 241). — Bei dem Innehaben einer Wohnung darf die Absicht, sie dauernd beizubehalten, nicht lediglich aus der Länge der Aufenthaltszeit geschlossen werden. Es kommt vielmehr auf die tatsächlichen Umstände an, welche für den Aufenthalt und seine Verlängerung maßgebend sind. Eine unfreiwillige Verlängerung eines nur vorübergehenden Aufenthalts (z. B. eines beurlaubten Angestellten) ist für sich allein nicht genügend, dem Aufenthalte die Eigenschaft eines nur vorübergehenden zu nehmen (OVG. in StStS. 15 6). Andererseits wird das Vorhandensein eines Wohnsitzes dadurch nicht ausgeschlossen, daß der Besitzer einer an sich auch im Winter benutzbaren Wohnung diese wegen seines Alters, seines Gesundheitszustandes oder seiner persönlichen Gewohnheiten im

Winter nicht benutzt (OVG. **62** 444). — Ein großes Arbeiterschlafhaus bietet den darin Schlafenden keine Wohnung (PrVBl. **34** 243). — Räume, welche nur zur Aufbewahrung von Möbeln dienen, und noch nicht bewohnbar eingerichtet sind, können nicht als „Wohnung" gelten (OVG. **26** 72). Das Haben eines Bureaus an einem Orte begründet dort noch keinen Wohnsitz (OVG. **15** 51 und OVG. in StSt. **10** 2), ebensowenig der Aufenthalt auf einem Schiffe in einer bestimmten Ortschaft (OVG. **29** 153), es sei denn, daß das Schiff in einem Flusse dauernd fest verankert liegt (OVG. in StSt. **10** 8). Eine „Wohnung" im Gegensatze zu einem nur als „Unterkommen" benutzten Absteigequartier ist nur dann vorhanden, wenn die zur Verfügung stehenden Räume dem Inhaber mit Rücksicht auf seine Lebensstellung, seine Lebensgewohnheiten und seinen Haushalt eine dauernde Benutzung ermöglichen (OVG. in StSt. **7** 213, **10** 2 und **11** 2). Durch Beibehalten eines gelegentlichen Absteigequartiers am früheren Wohnsitze wird der Wohnsitz dort nicht beibehalten (PrVBl. **32** 401). Dieser Gegensatz kommt hauptsächlich in Frage, wenn es sich darum handelt, ob jemand neben einem unstreitigen Wohnsitz noch einen zweiten an einem anderen Orte besitzt oder ob er hier nur einen „Aufenthalt" nimmt. Das Vorhandensein eines Wohnsitzes wird bei jemand, der keine andere Wohnung hat, dadurch nicht ausgeschlossen, daß er nach seiner Lebensgewohnheit sich für die Befriedigung seines Wohnbedürfnisses mit beschränkten, nicht seinem Stande entsprechenden Räumen dauernd begnügt (OVG. **53** 151). Daß die Wohnräume unter allen Umständen für die Bedürfnisse des Inhabers ausreichen, ist nicht erforderlich. Es kann genügen, daß die Benutzung nur von Zeit zu Zeit und zu bestimmten Zwecken (z. B. zur Jagd) erfolgt. Auch die Absicht des Inhabers, die Benutzung der Wohnung bei Eintritt einer bestimmten Voraussetzung wieder aufzugeben, hindert nicht, das Vorhandensein eines Wohnsitzes bis zum Eintritt dieser Voraussetzung anzunehmen (OVG. in StSt. **12** 7). — Eine Wohnung hat in bestimmten Wohnräumen nur derjenige inne, der über diese Räume ein Verfügungsrecht (Hausrecht) hat, sei es auf Grund seines Eigentums, eines dinglichen Rechts auf die Räume oder eines persönlichen Rechtsverhältnisses (OVG. in StSt. **7** 213, **12** 6), also nicht jemand, der sich nur besuchsweise in einer fremden Wohnung aufhält, auch nicht, wenn sie die Wohnung seiner Eltern ist (PrVBl. **34** 243), wohl aber jemand, der gemeinschaftlich mit einer anderen Person Wohnräume gemietet hat und sie mit ihr zusammen benutzt oder dem sie unentgeltlich (z. B. von seinen Eltern) zur Benutzung überlassen worden sind (PrVBl. **32** 233). — Der Mittelpunkt des Lebens und der geschäftlichen Tätigkeit einer Person kann an einem Orte liegen, der nicht ihr Wohnsitz ist (PrVBl. **28** 838, OVG. **26** 75, OVG. in StSt. **1** 85, **12** 5, **14** 3). Die Wohnung und hiermit auch der Wohnsitz geschäftsunfähiger Personen wird durch ihren gesetzlichen Vertreter bestimmt, für Geisteskranke durch ihren Vormund (OVG. **13** 113). In einer öffentlichen Irrenanstalt hat der dort Untergebrachte

§ 8.

Die Gemeindeangehörigen [8a]) sind zur Mitbenutzung der öffentlichen Einrichtungen und Anstalten [9]) der Gemeinde

---

in der Regel keine Wohnung inne (PrVBl. 24 421). — Durch eine Wohnung wird stets nur ein Wohnsitz begründet, und zwar auch dann, wenn sie (infolge der Lage des Hauses auf der Gemeindegrenze) sich über zwei Gemeindebezirke erstreckt. Der Wohnsitz befindet sich dann in demjenigen Gemeindebezirke, in welchem der überwiegende Teil der Wohnung liegt (PrVBl. 27 486).

8a) Gemeindeangehörige sind nur die in § 7 bezeichneten natürlichen Personen. Juristische Personen und die ihnen gleichgestellten Erwerbsgesellschaften (besonders auch eingetragene Genossenschaften) können keinen Wohnsitz haben und sind daher in der Gemeinde, wo sie ihren Sitz haben, nicht Gemeindeangehörige, mithin auch nicht zur Mitbenutzung der öffentlichen Einrichtungen und Anstalten der Gemeinde berechtigt. Dasselbe gilt von den Forensen (OVG. **41** 165).

9) **Öffentliche Anstalten** sind nicht nur solche, welche die Gemeinde auf Grund einer öffentlichrechtlichen Verpflichtung errichtet hat, sondern auch solche, welche sie zufolge freien Entschlusses allen Einwohnern oder gewissen Klassen von ihnen zum Gebrauch kraft deren Gemeindeangehörigkeit, also auf Grund öffentlichen Rechts, eingeräumt hat, mag das allgemeine Benutzungsrecht auf einem Ortsstatut oder auf einem besonderen Gemeindebeschuß oder auch nur auf einer stillschweigenden, etwa durch die gegebene Zweckbestimmung sich äußernden Willenserklärung der Gemeindeorgane beruhen (OVG. **20** 23). — Insoweit eine öffentliche Gemeindeanstalt der Benutzung der Gemeindeangehörigen gewidmet, diese Benutzung aber gesetzlich nicht geregelt ist, hat die Gemeinde das Recht, den Gemeindeangehörigen die Voraussetzungen, die Bedingungen und die Art der Benutzung vorzuschreiben (PrVBl. **26** 252). Durch eine polizeiliche Verfügung kann ihr nicht aufgegeben werden, bestimmte Vorschriften dieser Art zu erlassen (OVG. **61** 130). Das Recht der verschiedenen Gemeindeangehörigen auf die Benutzung der Gemeindeanstalten ist, soweit nicht das bestehende Recht Abweichungen begründet, ein gleiches. Es wird also durch Verkürzung oder Benachteiligung des einzelnen ebenso verletzt wie durch völlige Versagung. — Ein kommunaler Begräbnisplatz ist eine öffentliche Gemeindeeinrichtung (OVG. **21** 126), auf deren Benutzung die Gemeindeangehörigen ohne Unterschied der Konfession ein Recht haben (OVG. **56** 252). Jedoch sind die Gemeinden nicht zur Anlegung von Begräbnisplätzen verpflichtet, es sei denn, daß für eine Gemeinde durch Herkommen die Verpflichtung zur Fürsorge für das Begräbniswesen begründet ist (vgl. OVG. **36** 440, **61** 184; Kinne im PrVBl. **32** 661). — Die Befugnis und Verpflichtung der Gemeinden, für die Benutzung der von ihnen im öffentlichen Interesse unterhaltenen Veranstaltungen

Gebühren zu erheben, ist durch § 4 des Kommunalabgabengesetzes geregelt.

Den Gegensatz zu den öffentlichen Einrichtungen und Anstalten der Gemeinde bilden ihre lediglich nach dem Privatrechte zu beurteilenden Privatanstalten. Auch sie können den Gemeindeangehörigen zur Benutzung gegen Entgelt freigegeben werden, aber auf Grund von Privatverträgen. Ein gesetzliches (öffentliches) Recht auf ihre Benutzung haben die Gemeindeangehörigen nicht (OVG. 20 22; PrVBl. 22 911). Zu diesen Privatanstalten, deren Inanspruchnahme durch die Gemeindeangehörigen für diese nur privatrechtliche Verpflichtungen begründet, gehören die „gewerblichen Unternehmungen" der Gemeinde im Sinne des § 3 des Kommunalabgabengesetzes. (S. v. Cossel: Gewerbliche Unternehmungen und Gemeindeveranstaltungen — preußisches Kommunalarchiv 4 613 — und Kormann: Erhebung öffentlicher Abgaben für die Kostendeckung gewerblicher Unternehmungen von Gemeinden und Kommunalverbänden — PrVBl. 34 393). Da auch gewerbliche Unternehmungen der Gemeinde dem öffentlichen Interesse dienen können, so ist es bisweilen zweifelhaft, ob eine solche Unternehmung oder eine öffentliche Gemeindeanstalt vorliegt; jedenfalls ist letzteres dann anzunehmen, wenn ein Zwang zur Benutzung für die Gemeindeangehörigen besteht (PrVBl. 26 961), während aus dem Fehlen des Zwanges sich nicht stets das Bestehen einer gewerblichen Unternehmung ergibt (PrVBl. 24 618). Eine Gemeindeeinrichtung kann den Gemeindeangehörigen gegenüber eine öffentliche Gemeindeanstalt, anderen Personen gegenüber, die außerhalb des Gemeindebezirks wohnen, ein gewerbliches Unternehmen sein (z. B. ein Wasserwerk, OVG. 45 155). Gasanstalten und Elektrizitätswerke einer Gemeinde sind in der Regel gewerbliche Unternehmungen (OVG. 20 22, PrVBl. 29 911), Wasserwerke in der Regel nur dann, wenn der Anschluß an die Leitung von der freien Entschließung der Gemeindeangehörigen abhängt (vgl. OVG. 52 28, PrVBl. 26 252 und Ausführungsanweisung zum KAG. Art. 3 Nr. 1). Markthallen und Badeanstalten können entweder als öffentliche Veranstaltungen oder als gewerbliche Unternehmungen der Gemeinde eingerichtet werden. — Eine Pflicht der Gemeindeangehörigen zur Mitbenutzung einer öffentlichen Gemeindeanstalt (z B. der Schwemmkanalisation, der Müllabfuhr) kann nicht durch Ortsstatut, sondern nur durch Polizeiverordnung im polizeilichen Interesse begründet werden (vgl. Urteil des Kammergerichts in Johow's Jahrbuch 21 C 65). — Auch Wege und Brunnen können öffentliche Einrichtungen der Gemeinde sein (OVG. 18 136, PrVBl. 23 679). Öffentliche Schulen, die von der Gemeinde unterhalten werden (vgl. Anm. 7 zu § 148), sind zwar auch Gemeindeanstalten (OVG. 24 128), auf sie finden aber die Vorschriften der §§ 8 und 9 nur unter den Einschränkungen Anwendung, die sich aus den besonderen Gesetzen über das Schulwesen (s. hinsichtlich der Volksschulen § 148) ergeben (vgl. auch Kommunalabgabengesetz §§ 4, 8 und PrVBl. 22 203). — Ein im Wege der nach Maßgabe der für dieselben bestehenden Bestimmungen berechtigt [und zur Teilnahme an den Gemeindeabgaben und Lasten nach den Vorschriften dieses Gesetzes verflichtet].[10])

§ 9.

Auf Beschwerden und Einsprüche, betreffend das Recht der Mitbenutzung der öffentlichen Gemeindeanstalten,[11]) beschließt der Gemeindevorsteher (Gemeindevorstand).[11a])

Klage gegen die Gemeinde verfolgbarer Anspruch auf Errichtung einer Gemeindeanstalt steht den Gemeindeangehörigen nicht zu (PrVBl. 25 725), ebensowenig ein Recht auf das Fortbestehen einer Gemeindeeinrichtung oder Gemeindeanstalt; die Gemeinde ist vielmehr befugt, sie zu beseitigen (OVG. 21 128 und PrVBl. 23 680). — Bei Gemeindeanstalten, die polizeilichen Interessen zu dienen bestimmt sind, ist die Polizeibehörde befugt, ihre Vervollständigung und Unterhaltung in bestimmter Art anzuordnen (s. Jebens im PrVBl. 22 329). Die Verpflichtung der Gemeinde hierzu kann entweder darauf beruhen, daß sie als Eigentümerin der Anstalt die Pflicht hat, diese im polizeimäßigen Zustande zu erhalten (OVG. 30 216, 424, 36 401), oder darauf, daß sie die Unterhaltung der Einrichtung herkömmlich übernommen hat, wie z. B. das Nachtwachwesen (OVG. 27 65, 37 113), das Feuerlöschwesen (OVG. 38 183), die Straßenbeleuchtung (OVG. 26 137). Anderenfalls kann die Polizei nicht die Herstellung der Anstalt, sondern nur die Hergabe der Geldmittel zu ihrer Herstellung von der Gemeinde verlangen (OVG. 36 440), es sei denn, daß die Herstellung der Einrichtung zur Beseitigung eines allgemeinen Notstandes — z. B. Wassermangel — erforderlich ist (OVG. 12 385). Ebenso kann die Polizeibehörde auch nur zur Beseitigung eines Notstandes die Gemeinde zwingen, den Anschluß eines Gebäudes an die Wasserleitung oder an die Schwemmkanäle der Gemeinde zuzulassen (OVG. 7 362, 27 425). Die Aufnahme einer Vorschrift bestimmten Inhalts in eine die Benutzung einer Gemeindeanstalt regelnde Ordnung kann der Gemeinde durch polizeiliche Anordnung nicht aufgegeben werden (OVG. 61 132).

Gemeindeanstalten können juristische Personen sein (wie die Gymnasien); die auf Grund des Reglements vom 12. Dezember 1838 eingerichteten Sparkassen besitzen aber keine selbständige Rechtspersönlichkeit (OVG. 50 94).

Über die Verwaltung der Gemeindeanstalten s. § 88 Abs. 4 Nr. 3 und Anm. 58 zu § 103.

10) **Gemeindeabgaben.** Die Verpflichtung der Gemeindeangehörigen, zu den Gemeindeabgaben beizutragen, ist durch das KAG. neu geregelt.

11) Die **Beschwerden und Einsprüche** sind an keine Frist ge-

Gegen den Beschluß findet die Klage im Verwaltungsstreitverfahren statt.[12]) Die Beschwerden und die Einsprüche sowie die Klage haben keine aufschiebende Wirkung.

§ 10—27.[13])

§ 28.

Besitzer selbständiger Güter,[14]) welche für ursprünglich bäuerliche, zu ihren Gütern eingezogene, der örtlichen Lage nach aber gegenwärtig nicht mehr erkennbare Grundstücke (wüste Hufen)[15]) der Gemeindeabgabepflicht

---

bunden. Das Recht hierzu steht aber nur einem in der Mitbenutzung beschränkten Gemeindeangehörigen zu (PrVBl. **15** 93). Der ordentliche Rechtsweg ist ausgeschlossen. Ein Recht auf Mitbenutzung einer öffentlichen Gemeindeanstalt kann auch nicht mittels Einwandes im Zivilprozesse geltend gemacht werden (RGer. vom 12. Juni 1900, PrVBl. **22** 70). — Ein Antrag auf Änderung von Gemeindebeschlüssen über die Mitbenutzung einer Gemeindeanstalt ist keine Beschwerde im Sinne des § 9 (OVG. **38** 51). — Die Beschwerde (und ebenso demnächst die Klage) kann nicht nur die Versagung der Mitbenutzung, sondern auch die Bedingungen, unter denen sie gestattet wird, und Beschränkungen in der Art der Benutzung zum Gegenstande haben (OVG. **18** 134, **21** 124 und **38** 58; PrVBl. **24** 571), dagegen nicht die Verpflichtung der Gemeinde zur Anlage oder Erweiterung einer Gemeindeanstalt (PrVBl. **32** 264).

11a) **Einspruchsbeschluß.** Dem kollegialischen Gemeindevorstande kann die Beschlußfassung an Stelle des Gemeindevorstehers durch Ortsstatut übertragen werden (§§ 74, 89).

12) Die **Klage** ist innerhalb einer Frist von zwei Wochen nach Zustellung des Beschlusses bei dem Kreisausschuß zu erheben (§ 144). — Der Ablauf der Klagefrist verleiht dem Beschlusse keine materielle Rechtskraft, da er nicht eine Entscheidung zwischen zwei Parteien, sondern eine Verwaltungshandlung des Gemeindevorstehers darstellt (vgl. OVG. **48** 31, wo dies hinsichtlich des Einspruchsbeschlusses bei Gemeindeabgaben ausgesprochen ist). Die Beschwerde kann daher später wiederholt werden.

13) Die §§ 10 bis 27 sind durch das KAG. ersetzt worden.

14) **Selbständige Güter** sind solche, die Gutsbezirke (s. oben § 2 Anm. 5) bilden.

15) **Gegenstand der Abgabenpflicht.** Die Vorschrift des § 28 bezieht sich auf alle ursprünglich bäuerlichen Grundstücke, welche wirtschaftlich mit einem selbständigen Gute vereinigt (zum herrschaftlichen Vorwerksland eingezogen) worden sind, ohne rechtlich vom Gemeindebezirk abgetrennt zu werden, und gegenwärtig

in einer Landgemeinde unterliegen,[16]) haben die von ihnen bisher entrichteten Gemeindeabgaben und Lasten in dem Betrage, wie derselbe sich in dem Durchschnitte der letzten fünf Jahre vor dem Inkrafttreten des gegenwärtigen Gesetzes unter Weglassung des höchsten und des niedrigsten Jahresbetrages berechnet,[17]) entweder fort-

---

in ihrer örtlichen Lage, namentlich infolge der Separation, nicht mehr zu erkennen sind. Sie bezieht sich dagegen weder auf solche vom Gutsbesitzer erworbenen bäuerlichen Grundstücke, die ihrer Lage nach erkennbar sind und daher einen örtlich bestimmt begrenzten Teil der Gemeindefeldmark bilden, noch auf solche ehemals bäuerlichen Grundstücke, die rechtlich dem Gutsbezirke zugehören. Die Nichterkennbarkeit der örtlichen Lage liegt nur dann vor, wenn diese auch nach eingehenden, selbst mit Schwierigkeit verknüpften Ermittlungen nicht nachweisbar ist. Der Ausdruck „wüste Hufen" (mit Bauern nicht besetzte Grundstücke) ist nur beispielsweise gebraucht. Es fallen daher auch vor der Einziehung besetztgewesene Bauerngrundstücke unter jene Vorschrift (Anw. III. B. II 3). Das Einziehen bäuerlicher Grundstücke wurde vom siebenzehnten Jahrhundert ab vom Landesherrn in mehreren Edikten verboten. Verbotswidrig eingezogene bäuerliche Grundstücke sind im Gemeindebezirk verblieben (s. oben Anm. 37 zu § 4). Unter eingezogenen bäuerlichen Grundstücken sind zunächst nur solche zu verstehen, die unter den geschichtlichen Begriff der bäuerlichen Grundstücke im Sinne des ALR. §§ 14 bis 16, T. II Tit. 7 und §§ 73, 74 T. II Tit. 9 fallen. Die Vorschrift des § 28 ist aber analog auch auf andere zu Landgemeinden gehörige, von einer Gutsherrschaft erworbene und mit dem Gute wirtschaftlich vereinigte Grundstücke anzuwenden, deren örtliche Lage nicht mehr erkennbar ist.

16) **Anwendbarkeit der Vorschrift.** Die Sonderbestimmung des § 28, wonach Besitzer selbständiger Güter zu den Kommunalabgaben einer Landgemeinde beizutragen haben, ist durch das KAG. nicht außer Kraft gesetzt worden. Maßgebend für ihre Anwendbarkeit ist nicht die Tatsache, daß Abgaben geleistet sind, sondern das Bestehen einer Abgabepflicht (OVG. 32 151).

17) **Berechnung der Abgabe.** Von der Bemessung der Abgabe nach dem Durchschnitte der Leistung in den letzten 5 Jahren kann aus Billigkeitsrücksichten abgewichen werden, wenn die rechtlich bestehende Abgabepflicht der wüsten Hufen in jenen Jahren gar nicht oder nicht regelmäßig geltend gemacht worden ist, obwohl Kommunalabgaben von anderen Pflichtigen erhoben worden sind. Es wird dann der Abgabenbetrag, der in jedem der betreffenden Jahre von dem Besitzer der wüsten Hufen bei ordnungsmäßiger Heranziehung zu erheben gewesen wäre, durch Schätzung ermittelt und in die Durchschnittsrechnung eingestellt werden müssen (OVG. 32 151). Ebenso ist der Abgabenbetrag dann im Wege einer billigen Ausgleichung festzusetzen, wenn die Parteien rechnungs-

zuleisten oder durch Zahlung des zwanzigfachen Jahreswertes dieses Betrages abzulösen.[18]) Im Fall des Streites ist zum Zweck einer billigen Ausgleichung wie im § 3 zu verfahren.[19])

---

mäßige Unterlagen für die Höhe der in den letzten fünf Jahren vor dem Inkrafttreten der LGO. gezahlten Abgaben nicht beigebracht haben. Bei der Festsetzung sind außer den baren Gemeindeabgaben auch sonstige Gemeindelasten, wie Hand- und Spanndienste, zu berücksichtigen (OVG. 55 70).

18) **Der Antrag** auf Ablösung kann sowohl von dem Gutsherrn als auch von der Gemeinde gestellt werden.

19) **Verfahren der Gemeinde und des Gemeindevorstehers.** Der letzte Satz des § 28, dessen unklare Fassung zu Zweifeln Anlaß gegeben und zu verschiedener Auslegung in der Rechtsprechung geführt hat, enthält die materielle Bestimmung, daß Billigkeitsgründe zu berücksichtigen sind, und die formelle Vorschrift, daß der Betrag der Abgabe, falls hierüber Streit entsteht, durch einen Beschluß des Kreisausschusses, gegen welchen den Beteiligten die Klage zusteht, festgesetzt werden soll. Hieraus ergibt sich folgendes: Der Besitzer der wüsten Hufen ist nicht berechtigt, Anträge auf Festsetzung seiner Abgabenpflicht zu stellen; die Befugnis hierzu steht nur der abgabenfordernden Gemeinde zu. Der Antrag und der auf ihn ergehende Beschluß des Kreisausschusses sowie die Entscheidung auf die gegen diesen angestellte Klage kann nur auf Festsetzung des Abgabenbetrags gerichtet sein, aber nicht auf Feststellung der Abgabenpflicht im allgemeinen. Wenn der Gemeindevorsteher, ohne daß ein Beschluß des Kreisausschusses über den Abgabenbetrag ergangen ist, den Gutsbesitzer als Forensen nach den gewöhnlichen Regeln der Gemeindeabgabenverfassung auf Grund des Kommunalabgabengesetzes zu Gemeindeabgaben heranzieht, so hat er auf erfolgten Einspruch und angestellte Klage des Gutsbesitzers dessen Abgabenpflicht nach dem KAG., also nicht nur die Zugehörigkeit des betreffenden Grundstücks zum Gemeindebezirke, sondern auch seine örtliche Lage, nachzuweisen. Gelingt ihm dieser Nachweis nicht, so muß die Heranziehung außer Kraft gesetzt werden, weil eine solche nur nach Maßgabe des § 28 der LGO. erfolgen durfte. Was hiernach der Gutsbesitzer zu leisten hat, ist in dieser Entscheidung nicht zu bestimmen. Es bleibt der Gemeinde vielmehr überlassen, die Erfüllung der Abgabenpflicht des Gutsbesitzers auf dem durch § 28 bezeichneten Wege herbeizuführen. Fordert die Gemeinde oder der Gemeindevorsteher von dem Gutsbesitzer eine auf Grund des § 28 berechnete Abgabe, so liegt, wenn der Gutsbesitzer mit ihr nicht einverstanden ist, der Fall des Streites im Sinne des letzten Satzes des § 28 vor. Die Gemeinde muß dann die Festsetzung des Abgabenbetrags bei dem Kreisausschuß im Beschlußverfahren beantragen. Der Beschluß des Kreisausschusses oder die Entscheidung auf eine gegen ihn im Verwaltungsstreit-

§ 29—35.[20])

§ 36.[20a])

Die baren Gemeindeabgaben und die Gebühren unterliegen im Falle nicht rechtzeitiger Entrichtung der Beitreibung im Verwaltungszwangsverfahren gemäß der Verordnung vom 7. September 1879 (GS. S. 591).[20b])

§ 37.

Beschwerden und Einsprüche gegen die Heranziehung oder die Veranlagung zu den direkten Gemeindeabgaben sind innerhalb drei Monaten, vom Tage

---

verfahren erhobene Klage hat dann die Abgabepflicht als solche und den Betrag der Abgabe nicht nur für ein Steuerjahr, sondern für alle Zukunft zum Gegenstand, ähnlich wie bei Festsetzung einer Jahresrente im Falle des § 3. Eine Heranziehung zu einem höheren Betrag ist in späteren Jahren unzulässig (OVG. 36 181). Ist bei einer gutsherrlich-bäuerlichen Auseinandersetzung die Abfindung der Gutsherrschaft für ursprünglich bäuerliche, wirtschaftlich mit dem Gute vereinigte Ländereien und für Berechtigungen, die der Gutsherrschaft den Bauern gegenüber zustanden, in einem Stücke ausgeworfen worden, und hierbei unbestimmt geblieben, welcher räumlich begrenzte Teil der Abfindung auf die wüsten Hufen entfalle, so kann — wenn hierüber auch nicht nachträglich von der Generalkommission eine Festsetzung getroffen wird — der Gemeindevorsteher nicht nach den gewöhnlichen Regeln der Gemeindesteuerverfassung heranziehen (OVG. 41 175, PrVBl. 28 569).

Wegebaulast. Die einem Gutsbezirke obliegende Wegebaulast erstreckt sich auch auf die in dem Gutsbezirk enthaltenen, der örtlichen Lage nach nicht nachweisbaren wüsten Hufen (OVG. 37 242).

Klagefrist. Die Klage gegen den Beschluß des Kreisausschusses ist ebenso wie im Falle des § 3 an eine Frist von zwei Wochen nach Zustellung des Beschlusses gebunden.

20) **Geltung der Vorschriften.** Die §§ 29 bis 35 sind durch das KAG. aufgehoben worden. Die §§ 36 bis 38 sind ebenfalls nicht mehr in Geltung, soweit sie sich auf die vom KAG. betroffenen Steuern, Gebühren und Beiträge beziehen. Sie sind aber in Kraft geblieben hinsichtlich der in §§ 72 und 73 der LGO. erwähnten Einkaufsgelder und Abgaben für die Teilnahme an den Gemeindenutzungen, auf welche das KAG. nach der in seinem § 96 letzter Absatz enthaltenen Bestimmung keine Anwendung findet.

20a) Absatz 2 ist durch § 90 Abs. 2 KAG. ersetzt.

20b) An die Stelle der Verordnung vom 7. September 1879 ist die Verordnung vom 15. November 1899 (GS. S. 545) getreten.

der Bekanntmachung der zur Erhebung gelangenden Zuschlagsprozentsätze, der Benachrichtigung über den zu entrichtenden Abgabebetrag oder der beendeten Auslegung der Hebeliste (§ 34) ab gerechnet, und Ansprüche auf Zurückzahlung zuviel erhobener indirekter Gemeindeabgaben sind binnen Jahresfrist, vom Tage der Versteuerung ab gerechnet, bei dem Gemeindevorsteher anzubringen.

Bezüglich der Nachforderung von Gemeindeabgaben und der Verjährung der Rückstände finden die hinsichtlich der Staatssteuern geltenden Bestimmungen sinngemäße Anwendung.

§ 38.

Auf Beschwerden und Einsprüche, betreffend die Heranziehung oder die Veranlagung zu den Gemeindelasten, beschließt der Gemeindevorsteher.

Gegen den Beschluß findet die Klage im Verwaltungsstreitverfahren statt.

Der Entscheidung im Verwaltungsstreitverfahren unterliegen desgleichen Streitigkeiten zwischen Beteiligten über ihre in dem öffentlichen Rechte begründete Verpflichtung zu den Gemeindelasten.

Einsprüche gegen die Höhe von Gemeindezuschlägen zu den dirkten Staatssteuern, welche sich gegen den Prinzipalsatz der letzteren richten, sind unzulässig. Dei Ermäßigung des Prinzipalsatzes (§ 34 1a) hat die Ermäßigung der Gemeindezuschläge von selbst zur Folge.

Die Beschwerden und die Einsprüche, sowie die Klage haben keine aufschiebende Wirkung.

Dritter Abschnitt.

Gemeindemitglieder, deren Rechte und Pflichten.

§ 39

Gemeindeglieder [21]) sind alle Gemeindeangehörigen, welchen das Gemeinderecht zusteht.

---

21) **Begriff der Gemeindeglieder.** Wer Gemeindeangehöriger ist, bestimmt § 7 (s. Anm. 6), wem das Gemeinderecht zusteht,

Eine Liste der Gemeindeglieder, welche deren nach § 41 erforderliche Eigenschaften nachweist, und der sonstigen Stimmberechtigten (§ 45) wird von dem Gemeindevorsteher geführt und alljährlich im Monate Januar berichtigt.[22])

§ 40.

Das Gemeinderecht umfaßt:[23])

1. das Recht zur Teilnahme an dem Stimmrechte

---

§ 41. Das Gemeinderecht (§ 40) ist nicht von der Eintragung in die Liste der Gemeindeglieder abhängig, sondern nur von dem Vorhandensein der gesetzlichen Voraussetzungen des § 41 (OVG. 53 75).

22) **Gemeindegliederliste.** Sie ist ein Verzeichnis derjenigen physischen und juristischen Personen usw., welche das Gemeinderecht (§ 39) oder das Stimmrecht (§ 45) besitzen (OVG. 56 65). Die Vorschrift, daß die Liste im Monat Januar zu berichtigen ist, schließt ihre Berichtigung zu anderen Zeiten nicht aus. Sie ist nach Anw. III A I. 5. „unter Berücksichtigung der im Laufe der Zeit eintretenden Veränderungen fortzuführen". Die öffentliche Auslegung der Liste ist nicht vorgeschrieben und war durch die Anw. I nur für die erstmalige Bildung der Gemeindeversammlung angeordnet. Gesetzlich vorgeschrieben ist nur die Auslegung der besonders aufzustellenden Wählerliste für die Wahl der Gemeindeverordneten (§§ 49, 55, 56). Die im § 39 vorgeschriebene Liste ist in Gemeinden, die keine Gemeindevertretung haben, zugleich die Wählerliste für die Wahl des Gemeindevorstehers und der Schöffen (§ 80). Gegen die Aufnahme einer Person in die Gemeindegliederliste ist gemäß § 66 Nr. 1 der Einspruch und die Klage im Verwaltungsstreitverfahren ebenfalls zulässig (OVG. 49 133), aber nur aus dem Gesichtspunkt eines Streites um den Besitz des Gemeinderechts oder der Stimmberechtigung, nicht aus dem Gesichtspunkt einer Berichtigung der Liste. — Der Gemeindevertretung steht eine Prüfung, Genehmigung oder Feststellung der Liste nicht zu. Sie darf daher auch deren Berichtigung von Amts wegen nicht anordnen (OVG. 45 130). — Auch Personen, deren Gemeinderecht ruht (§ 44), sind mit einem entsprechenden Vermerk (Anw. I A 1. Abs. 3 und B 1. Abs. 4) in die Gemeindegliederliste aufzunehmen (OVG. 56 65). — Über die Unzulässigkeit der Anfechtung der auf Grund der Liste erfolgten Wahlen wegen Unrichtigkeit dieser Liste s. § 80 Anm. 13. — Dem kollegialischen Gemeindevorstande kann, wo ein solcher eingeführt ist, (§ 74 Abs. 6), die Listenführung nicht übertragen werden (§ 89, OVG. 36 162). Der Gemeindevorsteher kann sich hierbei zwar der Hilfe anderer Gemeindebeamten bedienen, aber es bedarf dann einer ausdrücklichen oder stillschweigenden Erklärung des Gemeindevorstehers, durch die er die von jenen aufgestellte oder berichtigte Liste zu der seinigen macht (OVG. 46 104).

23) **Inhalt des Gemeinderechts.** Abgesehen von dem Ämter-

in der Gemeindeversammlung oder, wo die letztere durch eine gewählte Gemeindevertretung ersetzt ist,[23a]) zur Teilnahme an den Gemeindewahlen,

2. das Recht zur Bekleidung unbesoldeter Ämter in der Verwaltung und Vertretung der Gemeinde.[23b])

§ 41.

Das Gemeinderecht steht jedem selbständigen Gemeindeangehörigen[24]) zu, welcher

---

rechte (§ 40 Nr. 2) stellt sich das Gemeinderecht in den Gemeinden mit Gemeindeversammlungen als Stimmrecht und Wahlrecht (§§ 48, 75), in den Gemeinden mit Gemeindevertretungen nur als Wahlrecht für die Gemeindevertretung (§ 50) dar. Das Stimm- und Wahlrecht steht außer den Gemeindegliedern auch den in §§ 45 und 46 bezeichneten Personen zu, das Ämterrecht nur den Gemeindegliedern. Jedoch können auch die über 24 Jahre alten männlichen Forensen (§ 45) und die Vertreter derjenigen Stimmberechtigten, welche ihr Wahlrecht nicht selbst ausüben dürfen (§ 46), zu Gemeindeverordneten gewählt werden (§ 50 Abs. 3 sowie Anm. 9 und 10 daselbst). — Die Teilnahme an den Gemeindenutzungen steht nicht nur den Gemeindegliedern, sondern allen Gemeindeangehörigen zu (§ 70). — Über das Gemeinderecht s. den (besonders das städtische Bürgerrecht behandelnden) Artikel von Stier-Somlo: der verwaltungsgerichtliche Schutz des Bürger- und Einwohnerrechts in Preußen (Verwaltungsarchiv **12** 354 ff.)

23a) S. § 49.

23b) **Unbesoldete Ämter** s. § 65 Anm. 54, § 84 Anm. 26. — Auch das Ruhen des Gemeinderechts (§ 44) macht zum Erwerbe unbesoldeter Ämter unfähig (OVG. **40** 147).

24) **Allgemeine Voraussetzungen des Gemeinderechts.** Gemeindeangehörige sind alle im Gemeindebezirke wohnhaften Personen (mit Ausnahme der nicht angesessenen Militärpersonen des aktiven Dienststandes) ohne Rücksicht auf Geschlecht, Alter, Grundbesitz und Einkommen (s. § 7). Das volle Gemeinderecht steht nur männlichen selbständigen Personen zu. Nur auf diese beziehen sich die Bestimmungen des § 41 (OVG. **34** 142, **51** 12). Weiblichen und unselbständigen Personen kann nur das Stimmrecht (nicht das Ämterrecht) zustehen (s. § 45 Abs. 3). Sie können dieses aber nicht selbst ausüben, sondern müssen sich vertreten lassen (§ 46 Nr. 2 und 3). Wer „selbständig" ist, wird im Abs. 5 des § 41 bestimmt. — Streitigkeiten über den Besitz oder Verlust des Gemeinderechts sind nach Vorschrift der §§ 66, 67 zu erledigen (OVG. **56** 65). — Der Erwerb des Gemeinderechts ist nicht an eine Verleihung geknüpft, sondern tritt ohne weiteres kraft Gesetzes ein, wenn dessen Voraussetzungen vorliegen.

1. Angehöriger des Deutschen Reiches ist[25]) und
2. die bürgerlichen Ehrenrechte besitzt,[26])
3. seit einem Jahre[26a]) in dem Gemeindebezirke seinen Wohnsitz[27]) hat,
4. keine Armenunterstützung aus öffentlichen Mitteln empfängt,[28])

---

25) **Reichsangehörigkeit.** Hierfür war früher § 1 des Gesetzes vom 1. Juni 1870 (BGBl. S. 355) maßgebend, vom 1. Januar 1914 ab gilt das Reichs- und Staatsangehörigkeitsgesetz vom 22. Juli 1913 (RGBl. 583). Hiernach ist Angehörigen des Deutschen Reiches im Sinne der LGO. § 41 wer entweder die Staatsangehörigkeit in einem deutschen Bundesstaate oder die unmittelbare Reichsangehörigkeit besitzt. Die preußische Staatsangehörigkeit ist mithin für den Besitz des Gemeinderechts keine notwendige Voraussetzung.

26) **Bürgerliche Ehrenrechte** s. Strafgesetzbuch §§ 32—37.

26a) **Jahr** ist hier ein Zeitraum von 365 (366) Tagen, nicht das Kalenderjahr.

27) **Voraussetzungen für den Wohnsitz** s. § 7 Abs. 2. — Im Falle einer Eingemeindung ist auf die Dauer des Wohnsitzes im Gemeindebezirk auch die Zeit anzurechnen, während welcher die infolge der Eingemeindung hinzugetretenen Gemeindeangehörigen vor der Eingemeindung in dem eingemeindeten Bezirke gewohnt haben (PrVBl. 27 873). – Eine Entbindung von der Erfüllung der Bedingung eines einjährigen Wohnsitzes kann in dem Falle des § 42 stattfinden. — Eine Anrechnung der Besitzzeit des Vorbesitzers auf den einjährige nWohnsitz findet im Falle des § 41 Abs. 4 statt.

Die einjährige Frist kommt nur für den Wohnsitz als Voraussetzung des Erwerbes des Gemeinderechts (anders wie im § 5 der Städteordnung vom 30. Mai 1853) in Betracht.

28) **Armenunterstützung.** Gleichgültig ist es, ob die Armenunterstützung eine fortlaufende oder einmalige ist, ob sie in Geld oder in Natur (Lebensmittel, Krankenpflege), ob sie in der Wohnung des Hilfsbedürftigen oder in einer Anstalt (Krankenhaus), ob sie dem Gemeindeangehörigen oder dessen Familiengliedern gewährt wird, die seinen Unterstützungswohnsitz teilen und zu deren Unterhalt er verpflichtet ist (OVG. **37** 20). — Leistungen, die nach der Reichsversicherungsordnung vom 19. Juli 1911 (RGBl. S 509) oder ergänzenden Landesgesetzen gewährt werden und die durch den Übergang des Anspruchs darauf ersetzten Unterstützungen sind keine öffentlichen Armenunterstützungen (Reichsversicherungsordng. § 118).

Nach dem Empfang einer Armenunterstützung durch ein Gemeindeglied ruht dessen Gemeinderecht bis zur Erstattung der Unterstützung oder, wenn diese nicht früher erfolgt, sechs Monate lang (§ 44 Nr. 3). Ein Gemeindeangehöriger, der vor Erwerb des Gemeinderechts Armenunterstützung erhalten hat, kann das

5. die auf ihn entfallenden Gemeindeabgaben [29]) gezahlt hat und außerdem

6. entweder

a) ein Wohnhaus in dem Gemeindebezirke besitzt, [29a]) oder

Gemeinderecht daher ebenfalls erst nach der Erstattung der Unterstützung oder nach dem Ablaufe jener Frist erwerben.

29) **Zahlung der Gemeindeabgaben.** Diese Voraussetzung kommt nicht in Betracht, wenn der Gemeindeangehörige auf Grund der §§ 21, 24 k, 39-42 des KAG. von Gemeindeabgaben vollständig befreit ist. Daher steht auch Geistlichen und Volksschullehrern das Gemeinderecht zu, wenn bei ihnen die Voraussetzungen des § 41 Nr. 1 bis 4 und 6 vorliegen, Gemeindeabgaben aber mit Rücksicht auf jene Vorschriften des KAG. von ihnen nicht zu entrichten sind. Die Vorschrift unter Nr. 5 findet aber auch auf sie Anwendung, wenn sie von einem außerdienstlichen Einkommen, Grundbesitz oder Gewerbebetrieb gemeindesteuerpflichtig sind. — Die Voraussetzung der Nr. 5 bezieht sich nur auf solche Gemeindeabgaben, deren Zahlung infolge Bekanntmachung der Veranlagung (KAG. § 65) und Ablaufs der Zahlungsfrist oder Eintritts des Zahlungstermins (§ 66 daselbst) fällig geworden ist. Die Unterlassung ihrer Zahlung hindert den Erwerb des Gemeinderechts, auch wenn keine Mahnung erfolgt ist, da diese nur für den Eintritt des Ruhens eines bereits erworbenen Gemeinderechts eine gesetzliche Voraussetzung ist (§ 44 Nr. 4). — Unerheblich ist es, ob die Zahlung rechtzeitig geschehen war, sofern nur vor Schluß der Offenlegung der Wählerliste (§ 59) gezahlt worden war (OVG. **61** 8). Unter „Gemeindeabgaben" sind hier nur Gemeindesteuern, nicht auch Gebühren, Beiträge und Naturaldienste zu verstehen, da jener Begriff nicht nach der Ausdrucksweise des erst nach der LGO. erlassenen KAG., sondern nach der Ausdrucksweise der bei Erlaß der LGO. geltenden Gesetze zu bestimmen ist. — S. auch unten Anm. 48.

29a) **Begriff und Art des Hausbesitzes.** Als Besitz eines Wohnhauses ist hier der Besitz eines Grundstückes anzusehen, welches Wohnzwecken gewidmet ist. Dies trifft auch dann zu, wenn das Wohnhaus noch im Bau befindlich ist oder wenn es fertig gestellt ist, aber noch nicht bewohnt wird (OVG. vom 3. Dezember 1912 — I B 29/11). — Alleinbesitz ist nicht erforderlich, auch das Miteigentum an einem Wohnhause kann das Gemeinderecht (anders nach der Städteordnung) begründen (OVG. **44** 140). Doch kann es nur von einem Miteigentümer ausgeübt werden (s. § 41 Abs. 2, 3). Indessen haben alle Miteigentümer, welche die Bedingungen zu Nr. 6b und c erfüllen, ohne Rücksicht auf ihr Miteigentum an einem Wohnhause das Gemeinderecht. — Der Besitz muß, um das Gemeinderecht zu begründen, ein rechtlich gesicherter sein. Hierzu kann ein erbliches Besitzrecht

b) von seinem gesamten innerhalb des Gemeindebezirks belegenen Grundbesitze[30]) einen Jahresbetrag von mindestens drei Mark an Grund- und Gebäudesteuer entrichtet,[31]) oder

---

ohne Eigentum (z B. Erbbaurecht) ausreichen; andererseits ist ein nur vorübergehendes Eigentum, das auf eine bestimmte Zeit oder die Dauer eines bestimmten Verhältnisses beschränkt ist, hierzu nicht ausreichend (OVG. **47** 106 und PrVBl. 27 338), ebensowenig das Eigentum an einem Grundstücke, zu dessen Auflassung an einen Dritten auf dessen Verlangen der Eigentümer jederzeit verpflichtet ist (OVG. **49** 104) oder das nur zur Umgehung des Gesetzes (z. B. mittels Übertragung eines kleinen Bruchteils des Miteigentums ohne wirtschaftliche Bedeutung) übertragen worden ist (OVG. **59** 77). Ein vertragsmäßiger Nießbrauch an einem Wohnhause ist kein Besitz eines Wohnhauses (OVG. vom 14. Februar 1913 — I B 55/11). — Auch ein bloßer Mietbesitz verleiht weder die Ansässigkeit noch schließt er die des Vermieters aus. — Zum Nachweise des Eigentums an dem Wohnhause genügt die Tatsache der Eintragung im Grundbuche (OVG. **65** 16). Ist die Eintragung im Grundbuch als Eigentümer des Wohnhauses nachweislich irrig erfolgt und daher nichtig, so wird durch sie auch nicht das Gemeinderecht begründet (PrVBl. **24** 604). — Über Anrechnung des Besitzes der Ehefrau und der Kinder s. unten Anm. 35.

30) **Grundbesitz.** Unter die Bestimmung zu b fallen solche Grundbesitzer, auf deren Grundstücken sich entweder gar keine Gebäude oder nur Wirtschaftsgebäude befinden, während sie selbst in einem fremden Wohnhaus in der Gemeinde wohnen. Dagegen gehören Forensen nicht hierher, da sie wohl Stimmberechtigte sein können (§ 45), niemals aber Gemeindeangehörige sind (§ 7).

31) **Grund- und Gebäudesteuer.** Die staatliche Grund- und Gebäudesteuer wird seit dem 1. April 1895 nicht mehr erhoben. Eine kommunale Grund- und Gebäudesteuer kann jetzt entweder in Form von Prozenten der vom Staate auch noch nach dem 1. April 1895 veranlagten Grund- und Gebäudesteuer oder als eine besondere Steuer erhoben werden (vgl. KAG. §§ 25 und 26). Da bei Erlaß der LGO. staatliche Grund- und Gebäudesteuern noch entrichtet wurden, nach § 5 des Gesetzes vom 14. Juli 1893 (GS. S. 119) aber an die Stelle der entrichteten Beträge, wo auf sie in anderen Gesetzen Bezug genommen wird, die veranlagten treten, so gilt die Voraussetzung der Nr. 6b für das Gemeinderecht als erfüllt, wenn die vom Staate veranlagte Grund- und Gebäudesteuer mindestens 3 Mark beträgt. Steht das Grundstück im Miteigentum mehrerer Personen, so genügt es, daß auf den Anteil eines Gemeindeangehörigen der Steuerertrag von 3 Mark entfällt, um ihn durch sein Miteigentum auf Grund des § 41 Nr. 6b zum Gemeinderechte zu befähigen (OVG. **44** 148).

Es genügt, daß der Betrag von 3 Mark entweder als Grund-

c) zur Staatseinkommensteuer veranlagt[32]) ist oder zu den Gemeindeabgaben nach einem Jahreseinkommen von mehr als 660 Mark in Gemäßheit der §§ 8 und 13[33]) herangezogen wird.

Steht ein Wohnhaus im (geteilten oder ungeteilten) Miteigentum Mehrerer, so kann das Gemeinderecht auf Grund dieses Besitzes nur von einem derselben ausgeübt werden.

---

steuer oder als Gebäudesteuer staatlich veranlagt ist. Welcher Betrag als Gemeindegrundsteuer zu zahlen ist, kommt hier nicht in Betracht; ebensowenig von wem die Steuer bezahlt wird (PrVBl. **28** 854).

32) **Einkommensteuer.** Die Veranlagung zur Staatseinkommensteuer genügt auch dann, wenn das Einkommen zu Gemeindeabgaben nicht herangezogen wird (wie z. B. das Diensteinkommen der Geistlichen und Lehrer). Dagegen ist die Veranlagung zu einem fingierten Normalsteuersatze von einem Jahreseinkommen, das 660 Mark übersteigt, noch nicht geeignet, das Gemeinderecht zu begründen. Es bedarf hier auch der Heranziehung zu Gemeindeabgaben (PrVBl. **19** 377). — Die Veranlagung zur Staatseinkommensteuer muß nicht nur in der Zeit, sondern auch für die Zeit erfolgt sein, in welcher das Gemeinderecht geltend gemacht wird. Eine Veranlagung, die vor Beginn des Steuerjahrs bewirkt wird, begründet das Gemeinderecht daher erst vom Beginne des Steuerjahres ab und ihre Unterlassung hat den Verlust des Gemeinderechts ebenfalls erst von jenem Zeitpunkt ab zur Folge (OVG. **48** 130). — Die Frage, ob bei der hier erforderlichen Feststellung, zu welchem Staatseinkommensteuerbetrag ein Gemeindeangehöriger veranlagt oder nach welchem Jahreseinkommen er zu den Gemeindeabgaben herangezogen worden ist, die Ermäßigungen, welche ihm auf Grund der §§ 19 und 20 des Einkommensteuergesetzes gewährt worden sind, gemäß Gesetz vom 26 Mai 1909 (GS. S. 349) Art. I außer Betracht bleiben, wird zu verneinen sein, soweit es sich bei LGO. § 41 nicht nur um die Voraussetzungen für ein Wahlrecht, sondern für das weitergehende Gemeinderecht handelt. Für Wahlrecht ist sie jedenfalls zu bejahen. Die Aufnahme in die Wählerliste darf daher einer Person nicht versagt werden, welche der Forderung des steuerpflichtigen Mindesteinkommens von mehr als 660 Mark nur deshalb nicht entspricht, weil sie wegen des sogenannten Kinderprivilegs in der Steuer ermäßigt oder von der Steuer befreit worden ist (OVG. **58** 103; PrVBl. **33** 58).

33) **Neuere Gesetzesvorschrift.** An die Stelle des § 13 der LGO. ist jetzt § 38 des KAG. getreten, wonach Steuerpflichtige mit einem Einkommen von nicht mehr als 900 Mark durch Gemeindebeschluß von Gemeindeabgaben befreit oder mit einem geringeren Prozentsatze herangezogen werden können.

Falls die Miteigentümer sich über die Person des Berechtigten nicht einigen können, ist derjenige, welcher den größten Anteil besitzt, befugt, das Gemeinderecht auszuüben; bei gleichen Anteilen bestimmt sich die Person des Berechtigten durch das Los, welches durch die Hand des Gemeindevorstehers gezogen wird. [34])

Steuerzahlungen und Grundbesitz der Ehefrau werden dem Ehemanne, Steuerzahlungen und Grundbesitz der in väterlicher Gewalt befindlichen Kinder werden dem Vater angerechnet. [35]) In den Fällen, wo ein Wohnhaus durch Vererbung auf einen anderen übergeht, kommt dem Erben bei Berechnung der Dauer des einjährigen Wohnsitzes die Besitzzeit des Erblassers zugute. Die Übertragung unter den Lebenden an Verwandte in absteigender Linie steht der Vererbung gleich.

Als selbständig wird nach vollendetem vierundzwanzigsten Lebensjahre ein jeder betrachtet, welcher einen eigenen Hausstand [36]) hat, sofern ihm nicht das Ver-

34) **Gemeinderecht der Miteigentümer.** Die Einigung der Miteigentümer über die Ausübung des Gemeinderechts kann nur durch eine ausdrückliche, mündliche oder schriftliche Erklärung erfolgen (OVG 26 113 und 44 148). S. auch oben Anm. 29a. — Bei dem Mangel einer Einigung hat der Gemeindevorsteher darüber zu bestimmen, welchem von den Miteigentümern nach der gesetzlichen Vorschrift des § 41 (größter Anteil) das Stimmrecht zusteht. Beansprucht ein anderer Miteigentümer das Stimmrecht, so kann er auf Grund des § 66 über die Bestimmung des Gemeindevorstehers Beschwerde erheben.

Bei der Entscheidung durch das Los muß das Ergebnis vom Zufall abhängig sein. Das Verfahren muß dafür Gewähr bieten daß der Wille der das Los ziehenden Personen auf die Entscheidung keinen Einfluß haben kann (PrVBl. 20 500).

35) **Anrechnung der Steuern und des Grundbesitzes** findet nur dann statt, wenn der Ehemann oder Vater Gemeindeangehöriger ist (s. unten Anm. 62 zu § 45). Von einem Miteigentume des Ehemannes an dem Grundbesitz ist dessen Anrechnung nicht abhängig (OVG. 34 142). — Ein Kind steht nach § 1626 des BGB. unter elterlicher Gewalt, solange es minderjährig ist.

36) **Eigener Hausstand** ist nicht dasselbe wie eigener Haushalt. Er bedeutet die äußere wirtschaftliche Unabhängigkeit, die im Gegensatze steht zu der Zugehörigkeit zu dem Hausstande eines anderen (zu dem Stehen „im Hause und Brote", in „Kost und Lohn" eines anderen). Die wirtschaftliche Unabhängigkeit hat weder die Geschäftsfähigkeit (BGB. § 104 ff.) noch die Fähigkeit zur

fügungsrecht über die Verwaltung seines Vermögens durch richterlichen Beschluß entzogen ist.[37])

Inwiefern über die Erlangung des Gemeinderechts von dem Gemeindevorsteher eine Urkunde zu erteilen ist, bleibt den statutarischen Anordnungen vorbehalten.

§ 42.

Verlegt ein Gemeindeglied seinen Wohnsitz in eine andere Landgemeinde, so kann ihm das Gemeinderecht, sofern im übrigen die Voraussetzungen zu dessen Erlangung vorliegen, von dem Gemeindevorsteher im Einverständnisse mit der Gemeindeversammlung (Gemeindevertretung) schon vor Ablauf eines Jahres verliehen werden.[38])

Besorgung der eigenen Angelegenheiten zur Voraussetzung. Daher können auch Personen, die minderjährig oder entmündigt sind oder wegen geistiger oder korperlicher Gebrechen ihre Angelegenheiten nicht zu besorgen vermögen, einen eigenen Hausstand haben. Auch ein gemeinschaftlicher Hausstand mehrerer Personen kann für jede von ihnen ein eigener sein (OVG. **61** 42; PrVBl. **28** 854, **35** 9). Der Mieter einer mit Möbeln des Vermieters ausgestatteten Wohnung kann einen eigenen Hausstand haben (OVG. **14** 170). Dagegen haben Schlafstelleninhaber oder Schlafstellenmieter als Personen, die in die Wohnung eines anderen, in Räume, welche unter dessen Aufsicht bleiben, aufgenommen worden sind, keinen eigenen Hausstand (OVG. **37** 16). Der Mitbesitzer eines Grundstücks, der auf diesem der Wirtschaft vorsteht, hat einen eigenen Hausstand auch dann, wenn seine Mutter dem gemeinsamen Hausstand angehört und eine Unterordnung unter sie aus Pietätsrücksichten stattfindet (OVG. **8** 129; PrVBl. **30** 767).

37) **Die Entziehung des Verfügungsrechts über das Vermögen** kann geschehen durch Eröffnung des Konkursverfahrens, durch Entmündigung oder Stellung unter vorläufige Vormundschaft wegen Geisteskrankheit, Geistesschwäche, Verschwendung oder Trunksucht (s. BGB. §§ 6, 104, 114, 1896, 1906 und ZPO. § 645; OVG. vom 22. Mai 1913 — I B 1/13). — Die Zwangsverwaltung eines Grundstücks stellt keine Entziehung der Verwaltung des Vermögens dar (OVG. **9** 64).

38) **Verleihung des Gemeinderechts.** Ein Rechtsanspruch auf Verleihung des Gemeinderechts steht keinem Gemeindeangehörigen zu. Eine Verleihung des Stimmrechts als Forense ist dem Gesetze fremd. Dem Gemeindevorsteher steht hinsichtlich der Verleihung des Gemeinderechts eine selbständige Entschließung zu. Wider seinen Willen kann die Gemeindeversammlung (Gemeindevertretung) das Gemeinderecht nicht verleihen (OVG. **63** 108). Das einmal verliehene Gemeinderecht kann von dem Gemeindevor-

Ein gleiches findet statt, wenn der Besitzer eines selbständigen Gutes (§ 122) seinen Wohnsitz in eine Landgemeinde verlegt.

§ 43.

Das Gemeinderecht [39]) und die unbesoldeten Gemeindeämter [40]) gehen verloren, sobald eines der im § 41 unter Nr. 1 und 6 vorgeschriebenen Erfordernisse nicht mehr zutrifft oder der Wohnsitz in dem Gemeindebezirke aufgegeben wird.

---

steher oder der Gemeindeversammlung (Gemeindevertretung) nicht wieder entzogen werden. — Ist das Gemeinderecht verliehen, so ist der Betreffende in Gemeinden ohne Gemeindevertretung auch im Laufe des Jahres in die Gemeindegliederliste (§ 39) und bei vorzunehmenden Wahlen auch in die Wählerliste (§§ 76, 80) einzutragen, jedoch nicht in Gemeinden mit Gemeindevertretung in die nach Wahlklassen eingeteilte Gemeindewählerliste, die nur einmal jährlich (im Januar) aufzustellen ist (§ 55).

39) **Verlust des Gemeinderechts.** Der Verlust des Gemeinderechts tritt für einen Gemeindeangehörigen, bei welchem gleichzeitig mehrere der im § 41 Nr. 6 unter a, b und c aufgeführten Voraussetzungen für den Besitz des Gemeinderechts vorgelegen haben, nur dann ein, wenn keine von diesen Voraussetzungen mehr vorhanden ist. Der vom Verluste des Gemeinderechts Betroffene ist in der Liste der Gemeindeglieder zu streichen. Gegen die Streichung kann er die in den §§ 66 und 67 bezeichneten Rechtsmittel einlegen.

40) **Verlust der Gemeindeämter.** Über die unbesoldeten Gemeindeämter s. §§ 65, 74 und Anm. 26 zu § 84. — Mit dem Verlust des Gemeinderechts ist auch der Verlust der unbesoldeten Gemeindeämter verbunden. Das Amt des Gemeindeverordneten geht für jemand, der kein Gemeindeglied ist, sondern als sonstiger Stimmberechtigter (Forense, Vertreter, §§ 45—47) gewählt worden war (§ 50 Abs. 3), auch dann verloren, wenn die Voraussetzungen seiner Wahlberechtigung fortfallen. Daher tritt dieser Verlust für jemand, der als gesetzlicher Vertreter eines Stimmberechtigten gewählt ist, dann ein, wenn die Vertretungsbefugnis ihr Ende erreicht (OVG. **49** 103), für einen zum Gemeindevertreter gewählten Forensen dann, wenn er seinen Forensalbesitz verliert. Liegen für eine Person verschiedene Voraussetzungen der Wählbarkeit vor (z. B. Forensalbesitz und Vertretungsbefugnis für eine juristische Person), so geht das Amt des Gemeindeverordneten für sie durch den Fortfall der einen Voraussetzung nicht verloren, wenn die zweite Voraussetzung eingetreten ist, bevor die erste fortgefallen war (OVG. **53** 74). Dagegen verliert jemand, der als „Angesessener" (§ 52) zum Gemeindeverordneten gewählt worden war, sein Amt nicht dadurch, daß er diese Eigenschaft verliert (OVG. **26** 102).

Auch eine Person, die ein Gemeindeamt erhalten hatte, ob-

Wer durch rechtskräftiges Erkenntnis [41]) der bürgerlichen Ehrenrechte verlustig gegangen ist, verliert dadurch dauernd die bisher von ihm bekleideten Ämter in der Gemeindeverwaltung und der Gemeindevertretung, und für die im Urteile bestimmte Zeit das Gemeindestimm- und Wahlrecht, sowie die Fähigkeit, dasselbe zu erwerben und Gemeindeämter zu bekleiden.

Die rechtskräftig erfolgte Aberkennung der Fähigkeit zur Bekleidung öffentlicher Ämter hat den dauernden Verlust der bisher bekleideten Ämter in der Gemeindeverwaltung und Gemeindevertretung, sowie für die im Urteile bestimmte Zeit die Unfähigkeit zur Bekleidung solcher Ämter zur Folge.

Die Verurteilung zur Zuchthausstrafe hat den Verlust der Gemeindeämter und die dauernde Unfähigkeit zur Bekleidung solcher Ämter zur Folge.

§ 44.

Die Ausübung des Gemeinderechts (§ 40) ruht, [42])

1. wenn gegen ein Gemeindeglied wegen eines Ver-

---

wohl sie nicht Gemeindeglied oder Stimmberechtigter war, verliert dieses Amt, sobald das Fehlen des Gemeinderechts oder der sonstigen Stimmberechtigung nachträglich durch einen unanfechtbar gewordenen Beschluß (§ 66) oder eine rechtskräftige Entscheidung des Verwaltungsgerichts (§ 67) festgestellt worden ist, und zwar auch dann, wenn die Wahl früher in gleicher Weise als gültig erklärt worden war (OVG. 49 103).

41) **Verlust der Ämter infolge Strafurteils.** Die Wirkung des Strafurteils tritt mit seiner Rechtskraft ein; die Zeitdauer der Unfähigkeit zur Bekleidung der Ämter beginnt mit dem Tage, an dem die Freiheitsstrafe, neben welcher jene Aberkennung ausgesprochen wurde, verbüßt, verjährt oder erlassen ist (StGB. § 36).

42) Das **Ruhen des Gemeinderechts** bedeutet eine zeitweilige, vorübergehende Unwirksamkeit dieses Rechts. Erreicht der Zustand, der die Unwirksamkeit zur Folge gehabt hat, sein Ende, so tritt das Gemeinderecht ohne weiteres wieder in Wirksamkeit. — In der Gemeindegliederliste (§ 39) ist ein Gemeindeglied, dessen Gemeinderecht ruht, nicht zu streichen; jedoch ist bei seinem Namen das Ruhen des Gemeinderechts zu vermerken (s. oben Anm. 22). — Außer den im § 44 aufgeführten Fällen kann ein Ruhen des Gemeinderechts auch durch einen auf Grund des § 65 letzter Absatz gefaßten Beschluß herbeigeführt werden (OVG. 51 18). — Ruht das Gemeinderecht eines Gemeindeglieds zur Zeit der Aufstellung

brechens oder eines Vergehens, welches die Aberkennung der bürgerlichen Ehrenrechte zur Folge haben kann, das Hauptverfahren eröffnet,[43]) oder dasselbe zur gerichtlichen Haft gebracht ist,[44]) so lange, bis das Strafverfahren beendet ist;[45])

---

der Gemeindewählerliste (§ 55), so ist nach Anw. I B 1, Abs. 4 in der Rubrik „Bemerkungen" der Grund des Ruhens durch einen kurzen Hinweis auf die einschlagende Nummer des § 44 ersichtlich zu machen (z. B. „ruht nach § 44 Nr. 1"). Das OVG. hatte in früheren Entscheidungen (OVG. 40 147; PrVBl. 25 713) die Frage offen gelassen, ob nur ein solcher Vermerk in der Wählerliste zu machen oder ob die betreffende Person in die Wählerliste gar nicht aufzunehmen ist. Neuerdings hat es (im Gegensatz zu der vorstehend dargelegten Auffassung) angenommen, daß Gemeindeglieder, deren Gemeinderecht zur Zeit der Aufstellung der Wählerliste ruht, in diese nicht aufzunehmen sind und daß auch die von ihnen zu entrichtenden Steuern bei der Bildung der Wählerabteilungen nicht zu berücksichtigen sind (OVG. 56 60). — Wenn trotzdem die Aufnahme geschehen und kein Vermerk über das Ruhen gemacht, auch kein Einspruch gegen die Richtigkeit der Liste mit Erfolg erhoben worden ist, so ist der Betreffende berechtigt, an der Wahl teilzunehmen (OVG. 40 147).

43) **Straftaten als Grund des Ruhens.** Maßgebend ist die Bezeichnung der Straftat in dem gerichtlichen Beschlusse, durch den das Hauptverfahren eröffnet worden ist (Strafprozeßordnung § 201). — Auf Verlust der bürgerlichen Ehrenrechte kann erkannt werden bei jeder Straftat, die im Strafgesetzbuche mit der Todesstrafe oder mit Zuchthaus bedroht ist oder bei der das Strafgesetz den Verlust der Ehrenrechte ausdrücklich zuläßt (Strafgesetzbuch §§ 32, 108, 109, 133, 142, 143, 150, 160, 161, 164, 168, 173, 175, 180, 183, 248, 262, 263, 266, 280, 284, 289, 294, 302, 304, 333, 350). Zu den letzteren Fällen gehören hauptsächlich die Vergehen des Diebstahls, der Unterschlagung, der Hehlerei, des Betruges, der Untreue, der Urkundenfälschung, des strafbaren Eigennutzes, der gewerbsmäßigen Wilddieberei, des Wuchers, der Bestechung. — Der Gemeindevorsteher wird vorkommenden Falles die Staatsanwaltschaft um eine Mitteilung des Eröffnungsbeschlusses oder der darin dem Gemeindegliede zur Last gelegten Straftat ersuchen müssen.

44) **Verhaftung als Grund des Ruhens.** Unter einer gerichtlichen Haft, die im Strafverfahren verhängt worden ist, kann nur eine Untersuchungshaft, nicht eine Strafhaft verstanden werden. Sie hat das Ruhen des Gemeinderechts auch dann zur Folge, wenn sie nicht wegen einer der im § 44 Nr. 1 bezeichneten Straftaten verhängt ist. (Vgl. die deutlichere Fassung im § 7 der Städteordnung vom 30. Mai 1853). Das Ruhen erreicht sein Ende nicht schon durch die Entlassung aus der Haft, sondern erst durch die Beendigung des Strafverfahrens.

2. wenn ein Gemeindeglied in Konkurs verfällt, bis zur Beendigung des Verfahrens;[46])

3. wenn ein Gemeindeglied Armenunterstützung[47]) aus öffentlichen Mitteln empfängt, während sechs Monate nach dem Empfang der Unterstützung, sofern es nicht früher die empfangene Unterstützung erstattet;

4. wenn ein Gemeindeglied die auf dasselbe entfallenden Gemeindeabgaben nach Mahnung[48]) durch den Steuererheber nicht gezahlt hat, bis zur Entrichtung derselben.

Bekleidet ein solches Gemeindeglied unbesoldete Gemeindeämter,[49]) oder ist dasselbe Abgeordneter nicht

---

45) **Beendigung des Strafverfahrens.** Ein Strafverfahren wird beendet entweder durch Einstellung des Verfahrens seitens der Staatsanwaltschaft (Strafprozeßordnung § 168) oder durch Gerichtsbeschluß, das Hauptverfahren nicht zu eröffnen oder den Angeschuldigten außer Verfolgung zu setzen (a. a. O. §§ 196, 202), oder durch rechtskräftiges gerichtliches Urteil (a. a. O. § 259).

46) **Konkurs als Grund des Ruhens.** Vermögensverfall, Zahlungseinstellung, fruchtlose Zwangsvollstreckung oder Zwangsversteigerung des Grundstücks haben das Ruhen des Gemeinderechts noch nicht zur Folge, sondern erst die Eröffnung des Konkursverfahrens durch Gerichtsbeschluß.

Das Verfahren wird beendigt durch Aufhebung des Konkursverfahrens nach Abhaltung des Schlußtermins (Konkursordnung § 163) oder nach rechtskräftiger Bestätigung eines Zwangsvergleichs (§ 190 daselbst) oder durch Einstellung des Verfahrens auf Antrag des Gemeinschuldners mit Zustimmung der Konkursgläubiger (§ 202) oder wegen Mangels einer ausreichenden Konkursmasse (§ 204 daselbst). Der die Aufhebung oder Einstellung des Verfahrens aussprechende Gerichtsbeschluß wird öffentlich bekannt gemacht (§§ 163, 190, 205 daselbst).

47) Über **Armenunterstützung** s. oben Anm. 28.

48) **Mahnung** ist nicht jede formlose Erinnerung, sondern nur eine Mahnung in den Formen der Verordnung, betreffend das Verwaltungszwangsverfahren vom 15. November 1899 und der dazu erlassenen Ausführungsanweisung vom 28. desselben Monats (PrVBl. 16 269). Sie muß von der für die Einziehung der Steuer zuständigen Stelle ausgehen. Daher bewirkt eine nicht vom Gemeindevorsteher veranlaßte, eigenmächtige Erinnerung durch den Ortssteuererheber kein Ruhen des Gemeinderechts (OVG. 40 149). — Eine Stundung der Gemeindeabgaben beseitigt den Verzug und hiermit auch das Ruhen des Gemeinderechts (OVG. vom 13. Januar 1912 — I C 3/11). — S. auch oben Anm. 29.

49) **Unbesoldete Gemeindeämter** s. § 65 Anm. 54, § 74

angesessener Stimmberechtigter (§ 48), so ist der Kreisausschuß berechtigt, die Wahl eines kommissarischen Vertreters anzuordnen.[50])

§ 45.[50a])

Wer, ohne im Gemeindebezirke einen Wohnsitz[50b]) zu haben, in demselben seit einem Jahre ein Grundstück besitzt,[51]) welches wenigstens den Umfang einer

---

Anm. 1, § 85 Anm. 26. Zu diesen Gemeindeämtern gehört auch das Amt eines Gemeindeverordneten (OVG. **40** 149).

50) **Einfluß des Ruhens des Gemeinderechts auf das Recht zur Bekleidung von Gemeindeämtern.** Das Gemeindeglied, dessen Gemeinderecht ruht, verliert hierdurch nicht sein Amt, darf es jedoch solange nicht verwalten, als das Ruhen dauert. Hört das Gemeinderecht auf zu ruhen, so erlischt damit auch die Befugnis des Vertreters zur Wahrnehmung des Amtes. Ein neues Amt kann während des Ruhens des Gemeinderechts nicht erworben werden (OVG. **40** 150).

50a) **Stimmrecht von Personen, welche nicht Gemeindeglieder sind.** Während im § 41 das Gemeinderecht der männlichen selbständigen Gemeindeangehörigen geregelt ist, gibt § 45 Vorschriften über das Stimmrecht der Forensen (Abs. 1), der sonstigen Stimmberechtigten (Abs. 2) und der weiblichen sowie der nicht selbständigen Personen (Abs. 3).

50b) **Wohnsitz.** Der Mangel eines das Gemeinderecht begründenden Wohnsitzes, also eines solchen von einjähriger Dauer (§ 41 Nr. 3), ist Voraussetzung für das Forensalstimmrecht (OVG. **44** 149). Jedoch braucht dieser Mangel nicht schon seit einem Jahre zu bestehen. Die Zeitbestimmung des § 45 bezieht sich nur auf die Dauer des Besitzes. — Über die Voraussetzungen des Wohnsitzes s. § 7 Anm. 8.

51) **Besitz eines Grundstücks.** Der ununterbrochene Besitz von Grundstücken der bezeichneten Art während des ganzen Jahres genügt, wenn auch in dieser Zeit ein Wechsel in dem besessenen Grundstücke stattgefunden hat, das besessene Grundstück mithin in dem Jahre ein verschiedenes gewesen ist. — Ist das Grundstück neuerdings eingemeindet worden, so wird auch die Besitzzeit vor der Eingemeindung in den einjährigen Zeitraum einzurechnen sein (s. Anm. 27). — Steht das Grundstück im Miteigentume mehrerer Personen, so begründet sein Besitz das Stimmrecht für jeden der Miteigentümer, dessen Anteil schon für sich allein entweder mit Rücksicht auf seine Größe den Umfang einer die Haltung von Zugvieh zur Bewirtschaftung erfordernden Ackernahrung hat, oder, wenn es sich um ein Wohnhaus, eine Fabrik oder eine andere gewerbliche Anlage handelt, dem Werte einer solchen Ackernahrung mindestens gleichkommt (s. Schön im

die Haltung von Zugvieh zur Bewirtschaftung erfordernden[52]) Ackernahrung hat, oder auf welchem sich ein Wohnhaus, eine Fabrik oder eine andere gewerbliche Anlage befindet, die dem Werte einer solchen Ackernahrung mindestens gleichkommen, ist ebenfalls stimmberechtigt, wenn bei ihm die im § 41 unter Nr. 1, 2, 4 und 5 bezeichneten Voraussetzungen vorhanden sind.[53])

Ingleichen steht das Stimmrecht juristischen Personen,[54]) Aktiengesellschaften,[55]) Kommanditgesellschaften

PrVBl. **26** 395). — Nach demselben Grundsatze muß auch das Stimmrecht mehrerer Erben eines Grundstücks beurteilt werden, die bei der Teilung der Erbschaft das Miteigentum an dem Grundstück erhalten haben. Solange die Erbschaft ungeteilt ist und daher die Anteile der Erben an dem Grundstücke noch nicht feststehen, wird die Vorschrift des § 41 Abs. 3 analog anzuwenden sein. — Über den Begriff des „besitzen" s. oben Anm. 29a.

52) **Zugviehhaltung.** Daß auf dem Grundstücke tatsächlich Zugvieh gehalten wird, ist nicht notwendig. Entscheidend ist vielmehr, ob die Haltung von Zugvieh nach landwirtschaftlichen Grundsätzen zur ordnungsmäßigen Bewirtschaftung des Grundstücks dauernd, nicht nur zu gewissen Zeiten, erforderlich ist (OVG. **6** 142).

53) **Forensalstimmrecht der weiblichen und der unselbständigen Personen.** Das Forensalstimmrecht (Abs. 1) steht auch weiblichen und minderjährigen Forensen (OVG. **36** 165) zu, wenn sie es auch nur durch Vertreter ausüben können (§ 46). Abs. 3 bezieht sich nur auf Frauen, die seit einem Jahre im Gemeindebezirk ihren Wohnsitz haben. Zur persönlichen Ausübung des Stimmrechts ist eine weibliche Person niemals berechtigt (OVG. **34** 142 und **36** 167). — S. Dierschke, Das Gemeindewahlrecht des Fiskus und sonstiger juristischer Personen (PrVBl. **24** 669). — Voraussetzung des Stimmrechtes ist bei verheirateten Frauen der in der Regel zutreffende Umstand, daß auch ihr Ehemann kein Gemeindeangehöriger ist, da sonst nach der Vorschrift im § 41 Abs. 4 die Anrechnung des Grundbesitzes der Ehefrau stattfinden müßte (OVG. **34** 142, **56** 99). Das gleiche gilt auch von den in elterlicher Gewalt befindlichen Kindern, welche im Gemeindebezirk ein Grundstück der bezeichneten Art besitzen, ohne dort zu wohnen. Ist ihr Vater Gemeindeangehöriger, so ist der Grundbesitz des Kindes nach der erwähnten Vorschrift ihm anzurechnen.

Dadurch, daß ein Forense seinen Wohnsitz in den Gemeindebezirk verlegt, wo er das Gemeinderecht erst nach einem Jahre erwirbt (§ 41 Nr. 3), geht sein Forensalstimmrecht nicht verloren (OVG. **44** 149). S. auch unten Anm. 69.

54) **Stimmrecht der juristischen Personen.** Juristische Personen des Privatrechts sind nach dem jetzt geltenden Recht

auf Aktien,[56]) Berggewerkschaften,[57]) eingetragenen Genossenschaften[58]) und dem Staatsfiskus[59]) zu, sofern dieselben Grundstücke von dem bezeichneten Umfange[60]) in dem Gemeindebezirke besitzen.

---

a) solche Vereine, denen vor dem Inkrafttreten des Bürgerlichen Gesetzbuchs vom Staate Korporationsrechte verliehen worden waren,
b) Vereine, welche Rechtsfähigkeit auf Grund der §§ 21 bis 23 des BGB. erlangt haben,
c) Stiftungen, die auf Grund des § 80 des BGB. genehmigt worden sind.

Juristische Personen des öffentlichen Rechts sind namentlich die Kommunalverbände, Stadtgemeinden, Landgemeinden, Kirchengemeinden, Schulverbände, Schulgemeinden, Universitäten, Gymnasien, Innungen der Gewerbetreibenden, die Waldgenossenschaften (G. vom 6. Juli 1875), die Wassergenossenschaften (G. vom 1. April 1879), die Religionsgesellschaften und Stifter, denen Korporationsrechte erteilt worden sind (die evangelischen und katholischen Stifter und Klöster, Herrenhutergemeinden, die Altlutheranergemeinden, die Synagogengemeinden).

Die LGO. spricht jedoch im § 45 das Stimmrecht nicht allen juristischen Personen im Sinne des jetzigen Privatrechts zu, sondern nur den Rechtspersonen, welche schon beim Erlaß der LGO. als juristische Personen angesehen wurden, wie sich aus der Aufführung der Aktiengesellschaften usw. neben den juristischen Personen ergibt. Daher steht den Gesellschaften mit beschränkter Haftung, auch wenn sie juristische Personen des Privatrechts sind, das Stimmrecht nicht zu (OVG. **56** 68 und Freund in PrVBl. **31** 39). Anderer Meinung ist Stier-Somlo im Verw.Arch. **12** 415 ff. Die offene Handelsgesellschaft ist keine juristische Person und hat daher kein Stimmrecht.

55) **Aktiengesellschaften** s. §§ 178 ff. des HGB. vom 10. Mai 1897.

56) **Kommanditgesellschaften auf Aktien** s. §§ 320 ff. des HGB.

57) **Berggewerkschaften** s. §§ 94 ff. des Allgemeinen Berggesetzes vom 24. Juni 1865.

58) **Eingetragene Genossenschaften** s. RG. vom 1. Mai 1889, betreffend die Erwerbs- und Wirtschaftsgenossenschaften.

59) **Fiskus.** Nur dem preußischen Staatsfiskus, aber nicht dem Reichsfiskus steht das Stimmrecht zu. — Sind mehrere fiskalische Stationen in der Gemeinde vorhanden, so haben sie doch — unbeschadet der Vorschrift des § 48 Nr. 2 — zusammen nur eine Stimme. Die ihnen auferlegten Steuerbeträge müssen, wo das Stimmrecht von ihnen abhängt, zusammengerechnet werden (OVG. **35** 90 und PrVBl. **25** 251).

60) **Umfang des Grundbesitzes.** Dem Besitz eines Grundstückes von dem bezeichneten Umfange (der spannfähigen Acker-

Frauen[61]) und nicht selbständige Personen (§ 41 Absatz 5) sind, wenn der ihnen im Gemeindebezirke gehörige Grundbesitz zum Stimmrechte befähigt, stimmberechtigt, sofern bei ihnen die im § 41 unter 1 bis 5 bezeichneten Voraussetzungen vorliegen.[62])

§ 46.

In der Ausübung des Stimmrechtes, zu welchem der Grundbesitz befähigt, werden vertreten:[63])

---

nahrung) steht auch bezüglich des Stimmrechts der juristischen Personen usw. der Besitz eines Wohnhauses, einer Fabrik oder anderen gewerblichen Anlage vom Werte einer solchen Ackernahrung gleich.

61) **Frauen.** Zu den Frauen gehören hier auch Witwen und andere unverheiratete weibliche Personen, die selbständig sind (OVG. **56** 99). S. auch Anm. 66a.

62) **Voraussetzung des Stimmrechts.** Das Stimmrecht steht auch den im Abs. 3 aufgeführten, im Gemeindebezirke seit mindestens einem Jahre wohnenden Personen (§ 41 Nr. 3) nur dann zu, wenn keine Anrechnung gemäß § 41 Abs. 4 stattzufinden hat. Dies ist der Fall, wenn die betreffende weibliche Person unverheiratet oder Witwe ist oder von ihrem Ehemanne, der außerhalb des Gemeindebezirks wohnt und deshalb nicht Gemeindeangehöriger ist, getrennt lebt, oder wenn der Vater der betreffenden noch in elterlicher Gewalt befindlichen unselbständigen Person nicht Gemeindeangehöriger ist (OVG. **56** 99). Das Stimmrecht können die bezeichneten Personen auch dann nach § 46 Nr. 1—3 nur durch Vertreter ausüben (OVG. **34** 142).

63) **Vertretung im Stimmrechte.** Die Vertretung ist hier insofern eine notwendige, als die Stimmberechtigten zur persönlichen Ausübung des Stimmrechts nicht fähig sind. Der Vertreter muß die im § 47 bezeichneten Eigenschaften haben. — Beschwerden und Einsprüche betreffend die Ausübung des Stimmrechts durch einen Dritten sind gemäß §§ 66, 67 zu erledigen. Durch Observanz oder Ortsstatut kann die Ausübung des Stimmrechts nicht geregelt werden (OVG. **30** 155).

In den Fällen unter Nr. 1 und 2 bedarf der Vertreter, da die Vertretung auf Gesetz beruht, keiner Vollmacht. Eine solche ist aber erforderlich in den Fällen zu 3 stets und in denen zu 4 dann, wenn die Vertretung nicht durch die verfassungsmäßigen Organe oder Repräsentanten, sondern durch Pächter, Nießbraucher oder Gemeindeglieder erfolgen soll (OVG. **40** 169).

Die Vorschriften der §§ 46 und 47 beziehen sich nur auf die Frage, welche Personen berufen oder befugt sind, das Stimmrecht als Vertreter auszuüben. Dagegen enthält die LGO. keine Bestimmungen darüber, unter welchen Voraussetzungen die Bevollmächtigung eines Dritten durch den Stimmberechtigten oder dessen Vertreter zur Ausübung des Stimmrechts zulässig ist. Jedenfalls ist eine Übertragung des Stimmrechts durch Vollmacht in anderen Fällen als denen der notwendigen Vertretung (Nr. 1 bis 4) bei Stimmberechtigten, die Gemeindeangehörige sind, unzulässig.

Über die Form der Vollmacht enthält die LGO. ebenfalls keine Vorschrift, daher ist eine schriftliche Vollmacht nicht unbedingt erforderlich. Die Ausstellung einer solchen empfiehlt sich aber zum Zwecke des Nachweises der Bevollmächtigung bei der Abgabe der Stimme. Ist die Tatsache der Bevollmächtigung dem Wahlvorstande bekannt, so darf er den Bevollmächtigten auch ohne schriftliche Vollmacht zur Stimmabgabe zulassen (OVG. vom 12. Januar 1913 — I C 14/12). Auch eine Beglaubigung der Unterschrift unter einer schriftlichen Vollmacht ist an sich zu deren Gültigkeit nicht erforderlich, doch kann bei Wahlen der Wahlvorstand (nicht der Vorsitzende allein) unbeglaubigte Vollmachten zurückweisen, wenn sich begründete Zweifel an der Echtheit der Unterschrift ergeben (OVG. 8 130, 29 3 und 56 100, PrVBl. 15 239). Die gleiche Befugnis steht dem Gemeindevorsteher in der Gemeindeversammlung zu. — Die Vertreter Stimmberechtigter bei Wahlen müssen ihre Vertretungsbefugnis spätestens bei der Stimmabgabe nachweisen. Eine nachträgliche Genehmigung der Vertretung genügt nicht. Das Wahlprotokoll oder die sonstigen Wahlverhandlungen müssen ersehen lassen, auf welche Feststellungen des Wahlvorstandes sich die Zulassung der Vertreter zur Stimmabgabe gestützt hat (OVG. 52 72). Nach der Minist.Verfügung vom 28. April 1905 (MBl. S. 85) sollen aber die beteiligten Gemeindebehörden im allgemeinen, abgesehen von Einzelfällen, welche ein entgegengesetztes Verfahren nach besonderen Vorschriften oder aus tatsächlichen Gründen erheischen, von der Forderung der Beibringung förmlicher schriftlicher Vollmachten, die stempelpflichtig sein würden, absehen und sich damit begnügen, daß ihnen die Stellvertreter von den Vertretenen in anderer Form schriftlich oder mündlich in zweifelsfreier Weise bezeichnet werden. — Über die hier zugelassene mündliche Bezeichnung müßte der Gemeindevorsteher einen schriftlichen Vermerk machen; die schriftliche Bezeichnung könnte in Form einer Anzeige an den Gemeindevorstand von der mündlich erfolgten Bevollmächtigung geschehen. — Die Vollmachten sind stets widerruflich, auf ihre Widerruflichkeit kann mit rechtsverbindlicher Wirkung nicht verzichtet werden (OVG. 49 115). Sie dürfen in blanco derart ausgestellt werden, daß der Name des Bevollmächtigten erst später von diesem oder einem Dritten eingetragen wird (OVG. 13 219). — Sind von demselben Stimmberechtigten mehrere Vertreter bevollmächtigt, so ist derjenige von ihnen zur Stimmabgabe berechtigt, der sich zuerst zur Ausübung des Stimmrechts meldet (OVG. 11 98). Treten mehrere mit gültigen Vollmachten versehene Vertreter desselben Stimmberechtigten nebeneinander auf, so müssen sie sich untereinander über die Stimmabgabe einigen und das Ergebnis der

1. Minderjährige[64]) durch ihren Vater, Stiefvater oder Vormund, andere Bevormundete durch ihren Vormund;[65]) der Stiefvater ist vor dem Vormunde zur Vertretung berufen,

2. Ehefrauen durch ihren Ehemann,[66])

3. großjährige Besitzer vor vollendetem 24. Lebensjahre, unverheiratete Besitzerinnen[66a]) (abgesehen von den Fällen unter Nr. 1) und Witwen durch Gemeindeglieder,[67])

Einigung durch einen von ihnen dem Wahlvorstand erklären. Wollen sie nicht gemeinschaftlich, sondern jeder selbständig das Wahlrecht ausüben und verschiedene Personen wählen, so muß der Wahlvorstand sie sämtlich zurückweisen (OVG. **42** 123, PrVBl. **30** 675). — Die Vollmachten sind nach der Tarifnummer 73 Abs. 3 des Tarifs zum Stempelsteuergesetze vom 31. Juli 1895 und 26. Juni 1909 stempelpflichtig, und zwar mit 1,50 Mk., weil der Wert des Gegenstandes der Vollmacht unschätzbar ist. Der Mangel des erforderlichen Stempels macht die Vollmacht nicht ungültig.

Hinsichtlich des Nachweises der Vertretungsbefugnis in der Gemeindeversammlung bestimmt Anw. III A. I 4 folgendes:

„Der Gemeindevorsteher hat im Zweifelsfall eine durch Mehrheitsbeschluß zu treffende Entscheidung der Gemeindeversammlung über die Gültigkeit der Legitimation der Vertreter herbeizuführen."

64) **Minderjährig** ist jeder, der das 21. Lebensjahr noch nicht vollendet hat (§ 2 des BGB.).

65) **Vertretung Minderjähriger.** Ein weiblicher Vormund kann das Stimmrecht nicht persönlich ausüben, muß aber für befugt erachtet werden, sich durch ein Gemeindeglied vertreten zu lassen. Die Vorschriften der §§ 46 und 47 sowie die Erörterungen bei der Beratung des Gesetzentwurfes lassen erkennen, daß die persönliche Ausübung des Stimmrechts nur männlichen Personen gestattet sein soll (OVG. **36** 167).

66) **Vertretung der Ehefrau** findet dann nicht statt, wenn der Grundbesitz der Ehefrau dem Ehemanne nach § 41 Abs. 4 anzurechnen ist, da der Ehemann dann sein eigenes Stimmrecht ausübt. Findet dagegen keine Anrechnung statt, weil der Ehemann nicht Gemeindeangehöriger ist, so kann er seine stimmberechtigte Ehefrau in Ausübung ihres Stimmrechts vertreten (s. oben Anm. 53 und OVG. **34** 140).

66a) **Unverheiratete Besitzerinnen** sind auch solche, deren Ehe rechtskräftig geschieden ist (PrVBl. **21** 256).

67) **Vertretung durch Gemeindeglieder.** Bei Wahlen sind nur Gemeindeglieder (§§ 39, 41) zur Vertretung befugt, die als solche in der Wählerliste eingetragen stehen (OVG. **34** 152) und deren Gemeinderecht nicht ruht (OVG. **34** 150).

Bevollmächtigte, welchen selbst die Vertretungsbefugnis

4. juristische Personen, einschließlich des Staatsfiskus, sowie die übrigen im 2. Absatz des § 45 bezeichneten Personengesamtheiten durch ihre verfassungsmäßigen Organe, Repräsentanten[67a]) oder Generalbevollmächtigte,[67b]) sowie durch Pächter oder Nießbraucher der zur Teilnahme am Stimmrechte befähigenden Grundstücke, oder durch Gemeindeglieder.[68])

Auswärts wohnende[69]) Stimmberechtigte, welche das

---

mangelt, weil sie nicht Gemeindeglieder sind, können ein Gemeindeglied mit der Vertretung ihres Vollmachtgebers rechtswirksam beauftragen, falls sie nach dem Inhalt ihrer Vollmacht von ihrem Vollmachtgeber hierzu ermächtigt sind, insbesondere, wenn sie eine Generalvollmacht mit der Befugnis zur Erteilung von Untervollmachten erhalten haben (OVG. **50** 22).

67a) **Vertretung durch verfassungsmäßige Organe, Pächter oder Nießbraucher.** Besteht das verfassungsmäßige Organ aus mehreren physischen Personen, so können diese entweder alle zusammen das Stimmrecht ausüben oder einen von ihnen hiermit beauftragen (s. oben Anm. 63) oder ein Gemeindeglied zur Vertretung bevollmächtigen. Jemand, der allein oder mit anderen Personen zusammen das verfassungsmäßige Organ der juristischen Person oder Personengesamtheit oder deren Repräsentant oder Generalbevollmächtigter ist, darf zwar auch dann als Vertreter das Stimmrecht persönlich ausüben, wenn er nicht in der Gemeinde wohnt, also nicht Gemeindeglied ist, darf aber, wenn er nicht in der Gemeinde wohnt, ein Gemeindeglied gemäß § 46 letzter Satz zu der Vertretung bevollmächtigen (vgl. OVG. **40** 173). Ebenso ist der Pächter oder Nießbraucher des betreffenden Grundstücks zur Vertretung auch dann befugt, wenn er nicht Gemeindeglied ist, bedarf aber ebenfalls einer Vollmacht (vgl. OVG. **56** 80). S. auch Anm. 41b zu § 61.

67b) **Generalbevollmächtigter** ist nicht nur ein Bevollmächtigter, der den Machtgeber in dessen sämtlichen Beziehungen vertritt, sondern auch derjenige, der das Grundstück (die Fabrik usw.) verwaltet und hierbei alle Angelegenheiten des Machtgebers zu besorgen hat (OVG. **63** 118).

68) **Gemeindeglieder** s. Anm. 67.

69) **Auswärts wohnende Stimmberechtigte und Vertreter.** Stimmberechtigte, die zwar auswärts wohnen, im Gemeindebezirk aber seit einem Jahre einen zweiten Wohnsitz haben, können sich nicht vertreten lassen. Sie sind Gemeindeglieder und können daher das Stimmrecht nur persönlich ausüben. Dagegen ist die Befugnis, sich vertreten zu lassen, für Stimmberechtigte, welche im Gemeindebezirke keinen Wohnsitz haben und daher nicht Gemeindeglieder sind, nicht davon abhängig, daß sie auswärts einen Wohnsitz haben (OVG. **30** 154). — Als auswärts wohnende Vertreter Stimmberechtigter kommen hier nur die gesetzlichen Vertreter

24. Lebensjahr zurückgelegt haben, und auswärts wohnende Vertreter Stimmberechtigter können das Stimmrecht persönlich ausüben, sind aber befugt, sich durch männliche Gemeindeglieder [70]) vertreten zu lassen. [71])

§ 47.

Zur Ausübung des Stimmrechtes durch Vertreter (§ 46) ist erforderlich, daß

1. der Vertreter sich im Besitze der deutschen Reichsangehörigkeit [72]) und der bürgerlichen Ehrenrechte befindet, das 24. Lebensjahr zurückgelegt hat und keine Armenunterstützung aus öffentlichen Mitteln empfängt, sowie außerdem, daß
2. der Vater die väterliche Gewalt besitzt, [73])
3. der Stiefvater das zum Stimmrechte befähigende Grundstück bewirtschaftet.

§ 48. [74])

Der Regel nach steht jedem einzelnen Stimmberechtigten eine [75]) Stimme in der Gemeindeversammlung, jedoch mit folgenden Maßgaben, zu:

(§ 46 Nr. 1, 2, 4) in Betracht. Anderen Personen kann die Vertretung durch Vollmacht nur übertragen werden, wenn sie Gemeindeglieder sind, also in der Gemeinde wohnen.

70) **Gemeindeglieder** s. Anm. 67.

71) **Vertretung weiblicher Stimmberechtigter.** Auf auswärts wohnende weibliche Stimmberechtigte finden die Vorschriften der Nr. 2 und 3 Anwendung, wonach sie ihr Stimmrecht nur durch Vertreter ausüben lassen können.

72) **Reichsangehörigkeit** s. Anm. 25.

73) **Väterliche Gewalt.** An die Stelle der väterlichen Gewalt ist die elterliche Gewalt getreten (s. oben Anm. 35 und BGB. §§ 1627 ff., insbesondere §§ 1630, 1635, 1637, 1676, 1677, 1679, 1680, 1684, 1685).

74) **Allgemeines.** Die Vorschriften des § 48 beziehen sich nur auf das Stimmrecht in der Gemeindeversammlung, nicht auf die Wahlen zur Gemeindevertretung. Für diese ist § 52 maßgebend (OVG. **40** 175, **44** 124). Die Vorschriften des § 48 haben eine Abänderung durch das Gesetz wegen Aufhebung direkter Staatssteuern vom 14. Juli 1893 (GS. S. 119) erfahren. Nach § 5 dieses Gesetzes treten in den Vorschriften des § 48 der LGO., soweit hier die Entrichtung von Grund- und Gebäudesteuer vor-

1. Mindestens zwei Drittel sämtlicher Stimmen müssen auf die mit Grundbesitz angesessenen[75a]) Mitglieder der Gemeindeversammlung[76]) (§ 41 Abs. 1 unter 6 a und b) entfallen. Übersteigt die Anzahl der nicht angesessenen Gemeindeglieder (a. a. O. unter 6 c) den dritten Teil der Gesamtzahl der Stimmen der Mitglieder der Gemeindeversammlung,[76a]) so haben die ersteren ihr Stimm-

---

ausgesetzt wird, an die Stelle der zu entrichtenden die staatlich veranlagten Beträge.

75) **Vergrößerung und Verkleinerung des Stimmrechts.** Die Regel, daß jeder Stimmberechtigte in der Gemeindeversammlung eine Stimme zu führen hat, erleidet Ausnahmen: a) durch Verminderung des Stimmrechts der nichtangesessenen Gemeindeglieder (§ 48 Nr. 1), b) durch Vermehrung des Stimmrechts der Grundbesitzer und der Gewerbetreibenden (§ 48 Nr. 2). — Diese Festsetzungen des Stimmrechts haben nur Bedeutung für Gemeinden ohne Gemeindevertretung.

75a) **Begriff des Angesessenseins** s. oben Anm. 29a und unten § 52 Anm. 18.

76) **Mitglieder der Gemeindeversammlung** sind hier nicht nur die Gemeindeglieder, sondern auch die in § 45 bezeichneten Forensen und sonstigen Stimmberechtigten (§ 45) und deren Vertreter (§ 46). Zu den Angesessenen gehören nicht solche Gemeindeglieder, deren Grundbesitz weder in einem Wohnhause besteht, noch zu mindestens 3 Mk. Grund- und Gebäudesteuer veranlagt ist (PrVBl. 21 364).

76a) **Voraussetzung für die Wahl von Abgeordneten der Nichtansässigen.** In Nr. 1 des § 48 ist die Anzahl der nicht ansässigen Gemeindeglieder in Verhältnis gesetzt zu der Gesamtheit der Stimmen. Das kann bei wörtlicher Auslegung der Vorschrift zu einer Ordnung des Stimmrechts führen, welche der Absicht des Gesetzes widerspricht, nämlich dann, wenn auf Grund der Bestimmung zu Nr. 2 Abs. 3 eine Anzahl von Gewerbetreibenden der höheren Gewerbesteuerklassen ihr Gewerbe auf Grundstücken betreiben, die ihnen nicht gehören, und daher nicht Ansässige sind. Die Anw. III bestimmt daher in A I 3 abweichend von dem Wortlaute des Gesetzes: „Übersteigt die Anzahl der nicht angesessenen Gemeindeglieder den dritten Teil der Gesamtzahl der Mitglieder der Gemeindeversammlung, so haben. . . .“ — Da der zweite Satz der Vorschrift unter Nr. 1 eine Anordnung trifft, welche zur Durchführung des im ersten Satz aufgestellten Grundsatzes dienen soll, so wird bei der ungenauen Ausdrucksweise im zweiten Satze der gesetzlichen Vorschrift deren Auslegung dahin erfolgen müssen, daß die angeordnete Wahl von Abgeordneten dann stattfinden soll, wenn anderenfalls die Anzahl der Stimmen der nichtangesessenen Gemeindeglieder den dritten Teil der Gesamtheit der Stimmen der Mitglieder der Gemeindeversammlung übersteigen würde.

recht durch eine jenem Verhältnisse entsprechende Anzahl von Abgeordneten auszuüben, welche sie aus ihrer Mitte auf die Dauer von sechs Jahren wählen.[77])

2. Denjenigen Besitzern,[78]) welche von ihrem im Gemeindebezirke belegenen Grundeigentume einen Jahresbetrag von 20 bis ausschließlich 50 Mark an Grund- und Gebäudesteuer entrichten, sind je 2, denjenigen Besitzern, welche von diesem ihrem Grundeigentume einen Jahresbetrag von 50 bis ausschließlich 100 Mark entrichten, je 3, und denjenigen Besitzern, welche 100 Mark oder mehr entrichten,[74]) je 4 Stimmen beizulegen.

Auf Antrag des Kreisausschusses können durch Beschluß des Provinziallandtages die vorstehenden Sätze erhöht oder, höchstens jedoch um die Hälfte, ermäßigt werden; auch kann Grundbesitzern, welche die im 1. Absatz erwähnten Steuersätze entrichten, eine größere Zahl von Stimmen, jedoch nicht über 3, 4 und 5 Stimmen, beigelegt werden.[79])

Den Gewerbetreibenden[80]) der dritten Gewerbesteuerklasse sind 2 Stimmen, den Gewerbetreibenden der zweiten Gewerbesteuerklasse sind 3 Stimmen und den Gewerbe-

---

77) **Verfahren bei der Wahl der Abgeordneten.** Hierüber bestimmt Anw. III A I 3: „Die Wahl erfolgt auf Einladung und unter Leitung des Gemeindevorstehers." — Wegen des Ruhens der Befugnis zur Ausübung des Auftrags als Abgeordneter, der kein Gemeindeamt darstellt, s. § 44 letzter Satz.

78) **Vergrößerung des Stimmrechts der Grundbesitzer.** Auch die Forensen und sonstigen Stimmberechtigten (§ 45) erhalten das erhöhte Stimmrecht, wenn seine Voraussetzung hinsichtlich der Grundsteuer bei ihnen vorliegt.

79) **Verfahren zum Zwecke der Stimmrechtsänderung.** Über das Verfahren hierbei bestimmt Anw. III A I 2 folgendes: „Wenn der Kreisausschuß beschließt, eine derartige Abänderung der gesetzlichen Regel bei dem Provinziallandtage zu beantragen, so hat der Landrat die Gemeindeversammlung über diese Abänderungsvorschläge zu hören und durch Vermittlung des Regierungspräsidenten die sämtlichen Verhandlungen dem Oberpräsidenten einzureichen, von welchem sie mit einer gutachtlichen Äußerung dem Provinziallandtage vorzulegen sind."

80) **Gewerbetreibende** können hier nicht nur physische, in der Gemeinde wohnende Personen, sondern auch juristische Personen, Aktiengesellschaften usw. (vgl. § 45) sein.

Gewerbesteuerklassen s. § 6 des Gewerbesteuergesetzes vom 24. Juni 1891 (GS. S. 205).

treibenden der ersten Gewerbesteuerklasse sind 4 Stimmen beizulegen.[81])

Für den Fall der Erhöhung der Zahl der Stimmen der Grundbesitzer sind die im vorstehenden Absatze beigelegten Stimmen entsprechend dem Schlußsatze des Absatzes 2 zu erhöhen.

3. Kein Stimmberechtigter darf in der Gemeindeversammlung mehr als ein Drittel der Gesamtzahl der Stimmen führen.[82])

Vierter Abschnitt.

Gemeindevertretung.

§ 49.

In denjenigen Landgemeinden, in welchen die Zahl der Stimmberechtigten mehr als 40 beträgt, tritt mit dem Zeitpunkte, wo die Liste der Stimmberechtigten diese Zahl nachweist (§ 39 Abs. 2), an die Stelle der Gemeindeversammlung eine Gemeindevertretung.[1])

---

81) **Zusammentreffen der Eigenschaft als Grundbesitzer und als Gewerbetreibender.** Für den Fall, daß ein Stimmberechtigter sowohl als Grundbesitzer wie als Gewerbetreibender in Betracht kommt, bestimmt Anw. III A I 2: „Es ist jedoch zu beachten, daß, wenn einem Wohnhausbesitzer auf Grund der von ihm entrichteten Grund- und Gebäudesteuern und zugleich in seiner Eigenschaft als Gewerbetreibender eine Mehrheit von Stimmen gebühren sollte, diese Stimmen nicht zusammenzurechnen sind, sondern nur die größere Zahl zum Ansatze kommt." — Ebenso OVG. vom 17. Oktober 1911 — I C 56/10.

82) **Höchstbetrag der Stimmen eines Stimmberechtigten.** Es können hiernach einem Stimmberechtigten nicht mehr Stimmen zustehen, als ein Drittel der Gesamtzahl der in der Gemeinde überhaupt vorhandenen Stimmen von Gemeindegliedern und Stimmberechtigten. Wohl aber ist er zur Beteiligung mit allen ihm hiernach zustehenden Stimmen an der Abstimmung in einer Gemeindeversammlung auch dann berechtigt, wenn seine Stimmenzahl mehr als ein Drittel der gerade in der betreffenden Gemeindeversammlung vertretenen oder abgegebenen Stimmen beträgt.

Anweisung III A I 2 ordnet für den Fall, daß ein Stimmberechtigter mehr als ein Drittel aller Stimmen auf sich vereinigt, an: „Geschieht dies, so muß eine Herabsetzung stattfinden, welche von dem Gemeindevorsteher herbeizuführen ist."

1) **Einführung einer Gemeindevertretung.** Der Gemeinde-

Die Landgemeinden sind berechtigt und, falls der Kreisausschuß auf Antrag Beteiligter [2]) oder im öffentlichen Interesse dies beschließt, [3]) verpflichtet, auch bei einer geringeren Anzahl von Stimmberechtigten eine Gemeindevertretung im Wege ortsstatutarischer Anordnung [4]) einzuführen.

Die Gemeindevertretung besteht aus dem Gemeindevorsteher und den Schöffen, sowie den gewählten Gemeindeverordneten, deren Zahl mindestens das Dreifache der Zuerstgenannten betragen muß. Diese Zahl kann durch Ortsstatut auf 12, 15, 18 oder höchstens 24 erhöht werden. [5])

---

vorsteher ist verpflichtet, sobald die Liste (s. § 39 Anm. 22) mehr als 40 Stimmberechtigte aufweist, eine Wählerliste nach Maßgabe des § 50 aufzustellen und die Wahlen der Gemeindeverordneten herbeizuführen. Eines hierauf gerichteten Beschlusses der Gemeindeversammlung bedarf es nicht.

2) **Beteiligte** sind hier die Stimmberechtigten der Gemeindeversammlung.

3) **Rechtsmittel gegen den Beschluß.** Gegen den Beschluß ist die Beschwerde an den Bezirksausschuß zulässig (LVG. § 121).

4) **Die ortsstatutarische Anordnung** erfolgt durch einen Beschluß der Gemeindeversammlung (§ 102), der der Genehmigung des Kreisausschusses bedarf (§ 6).

5) **Zahl der Gemeindeverordneten.** Da die Zahl der Schöffen mindestens 2 beträgt, so muß die Gemeindevertretung mindestens 12 Mitglieder (3 + [3 × 3]) haben. Sind neben dem Gemeindevorsteher 6 Schöffen vorhanden (§ 74), so besteht die Gemeindevertretung aus dem Gemeindevorsteher, den 6 Schöffen, sowie mindestens 21, höchstens 24 Gemeindeverordneten, also aus mindestens 28, höchstens 31 Mitgliedern. — Solange eine Erhöhung der Zahl der Gemeindeverordneten durch Ortsstatut nicht erfolgt ist, verbleibt es bei der Mindestzahl. Anw. III A II 2 bemerkt folgendes:

„Eine Erhöhung der Zahl der Gemeindeverordneten wird zweckmäßigerweise nur in denjenigen Gemeinden in Anregung zu bringen sein, bei denen umfangreiche kommunale Aufgaben zu lösen sind, oder ein größeres Gemeindevermögen zu verwalten ist."

Über die Verstärkung der Zahl der Gemeindeverordneten und die Festsetzung der Amtsdauer bei Gelegenheit der Verstärkungswahlen s. unten Anm. 27. — Über die Wahl des Gemeindevorstandes und der Gemeindevertretung in einer durch Vereinigung mehrerer Gemeinden gebildeten neuen Gemeinde s. Minist.Erlaß vom 18. Dezember 1893 (MBl. für 1894 S. 16).

§ 50.[6])

Zum Zwecke der Wahlen der Gemeindeverordneten werden die sämtlichen Stimmberechtigten

---

6) I. **Dreiklassenwahl. Gesetz vom 30. Juni 1900.** Der erste Absatz des § 50 ist ergänzt und abgeändert durch die Vorschriften des Gesetzes, betreffend die Bildung der Wählerabteilungen bei den Gemeindewahlen vom 30. Juni 1900 (GS. S. 185). Die für die Landgemeinden in Betracht kommenden §§ 1—5 dieses Gesetzes (§ 6 betrifft die Bildung von Abstimmungsbezirken in Städten) lauten folgendermaßen:

§ 1. In den Gemeinden, in welchen die Bildung der Wählerabteilungen für die Wahlen zur Gemeindevertretung nach dem Maßstabe direkter Steuern stattfindet, werden die Wähler nach den von ihnen zu entrichtenden direkten Staats-, Gemeinde-, Kreis-, Bezirks- und Provinzialsteuern in drei Abteilungen geteilt und zwar in der Art, daß auf jede Abteilung ein Dritteil der Gesamtsumme der Steuerbeträge aller Wähler fällt. — Für jede nicht zur Staatseinkommensteuer veranlagte Person ist an Stelle dieser Steuer ein Betrag von drei Mark zum Ansatz zu bringen. — Steuern, die für Grundbesitz oder Gewerbebetrieb in einer anderen Gemeinde entrichtet werden, sowie Steuern für die im Umherziehen betriebenen Gewerbe sind bei Bildung der Abteilungen nicht anzurechnen. — Wo direkte Gemeindesteuern nicht erhoben werden, tritt an deren Stelle die vom Staate veranlagte Grund-, Gebäude- und Gewerbesteuer. — Personen, welche vom Staate zu einer Steuer nicht veranlagt sind, wählen stets in der dritten Abteilung. — Verringert sich infolgedessen die auf die erste und zweite Abteilung entfallende Gesamtsteuersumme, so findet die Bildung dieser Abteilungen in der Art statt, daß von der verbleibenden Summe auf die erste und zweite Abteilung je die Hälfte entfällt.

§ 2. In denjenigen Gemeinden, die nach der jedesmaligen letzten Volkszählung mehr als 10000 Einwohner zählen, wird die nach § 1 erfolgte Drittelung derart verändert, daß jeder Wähler, dessen Steuerbetrag den Durchschnitt der auf den einzelnen Wähler treffenden Steuerbeträge übersteigt, stets der zweiten oder ersten Abteilung zugewiesen wird. Im übrigen wählen Personen, welche vom Staate zu einer Steuer nicht veranlagt sind, stets in der dritten Abteilung. Bei Berechnung des durchschnittlichen Steuerbetrags sind die Wähler, welche zur Staatseinkommensteuer nicht veranlagt sind, und, wo das Wahlrecht an einen Einkommensteuersatz von 6 Mk. geknüpft ist, auch die zu diesem Satze veranlagten Wähler, sowie die Steuer, mit welcher dieselben in die Wählerliste eingetragen sind, außer Betracht zu lassen. — Erhöht oder vereiner Landgemeinde nach Maßgabe der von ihnen zu entrichtenden direkten Steuern (Gemeinde-, Kreis-, Provinzial- und Staatssteuern mit Ausschluß der Steuer für den Gewerbebetrieb im Umherziehen) in drei Klassen geteilt, und zwar in der Art, daß auf jede Klasse ein Drittel der Gesamtsumme der Steuern fällt. Steuern, welche für Grundbesitz oder Gewerbebetrieb in einer anderen Gemeinde entrichtet werden, kommen hierbei nicht in Betracht.

---

ringert sich infolgedessen die auf die erste oder zweite Abteilung entfallende Gesamtsteuersumme, so findet die Bildung dieser beiden Abteilungen in der Art statt, daß von jener Summe auf die erste und zweite Abteilung je die Hälfte fällt. Eine höhere Abteilung darf niemals mehr Wähler zählen als eine niedere.

§ 3. In den unter § 2 fallenden Gemeinden kann durch Ortsstatut bestimmt werden,

1. daß bei der nach § 2 erfolgenden Bildung der Wählerabteilungen an Stelle des auf einen Wähler entfallenden durchschnittlichen Steuerbetrags ein den Durchschnitt bis zur Hälfte desselben übersteigender Betrag tritt,
2. daß auf die erste Wählerabteilung $^5/_{12}$, auf die zweite $^4/_{12}$ und auf die dritte $^3/_{12}$ der Gesamtsumme der im § 1 bezeichneten Steuerbeträge aller Wähler fallen, eine höhere Abteilung aber nicht mehr Wähler zählen darf als eine niedere.

§ 4. Zur Beschlußfassung über die Einführung, Abänderung und Aufhebung der Ortsstatute (§ 3) bedarf es der Mehrheit von $^2/_3$ der abstimmenden Gemeindevertreter. — Der Beschuß unterliegt der Bestätigung und zwar in Landgemeinden durch den Kreisausschuß, in Stadtgemeinden durch den Bezirksausschuß. Gegen die in erster Instanz ergehenden Beschlüsse dieser Behörden ist die Beschwerde an den Provinzialrat zulässig. Auf die Beschwerde finden in allen Fällen die §§ 122 und 123 des Gesetzes über die allgemeine Landesverwaltung vom 30. Juli 1883 (GS. S. 195) Anwendung.

§ 5. Der § 5 des Gesetzes, betreffend Änderung des Wahlverfahrens, vom 29. Juni 1893 (GS. S. 103) wird aufgehoben. Die bestehenden gesetzlichen Vorschriften über das Gemeindewahlrecht bleiben im übrigen unberührt; insbesondere gilt dies von den Bestimmungen der Gemeindeverfassungsgesetze, nach denen die Ausübung des Wahlrechts an die Entrichtung bestimmter Steuersätze geknüpft ist oder geknüpft werden kann, sowie .... [Der Schluß betrifft die Provinz Hessen-Nassau.] —

Zu den Vorschriften dieses Gesetzes ist folgendes zu bemerken: Für die Bildung der Wählerabteilungen in den Landgemeinden kommen der Regel nach nur die Vorschriften des angeführten § 1 des Gesetzes vom 30. Juni 1900 und außerdem die Vorschriften des § 50 Abs. 2 der LGO. zur Anwendung. Die §§ 2 bis 5 des neuen Gesetzes haben nur für die Landgemeinden mit mehr als 10000 Einwohnern Bedeutung. — Die Bestimmungen der LGO. über das Gemeindewahlrecht (§§ 41—45) und seine Ausübung (§§ 46, 47), über die Zahl der von jeder Abteilung zu wählenden Gemeindeverordneten (§§ 50—52) und deren Wählbarkeit (§§ 50, 52, 53) werden durch das neue Gesetz nicht berührt.

II. **Ausführungsbestimmungen zu dem Gesetz vom 30. Juni 1900.** Die zu dem Gesetz erlassenen Ausführungsbestimmungen vom 14./20. September 1900 (MBl. S. 225) enthalten folgende, die Landgemeinden in den sieben östlichen Provinzen betreffenden Vorschriften und Erläuterungen:

.... „III. Bezüglich der den einzelnen Wahlberechtigten bei Bildung der Wählerabteilungen anzurechnenden Steuern ist namentlich folgendes zu beachten:

1. Jedem Wähler sind anzurechnen die von ihm zu entrichtenden direkten Staats-, Gemeinde-, Kreis- und Provinzial-Steuern. — Als direkte Staatssteuern sind anzurechnen die Einkommensteuer und die Ergänzungssteuer. — Als direkte Gemeindesteuern sind anzurechnen die von den Gemeinden erhobenen Zuschläge zur Einkommensteuer bzw. zu den nach § 74 des Einkommensteuergesetzes (§ 38 des Kommunalabgabengesetzes) veranlagten Sätzen, sowie die Zuschläge zur staatlich veranlagten Grund-, Gebäude-, Gewerbe- und Betriebssteuer. Als Gemeindesteuer ist auch die Warenhaussteuer anzurechnen. Wo an Stelle der Zuschläge zur Einkommensteuer oder zu einer der Realsteuern besondere kommunale Steuern vom Einkommen, vom Grundbesitz oder vom Gewerbebetrieb oder sonst gemäß § 23 des Kommunalabgabengesetzes entrichtet werden, sind diese besonderen Steuern in Ansatz zu bringen. — Als direkte Kreis- und Provinzialsteuern sind anzurechnen die an die Kreise zu entrichtende Betriebssteuer, sowie die von den Kreisen erhobenen Zuschläge zu den staatlich veranlagten Realsteuern einschließlich der Kreiszuschläge zur Betriebssteuer. Die (Bezirks- und) Provinzialsteuern kommen nicht besonders zur Anrechnung, insofern sie in den an die Kreise zu entrichenden Beträgen schon mit enthalten sind. Auch kommen selbstverständlich Kreissteuern — abgesehen von der den Kreisen überwiesenen Betriebssteuer — dort nicht besonders zur Anrechnung, wo die Kreisabgaben auf den Gemeindeetat übernommen sind [vgl. Kreis- und Provinzial-Abgabengesetz vom 23. April 1906 §§ 7 und 25]. — Abgaben, welche von anderen öffentlichen Verbänden als den Gemeinde-, Kreis- (Bezirks) und Provinzialverbänden erhoben werden — z. B. von Schul-, Kirchen- oder Wegeverbänden usw. — werden nicht angerechnet.

2. Für jeden nicht zur Staatseinkommensteuer veranlagten

Wahlberechtigten ist an Stelle dieser Steuer ein Betrag von drei Mark zum Ansatz zu bringen — und zwar neben etwaigen anderen Steuerbeträgen, die von ihm an den Staat, die Gemeinde usw. zu entrichten und ihm gemäß III Nr. 1 anzurechnen sind.

3. Nicht anzurechnen sind den Wahlberechtigten in einer Gemeinde Steuern, die von ihnen für Grundbesitz oder Gewerbebetrieb in einer anderen Gemeinde entrichtet werden, sowie Steuern für die im Umherziehen betriebenen Gewerbe. — Unter Steuern für Grundbesitz und Gewerbebetrieb in einer anderen Gemeinde sind nach der Rechtsprechung des Königlichen Oberverwaltungsgerichts zu verstehen nicht nur die vom auswärtigen Grundbesitz und Gewerbebetrieb an Gemeinde und Kreis zu entrichtenden Realsteuern, sondern auch die vom Einkommen aus diesen Quellen zu entrichenden persönlichen Abgaben. Insbesondere ist also die Staatseinkommensteuer und die derselben folgende Kommunaleinkommensteuer insoweit außer Ansatz zu lassen, als sie auf das Einkommen aus jenem auswärtigen Grundbesitze oder Gewerbebetriebe entfällt.

4. Wo direkte Gemeindesteuern nicht erhoben werden, sind an deren Stelle den einzelnen Wahlberechtigten die Sätze der vom Staat veranlagten Grund-, Gebäude- und Gewerbesteuer anzurechnen. Dies hat nur dann zu geschehen, wenn eine Gemeinde weder Zuschläge zur Einkommensteuer, noch solche zu einer staatlich veranlagten Realsteuer, noch irgendeine besondere kommunale direkte Steuer erhebt. Dagegen ist es für die Anrechnung der vorerwähnten Steuersätze unerheblich, ob in der Gemeinde Warenhaussteuern oder Abgaben in Gemäßheit des Gesetzes betreffend die Heranziehung von Militärpersonen zu Abgaben für Gemeindezwecke vom 29. Juni 1886 (GS. S. 181) entrichtet werden.

IV. Für die Bildung der Wählerabteilungen kommen insbesondere folgende Gesichtspunkte in Betracht:

1. Zunächst ist eine Zusammenstellung aller Wahlberechtigten und der von ihnen zu entrichtenden, gemäß Nr. III anrechnungsfähigen Steuern und zwar in der Reihenfolge der Höhe der den einzelnen Wahlberechtigten angerechneten Steuersummen aufzustellen ... Alsdann ist die Gesamtsumme der in die Zusammenstellung aufgenommenen Steuerbeträge zu ermitteln und durch drei zu teilen. — Die Wahlberechtigten, welche das erste Drittel der Gesamtsteuersumme aufbringen, gehören zur ersten, die Wahlberechtigten, welche das zweite Drittel aufbringen, zur zweiten, die übrigen Wahlberechtigten zur dritten Wählerabteilung. Zur ersten bzw. zweiten Wählerabteilung gehört auch derjenige, dessen Steuerbetrag nur teilweise in das erste bzw. zweite Drittel der Gesamtsumme entfällt. Wird bei der Bildung der ersten Wählerabteilung hierdurch das erste Drittel der Gesamtsteuersumme überschritten, so wird bei der Bildung der beiden unteren Wählerabteilungen nur derjenige Teil der Gesamtsteuersumme zugrunde gelegt, welcher nicht von den in der ersten Abteilung Wahlberechtigten aufgebracht wird, dergestalt, daß die Wahlberechtigten, welche die erste Hälfte dieses Restes der Gesamtsteuersumme aufbringen, die zweite und

die übrigen Wahlberechtigten die dritte Abteilung bilden. — Unter mehreren Wahlberechtigten mit gleichen Steuerbeträgen entscheiden über die eventuelle Frage, wer einer unteren Abteilung zuzuweisen ist, die in den Gemeindeverfassungsgesetzen bezeichneten Momente. [S. LGO. § 50 Abs. 2.] — Sind nach dem Vorstehenden Wahlberechtigte, welche vom Staate zu einer Steuer (Einkommen-, Ergänzungssteuer, Grund-, Gebäude- und Gewerbesteuer) nicht veranlagt sind, in die erste oder zweite Abteilung gelangt, so findet ihre Rückversetzung in die dritte Abteilung und eine anderweite Abgrenzung der ersten und zweiten Abteilung nach Maßgabe des letzten Absatzes in § 1 des Gesetzes statt."

Die weiteren Ausführungsbestimmungen betreffen die §§ 2, 3, und 4 des Gesetzes, die nur auf die Landgemeinden mit mehr als 10000 Einwohnern Anwendung finden. Auf diese Landgemeinden bezieht sich auch die Minist.-Verf. vom 14. Juli 1902 (MBl. S. 156) über die Bildung der Wählerabteilungen nach dem Maßstabe der „Zwölftelung".

III. **Bemerkungen zu dem Gesetz vom 30. Juni 1900.** Durch eine Minist.-Verf. vom 1. September 1902 (MBl. S. 175) ist in Wiederholung einer in Anm. I zur LGO. getroffenen Bestimmung angeordnet worden, daß in den für die Wähler zur Gemeindevertretung aufzustellenden Wählerlisten nicht der Betrag jeder einzelnen, von dem Wähler zu zahlenden Steuer, sondern nur der Gesamtbetrag aller im § 1 des Gesetzes vom 30. Juni 1900 und den Ausführungsbestimmungen vom 14. September 1900 aufgeführten, auf den Wähler entfallenden Steuern nachgewiesen werden soll.

Die in den Ausführungsbestimmungen erwähnte Entscheidung über die Nichtanrechnung von Steuern, die „für den Grundbesitz oder Gewerbebetrieb in einer anderen Gemeinde entrichtet werden", ist abgedruckt OVG. 28 97. S. auch OVG. **31** 138. Die auf Einkommen aus Grundbesitz oder Gewerbebetrieb in einer anderen Gemeinde entfallende Staatseinkommensteuer bleibt auch dann außer Ansatz, wenn diese andere Gemeinde eine außerpreußische oder außerdeutsche ist (OVG. **59** 73). Ist der hiernach anzusetzende Steuerbetrag von dem Gemeindevorsteher unrichtig berechnet worden, so kann dies mit einem Einspruche gegen die Richtigkeit der Wählerliste (s. unten Anm. 32) gerügt werden (OVG. **65** 23).

Jedem Gesellschafter einer offenen Handelsgesellschaft ist von den Steuern, zu welchen die Gesellschaft herangezogen worden ist, ein Betrag anzurechnen, der seiner Beteiligung am Gewinn und Verlust der Gesellschaft entspricht (OVG. **13** 77).

Bei der Staatseinkommensteuer sind in der Wählerliste auch anzusetzen diejenigen Beträge, welche auf Beteiligung an auswärtigen Gesellschaften mit beschränkter Haftung entfallen, und bei der Gemeindeeinkommensteuer diejenigen, welche die Wohnsitzgemeinde dadurch erhält, daß sie ein Viertel des Einkommens gemäß Kommunalabgabengesetz § 49 Abs. 2 und § 50 in Anspruch nimmt (OVG. **46** 5).

In dem Minist.Erlasse vom 31. Januar 1907 (MBl. 47) wird

der Steuerbetrag eines Gesellschafters einer Gesellschaft mit beschränkter Haftung, der nach § 71 des Einkommensteuergesetzes in der Fassung vom 19. Juni 1906 (GS. S. 260) unerhoben bleiben soll, als ein von dem Gesellschafter zu entrichtender im Sinne des § 1 des Gesetzes, betreffend die Bildung der Wählerabteilungen, vom 30. Juni 1900 und daher bei Aufstellung der Wählerlisten zu berücksichtigender erachtet (ebenso von Freund in dem Artikel: Das Gemeindewahlrecht der Gesellschafter einer G. m. b. H., PrVBl. **31** 39, und in einer Entscheidung des OVG. **57** 59).

Über das Stimmrecht des Fiskus, dessen Grundbesitz in der Gemeinde verschiedenen Stationen zusteht, s. § 45 Anm. 59.

Hat ein Wähler in mehreren Gemeinden einen Wohnsitz, so muß — abgesehen von den Steuern für Grundbesitz und Gewerbebetrieb, die ganz in der Belegenheits- und in der Betriebsgemeinde anzurechnen sind, — von den Steuern in jeder Wohnsitzgemeinde ein gleicher Teil angerechnet werden, während in Forensalgemeinden die Staatssteuern des Stimmberechtigten, soweit sie nicht für Grundbesitz oder Gewerbebetrieb zu entrichten sind, außer Betracht bleiben (OVG. **44** 130 und PrVBl. **32** 362).

Unter den zu entrichtenden Steuern sind diejenigen zu verstehen, zu denen der Wahlberechtigte tatsächlich veranlagt worden ist, ohne Rücksicht darauf, ob die Veranlagung zu Recht erfolgt ist oder nicht (OVG. **56** 86).

Bei Aufstellung der Wählerliste sind sämtliche Wähler, die an und für sich zur Staatseinkommensteuer zu veranlagen waren, bei denen aber auf Grund der §§ 19 und 20 des Einkommensteuergesetzes eine Ermäßigung der Steuer oder Freiheit von der Steuer eingetreten ist, nach § 20a daselbst (Novelle vom 26. Mai 1909, GS. S. 349) mit denjenigen Beträgen der Staats- und der Gemeindeeinkommensteuer, welche sie ohne jene Ermäßigung zu zahlen hätten, in die Wählerliste einzutragen und auch bei Berechnung des Durchschnittsbetrags (§ 2 Satz 3 des Gesetzes vom 30. Juni 1900 zu berücksichtigen. Die infolge der §§ 19 und 20 des Einkommensteuergesetzes freigestellten Wähler gelten nicht als solche, die im Sinne des § 1 Abs. 2 des Gesetzes vom 30. Juni 1900 „nicht zur Staatseinkommensteuer veranlagt" sind und für die drei Mark in die Wählerliste einzusetzen sind (OVG. **57** 64 und MBl. 1911 S. 84). — Zu den Personen, welche vom Staate zu einer Steuer nicht veranlagt sind, gehören auch solche Personen nicht, die zwar nicht zur Staatseinkommensteuer, wohl aber zur Grund- oder Gebäudesteuer staatlich veranlagt worden sind. Diese Steuern werden zwar vom Staate nicht mehr erhoben, wohl aber veranlagt (OVG. **34** 146) — Bei Abgrenzung der Wählerabteilungen in der Wählerliste sind die Steuern von Personen, die nicht stimmberechtigt sind, nicht mitzurechnen (OVG. **51** 23), ebensowenig die Steuern solcher Personen, deren Wahlrecht ruht (OVG. **56** 60). — Daß die Wähler innerhalb ihrer Wahlabteilung in der Reihenfolge der Höhe der ihnen an-

Niemand kann zwei Klassen [7]) zugleich angehören; in die erste oder zweite Klasse gehört auch derjenige, dessen Steuerbetrag nur teilweise in das erste oder zweite Drittel fällt. Unter mehreren einen gleichen Steuerbetrag entrichtenden Wählern entscheidet das Lebensalter und erforderlichenfalls das Los [8]) darüber, wer von ihnen zu der höheren Klasse zu rechnen ist.

Jede Klasse wählt aus der Zahl der Stimmberechtigten [9]) ein Drittel der Gemeindeverordneten, ohne dabei an die Wähler der Klasse gebunden zu sein. Auch die nach § 46 zur Stellvertretung berechtigten Personen sind wählbar, können aber nur so lange Gemeindeverordnete sein, als die Stellvertretung dauert. [10])

---

gerechneten Steuersumme eingetragen werden, ist nicht notwendig (OVG. 52 35).

Der § 2 des Gesetzes vom 30. Juni 1900 hat nicht die Bedeutung, daß in Gemeinden mit mehr als 10000 Einwohnern die Bildung der Wählerabteilungen nach dem einfachen Durchschnittssatze zu erfolgen hat. Er bestimmt nur, daß jeder Wähler, dessen Steuerbetrag den zu berechnenden Durchschnittsbetrag übersteigt, stets der zweiten oder ersten Abteilung zuzuweisen ist. Dagegen sind Wähler, die bereits nach der vorzunehmenden Drittelung der ersten oder zweiten Abteilung angehören, keineswegs deshalb in die dritte Abteilung zu versetzen, weil ihre Steuern den erwähnten Durchschnittsbetrag nicht übersteigen (OVG. 55 32, 58 57).

Über Einsprüche gegen die Zugehörigkeit zu einer Wählerabteilung (§ 56) ist gemäß §§ 66, 67 der LVO. zu entscheiden.

7) **Abteilung.** An die Stelle des Wortes „Klasse" tritt hier und in den folgenden Bestimmungen auf Grund des in Anm. 6 wiedergegebenen Gesetzes das Wort „Abteilung".

8) **Los.** Über das Wesen der Entscheidung durch das Los s. § 41 Anm. 34 a. Sie wird hier bei gleichem Lebensalter erforderlich.

9) **Wählbarkeit.** Auch die Forensen (§ 45 Abs. 1) sind hiernach wählbar (OVG. **36** 166), Stimmberechtigte sind hier nicht lediglich solche Personen, die in der Wählerliste eingetragen stehen, da diese nur für das aktive, aber nicht für das passive Wahlrecht maßgebend ist (s. unten Anm. 29). — Die in § 53 bezeichneten Stimmberechtigten sind nicht wählbar; insbesondere nicht weibliche Personen.

10) **Wählbarkeit der Stellvertreter Stimmberechtigter.** Von den zur Vertretung derselben Personengesamtheit (§ 45 Abs. 2) Berechtigten dürfen auf Grund des im letzten Satze des § 50 verliehenen Rechtes gleichzeitig nicht mehrere Gemeindeverordnete sein. Jedes Mitglied des verfassungsmäßigen Organs einer Personengesamtheit, das die im § 47 Nr. 1 bezeichneten Eigenschaften be-

§ 51.

Gehören zu einer Klasse mehr als 500 Wähler, so kann die Wahl nach dazu gebildeten Wahlbezirken geschehen. [11]) Die Anzahl und die Grenzen der Wahlbezirke, sowie die Anzahl der in einem jeden zu wählenden Gemeindeverordneten werden nach Maßgabe der Zahl der Stimmberechtigten von dem Gemeindevorsteher (Gemeindevorstande) festgesetzt. [12])

---

sitzt und nicht zu den durch § 53 von der Wählbarkeit ausgeschlossenen Personen gehört, ist wählbar, auch wenn es für sich allein die Personengesamtheit nicht vertreten kann. Doch muß diese sich durch ihr verfassungsmäßiges Organ mit der Wahl des betreffenden Mitglieds einverstanden erklären. Der Besitz einer Vollmacht zur Ausübung des aktiven Wahlrechts der Personengesamtheit ist hier keine Voraussetzung der Wählbarkeit, doch kann in der Bevollmächtigung die Erklärung des Einverständnisses mit der Wahl des Bevollmächtigten gefunden werden (OVG. **44** 121). Dies gilt auch von den Mitgliedern des Vorstandes einer eingetragenen Genossenschaft und einer Aktiengesellschaft (OVG. **44** 126). — Auch die gesetzlichen Vertreter der im § 46 Nr. 1 und 2 aufgeführten Minderjährigen, Bevormundeten und Ehefrauen (Vater, Stiefvater, Vormund, Ehemann) sind wählbar (OVG. **40** 169, PrVBl. **25** 680). Die im § 46 Nr. 4 bezeichneten Generalbevollmächtigten, Pächter oder Nießbraucher gehören ebensowenig wie die bevollmächtigten Gemeindeglieder zu den gesetzlichen Vertretern. (OVG. **56** 73). S. auch unten Anm. 18.

11) **Zulässigkeit der Bildung von Wahlbezirken.** Nur in einer Abteilung, welche mehr als 500 Wähler umfaßt, darf die Wahl in mehreren Wahlbezirken stattfinden; für die übrigen Abteilungen findet die Bildung von Wahlbezirken nicht statt (Anw. III A II 2).

12) **Festsetzungen des Gemeindevorstehers.** Der Gemeindevorsteher hat vor der Wahl auch festzusetzen, wieviel von den in jedem Wahlbezirke zu wählenden Gemeindeverordneten Angesessene (§ 52) sein müssen (OVG. **40** 169) und hat auch den Vorsitzenden des Wahlvorstandes (§ 60) für jeden Wahlbezirk zu bestimmen. Die Festsetzungen sind von dem kollegialischen Gemeindevorstande (s. Anm. **11** zu § 9) zu treffen, wenn ihm diese Befugnis durch Ortsstatut übertragen ist (§ 89). — Die getroffene Festsetzung muß den Wählern bei Bekanntmachung der Wahlen mitgeteilt werden. Die Unterlassung dieser Mitteilung begründet aber nicht einen so wesentlichen Mangel, daß seinetwegen stets die Wahlen für ungültig erklärt werden müssen. Es kommt vielmehr darauf an, ob die Unterlassung von Einfluß auf die Entschließungen der Wähler gewesen oder ob klar erkennbar ist, daß das Ergebnis der Wahl trotz jenes Mangels sich als der durch ihn nicht beeinträchtigte Ausdruck des Willens der Wähler darstellt

Enthält eine Gemeinde mehrere Ortschaften,[13]) so kann der Kreisausschuß[14]) auf Antrag des Gemeindevorstehers (Gemeindevorstandes) nach Verhältnis der Zahl der Stimmberechtigten jeder Klasse anordnen, wieviel Gemeindeverordnete aus jeder einzelnen Ortschaft[15]) von jeder in Betracht kommenden Klasse zu wählen sind.

(OVG. 60 27). — Eine Bildung von Wahlbezirken in einer mehrere Ortschaften enthaltenden Gemeinde derart, daß jede Ortschaft einen Wahlbezirk bildet, kennt die LGO. (abweichend von § 14 Abs. 1 der Städteordnung vom 30. Mai 1853) nicht. Wird in einem Eingemeindungsvertrage zwischen Landgemeinden die Bildung solcher Wahlbezirke bestimmt, so ist der Vertrag insoweit ungültig (OVG. 58 88).

13) **Ortschaft** bedeutet hier nicht einen Wohnplatz mit rechtlicher kommunaler Selbständigkeit, sondern einen tatsächlich für sich bestehenden, räumlich getrennten, einen besonderen Namen tragenden Ortsteil innerhalb eines Gemeindebezirks, dessen Besonderheit häufig auf der geschichtlichen Entwicklung der Gemeinde, namentlich auf ihrer Zusammensetzung aus mehreren früher selbständigen Gemeinden oder Teilen von solchen, beruht (PrVBl. 28 804). Für die Frage, ob eine Gemeinde mehrere Ortschaften enthält, muß die getrennte räumliche Lage den Entscheidungsgrund bilden. Wenn im Gemenge liegende Güter und Gemeinden vereinigt worden sind, so können sie als besondere Ortschaften nicht angesehen werden (Erklärung des Ministers des Innern bei der Kommissionsberatung, Kommissionsbericht S. 54).

14) **Rechtsmittel.** Gegen den Beschluß des Kreisausschusses findet nach § 121 des LVG. die Beschwerde bei dem Bezirksausschusse statt. Diese steht aber nicht den Gemeindeangehörigen zu (OVG. 53 80), sondern nur dem Gemeindevorsteher, wenn seinem Antrage durch den Beschluß nicht entsprochen worden ist.

Die vom Kreisausschuß getroffene Anordnung unterliegt, wenn die Gültigkeit der betreffenden Wahlen im Verwaltungsstreitverfahren angefochten wird, nicht der sachlichen Nachprüfung des Verwaltungsrichters. Wahlen, welche gegen die Anordnung verstoßen, sind ungültig, auch wenn gegen die Anordnung zur Zeit der Wahl noch die Beschwerde an den Bezirksausschuß zulässig war (OVG. **44** 138, **53** 80).

15) **Wählbarkeit.** Die zu Wählenden müssen in der „Ortschaft" wohnen oder (im Falle des § 45) ansässig sein. Es handelt sich hier nicht (wie in Abs. 1) um die Verteilung der Wähler auf mehrere Wahlbezirke, sondern nur um eine Beschränkung der Wählbarkeit der Stimmberechtigten zu Gemeindeverordneten (OVG. vom 10. Dezember 1912 — I B 36/12). Die Verteilung der Gemeindeverordneten auf die einzelnen Ortschaften darf innerhalb jeder Wählerabteilung nach keinem anderen Maßstabe erfolgen, als nach dem Verhältnis, in welchem die Zahlen der Stimm-

Ist eine Änderung der Anzahl oder der Grenzen der Wahlbezirke oder der Anzahl der in einem jeden derselben zu wählenden Gemeindeverordneten wegen einer in der Zahl der stimmberechtigten Gemeindeglieder eingetretenen Änderung oder aus sonstigen Gründen erforderlich geworden, so hat der Gemeindevorsteher (Gemeindevorstand) die entsprechende anderweite Festsetzung zu treffen, auch wegen des Übergangs aus dem alten in das neue Verhältnis das Geeignete anzuordnen.[15a]) Diese Festsetzung bedarf der Bestätigung des Kreisausschusses.[16])

§ 52.

Mindestens zwei Drittel der Mitglieder der Gemeindevertretung [17]) müssen Angesessene [18]) (§ 41 Nr. 6a und b, § 45) sein.

---

berechtigten jeder einzelnen Ortschaft innerhalb dieser Abteilung zueinander stehen. Sind in einer Abteilung mehr Gemeindeverordnete gewählt worden, als nach der vom Kreisausschusse getroffenen Anordnung zulässig war, so wird ebenso zu verfahren sein, wie im Falle des § 52 Abs. 3.

15a) **Änderungen infolge von Eingemeindungen.** Machen Eingemeindungen eine Änderung der Wahlbezirke oder der Anzahl der zu wählenden Gemeindeverordneten erforderlich, so kann die nötige Festsetzung nur durch den Gemeindevorsteher des vergrößerten Bezirks nach vollzogener Eingemeindung getroffen werden. Bevor diese in Kraft tritt, ist er hierzu nicht befugt (OVG. **58** 88). S. auch oben Anm. 12.

16) **Rechtsmittel** s. oben Anm. 14.

17) **Berechnung der Zahl der Angesessenen.** Die zwei Drittel sind nicht von der Zahl der Gemeindeverordneten zu berechnen, sondern von der Zahl sämtlicher Mitglieder der Gemeindevertretung einschließlich des Gemeindevorstehers und der Schöffen (s. § 49 Abs. 3). Der Gemeindevorsteher und die Schöffen kommen, wenn sie nicht Ansässige sind, auf die gesetzlich zulässige Höchstzahl der Nichtangesessenen ebenfalls in Anrechnung (OVG. **41** 162).

Nur die Höchstzahl der Nichtangesessenen ist beschränkt, nicht auch die der Angesessenen; daher dürfen Angesessene an Stelle von Nichtangesessenen gewählt werden.

Ist die hiernach erforderliche Zahl von Angesessenen in der Gemeindevertretung wegen Erlöschens des Amtes oder jener Eigenschaft bei angesessenen Gemeindeverordneten nicht mehr vorhanden, so muß jede spätere Wahl (Ergänzungs-, Ersatz- oder Verstärkungswahl) dazu benutzt werden, um die nötige Ergänzung der Angesessenen herbeizuführen (vgl. OVG. **60** 29 — die StO. für Westfalen betreffend — und unten Anm. 28).

Die Zahl der Gemeindeverordneten, welche hiernach aus der Mitte der Nichtangessenen gewählt werden können, wird auf die drei Klassen gleichmäßig verteilt. Ist diese Zahl nicht durch 3 teilbar, so kann, wenn die Zahl 1 übrig bleibt, die zweite Klasse aus der Zahl der Nichtangesessenen einen Gemeindeverordneten mehr wählen als die beiden anderen; bleibt die Zahl 2 übrig, so kann die erste Klasse den einen, die dritte Klasse den anderen wählen.[18a])

---

18) **Eigenschaft als Angesessener.** Als „Angesessene" gelten hier die Gemeindeglieder, die in dem Gemeindebezirk ein Wohnhaus besitzen (§ 41 Nr. 6a) oder Grundbesitz haben, der zu mindestens 3 Mk. Grund- und Gebäudesteuer veranlagt ist (§ 41 Nr. 6b), sowie die Forensen, die ein Grundstück oder eine gewerbliche Anlage von dem im § 45 bezeichneten Umfang oder Werte im Gemeindebezirke besitzen, und endlich diejenigen Personen, welche als gesetzliche Vertreter von stimmberechtigten Grundbesitzern wegen ihrer Vertretungsbefugnis zu Gemeindeverordneten gewählt werden können (s. oben Anm. 10). Dagegen erlangen Personen, welche nicht auf Grund des § 46 ohne weiteres gesetzlich zur Vertretung berechtigt, sondern nur durch eine Vollmacht zu Vertretern bestellt sind, insbesondere die mit der Vertretung in dieser Weise beauftragten Generalbevollmächtigten, Pächter, Nießbraucher oder Gemeindeglieder, hierdurch nicht die Eigenschaft eines Angesessenen, wenn sie diese sonst nicht besitzen (OVG. 40 169, 56 73). — Über die Voraussetzungen, unter denen ein Miteigentümer als Gemeindeglied und dann auch als Ansässiger zu gelten hat, s. Anm. 29a und 34 zu § 41. Das Einverständnis der Miteigentümer mit der Ausübung des Gemeinderechts muß schriftlich vor der Wahl oder mündlich gegenüber dem Wahlvorstand erklärt sein (OVG. 44 140). Der als „Ansässiger" zu Wählende braucht nur zur Zeit der Wahl, d. h. bei Schluß der Stimmabgabe (OVG. 65 15) jene Eigenschaft zu besitzen. Ein späterer Verlust dieser Eigenschaft zieht den Verlust des Amtes als Gemeindeverordneter nicht nach sich (OVG. 26 102). Dasselbe gilt aber nicht für die als Ansässige gewählten Verteter Stimmberechtigter. Ihr Amt als Gemeindeverordneter erlischt nach § 50 letzter Satz, sobald ihre gesetzliche Vertretungsbefugnis aufhört (OVG. 56 80). Auch bei dem Fortfall der Wählbarkeit aus anderen Gründen erlischt das Amt (s. unten § 66 Anm. 60).

18a) **Verteilung der Zahl der Angesessenen auf die Abteilungen.** Die Anzahl der in einer Abteilung wählbaren Nichtangesessenen steigert sich nicht dadurch, daß in einer der beiden anderen Abteilungen eine über das gesetzliche Erfordernis hinausgehende Zahl Angesessener gewählt worden ist. Ebensowenig bewirkt eine dem Gesetze widersprechende Festsetzung des Gemeinde-

Sind in einer Klasse mehr nichtangesessene Gemeindeverordnete gewählt, als hiernach zulässig ist, so gelten diejenigen, welche die geringste Stimmenzahl erhalten haben, als nicht gewählt.[18b] Bei gleicher Stimmenzahl entscheidet das Los.[19]

Bei den zum Ersatz derselben anzuordnenden Neuwahlen sind nur die auf Angesessene entfallenden Stimmen gültig.[19a]

§ 53.

Als Gemeindeverordnete sind nicht wählbar:[20]

1. diejenigen Beamten und die vom Staate ernannten

---

vorstehers über die Anzahl der in einer Abteilung wählbaren Nichtangesessenen die Gültigkeit der Wahl eines Nichtangesessenen, der bei richtiger Festsetzung nicht hätte gewählt werden dürfen (OVG. **41** 162). — S. auch oben Anm. 17.

18b) **Überschreitung der Höchstzahl der Nichtangesessenen in einem Wahlbezirke.** Diese Bestimmung findet keine Anwendung, wenn zwar in derselben Abteilung, aber in verschiedenen Wahlbezirken zusammen mehr Nichtangesessene gewählt sind, als zulässig sind (OVG. **40** 169).

19) **Los.** Über das Wesen der Entscheidung durch das Los s. § 41 Anm. 34a.

19a) **Neuwahl.** Erhält ein Nichtangesessener die Stimmenmehrheit, während ein Angesessener gewählt werden mußte, so ist nicht der Angesessene, der die meisten Stimmen erhalten hat, als gewählt zu erklären, sondern eine Neuwahl vorzunehmen (PrVBl. **30** 675). Hierbei findet § 62 Anwendung (s. unten Anm. 46a).

Über die Wählbarkeit von Personen, welche bereits Gemeindeverordnete sind s. unten Anm. 49a.

20) **Wählbarkeit; Rechtsmittel.** Zu Gemeindeverordneten wählbar sind (nach § 50 Abs. 3) alle Stimmberechtigten mit den in § 53 bezeichneten Ausnahmen. — Die Wahl ist ungültig, wenn der Gewählte am Wahltage (d. h. bei Schluß der Stimmabgabe — s. oben Anm. 18) nicht wählbar gewesen ist; ob er später durch Wegfall der die Wählbarkeit ausschließenden Eigenschaft die Wählbarkeit erlangt hat, ist gleichgültig (OVG. **25** 23 und **28** 13). Eine andere Frage ist es, ob das Amt erlischt, wenn der zur Zeit des Amtes wählbar gewesene Gemeindeverordnete später eine die Wählbarkeit ausschließende Eigenschaft erhält. Diese Frage ist zu bejahen (s. unten § 66 Anm. 60).

Die Wählbarkeit fehlt den unter Nr. 1 bis 5 aufgeführten Personen nur solange sie ihr Amt bekleiden, tritt aber ein, sobald sie in den Ruhestand versetzt werden oder sonst aus ihren Amte ausscheiden (OVG. vom 18. Oktober 1912 — I B 24/12). Über

Mitglieder derjenigen Behörden, durch welche die Aufsicht des Staates über die Gemeinden ausgeübt wird,[21])
2. die besoldeten Gemeindebeamten,[22])

Beschwerden und Einsprüche betreffend die Wählbarkeit ist gemäß §§ 66, 67 zu entscheiden.

21) **Aufsichtsbehörden und Aufsichtsbeamte.** Hiernach sind nicht wählbar der Landrat als Vorsitzender des Kreisausschusses und der Regierungspräsident (§ 139) sowie (in der Provinz Posen nach dem Gesetz vom 19. Mai 1889) die staatlicherseits ernannten (nicht die gewählten, OVG. **19** 132) Mitglieder des Kreisausschusses und des Bezirksausschusses, ferner der Oberpräsident und der Minister des Innern (s. § 130 Anm. 3). Auch die gesetzlichen Stellvertreter dieser Beamten werden hierher zu rechnen sein, dagegen nicht die Mitglieder der Regierung und die Bureaubeamten, die jenen Beamten und Behörden zugeteilt sind.

22) **Besoldete Gemeindebeamte.** Gemeindebeamter ist jeder, der in einem öffentlich-rechtlichen Dienstverhältnisse zur Gemeinde steht (s. Stier-Somlo im Verwaltungsarchive **12** 447 ff.). Zur Begründung eines solchen Dienstverhältnisses bedarf es seit dem Inkrafttreten des Kommunalbeamtengesetzes vom 30. Juli 1899 (dem 1. April 1900) bei besoldeten Gemeindebeamten, die ihr Amt nicht nur als Nebenamt oder Nebentätigkeit ausüben, nach §§ 1 und 2 dieses Gesetzes der Aushändigung einer Anstellungsurkunde, und zwar auch dann, wenn sie auf Probe, zur Vorbereitung oder zu vorübergehenden Dienstleistungen angestellt worden sind (PrVBl. **33** 298 und 535). — Besoldung ist das dem Beamten zu seinem Lebensunterhalte gewährte Entgelt für seinen Dienst. Das Ruhegehalt eines in den Ruhestand versetzten Beamten ist keine Besoldung. — Über die Ämter, für welche besoldete Gemeindebeamte bestellt werden können, s. § 117 Anm. 91, über unbesoldete Gemeindeämter unten Anm. 54. — Auch ein Ortssteuererheber, welcher kein festes Gehalt, sondern eine Tantieme für die Steuererhebung bezieht, ist besoldeter Gemeindebeamter (OVG. **12** 52), ebenso ein Eichmeister, der für seine Tätigkeit Gebühren bezieht (PrVBl. **21** 430), und ein Gemeindeexekutor (s. unten Anm. 54), dagegen nicht eine vom Gemeindevorstand zum „öffentlichen Desinfektor“ bestellte Person, die für ihre Tätigkeit von ihrem jedesmaligen Auftraggeber entlohnt wird (OVG. **58** 49). — Der Gemeindevorsteher ist als „besoldeter“ Gemeindebeamter nur in Gemeinden mit mehr als 3000 Einwohnern anzusehen, in denen die Anstellung eines „besoldeten“ Gemeindevorstehers beschlossen ist (§ 75 Abs. 2). In allen anderen Gemeinden ist das Amt des Gemeindevorstehers ein Ehrenamt, für dessen Verwaltung keine „Besoldung“, sondern nur Ersatz der baren Auslagen und eine Entschädigung für die Mühewaltung gewährt wird (§ 86). Dasselbe gilt auch von dem „kommissarischen Gemeindevorsteher“ (Vertreter des Gemeindevorstehers, § 44 letzter Absatz, § 84 Abs. 4, § 87). — Die gemäß § 75 Abs. 3 „gegen

3. die richterlichen Beamten,[22a])

4. die Beamten der Staatsanwaltschaft[23]) und die Polizei-Exekutivbeamten,[23a])

5. Geistliche, Kirchendiener und Volksschullehrer,[24])

Besoldung" eingestellten Schöffen sind ebenfalls besoldete Gemeindebeamte. — Auch die nicht besoldeten Gemeindevorsteher und Schöffen sowie der stellvertretende Schöffe (§ 74) können nicht zu Gemeindeverordneten gewählt werden, weil sie bereits gesetzliche Mitglieder der Gemeindevertretung sind (§ 49). — Besoldete Gemeindebeamte sind von der Wählbarkeit zu Gemeindeverordneten nur in derjenigen Gemeinde ausgeschlossen, in deren Dienst sie stehen, aber nicht in einer anderen Gemeinde, in welcher sie Stimmberechtigte (z. B. als Forensen) sind (OVG. **33** 189).

Über die Beamteneigenschaft der Lehrer an höheren oder mittleren Gemeindeschulen s. unten § 64 Anm. 54, über die Wählbarkeit eines Gemeindeverordneten zum Gemeindevorsteher oder Schöffen s. unten § 75 Anm. 6.

22a) **Richterliche Beamte** sind die berufsmäßigen Richter und die mit richterlichen Geschäften betrauten Gerichtsassessoren bei den ordentlichen Gerichten des preußischen Staates.

23) **Beamte der Staatsanwaltschaft.** Die Hilfsbeamten der Staatsanwaltschaft (GVG. § 153) gehören nicht zu den Beamten der Staatsanwaltschaft (PrVBl. **19** 344), wohl aber die Amtsanwälte und die Forstamtsanwälte.

23a) **Polizei-Exekutivbeamte.** Den Gegensatz zu den Polizei-Exekutivbeamten bilden die Bureaubeamten der Polizeiverwaltung und die Polizeiverwalter. Während die Exekutivbeamten nur die polizeilichen Gesetze und Anordnungen auszuführen haben, liegt den Polizeiverwaltern der selbständige Erlaß polizeilicher Anordnungen ob. Hiernach sind die Königlichen Gendarmen und die Amtsdiener Polizei-Exekutivbeamte, die Amtsvorsteher aber Polizeiverwalter. — Die im Königlichen Dienst angestellten Forstschutzbeamten haben nach § 63 des Feld- und Forstpolizeigesetzes vom 1. April 1880 die Befugnisse der Forsthüter und sind daher Forstpolizeibeamte, mithin auch Polizei-Exekutivbeamte und als solche zu Gemeindeverordneten nicht wählbar. Dies gilt auch von den Förstern und Oberförstern (PrVBl. **20** 542 und **27** 77), ferner von den Bahnpolizeibeamten, wenn die Ausführung und Überwachung der bahnpolizeilichen Vorschriften einen vorwiegenden Teil ihrer amtlichen Tätigkeit bildet (OVG. **25** 127). Zu diesen Beamten gehört ein Eisenbahnbetriebsingenieur nicht (OVG. **59** 70), ebensowenig ein Rangierer oder Schirrmann, mögen sie auch etatsmäßig angestellt sein und einen Diensteid geleistet haben (PrVBl. **34** 45).

24) **Geistliche, Kirchendiener, Volksschullehrer.** Geistliche, sind nur die bei einer christlichen Kirche ein geistliches Amt bekleidenden Personen (ALR. II 11 § 59; OVG. **18** 121). Zu

6. Frauen.[24a])

Vater und Sohn[25]) dürfen nicht zugleich Gemeindeverordnete derselben Gemeinde sein. Sind Vater und

---

ihnen gehört nicht der Prediger einer Mennonitengemeinde (PrVBl. **14** 546), auch nicht der Rabbiner einer Synagogengemeinde. — Bloße Seelsorgegehilfen ohne geistliches Amt und Kirchendiener gehören nicht zu den Geistlichen (OVG. **57** 160).

Kirchendiener sind Personen, die zum Dienste der Kirche, aber nur in mechanischen Verrichtungen oder weltlichen Angelegenheiten bestimmt sind, wie Organisten, Küster, Kantoren, Glöckner u. dgl. (ALR. II 11 § 550 und OVG. **57** 161, 182). — Auch die Kirchenkassenrendanten gehören zu den Kirchendienern (OVG. **15** 80 und **19** 44), aber nicht die niederen israelitischen Kultusbeamten (PrVBl. **18** 156). — Ein Totengräber kann als Kirchendiener angestellt werden (PrVBl. **33** 700).

Volksschullehrer sind die Lehrer an solchen Schulen, die zur Erfüllung der allgemeinen Schulpflicht dienen, deren Unterhaltung daher gegenüber den Trägern der Schullast im Aufsichtswege oder in den Formen des Gesetzes vom 26. Mai 1887 erzwingbar ist und die keinem im Schulbezirke regelmäßig sich aufhaltenden schulpflichtigen Kinde verschlossen bleiben dürfen. Entscheidend ist nicht die Vorbildung oder die Art der Tätigkeit des einzelnen Lehrers, sondern die Eigenschaft der Schule, an welcher er unterrichtet (Lehrerpensionsgesetz vom 6. Juli 1885 § 1; Ges. vom 26. Mai 1887 § 1; OVG. **12** 197, **17** 160, **20** 122; PrVBl. **10** 553). Volksschulen bleiben Schulen der bezeichneten Art auch dann, wenn in ihnen fakultativer Unterricht in Lehrgegenständen erteilt wird, die außerhalb der Aufgaben der Volksschule liegen (PrVBl. **16** 16 und **18** 464). Volksschulen und Elementarschulen sind gleichbedeutende Begriffe (OVG. **17** 157 und 162). Keine Volksschullehrer sind die Lehrer an höheren Mädchenschulen, Mittelschulen u. dgl. (PrVBl. **7** 154), an den Vorschulen von Gymnasien oder an Waisenhäusern (OVG. **17** 160 und **20** 121), oder an Rektoratsschulen (vgl. Ausführungsbest. zum Lehrerpensionsgesetz vom 2. März 1886, Zentr.-Blatt der Unterrichtsverw. S. 387).

Nicht wählbar sind nur die im Amte befindlichen Geistlichen, Kirchendiener und Volksschullehrer, aber nicht die in den Ruhestand getretenen (s. oben Anm. 20).

24a) **Frauen** sind hier alle weiblichen Personen, verheiratete und unverheiratete.

25) **Verwandtschaft als Hindernis für die Wählbarkeit.** Nur das Verwandtschaftsverhältnis von Vater und Sohn schließt die Wählbarkeit aus. Andere Verwandtschafts- oder Schwägerschaftsverhältnisse schließen den gleichzeitigen Sitz in der Gemeindevertretung nicht aus. Es können ihr daher Brüder gleichzeitig angehören (PrVBl. **15** 72). Bei gleichzeitiger Wahl von Vater und Sohn muß die Wahl des Sohnes von der Gemeindevertretung für ungültig erklärt werden. Diese Bestimmung kann jedoch nur dann

Sohn zugleich gewählt, so wird nur der Vater als Gemeindeverordneter zugelassen.

§ 54.[26])

Die Gemeindeverordneten werden auf sechs Jahre gewählt. Alle zwei Jahre scheidet aus jeder Klasse ein

---

Anwendung finden, wenn der Vater die Wahl annimmt. Lehnt er sie ab, so kann der gleichzeitig gewählte Sohn Gemeindeverordneter sein. War der Sohn bereits vor dem Vater gewählt, so ist die Wahl des Vaters ungültig. Die Eigenschaft als Gemeindeverordneter erlangt niemand vor seiner Erklärung, das Amt anzunehmen (§ 65, § 62 Abs. 5). Solange der Sohn seine Wahl noch nicht angenommen hat, kann hiernach der Vater gewählt und Gemeindeverordneter werden (OVG. 41 19).

26) **Allgemeines. Ergänzungswahlen, Verstärkungswahlen.** Auch in diesem § ist an Stelle des Worts „Klasse" das Wort „Abteilung" zu setzen (s. oben Anm. 7).

Durch § 54 (bei dessen Anwendung oft Zweifel und Schwierigkeiten entstehen) werden für die Dauer des Mandats der Gemeindeverordneten (abgesehen von den außergewöhnlichen Ersatzwahlen) zunächst zwei Grundsätze aufgestellt: a) die Wahl jedes Gemeindeverordneten hat auf 6 Jahre zu erfolgen, b) in jedem zweiten Jahre (Wahljahre) hat eine Erneuerung eines Drittels der Gemeindeverordneten einzutreten. Um eine Anwendung des zweiten Grundsatzes gegenüber der Tatsache zu ermöglichen, daß auch bei der ersten Bildung der Gemeindevertretung sämtliche Gemeindevertreter auf 6 Jahre gewählt werden, ist angeordnet, daß für ein Drittel der hierbei gewählten die Dauer ihres Amtes auf 4 Jahre und für ein weiteres Drittel auf 2 Jahre zu verkürzen ist. Welche Personen diese Verkürzung zu treffen hat, ist durch das Los zu bestimmen. Hierbei soll, soweit es angängig ist, aus jeder der drei Abteilungen dieselbe Zahl von Gemeindeverordneten ausscheiden. Ist dies nicht möglich, weil nicht 3 oder 6 Gemeindeverordnete (bei einer Gesamtzahl von 9 oder 18 Gemeindeverordneten) in jedem Wahljahr auszuscheiden haben, sondern 4, 5, 7 oder 8 Gemeindeverordnete (bei einer Gesamtzahl von 12, 15, 21 oder 24 Gemeindeverordneten gemäß § 49 Abs. 3), so muß, falls sich infolgedessen die Zahl von drei oder sechs ausscheidenden Gemeindevertretern um einen erhöht, in einer Abteilung, falls sie um zwei erhöht wird, in zwei Abteilungen ein Gemeindeverordneter mehr als in den beiden anderen Abteilungen, bzw. in der übrig bleibenden Abteilung, ausscheiden. Diese Abteilungen, aus welchen eine größere Zahl von Gemeindevertretern ausscheidet, dürfen nicht in jedem Wahljahre dieselben sein, vielmehr hat hierbei ein regelmäßiger Wechsel zwischen allen drei Abteilungen im Reihenzuge stattzufinden. Die Reihenfolge, in welcher die drei

Abteilungen von diesem stärkeren Ausscheiden betroffen werden sollen, ist ein für allemal durch das Los zu bestimmen. Es handelt sich also in § 54 Abs. 1 um zwei verschiedene Bestimmungen durch das Los, erstens um die Bestimmung der Abteilung oder der Abteilungen, deren Gemeindeverordnete in größerer Zahl ausscheiden müssen (eine Bestimmung, welche nur dann erforderlich ist, wenn die Gesamtzahl der Ausscheidenden nicht durch 3 teilbar ist und daher nicht gleichmäßig auf die 3 Abteilungen verteilt werden kann), und zweitens um die jedenfalls für die auf die Bildung der Gemeindevertretung zunächst folgenden beiden Wahljahre notwendige Bestimmung derjenigen Gemeindevertreter jeder einzelnen Abteilung, welche aus ihr mittels Verkürzung der an sich sechsjährigen Amtsdauer auf zwei oder vier Jahre zu entfernen sind. Sind diese Personen bei der ersten und zweiten Ergänzungswahl durch das Los bestimmt worden, so bedarf es bei regelmäßigem Verlaufe der Dinge später keiner weiteren Auslosung mehr, da die an ihre Stelle tretenden neugewählten Gemeindevertreter sechs Jahre lang im Amte zu bleiben haben und hiermit ein regelmäßiger Wechsel eines Drittels der Gemeindevertreter in jedem zweiten Jahre für die Zukunft gesichert ist. Wird hiernach für eine 15 Gemeindeverordnete umfassende Gemeindevertretung, aus welcher in jedem zweiten Jahre 5 Gemeindeverordnete ausscheiden müssen, durch das Los die Reihenfolge der Abteilungen, aus denen das stärkere Ausscheiden stattzufinden hat, auf II, I, III bestimmt, so haben bei der ersten Ergänzungswahl aus Abteilung I zwei, aus Abteilung II zwei Gemeindeverordnete und aus Abteilung III ein Gemeindeverordneter auszuscheiden, bei der zweiten Ergänzungswahl aus Abteilung I zwei Gemeindeverordnete, aus Abteilung II ein Gemeindeverordneter und aus Abteilung III zwei Gemeindeverordnete, bei der dritten Ergänzungswahl aus Abteilung I ein Gemeindevertreter, aus Abt. II und III je zwei Gemeindeverordnete. Die Amtsdauer der Gewählten beginnt nach § 64 mit dem der Wahl folgenden 1. April.

Die Vorschrift im 3. und 4. Satz des § 54 ist ihrem Wortlaute nach nur für die erste und zweite Ergänzungswahl nach der Neubildung der Gemeindevertretung gegeben; sie muß aber auch dann Anwendung finden, wenn im Laufe der Zeit eine Erhöhung der Gesamtzahl der Gemeindeverordneten durch Ortsstatut gemäß § 49 Abs. 3 stattfindet. Die Verstärkungswahlen werden dann ebenfalls im März des für die regelmäßigen Ergänzungswahlen bestimmten Wahljahres (§ 58) vorgenommen werden müssen. Bei der nächstfolgenden Ergänzungswahl wird, soweit es zur Herstellung des regelmäßigen Ausscheidens von einem Drittel der Gemeindeverordneten aus jeder Abteilung erforderlich ist, eine Verkürzung der Amtsdauer für die zur Verstärkung der Gemeindevertretung Gewählten durch Auslosung in derselben Weise herbeigeführt werden müssen, wie nach der erstmaligen Bildung der Gemeindevertretung.

Noch größer werden die Schwierigkeiten, wenn infolge eines fehlerhaften, aber nicht mehr rückgängig zu machenden Verfahrens

Drittel der Gemeindeverordneten aus und wird die Gemeindevertretung durch neue Wahlen ergänzt. Ist die Zahl der Ausscheidenden nicht durch 3 teilbar, so wird die Reihenfolge der Klassen, in welcher die Ausscheidung je eines der Übrigbleibenden erfolgt, durch das Los bestimmt. Die das erste und zweite Mal Ausscheidenden werden für jede Klasse durch das Los bestimmt.[27]) Die Ausscheidenden sind wieder wählbar.

Außergewöhnliche Wahlen[27a]) zum Ersatze innerhalb

---

bei früheren Ergänzungswahlen ein dem Gesetze nicht entsprechender Zustand hinsichtlich der Dauer der Mandate der Gemeindevertreter in den einzelnen Abteilungen eingetreten ist, der mit Rücksicht auf die Vorschrift des § 58, daß alle Ergänzungswahlen von denselben Klassen vorgenommen werden sollen, von welchen der Ausgeschiedene gewählt war, eine dem § 54 entsprechende regelmäßige Ergänzung der Gemeindeverordneten nicht möglich macht. In einem solchen Falle muß zur Erreichung des gesetzmäßigen Zustandes in sinngemäßer Anwendung der Vorschriften des § 54 entweder eine Verkürzung der Mandatsdauer bei einzelnen Gemeindeverordneten eintreten, deren Person durch das Los zu bestimmen ist (OVG. **56** 84; vgl. auch die die westfälische Städteordnung betreffenden Urteile OVG. **19** 136 und **53** 50, sowie das die östliche Städteordnung betreffende Urteil OVG. **17** 100) oder es müssen schlimmstenfalls einzelne Ergänzungswahlen nicht für eine sechsjährige, sondern nur für eine zweijährige oder vierjährige Amtsdauer stattfinden (vgl. das die westfälische Landgemeindeordnung betreffende Urteil OVG. **49** 122).

27) **Auslosung.** Bei der Bestimmung durch das Los muß derart verfahren werden, daß die Entscheidung nur vom Zufall abhängt und der Wille der das Los ziehenden Personen auf die Entscheidung keinen Einfluß haben kann (PrVBl. **20** 500).

Bei der Bestimmung derjenigen Person, welche aus jeder einzelnen Abteilung auszuscheiden haben, soll das Los nur Lücken für die Ergänzungswahl schaffen. Sind ohnehin (durch Ausscheiden von Mitgliedern aus anderen Gründen) die erforderlichen Lücken eingetreten, so bedarf es keiner Bestimmung der Ausscheidenden durch das Los (OVG. **34** 155).

Gegen Unrichtigkeiten bei der Bestimmung der Ausscheidenden durch das Los ist die Einlegung von Rechtsmitteln nicht zulässig, die Ungültigkeit der erfolgten Auslosung kann vielmehr nur mittels Anfechtung der auf Grund der Auslosung vorgenommenen Wahl geltend gemacht werden. Die Ungültigkeit der Auslosung hat ohne weiteres auch die Ungültigkeit der Wahl zur Folge (PrVBl. **20** 500).

27a) **Verbindung von verschiedenartigen Wahlen.** Ersatzwahlen im Sinne dieser Vorschrift sind nur solche Wahlen, bei denen Ersatzmänner für vorzeitig aus der Gemeindevertretung ausgeschiedene Mitglieder zu wählen sind, aber nicht Wahlen, der Wahlperiode ausgeschiedener Gemeindeverordneten müssen angeordnet werden, wenn die Gemeindevertretung oder der Gemeindevorsteher es für erforderlich erachten, oder wenn der Kreisausschuß dies beschließt. Der Ersatzmann bleibt nur bis zum Ende der Wahlperiode des Ausgeschiedenen in Wirksamkeit.

---

bei welchen Ersatz für Mitglieder herbeigeführt werden soll, deren Wahl für ungültig erklärt worden ist (OVG. vom 22. September 1913 — I B 59/12). — Die Verbindung der Ersatzwahlen mit den regelmäßigen Ergänzungswahlen in einer Wahlhandlung war für Landgemeinden (im Gegensatze zu den Wahlen in Stadtgemeinden nach dem Gesetze vom 1. März 1891) vom OVG. früher als unzulässig erklärt worden (OVG. 45 133). Neuerdings hat das OVG. diese Verbindung auch für Wahlen in Landgemeinden für zulässig erachtet (OVG. 60 86). Zulässig ist auch die Verbindung von Ergänzungs- und Verstärkungswahlen in einem Wahltermin (s. oben Anm. 27), jedoch muß die Stimmabgabe jedes einzelnen Wählers getrennt für die Ergänzungswahlen und die Verstärkungswahlen erfolgen (OVG. 55 56). Die Vornahme mehrerer Ersatzwahlen in einer Wahlhandlung ist auch dann zulässig, wenn die Zeitdauer des Amtes der zu Wählenden nicht dieselbe sein soll. Jedoch muß hierbei die Abgabe der Stimmen für die verschiedenen Wahlen derart getrennt geschehen, daß ersichtlich ist, auf welche Amtsperiode sich die Abgabe jeder einzelnen Stimme bezieht. Zu diesem Zwecke ist die Reihenfolge, in welcher die verschiedenen Wahlen stattfinden sollen, bei der Einladung zur Wahl anzugeben (OVG. 52 32). Die Unterlassung einer solchen Anordnung durch den Gemeindevorsteher bei der Einladung macht jedoch die Wahlen dann nicht ungültig, wenn die Anordnung im Wahltermine selbst durch den Wahlvorstand getroffen worden ist (PrVBl. 32 583). Ebenso wie Verstärkungswahlen und Ersatzwahlen können mit den Ergänzungswahlen auch die Neuwahlen, die an Stelle der für ungültig erklärten Wahlen erfolgen, unter den vorstehend bezeichneten Voraussetzungen verbunden werden, sofern nur die Stimmabgabe für die verschiedenen Wahlen derart getrennt vor sich geht, daß jeder Zweifel darüber ausgeschlossen bleibt, auf welche Wahl sich die Abgabe jeder Stimme bezieht (vgl. OVG. 52 32, 60 67 und OVG. von 22. September 1913 — I B 59/12). — S. auch unten Anm. 42. — Über die Zeit der Ergänzungswahlen s. § 58.

Die Ersatzwahlen sind ebenso wie die Ergänzungswahlen von denselben Abteilungen vorzunehmen, von welchen der Ausgeschiedene gewählt war (§ 58).

Eine Ersatzwahl braucht nicht stets angeordnet zu werden, wenn ein Gemeindeverordneter vorzeitig ausscheidet, sondern nur, wenn sie von der Gemeindevertretung oder dem Gemeindevorsteher nach Lage der Verhältnisse als erforderlich erachtet oder vom Kreisausschusse beschlossen wird (vgl. OVG. 56 89).

Auch bei Ergänzungs- und Ersatzwahlen ist bezüglich der Wählbarkeit von Nichtangesessenen nach den Grundsätzen des § 52 zu verfahren.[28])

§ 55.

Die nach § 39 Absatz 2 zu führende Liste wird der Wahl zugrunde gelegt und nach Wahlklassen, im Falle des § 51 Absatz 1 außerdem nach Wahlbezirken, eingeteilt.[29])

---

28) **Ergänzungs- und Ersatzwahlen für Angesessene.** An Stelle ausgeschiedener oder ausscheidender Angesessenen müssen andere Angesessene nur dann gewählt werden, wenn sonst deren vorgeschriebene Zahl in der Gemeindevertretung nicht erreicht wird. Das Gesetz fordert eine bestimmte Zahl Angesessener für jede Abteilung, aber nicht für das Ergebnis der einzelnen Ergänzungswahlen. Hat ein Gemeindeverordneter, der bei seiner Wahl nicht angesessen war, nachträglich einen dem § 41 Nr. 6a oder b der LGO. entsprechenden Grundbesitz erworben, und ist dadurch die Zahl der angesessenen Gemeindevertreter in der betreffenden Abteilung überschritten, so kann bei der späteren Ergänzungswahl statt eines angesessenen ein nicht angesessener Gemeindeverordneter gewählt werden. Wenn umgekehrt ein bei seiner Wahl angesessen gewesener Gemeindeverordneter nachträglich den Grundbesitz verloren hat und daher die notwendige Zahl angesessener Gemeindeverordneter nicht mehr vorhanden ist, so darf bei der nächsten Ergänzungs- oder Ersatzwahl, die für einen ausgeschiedenen nicht angesessenen Gemeindeverordneten stattfindet, nur ein angesessener Gemeindeverordneter gewählt werden (OVG. **34** 157).

29) **Aufstellung der Wählerliste.** Die nach Vorschrift des § 39 aufgestellte und berichtigte Liste der Stimmberechtigten selbst kann nicht in Wahlklassen eingeteilt und der Wahl zugrunde gelegt werden. Es ist vielmehr auf Grund dieser Liste eine besondere Wählerliste, entsprechend den Vorschriften der §§ 50 und 51, aufzustellen. Diese Wählerliste ist sodann gemäß § 56 öffentlich auszulegen (vgl. OVG. **49** 132; **56** 64). An die Stelle von „Wahlklassen" treten jetzt „Wählerabteilungen" (s. oben Anm. 7). Über den Unterschied der Wählerliste und der Gemeindegliederliste s. Anm. 22 zu § 39. — Anw. I B ordnet über die Aufstellung der Wählerliste folgendes an:

„Auf Grund der Gemeindegliederliste ist gemäß § 55 in Verbindung mit § 50 eine nach Wahlklassen und im Falle des § 51 Abs. 1 außerdem nach Wahlbezirken einzuteilende anderweite Liste der sämtlichen Wahlberechtigten nach dem angeschlossenen Formular in der Weise aufzustellen, daß sich die Reihenfolge der Wähler nach der Höhe der von denselben zu entrichtenden Gesamtsteuerbeträge bestimmt."

Die Wählerliste ist von dem Gemeindevorsteher aufzu-

§ 56.

In dem Zeitraume vom 15. bis 30. Januar erfolgt die Auslegung der Liste in einem vorher zur öffentlichen Kenntnis zu bringenden Raume.[30])

---

stellen. Bedient er sich hierbei der Hilfe anderer Personen, so darf er ihnen nicht die selbständige Fertigstellung der Liste überlassen, sondern muß durch eine ausdrückliche oder durch schlüssige Handlungen erfolgende Erklärung die aufgestellte Liste vor Beginn ihrer Auslegung zu der seinigen machen (OVG. **46** 102).

Bei der Abgrenzung der Wählerabteilungen in der Wählerliste sind die Steuern von Personen, die nicht mitstimmen dürfen, nicht mitzurechnen. — Im übrigen s. über die Einteilung der Wählerliste und ihren Inhalt oben Anm. 6.

Daß die Liste tatsächlich eine dem § 55 entsprechende Einteilung in Wahlabteilungen enthält, ist notwendige Voraussetzung für die Gültigkeit der auf Grund der Liste demnächst vollzogenen Wahlen (OVG. **22** 14). Dagegen ist es hierfür unwesentlich, in welcher Reihenfolge innerhalb einer Abteilung die Wähler aufgeführt sind, (OVG. **52** 35).

Maßgebend für die Aufstellung der Wählerliste sind nicht die Verhältnisse, die voraussichtlich am Wahltage bestehen werden, sondern die beim Beginne der Auslegung der Liste bestehenden (OVG. **38** 50, PrVBl. **11** 297). Jedoch ist auf Einspruch ein Wähler in die Liste einzutragen, wenn seine Wahlberechtigung (z. B. das Erreichen des das Wahlrecht bedingenden Lebensalters) zur Zeit des Einspruchs bereits eingetreten war (OVG. vom 24. April 1913 — I C 51/12) s. unten Anm. 32. Gemeindeglieder, deren Wahlrecht zu dieser Zeit ruht (§ 44 Nr. 4), sind in die Wählerliste nicht aufzunehmen, auch nicht mit einem das Ruhen des Gemeinderechts bekundenden Vermerk. Die Berücksichtigung ihrer Steuerbeträge bei der Bildung der Wählerabteilungen ist unzulässig (OVG. **56** 60). Vgl. oben Anm. 6.

Von der Eintragung in die Wählerliste ist nur das aktive Wahlrecht (das Stimmrecht), aber nicht das Gemeinderecht, insbesondere nicht das passive Wahlrecht (die Wählbarkeit), abhängig (OVG. **19** 22, **31** 110, **34** 153, **53** 74).

30) **Auslegung der Wählerliste.** Daß die Auslegung der Liste gerade vom 15. bis 30. Januar erfolgt, ist nicht wesentlich. Sie kann auch später bewirkt werden. Wesentlich ist aber, daß der Zeitraum, in welchem die Auslegung geschieht, mindestens 15 Tage umfaßt (PrVBl. **25** 833). — Die Auslegungsfrist darf auch an einem Sonntag oder gesetzlichen Feiertag ablaufen (vgl. PrVBl. **34** 44).

Die Aufstellung der Liste muß vor der Auslegung abgeschlossen sein (OVG. **46** 102). Änderungen sind nach Beginn der Auslegung nur zulässig, soweit sie durch die auf Einsprüche ergehenden Beschlüsse (§ 66) notwendig gemacht werden (OVG. **45** 130). Wird ein Einspruch gegen die Richtigkeit der Liste für begründet befunden, so hat die Gemeindevertretung (der Gemeindevorsteher) nicht zu beschließen, daß die Wählerliste zu berichtigen ist, sondern die Liste selbst richtig zu stellen. Ist inzwischen die Steuer des durch den Einspruch Betroffenen im Rechtsmittelverfahren geändert worden, so ist dies bei der Berichtigung der Liste zu berücksichtigen; denn die Gemeindevertretung hat die Liste nach der zur Zeit ihres Beschlusses bestehenden Rechtslage richtig zu stellen. Dagegen ist es nicht ihre Aufgabe, die Richtigkeit der Steuerveranlagung ihrerseits nachzuprüfen. In dem auf Klage gegen den Beschluß der Gemeindevertretung eingeleiteten Streitverfahren hat der Verwaltungsrichter Änderungen, die nach Fassung des Beschlusses eingetreten sind, nicht mehr zu berücksichtigen (OVG. **56** 16).

Die Bekanntmachung der Auslegung hat in der Form zu geschehen, die für Bekanntmachungen des Gemeindevorstehers in der Gemeinde durch Ortsstatut vorgeschrieben oder ortsüblich ist.

Der Umstand, daß in einer Gemeinde, deren Vorsteher einen Teil des Tages durch private Berufsgeschäfte in Anspruch genommen wird, in einzelnen Fällen Wähler wegen Abwesenheit des Gemeindevorstehers die Einsicht in die ausgelegte Liste nicht haben erlangen können, begründet noch nicht die Annahme, daß eine gehörige Auslegung der Liste nicht erfolgt ist. Es genügt, wenn während der Auslegungsfrist im allgemeinen täglich Gelegenheit zur Einsichtnahme vorhanden ist, ohne daß diese mit besonderen Schwierigkeiten verknüpft ist. — Darin, daß einem einzelnen Wähler die Einsicht der ausgelegten Wählerliste an einem einzelnen Tage verschränkt geblieben ist, liegt kein so wesentlicher Mangel des Auslegungsverfahrens, daß deshalb die auf Grund dieser Liste vollzogene Wahl für ungültig zu erklären wäre (PrVBl. **34** 44), ebensowenig darin, daß der Beamte, welcher die Wählerliste unter Verschluß hat, sich auf kurze Zeit aus dem Geschäftslokal entfernt und dadurch die Einsicht in die Liste für diese Zeit unmöglich gemacht hat (PrVBl. **28** 672).

Die Einsicht in die offengelegte Liste darf keinem Gemeindeglied oder Stimmberechtigten verweigert werden. Eine Abschrift der Liste kann von den zur Einsicht Berechtigten nicht verlangt werden, ebensowenig eine Überlassung der Liste zur Abschriftnahme, wohl aber ist dem die Liste Einsehenden zu gestatten, das Ergebnis der Einsicht in einzelnen Notizen festzustellen, soweit dabei die Rechte der übrigen Beteiligten auf Einsichtnahme hinlänglich gewahrt bleiben (OVG. **27** 16 und Minist.Erlaß vom 1. September 1902, MBl. S. 175; für die Zulässigkeit der Abschriftnahme Strutz im PrVBl. **20** 97, dagegen Nöll im PrVBl. **21** 225). Auch den Gemeinden und ihren Organen ist durch den Minist.Erlaß vom 1. September 1902 (MBl. S. 175) die Veröffentlichung der Wählerlisten untersagt. — Es darf der Einsichtnahme nichts von dem vorenthalten werden, was die Liste enthalten muß Hierzu gehört auch die Angabe der Steuern, die von den eingetragenen Wählern zu zahlen sind, da sie für die Wahlberechtigung in einer bestimmten Abteilung maßgebend sind (OVG. **27** 21 und **47** 130).

Während dieser Zeit kann jeder Stimmberechtigte [31]) gegen die Richtigkeit der Liste bei dem Gemeindevorsteher Einspruch erheben. [32])

Es ist nicht unzulässig, daß die Wählerliste während des Zeitraums der Auslegung im Geschäftszimmer des Gemeindevorstehers unter Verschluß gehalten wird, und nur erforderlich, daß sie jedem zur Einsichtnahme Berechtigten auf Verlangen vorgelegt wird (PrVBl. 22 240). Es genügt nicht, daß der die Einsicht Begehrende befragt wird, was er aus der Liste festgestellt haben wolle, und daß ihm dann dies aus der Liste mitgeteilt wird, vielmehr muß ihm die Einsicht in die Liste derart gewährt werden, daß er mit eigenen Augen die Eintragungen nachprüfen kann. Hierbei ist es aber nicht nötig, daß ihm die Liste in die Hand gegeben wird. Der die Liste vorlegende Gemeindebeamte kann vielmehr selbst das nötige Umschlagen der Blätter bewirken, wenn er es hierbei dem die Einsicht Verlangenden ermöglicht, die Liste von Anfang bis zu Ende durchzusehen (OVG. 47 47). — Eine Verweigerung der Vorlegung der Liste oder eine Beschränkung der Einsichtnahme kann nur dann die Ungültigkeit der Wahl nach sich ziehen, wenn sie von einem Gemeindebeamten ausgeht, der mit der Aufsicht bei der Offenlegung der Liste betraut war (OVG. 27 17, 59 52).

Die Tatsache der Auslegung der Liste kann nicht nur durch eine Bescheinigung des Gemeindevorstehers, sondern auch durch andere Beweismittel im Verwaltungsstreitverfahren bewiesen werden (OVG. vom 10. Januar 1896 — I 37).

31) **Berechtigung zum Einspruch gegen die Richtigkeit der Liste.** Das Recht der Einspruchserhebung steht jedem Stimmberechtigten zu, mithin nicht nur den in die Liste eingetragenen Personen, sondern auch denen, welche ein Recht auf Eintragung haben (OVG. 31 111, 48 137). Ein Gemeindeglied, welches der Ausübung seines Rechtes auf Teilnahme an der Verwaltung und Vertretung der Gemeinde für verlustig erklärt worden ist (§ 65 Abs. 4) und dessen Wahlrecht daher ruht, ist auch zur Anfechtung der Wählerliste durch Einspruch und Klage nicht berechtigt (OVG. 51 18). — Personen, die zu Unrecht in die Wählerliste aufgenommen sind, haben kein Recht, deshalb gegen die Richtigkeit der Liste Einspruch und Klage zu erheben und ihre Streichung in der Liste zu verlangen (OVG. 49 120). Nach Ablauf der Einspruchsfrist können auch Auslassungen in der Liste nicht mehr gerügt werden (PrVBl. 15 239).

32) **Begründung und Form des Einspruchs. Beschlußfassung.** Der Einspruch muß ersehen lassen, welche Unrichtigkeiten der Liste vorgeworfen werden, insbesondere ob sie bemängelt wird, weil die Abgrenzung der Wählerabteilungen fehlerhaft erfolgt sei, oder weil nicht stimmberechtigte Personen in die Liste aufgenommen, oder weil stimmberechtigte Personen in sie nicht aufgenommen worden seien (OVG. 45 132). — Das Listenberichtigungsverfahren ist nur

Soll der Name eines einmal in die Liste aufgenommenen Stimmberechtigten wieder gelöscht werden, so ist dieses demselben unter Angabe der Gründe acht Tage vorher durch den Gemeindevorsteher mitzuteilen.[33])

---

zur Anfechtung solcher Mängel der Liste gegeben, welche für die Rechtsstellung irgendeines in die Liste aufgenommenen oder in sie aufzunehmenden Wählers erheblich sind, insbesondere für seine Einreihung in eine andere Abteilung oder für die Abgrenzung der Abteilungen (PrVBl. **32** 362). — Die Unrichtigkeit der Veranlagung von Wählern zu den ihnen in der Liste angerechneten Steuern kann mit dem Einspruch nicht geltend gemacht werden (OVG. **56** 86). — Der Einspruch kann nicht nur die auf die eigene Person des Einspruch erhebenden bezügliche Eintragung zum Gegenstande haben, sondern auch andere Eintragungen in der Liste, durch welche die Zusammensetzung der Wählerschaft oder der Wählerabteilungen beeinflußt wird (OVG. **14** 46, **28** 99). — Auch Tatsachen, die erst während des Ausliegens der Liste eingetreten sind (wie z. B. der Erwerb des Gemeinderechts durch Zeitablauf, durch Erwerb eines Grundstücks, durch Eintritt in das erforderliche Lebensalter — LGO. § 41), können mittels Einspruchs geltend gemacht werden, da die Voraussetzungen für das Wahlrecht erst bei Ablauf der Auslegungsfrist vorhanden zu sein brauchen (vgl. PrVBl. **23** 519, 610 sowie die Erörterungen von Behrens und Schmitz im PrVBl. **33** 806 und **34** 283).

Auch ein mündlich erhobener Einspruch ist rechtsgültig, wenn auf ihn ein Bescheid erteilt worden ist (OVG. **8** 118, **46** 135). — Einsprüche, die an eine Bedingung geknüpft sind, sind unwirksam (OVG. **43** 102). — Über das Verfahren auf die Einsprüche s. §§ 66, 67.

33) **Löschung von Namen in der Liste. Feststellung der Liste und rechtliche Wirkung ihres Inhalts.** Die Bestimmung des § 56 Abs. 2 ist keine für sich bestehende, den Gemeindevorsteher jederzeit zu Streichungen berechtigende Vorschrift, sondern betrifft nur die Art und Weise, in welcher sich das ordentliche, regelmäßige Berichtigungsverfahren in dem Falle vollzieht, daß ein eingetragener Wähler wieder gestrichen werden soll. Nach endgültiger Feststellung der Liste ist der Gemeindevorsteher mithin nicht befugt, Streichungen vorzunehmen (PrVBl. **15** 557). — Nach Vornahme der infolge begründet befundener Einsprüche bewirkten Änderungen der Liste darf eine nochmalige Auslegung nicht stattfinden (OVG. **36** 186), und zwar auch dann nicht, wenn eine andere Abgrenzung der Abteilungen notwendig geworden war (OVG. **22** 17). Dagegen bedarf eine Liste der Auslegung, die außerhalb des Einspruchverfahrens an Stelle einer älteren, unrichtigen Liste neu aufgestellt worden ist (PrVBl. **33** 263).

Die Unterlassung der Mitteilung von der Löschung ist kein wesentlicher Mangel des Berichtigungsverfahrens und hat daher die Ungültigkeit der auf Grund der Liste vorgenommenen Wahlen nicht zur Folge (PrVBl. 25 197).

Über die rechtzeitig eingelegten Einsprüche muß Beschluß gefaßt und auf begründete Einsprüche eine entsprechende Berichtigung der Liste vorgenommen werden, bevor die Wahl stattfindet (OVG. 65 123). — Die Wählerliste, wie sie gemäß den Beschlüssen, die auf die Einsprüche ergangen sind, festgestellt worden ist, bildet bis zum nächsten Berichtigungstermine (§ 39) die unabänderliche Grundlage für die Wahlen, und zwar auch dann, wenn über die Richtigkeit der Liste noch ein Verwaltungsstreitverfahren schwebt (OVG. 20 9). Dies gilt nicht nur für den Fall, daß ein Stimmberechtigter in der Liste ausgelassen, sondern auch für den, daß ein Unberechtigter in sie eingetragen worden ist (OVG. 27 16 und 31 8, PrVBl. 15 239, 21 255 und 34 44). Ist eine rechtskräftige Entscheidung über die Richtigkeit der Wählerliste im Verwaltungsstreitverfahren ergangen, bevor die Wahl stattfindet, so muß die Liste vor der Wahl entsprechend berichtigt werden. Das OVG. ist anscheinend anderer Ansicht. Es hat ausgesprochen (PrVBl. 34 45), daß die von der Gemeindevertretung berichtigte Liste die unabänderliche Grundlage für die Wahl bildet „ohne Rücksicht auf das Ergebnis eines etwa gegen den Berichtigungsbeschluß eingeleiteten Verwaltungsstreitverfahrens". Auch Kappelmann hält in dem Artikel: Die Wahlhandlung (PrVBl. 24 435) die Berücksichtigung der verwaltungsgerichtlichen Entscheidung bei der Wahl für unzulässig, solange nicht wegen dieser Entscheidung eine neue Wählerliste aufgestellt und ausgelegt worden ist. Ebenso Jebens in der Schrift „die Stadtverordneten" S. 76. — S. auch Stier-Somlo: Verwaltungsgerichtlicher Schutz des Bürger- und Einwohnerrechts (Verwaltungsarchiv 12 427). S. auch unten Anm. 68 zu § 67. — Für die Frage, ob jemand bei der stattfindenden Wahl stimmberechtigt ist, bleibt die ausgelegte Wählerliste derart maßgebend, daß für Entscheidungen des Wahlvorstandes über das Stimmrecht bei der Wahl kein Raum ist. Er ist weder befugt, eingetragene Wähler zurückzuweisen, weil ihnen seiner Auffassung nach kein Wahlrecht zusteht, noch befugt, nicht eingetragene Personen zur Wahl zuzulassen, weil ihnen seiner Auffassung nach ein Stimmrecht zukommt. Dies gilt auch dann, wenn eine Tatsache, welche den Erwerb oder Verlust des Stimmrechts zur Folge hat, erst nach der Beendigung der Listenauslegung eingetreten ist und auch vom zeitweiligen Ruhen des Wahlrechts. Ist hierüber in die Liste kein Vermerk aufgenommen, so darf der Betreffende das Wahlrecht ausüben. Hiernach sind die Eintragungen in der festgestellten Wählerliste, auch wenn sie materiell unrichtig sind, für das Wahlverfahren derart maßgebend, daß eingetragene Personen, die inzwischen das Gemeinderecht verloren oder es nie besessen haben, dennoch wahlberechtigt sind (PrVBl. 25 713). Gegen diese Auffassung ist Stier-Somlo aufgetreten (Verwaltungsarchiv 12 428). Er hält den Wahlvorstand für befugt, Personen bei der Wahl zurückzuweisen, denen „offenkundig" das Wahlrecht fehlt. — Über die

§ 57.

Die Wahlen der dritten Klasse erfolgen zuerst, die der ersten zuletzt.[34])

§ 58.

Die Wahlen zur regelmäßigen Ergänzung der Gemeindevertretung finden alle zwei Jahre im März[35]) statt. Alle Ergänzungs- und Ersatzwahlen werden, unbeschadet der Vorschrift in § 51, von denselben Klassen vorgenommen, von welchen der Ausgeschiedene gewählt war.[36])

§ 59.

Eine Woche vor dem Wahltage[37]) werden die in der Wählerliste (§ 55) verzeichneten Wähler[38]) durch den

---

Unzulässigkeit der Anfechtung der Wahl wegen eines Mangels der Liste s. unten Anm. 38.

34) **Reihenfolge der Abteilungswahlen.** Die Vorschrift des § 57 über die Reihenfolge der Abteilungswahlen ist zwingender Natur. Ihre Nichtbeachtung hat die Ungültigkeit der Wahl zur Folge (PrVBl. **31** 360). Das Wort „Klasse" ist auch in den §§ 57 und 58 durch das Wort „Abteilung" zu ersetzen.

Die Wahlen der dritten Abteilung müssen auch in dem Falle, daß gemäß § 51 Abs. 1 mehrere Wahlbezirke gebildet worden sind, in allen Wahlbezirken beendet sein, ehe mit den Wahlen der zweiten und ersten Abteilung begonnen werden darf.

35) **Zeit der Ergänzungswahlen.** Die Vorschrift, daß die Wahlen im März stattfinden sollen, hat nicht die Bedeutung, daß jede in einem anderen Monat vorgenommene Wahl ungültig ist (OVG. 22 1).

36) **Feststellung der ausscheidenden Mitglieder. Verbindung von Wahlen.** Über die Ermittlung der nach Verlauf zweier Jahre ausscheidenden Mitglieder s. oben Anm. 27, über die Verbindung von Ergänzungs- und Ersatzwahlen s. oben Anm. 27a.

37) **Einladungsfrist.** Die Vorschrift des § 59 setzt nur eine Frist fest, bis zu deren Ablaufe die Berufung der Wähler bewirkt sein muß, aber keinen Termin, an welchem sie erfolgen soll. Die Berufung muß spätestens am siebenten Tage vor dem Wahltag erfolgen (OVG. **25** 116 und PrVBl. **20** 77). Die Nichteinhaltung dieser Frist hat die Ungültigkeit der Wahl zur Folge (OVG. **17** 8 und PrVBl. **23** 518). Geschieht die Berufung der Wähler durch Bekanntmachung in einer Zeitung, so ist nicht deren aufgedrucktes Datum, sondern der Tag entscheidend, an welchem die betreffende Zeitungsnummer den Beziehern am Wahl-

Gemeindevorsteher mittelst ortsüblicher [39]) Bekanntmachung zu den Wahlen berufen. Die Bekanntmachung muß den

---

orte regelmäßig zugestellt wird (OVG. 25 118, 65 6). — Sind nur einzelne Wähler zu spät eingeladen worden, so hat dies die Ungültigkeit der Wahl nur dann zur Folge, wenn die Stimmabgabe dieser Wähler ihrer Zahl nach Einfluß auf das Wahlergebnis haben konnte (OVG. 52 32).

38) **Stimmberechtigung.** Zur Stimmabgabe berechtigt sind alle in der Liste verzeichneten Wähler. Die Wählerliste bildet die maßgebende Grundlage für das Wahlverfahren (s. Anm. 33). Nur die in die Liste bei deren Aufstellung aufgenommenen oder nach deren Auslegung infolge von Einsprüchen eingetragenen Stimmberechtigten und gesetzliche Vertreter von solchen sind zur Wahl zu berufen (OVG. 48 133). Einsprüche gegen die Gültigkeit der Wahl können nicht auf die Unrichtigkeit der ausgelegten Liste gestützt werden (OVG. 34 158), wohl aber darauf, daß die ordnungsmäßige Auslegung einer vorschriftsmäßig (§ 55) aufgestellten Liste nicht stattgefunden hat (OVG. 27 18) oder daß die ausgelegte Liste ungültig war (OVG. 61 6) oder daß ihr Mängel anhaften, wegen deren sie die Bedeutung einer für das Wahlgeschäft verwertbaren Unterlage gänzlich entbehrt und infolge hiervon als eine Wählerliste im gesetzlichen Sinne überhaupt nicht anzusehen ist (OVG. 65 22).

39) **Form der Einladung der Wähler.** Unter der ortsüblichen Bekanntmachung ist nicht eine auf Gewohnheitsrecht beruhende, sondern eine solche zu verstehen, welche auf einer tatsächlichen Übung beruht, die ihren Grund nicht in der Überzeugung von einer rechtlichen Notwendigkeit zu haben braucht, sondern sich auf Zweckmäßigkeitsrücksichten stützen kann. Die Form der ortsüblichen Bekanntmachung kann je nach dem Gegenstande verschieden sein. Maßgebend ist dann die für die Berufung der Stimmberechtigten zur Wahl von Gemeindeverordneten üblich gewesene Form (OVG. 34 143). Ist eine öffentliche Bekanntmachung der Wahl in einer Zeitung die ortsübliche Form (s. oben Anm. 37), so genügt diese auch dann, wenn der Gemeindevorsteher in der öffentlichen Bekanntmachung den Wahlberechtigten noch besondere Einladungen in Aussicht gestellt hatte (PrVBl. 28 693). Auch bei einer ortsüblichen Bekanntmachung mittels Ausrufens unter Gebrauch einer Schelle, muß an jeder Stelle, wo dieses Ausrufen erfolgt, Tag, Stunde und Raum der Wahl angegeben werden (PrVBl. 33 647), gegebenenfalls auch die Zahl der in jeder Abteilung zu wählenden Angesessenen (vgl. oben § 51 Anm. 12 und OVG. 60 24).

Hat eine schriftliche Einladung der einzelnen Wähler zu geschehen, so genügt die Absendung der Einladungsschreiben, mögen sie auch nicht bestellt werden können (PrVBl. 22 286). Ist die Bekanntmachung mittels Herumschickens der Einladung von Haus zu Haus ortsüblich, so ist sie nicht nur dann als bewirkt

Raum, den Tag und die Stunden, in welchen die Stimmen bei dem Wahlvorstande abzugeben sind, genau bezeichnen.[40])

---

zu erachten, wenn jedem einzelnen Stimmberechtigten persönlich der Wahltermin mitgeteilt worden ist. Es soll durch diese Art der Bekanntmachung, durch die allgemeine Ansage innerhalb der Gemeinde, vielmehr der Kenntnis von dem Termine nur eine solche Verbreitung gegeben werden, daß mutmaßlich das einzelne Mitglied sich dieser Kenntnis nicht ohne eigene Schuld entziehen kann. Abwesende haben sich die Folgen ihrer Nichtkenntnis selbst zuzuschreiben (OVG. 7 161). Doch kann, wenn die Zahl der Stimmberechtigten, die keine Kenntnis erhalten haben, sehr groß ist, die Bekanntmachung unter Umständen als nicht gehörig bewirkt erachtet werden (PrVBl. **23** 198). — Es kann durch Gemeindebeschluß oder Ortsstatut eine bestimmte Form der Bekanntmachung vorgeschrieben werden (OVG. **14** 70). Die Bekanntmachung muß auch die Art der Wahlen (Ergänzungs- oder Ersatzwahlen) und die Abteilungen, in denen sie erfolgen sollen, angeben. Abweichung von der ortsüblichen oder vorgeschriebenen Form bei der Bekanntmachung oder die Unvollständigkeit der Bekanntmachung hat die Ungültigkeit der Wahl zur Folge (OVG. **25** 118; **50** 40). Ob die Einladung zur Wahl den gesetzlichen Vorschriften entspricht, ist nicht nach der in den Wahlakten enthaltenen Urschrift, sondern nach Inhalt und Form der veröffentlichten Bekanntmachung zu beurteilen (OVG. **58** 43).

40) **Wahlzeit, Wahlraum und Öffentlichkeit.** Es braucht nicht ein mehrere Stunden umfassender Zeitraum für die Wahl bestimmt zu werden. Es genügt vielmehr die Angabe einer Stunde (OVG. **19** 7 und PrVBl. **20** 78). Es steht dem Gemeindevorsteher frei, die Wahlzeit durch einen festen Zeitpunkt (Terminwahl) oder durch eine nach Anfang und Ende begrenzte Frist (Fristwahl) zu bestimmen (vgl. OVG. **25** 12; **55** 58). Die Wähler haben keinen Anspruch darauf, ohne jede Unbequemlichkeit und ohne jedes Opfer an Zeit zur Wahl zu gelangen. Doch muß die Wahlzeit so bestimmt werden, daß erhebliche Beeinträchtigungen der Wähler tunlichst vermieden werden. Wie innerhalb dieser Grenzen die Wahlzeit im einzelnen Falle zu bestimmen ist, unterliegt dem pflichtmäßigen Ermessen des Gemeindevorstehers (Urteil des OVG. vom 21. Januar 1908 I C 41/07). Die Verzögerung des Beginns der Wahlhandlung um eine Viertelstunde ist als eine die Ungültigkeit der Wahl begründende Verkümmerung des Wahlrechts nicht anzusehen (PrVBl. **34** 769 und 822), wohl aber eine Verzögerung um mehrere Stunden (OVG. **63** 138). Die Wahlzeit darf durch eine kurze Mittagpause unterbrochen werden, darf aber nicht derart festgesetzt werden, daß das Wahlverfahren sich bis tief in die Nacht hinein ausdehnt. Eine auf 4 Uhr nachmittags anberaumte Wahl, welche wegen der großen Zahl der Stimmberechtigten bis nach Mitternacht gedauert hat, ist

vom OVG. als ungültig erachtet worden, weil es keinem Stimmberechtigten zugemutet werden durfte, so lange auf seine Zulassung zur Stimmabgabe zu warten (OVG. 25 7 und 26 125). Ebenso ist eine Wahl für ungültig erklärt, die um 2 Uhr nachmittags begonnen hatte und wegen Eintritts der Nacht hatte unterbrochen werden müssen (OVG. 46 126). Dagegen ist eine Wahl, welche von 10 Uhr vormittags ohne Unterbrechung bis in die Nacht hinein gedauert hatte, trotz dieser Ausdehnung für gültig erachtet worden (OVG. 53 77). Die Unterbrechung der Wahlhandlung auf kurze Zeit hat die Ungültigkeit der Wahl nur dann zur Folge, wenn dadurch Wähler behindert oder abgehalten worden sind, ihre Stimme abzugeben (PrVBl. 17 386). Über die Entfernung des ganzen Wahlvorstandes aus dem Wahlraume s. unten Anm. 40.

Ist nur ein Anfangstermin für die Wahlhandlung einer Abteilung bestimmt (Terminwahl), so müssen sich die Wähler zu der festgesetzten Stunde im Wahllokal einfinden. Nachträglich erscheinende Wähler müssen zur Stimmabgabe zugelassen werden, wenn die Wahl noch nicht geschlossen war. Die Meldung zur Stimmabgabe kann von dem Wahlleiter verschieden geregelt werden. Er kann sich darauf beschränken, bei Eröffnung der Wahl zu erklären, daß er zur Entgegennahme von Stimmen bereit sei; dann ist es Sache jedes Wählers, sich zur Stimmabgabe zu melden. Meldet sich niemand mehr, so kann der Wahlleiter die Wahl schließen. Der Wahlleiter kann aber auch die Meldung zur Stimmabgabe derart regeln, daß die Wähler nach der Reihenfolge der Liste zur Stimmabgabe aufgerufen werden. Dann kann der Wahlleiter nach Verlesung des letzten Namens und nach Abfertigung des letzten Wählers die Wahl schließen, ohne daß es einer nochmaligen Aufforderung zur Stimmabgabe oder einer sonstigen Feststellung bedarf, daß kein Wähler, der zu stimmen willens ist, im Wahlraume mehr vorhanden ist. Der Wahlleiter muß dann seine Entschließung, keine Stimme mehr entgegenzunehmen (den Schluß der Wahl), in irgendeiner Form zu erkennen geben (OVG. 55 58).

Ist nicht nur ein Anfangstermin, sondern auch ein Endtermin für die Wahlhandlung einer Abteilung bestimmt (Fristwahl), so müssen alle Wähler, aber auch nur diese, zur Stimmabgabe zugelassen werden, welche vor Ablauf der Wahlfrist im Wahlraume erschienen sind und zwar auch dann, wenn inzwischen die Frist für die Wahlhandlung abgelaufen ist (OVG. 25 12; PrVBl. 33 436 und 34 348).

Im abgemeinen ist die Abweichung von der festgesetzten Wahlzeit eine Unregelmäßigkeit, deren Einfluß auf die Gültigkeit der Wahl von den Umständen des einzelnen Falles abhängt (OVG. 57 51; OVG. vom 6. Dezember 1910 — I B 25/10). Auch der vorzeitige Beginn einer Wahl kann ihre Ungültigkeit bewirken, weil die Wähler berechtigt sind, bei der ganzen Wahlhandlung zugegen zu sein (OVG. vom 7. April 1908 — I C 49/07).

Die Wahl darf auch an einem Sonntage stattfinden, sofern nicht die Vorschriften über die Sonntagsruhe dem entgegenstehen (OVG. 46 105).

Öffentlich sollen die Wahlen insofern sein, als keine Geheimhaltung der Stimmabgabe stattfinden darf. Es muß daher bei

§ 60.

Der Wahlvorstand besteht aus dem Gemeindevorsteher oder einem von dem letzteren zu seinem Stellvertreter ernannten Schöffen und zwei von der Wahlversammlung gewählten Beisitzern.[41])

---

der Wahl in jeder Abteilung den Wählern dieser Abteilung die Anwesenheit gestattet werden; dagegen macht der Ausschluß von Wählern einer anderen Abteilung oder von nicht wahlberechtigten Personen die Wahl nicht ungültig (PrVBl. **16** 269; OVG. **26** 118, **34** 21, **60** 106; vgl. auch den Ministerialerlaß vom 13. November 1883, MBl. S. 276, der die Stadtverordnetenwahlen betrifft).

In der Bestimmung eines völlig unzureichenden Wahlraums kann unter Umständen ein wesentlicher Mangel des Wahlverfahrens gefunden werden, doch wird eine Ungültigkeit der Wahlen hierdurch (ebenso wie durch zu knappe Bemessung der Zeitdauer) nur dann begründet, wenn den Wählern hierdurch nicht nur eine Unbequemlichkeit verursacht, sondern ihr Wahlrecht tatsächlich verkümmert ist (OVG. **27** 24, **34** 23, **57** 49). — Eine Ungenauigkeit in der Bezeichnung des Wahlraums kann dann als eine erhebliche, die Ungültigkeit der Wahl nach sich ziehende Unregelmäßigkeit erachtet werden, wenn infolge der unzureichenden Bezeichnung so viele Wähler der Wahl fern geblieben sind, daß ihre Beteiligung an der Wahl ein anderes Wahlergebnis hätte herbeiführen können (PrVBl. **11** 300).

41) **Besetzung des Wahlvorstandes.** Der Gemeindevorsteher kann im Wahlvorstande nur durch einen Schöffen vertreten werden (PrVBl. **21** 421).

Die Wahl der Beisitzer kann durch Zuruf (Akklamation) erfolgen. Sie ist nicht auf Wähler derjenigen Abteilung beschränkt, von der die Gemeindeverordneten zu wählen sind (OVG. **46** 119). Bei der engeren Wahl (§ 62 Abs. 4) kann der Wahlvorstand ein anderer sein als bei der ersten Wahl (OVG. **46** 108).

Sind bei Beginn des Wahltermins nicht so viel Wähler anwesend, daß ein Wahlvorstand gebildet werden kann und besteht keine sichere Aussicht, daß weitere Wähler erscheinen werden, so muß der Termin vom Wahlleiter geschlossen und demnächst ein neuer Termin vom Gemeindevorsteher anberaumt und bekannt gemacht werden (OVG. **54** 69).

Die Ernennung von weiteren Stellvertretern des Gemeindevorstandes und der Beisitzer ist im Gesetze nicht vorgesehen. Dennoch kann ein Stellvertreter des Vorsitzenden im Wahlvorstande für den mit dem Vorsitze betrauten Schöffen vom Gemeindevorsteher ernannt werden, jedoch nur aus der Zahl der Schöffen (PrVBl. **21** 421). Für den Fall der Behinderung eines Beisitzers muß die Wahlversammlung einen anderen wählen. — Verwandtschaft oder Schwägerschaft mit dem Vorsitzenden ist kein Hindernis für die Übernahme des Amtes als Beisitzer (OVG. **38** 157). — Die ordnungsmäßige Bildung und Besetzung des Wahlvorstandes ist

§ 61.

Jeder Wähler[41a]) muß dem Wahlvorstande[41b]) mündlich zu Protokoll[41c]) erklären,[41d]) wem er seine Stimme

---

ein wesentliches Erfordernis für die Gültigkeit der Wahlen (OVG. 9 88). Doch macht eine zeitweise vorhanden gewesene ungenügende Besetzung des Wahlvorstandes das gesamte Wahlverfahren nur dann ungültig, wenn sie so lange gedauert hat, daß davon das Ergebnis der Wahl selbst beeinflußt wird. Dies ist dann nicht der Fall, wenn nach verständigem Ermessen die Annahme ausgeschlossen erscheint, daß durch die Zahl der Stimmen, die während der Dauer der unvorschriftsmäßigen Besetzung des Wahlvorstandes allenfalls abgegeben sein können, eine Änderung des Wahlergebnisses möglich geworden sei (OVG. 17 117 und PrVBl. 21 421). — Wird ein Stellvertreter eines Mitgliedes des Wahlvorstandes bei dessen Beratung beteiligt, obwohl das von ihm zu vertretende Mitglied anwesend ist, eine Vertretung daher nicht stattzufinden hat, so ist der Wahlvorstand nicht ordnungsmäßig besetzt. Eine solche Beratung stellt auch die Erörterung darüber dar, ob ein Wähler vorzeitig (außer der Reihe) zur Abstimmung zuzulassen sei (OVG. vom 12. Juni 1913 — I B 15/13). — Hat sich innerhalb der festgesetzten Wahlzeit der ganze Wahlvorstand aus dem Wahllokal entfernt, so liegt hierin nicht eine zeitweilige Unterbrechung, sondern eine völlige Aufhebung des Wahlgeschäfts, welche ohne Rücksicht auf die Dauer der bis zur Wiederaufnahme des Wahlgeschäfts verflossenen Zeit und ohne Rücksicht darauf, ob sie das Ergebnis der Wahl berührt hat oder berühren konnte, die Nichtigkeit des Wahlverfahrens nach sich zieht (OVG. 58 51).

Die Beisitzer dürfen ihr eigenes Wahlrecht ausüben, ohne daß es des Eintritts ihrer Stellvertreter für die Zeit ihrer Stimmabgabe bedarf. Ebenso darf ein zum Protokollführer bestellter Beisitzer seine eigene Stimmabgabe im Wahlprotokolle oder in der Wählerliste selbst vermerken (OVG. 61 3).

41 a) **Befugnis zur Stimmabgabe.** Nur die in der Wählerliste eingetragenen Stimmberechtigten dürfen stimmen (s. Anm. 33 und 38). Jedoch ist die Angabe eines unrichtigen Vornamens in der Liste unschädlich, wenn über die Identität der Person kein Zweifel besteht (PrVBl. 25 833).

41 b) **Entgegennahme der Stimmen.** Jedem rechtzeitig im Wahllokal erschienenen Wähler steht ein Rechtsanspruch darauf zu, zur Stimmabgabe zugelassen zu werden; der Wahlvorstand hat aber vor der Zulassung die Identität, Wahlberechtigung und Verfügungsfähigkeit des Erschienenen zu prüfen. Die Wähler haben dafür zu sorgen, daß sie sich bezüglich ihrer Person nötigenfalls ausweisen können. Jedoch ist es nicht zulässig, daß der Wahlvorstand, wenn er zu diesem Zweck die Vorlegung des Steuerzettels den Wählern aufgegeben hat, jeden Wähler, der ohne Steuerzettel erscheint, grundsätzlich von der Wahl ausschließt, auch wenn er sich auf andere Weise legitimieren kann oder dem Wahl-

vorstande persönlich bekannt ist (OVG. **60** 64). Der ganze Wahlvorstand, nicht ein einzelnes Mitglied, hat die Stimme entgegenzunehmen (PrVBl. **18** 206). Der Wahlvorstand hat nötigenfalls über die Zulassung zur Stimmabgabe zu beschließen (OVG. **17** 120). Er hat auch über die Fähigkeit eines Wählers zur Stimmabgabe zu entscheiden. Gelangt er bei pflichtmäßiger Erwägung aus triftigen Gründen zu der Überzeugung, daß dem Wähler diese Fähigkeit fehle (z. B. wegen Unzurechnungsfähigkeit, Trunkenheit), so darf er ihm die Zulassung zur Stimmabgabe versagen (OVG. **34** 154, PrVBl. **29** 124). Die Abgabe der Stimme kann auch schon, bevor der Wahlvorstand sich über die Zulassung des Wählers zur Wahl entschlossen hat, wirksam erfolgen; sie bleibt dann aber hinsichtlich ihrer Gültigkeit solange in der Schwebe, bis der Wahlvorstand den Namen des Wählers in der Liste gefunden und die Stimme angenommen hat. Ist dies geschehen, so ist eine nochmalige Benennung des Gewählten nicht erforderlich (OVG. vom 18. September 1913 — I B 16/13).

Die Vertreter Stimmberechtigter müssen ihre Vertretungsbefugnis zur Zeit der Stimmabgabe nachweisen. Das Wahlprotokoll oder seine Anlagen müssen die Feststellungen ersehen lassen, auf welche sich die Zulassung des Vertreters zur Wahl stützt. Nachträgliche Genehmigung des Stimmberechtigten zu seiner Vertretung ist nicht zulässig (OVG. **52** 72), wohl aber ist die nachträgliche Feststellung zulässig, daß der zur Stimmabgabe zugelassene Vertreter eine Vollmacht, wenn auch nur eine mündlich erteilte, bereits zur Zeit seiner Stimmabgabe besessen hat (vgl. OVG. **63** 118). Vertreter eines Wahlberechtigten können auch ohne schriftliche Vollmacht zugelassen werden, wenn ihre Bevollmächtigung dem Wahlvorstande bekannt ist (OVG. **63** 118). Wenn mehrere Bevollmächtigte für denselben Stimmberechtigten auftreten und verschiedene Personen wählen wollen, so darf keiner von ihnen zur Wahl namens ihres Machtgebers zugelassen werden (OVG. **42** 120, PrVBl. **30** 675). S. auch oben Anm. 67, 67a und 67b zu § 46.

Wird ein Wähler wegen Mangels der Legitimation zurückgewiesen, so ist er nachträglich zuzulassen, wenn vor Schluß der Wahl jener Mangel beseitigt wird (PrVBl. **31** 462). Ebenso muß ein Wähler, der beim Aufruf seines Namens zunächst auf die Stimmabgabe verzichtet hatte, noch bis zum Schluß der Wahl (s. oben Anm. 40) zur Stimmabgabe zugelassen werden (PrVBl. **17** 387).

Sind die Vollmachten von Stellvertretern Stimmberechtigter schriftlich ausgestellt worden, so ist der Wahlvorstand (nicht der Vorsitzende allein) nur dann berechtigt, unbeglaubigte Vollmachten zurückzuweisen, wenn er berechtigte Zweifel an der Echtheit der Unterschrift hat (OVG. **8** 130, **29** 3, **56** 100). Zweifel an der Echtheit der Unterschrift auf einer Vollmacht berechtigen den Wahlvorstand nicht zur Zurückweisung des Wählers, wenn dieser sich bereit erklärt, die Zweifel durch Gestellung des Vollmachtgebers zu beseitigen (OVG. **63** 112). Im übrigen s. über die Vollmachten § 46 Anm. 63. — Die Unterlassung der Prüfung einer Vollmacht durch den Wahlvorstand hat die Ungültigkeit der Stimm=

abgabe nur dann zur Folge, wenn der zugelassene Vertreter tatsächlich nicht gehörig bevollmächtigt gewesen ist (OVG. **36** 163).

41 c) **Protokollführung.** Die Wahl oder Ernennung eines Protokollführers (wie im Falle des § 77) ist hier nicht vorgesehen, das Protokoll ist daher von einem Mitgliede des Wahlvorstandes zu führen. Doch darf die mechanische Schreibarbeit durch eine andere Person unter Verantwortlichkeit des Wahlvorstandes ausgeführt werden. Wenn diese Person dann das Protokoll mitunterschreibt, so ist dies keine Verletzung wesentlicher Formen (OVG. **13** 220, **28** 19 und **38** 156, PrVBl. **20** 47). S. auch unten Anm. 56.

41 d) **Stimmabgabe.** Die Erklärung des Wählers kann auch erfolgen, ohne daß er selbst die Namen der von ihm gewählten Personen nennt. Es genügt die Erklärung seines Einverständnisses mit der durch den Mund eines anderen bewirkten Benennung jener Personen (OVG. **31** 7). Auch ein Taubstummer kann seine Stimme abgeben, wenn er seinen Willen hierzu in so klarer und deutlicher Weise zu erkennen zu geben vermag, daß der Wahlvorstand hieraus mit Sicherheit entnehmen kann, wen der Taubstumme wählen will. Dies kann durch Benennung des zu Wählenden durch eine Vertrauensperson des Taubstummen geschehen, welche dieser dem Wahlvorstande vorführt, oder durch Überreichung einer schriftlichen Bezeichnung des zu Wählenden durch den Taubstummen selbst (OVG. **31** 6 und **63** 112).

Maßgebend ist der von dem Wähler ausgesprochene Name. Der Wahlvorstand ist nicht befugt, die Abstimmung des Wählers dahin auszulegen, daß er einen anderen Namen, als den ausgesprochenen, gemeint habe (OVG. **34** 25, PrVBl. **15** 262). Doch darf der Wahlvorstand bei einer undeutlichen Sprechweise oder einer Abweichung, welche durch die Verschiedenheit der Aussprache gewisser Laute in den verschiedenen Landesteilen verursacht ist, darüber entscheiden, welche Person als von dem Wähler bezeichnet zu erachten ist (z. B. Schmitt = Schmied, Miller = Müller u. dgl.). Zur Beseitigung von Zweifeln in dieser Richtung darf der Wahlvorstand den Wähler auch befragen, wen er mit dem von ihm ausgesprochenen Namen bezeichnen will (OVG. **34** 25, **28** 21; PrVBl. **15** 262, **24** 56 und **27** 283). Nennt der Wähler einen Namen, welchen mehrere Personen am Wahlorte führen, so ist seine Stimme ungültig, wenn nicht sonst klar erhellt, welche Person gemeint ist (PrVBl. **15** 262). Darüber, ob dies der Fall ist (ob die Bezeichnung des Gewählten ausreichend ist, um Zweifel über die Identität auszuschließen), hat der Wahlvorstand nach pflichtmäßigem Ermessen zu entscheiden. Die Hinzufügung des Vornamens zum Familiennamen des Gewählten ist kein unbedingtes Erfordernis der Gültigkeit der Stimme, kann aber andererseits auch nicht einmal ausreichend sein, wenn mehrere Personen am Wahlorte denselben Vornamen und Familiennamen führen. Es kommt auch hierbei darauf an, ob der Wahlvorstand die Überzeugung gewinnt, welche Person von dem Wähler gemeint ist (OVG. **28** 21 und PrVBl. **25** 833). Hat der Wähler sich bei der Stimmabgabe undeutlich oder unvollständig ausgedrückt oder sich

geben will.[41e]) Er hat so viele Personen zu bezeichnen, als zu wählen sind.[42])

---

versprochen, so darf er sich berichtigen, solange der Name des von ihm Gewählten noch nicht in das Protokoll eingetragen und ein anderer Wähler nicht zur Stimmabgabe zugelassen ist, die Stimmabgabe des ersten Wählers mithin noch nicht ihren Abschluß gefunden hat (PrVBl. **15** 261).

Jeder Wähler darf auch sich selbst seine Stimme geben.

Daß die Wähler bei der Stimmabgabe an den Wahltisch herantreten müssen, ist nicht vorgeschrieben. Die Stimmen können von den Wählern auch von ihrem Platze aus abgegeben werden, falls nicht erweislich dadurch Irrtümer herbeigeführt werden (OVG. **55** 54).

41 e) **Wahlbeeinflussungen.** Nicht jede Einwirkung auf die Wähler dahin, daß sie sich bei der Wahl beteiligen und bestimmte Personen wählen sollen, ist unzulässig. Sie wird dies erst dann, wenn bei ihr unzulässige Mittel (Drohungen, Versprechung persönlicher Vorteile, Mißbrauch des amtlichen Einflusses u. dgl.) angewendet werden. Aber auch eine unzulässige Wahlbeeinflussung zieht (wie andere Ordnungswidrigkeiten bei der Wahl) deren Ungültigkeit nicht ohne weiteres nach sich, sondern hat sie nur dann zur Folge, wenn ihr eine erhebliche Einwirkung auf das Ergebnis der Wahl zuzuschreiben ist (OVG. **7** 99, **58** 42; PrVBl. **15** 605, **16** 122, **17** 386, **20** 78, **31** 411 und **34** 131). Sie ist unerheblich, wenn sie bei den betreffenden Wählern mit Rücksicht auf deren Charaktereigenschaften nicht die beabsichtigte Wirkung gehabt haben kann oder doch tatsächlich nicht gehabt hat, oder wenn sie nach Lage der Stimmverhältnisse ohne Einfluß auf das Ergebnis der Wahl gewesen ist, d. h. wenn nach Lage der Umstände des einzelnen Falles anzunehmen ist, daß die Gewählten auch dann die erforderliche Stimmenmehrheit erhalten haben würden, wenn die Wahlbeeinflussung nicht stattgefunden hätte, wenn also die Zahl der Stimmen, die beeinflußt gewesen waren, oder die Zahl der Wähler, die sich infolge der Beeinflussung der Abstimmung enthalten hatte, kein anderes Wahlergebnis hätte herbeiführen können. Dagegen bewirkt sie die Ungültigkeit der Wahl, wenn sie geeignet gewesen ist, in Frage zu stellen, ob das Ergebnis der Wahl tatsächlich der Ausdruck einer freien Willensmeinung der Wählerschaft ist. Dies trifft dann zu, wenn ein für das Zustandekommen des Wahlergebnisses erheblicher Teil der Wähler unter einem die freie Willensbestimmung beeinträchtigenden Drucke gestanden hat, sei es, daß er deshalb für den Gewählten gestimmt, sei es, daß er sich infolge des Druckes der Wahl enthalten hat. Erheblich ist der Teil der Wähler, der beeinflußt worden ist, dann, wenn er so groß ist, daß bei Hinzurechnung ihrer Stimmen zu den Stimmen, welche die unterlegenen Kandidaten erhalten haben, eine Mehrheit für die Gewählten nicht mehr vorhanden ist. Es bedarf aber keiner Feststellung der einzelnen

Wähler, welche sich tatsächlich durch die Beeinflussung zu einem anderen Verhalten bei der Wahl, als es ohne die Beeinflussung erfolgt wäre, haben bestimmen lassen, wenn bei der Art des geübten Druckes und dem Umfange, in welchem er stattgefunden hat (z. B. Terrorismus gegen eine große Klasse von Wählern, Boykottandrohung an einen großen Kreis von Gewerbetreibenden), mit der naheliegenden Möglichkeit gerechnet werden muß, daß ohne die Beeinflussung das Stimmenverhältnis ein anderes gewesen sein würde (vgl. OVG. 58 42). Jedoch muß derjenige, welcher eine Wahl wegen unzulässiger Beeinflussung anfechten will, dartun, wie groß der Kreis der hierbei in Betracht kommenden Wähler gewesen ist und wie sich ihre Zahl zu der Zahl der für den Gewählten abgegebenen Stimmen verhält (PrVBl. **32** 795). — Die bloße Empfehlung von Wahlkandidaten durch den Gemeindevorsteher ist keine unzulässige Wahlbeeinflussung (PrVBl. **15** 72, **31** 748, **32** 545), ebensowenig der Zuruf einer Person im Wahllokale, daß die betreffende Abteilung einen bestimmten Kandidaten wählen solle, oder die Unterbrechung der Wahlhandlung durch den Wahlvorsteher, um noch später eintreffenden Wählern die Möglichkeit der Stimmabgabe zu geben (PrVBl. **17** 386 und **23** 277), oder die Empfehlung von Kandidaten durch Vorgesetzte oder Arbeitgeber der Wähler, wohl aber die Androhung wirtschaftlicher Nachteile durch sie an die von ihnen wirtschaftlich abhängigen Wähler, falls diese nicht den empfohlenen Kandidaten wählen würden (OVG. **34** 23), oder ein Stimmenkauf (OVG. **36** 129) oder die Herbeiholung von Wählern durch den Wahlvorsteher (OVG. **54** 69). Die Erteilung von Auskunft durch ein Mitglied des Wahlvorstandes an Dritte während der Wahlhandlung über den jeweiligen Stand der Abstimmung ist keine die Ungültigkeit der Wahl bewirkende Unregelmäßigkeit (OVG. **58** 48). Das Gewähren oder Versprechen von Freigetränken an die Wähler ist nur dann ein die Ungültigkeit der Wahl herbeiführender Verstoß, wenn eine für das Wahlergebnis belangreiche Zahl von Wählern infolgedessen ihre Stimmen einem Kandidaten gegeben hat, den sie ohne dies nicht gewählt haben würde (PrVBl. **32** 88).

42) **Einheitlichkeit der Wahlhandlung.** Es wird nicht jeder Gemeindeverordnete in einem besonderen Wahlgange, sondern es werden alle von einer Wählerabteilung zu wählenden Gemeindeverordneten in einem einheitlichen Wahlgange gewählt. Jeder Wähler führt nur eine Stimme, hat aber soviel Namen zu nennen, als Gemeindeverordnete in seiner Wählerabteilung zu wählen sind. Er darf aber auch von seinem Wahlrecht einen beschränkten Gebrauch machen und weniger Namen nennen (OVG. **14** 66). Nennt er mehr Namen, als Gemeindeverordnete von ihm gewählt werden dürfen, so ist seine ganze Abstimmung ungültig. — Eine Zerlegung der Wahlhandlung in soviel einzelne Wahlgänge, als Gemeindeverordnete zu wählen sind, macht die ganze Wahl ungültig (PrVBl. **22** 627). Jedoch ist eine Trennung bei der Stimmabgabe geboten, wenn bei gleichzeitiger Vornahme mehrerer Ersatzwahlen in einer Wahlhandlung die Ersatzmänner für

Bezüglich der Stellvertretung bei der Wahl kommen die Bestimmungen im § 46 zur Anwendung.[42a])

§ 62.

Gewählt sind diejenigen, welche bei der ersten Abstimmung die meisten Stimmen [43]) und zugleich mehr als die Hälfte der Stimmen[44]) erhalten haben.[44a])

---

verschiedene Dauer zu wählen sind (PrVBl. **32** 583) oder wenn Ersatzwahlen mit Ergänzungswahlen oder Verstärkungswahlen verbunden werden (s. oben Anm. 27a); hierbei müssen die Stimmen derart getrennt abgegeben werden, daß jeder Zweifel entfällt, auf welche Wahl jede abgegebene Stimme sich bezieht (OVG. **60** 67).

42a) **Wahl durch Stellvertreter** s. Anm. 63—73 zu §§ 46 und 47.

43) **Stimmenmehrheit.** Der Gewählte muß die meisten von allen abgegebenen Stimmen erhalten haben; ein Unterschied zwischen gültigen und ungültigen (auf den Namen nicht vorhandener, nicht erkennbarer oder nicht wählbarer Personen abgegebenen) Stimmen (wie im Falle des § 81) wird hier nicht gemacht (OVG. **44** 149, **65** 7). Dagegen findet ein solcher Unterschied bei der engeren Wahl statt (vgl. unten Anm. 46a).

44) **Berechnung der Stimmenmehrheit.** Haben bei der Wahl mehrerer Gemeindeverordneten einzelne Wähler weniger Stimmen abgegeben, als Personen zu wählen waren (wozu sie berechtigt sind), so ist „die Hälfte der Stimmen" für jeden einzelnen der Gewählten nach der Anzahl der Wähler, die Stimmen abgegeben haben, nicht nach der Gesamtzahl der überhaupt abgegebenen Stimmen zu berechnen (OVG. **14** 64, **19** 21). Werden gleichzeitig Ersatzmänner für verschiedene Amtsdauer gewählt, so ist bei Berechnung der unbedingten Stimmenmehrheit die Zahl derjenigen Wähler maßgebend, welche sich bei der einzelnen Wahlhandlung für jeden Ersatzmann beteiligt haben (OVG. **60** 67).

44a) **Feststellung des Wahlergebnisses.** Der Wahlvorstand muß das Wahlergebnis feststellen und hierbei auch darüber entscheiden, ob derjenige, welcher die meisten und mehr als die Hälfte der Stimmen erhalten hat, wählbar (§ 40 Nr. 2, § 50 Abs. 3, §§ 51, 52, 53) ist. Hat eine nicht wählbare Person die Mehrheit der Stimmen erhalten, so ist die Wahl ebenso ergebnislos geblieben, wie wenn der Gewählte die Annahme der Wahl ablehnt, und es muß eine Neuwahl angeordnet werden, nachdem die Gemeindevertretung die Wahl für ungültig erklärt hat. (Eine andere Auffassung ist hinsichtlich der Stadtverordnetenwahlen in OVG. **41** 28 ausgesprochen). Für die Frage nach der Wählbarkeit ist die Zeit der Wahl entscheidend (OVG. **19** 22, **25** 23; **28** 12 und 38, **53** 74), und zwar der Zeitpunkt der Beendigung der Stimmabgabe. Ob die Wähler von dem Vorliegen der die

Hat sich bei der ersten Abstimmung eine unbedingte Stimmenmehrheit nicht ergeben, so werden von denjenigen Personen, welche die meisten Stimmen erhalten haben, so viele auf eine engere Wahl gebracht, daß die doppelte Anzahl der noch zu wählenden Mitglieder erreicht wird. Bei der zweiten Wahl ist die unbedingte Stimmenmehrheit nicht erforderlich. Bei Stimmengleichheit entscheidet das Los.[45])

Zu der engeren Wahl werden die Wähler durch eine das Ergebnis der ersten Wahl angebende Bekanntmachung des Wahlvorstandes sofort oder spätestens innerhalb einer Woche aufgefordert.[46])

Wählbarkeit bedingenden Tatsachen Kenntnis gehabt haben, ist hierbei ohne Bedeutung (OVG. **65** 16).

Sind die meisten Stimmen auf eine oder mehrere nicht wählbare Personen gefallen, so kann der Wahlvorstand eine engere Wahl nicht anberaumen. Es muß dann eine Neuwahl stattfinden. (OVG. **44** 153).

45) **Entscheidung durch das Los.** Haben bei einer Wahl mehrerer Gemeindeverordneten zwei Personen gleichviel Stimmen und beide auch die unbedingte Mehrheit (s. Anm. 44) erhalten, so muß zwischen ihnen schon nach dem ersten Wahlgange das Los (s. § 41 Anm. 34 a) entscheiden. Ebenso muß das Los nötigenfalls darüber entscheiden, welche von zwei Personen, die bei der ersten Abstimmung gleichviel Stimmen aber nicht die unbedingte Stimmenmehrheit erhalten haben, auf die engere Wahl zu bringen ist. Ein Verzicht, den der eine von ihnen zugunsten des anderen erklärt, darf nicht berücksichtigt werden (OVG. **61** 36). Nicht das Los, sondern eine engere Wahl hat zwischen zwei Personen zu entscheiden, von denen bei der ersten Wahl jede die Hälfte der abgegebenen Stimmen, also keine die unbedingte Mehrheit erhalten hat (OVG. **31** 111, PrVBl. **20** 47 und 356; **30** 675).

46) **Anordnung einer engeren Wahl.** Einsprüche (§ 63 Abs. 2) sind gegen die Anordnung des Wahlvorstandes, daß und zwischen welchen Personen eine engere Wahl stattzufinden hat, oder gegen die Erklärung des Wahlvorstandes, daß die Wahl ergebnislos gewesen ist (s. Anm. 44 a), nicht zulässig (OVG. **32** 129). Vielmehr kann erst nach Vollziehung der engeren oder der neuen Wahl gegen deren Ergebnis Einspruch eingelegt und Klage erhoben werden. S. unten Anm. 52.

Die engere Wahl darf nicht im unmittelbaren Anschluß an die erste Wahl stattfinden (OVG. **45** 133). Da bei ihr auch solche Wähler sich beteiligen dürfen, die bei der ersten Wahl keine Stimme abgegeben haben (OVG. **18** 333 und **20** 21), so muß die Bekanntmachung des Termins zur engeren Wahl sich an den ganzen Kreis der Wähler, nicht nur an die bei dem ersten Wahlgang

Die engere Wahl findet nach denselben Vorschriften, wie die erste statt.[46a]) Tritt bei derselben Stimmengleichheit ein, so entscheidet das durch die Hand des Wahlvorstehers zu ziehende Los.[47])

---

anwesenden richten. Ein unmittelbarer Anschluß der engeren Wahl an den ersten Wahlgang bewirkt jedoch dann keine Ungültigkeit der Wahl, wenn sich sämtliche in die Liste eingetragene Wähler an der engeren Wahl beteiligt haben.

Die Aufforderung der Wähler zur engeren Wahl darf nicht durch den Gemeindevorsteher, sondern muß durch den Wahlvorstand erfolgen (OVG. **40** 33). Sie muß unter Beobachtung der für die Ladung zur ersten Wahl vorgeschriebenen Formen und Fristen (§ 59), also in ortsüblicher Weise und spätestens am siebenten Tage nach dem Wahltage der ersten Wahl, aber jedenfalls auch nicht später als am siebenten Tage vor dem Wahltage der engeren Wahl geschehen. — Den Tag der engeren Wahl hat der Wahlvorstand zu bestimmen; weder der Gemeindevorsteher noch die Aufsichtsbehörde sind hierzu befugt, selbst wenn der Wahlvorstand seine Pflicht in dieser Hinsicht nicht erfüllt. In diesem Falle muß vielmehr der Gemeindevorsteher die Wähler nochmals zu einer neuen ersten Wahl gemäß § 59 berufen. Über den Wahlraum, den Tag und die Stunden der engeren Wahl entscheidet die Mehrheit der Mitglieder des Wahlvorstandes, der auch bei Einverständnis zweier Mitglieder hierüber nicht von der Zuziehung des dritten Mitgliedes zur Beschlußfassung absehen darf. Die Bekanntmachung des Termins zur engeren Wahl muß erkennen lassen, daß sie vom Wahlvorstand ausgeht, braucht aber nicht von dessen sämtlichen Mitgliedern unterschrieben zu werden. Bei der engeren Wahl kann der Wahlvorstand ein anderer sein als bei der ersten Wahl (OVG. **46** 102—118).

46a) **Verfahren bei der engeren Wahl.** Die Bestimmung, daß die engere Wahl nach denselben Vorschriften wie die erste stattfinden soll, bezieht sich nur auf das Verfahren bei der Stimmabgabe, aber nicht auf die Feststellung des Wahlergebnisses. Der Wahlvorstand muß bei der Aufforderung zur engeren Wahl angeben, welche Personen er (gemäß § 62 Abs. 2) „auf die engere Wahl gebracht" hat. Aus dem Wesen dieser engeren Wahl ergibt sich, daß hierbei nur diejenigen Stimmen bei der Feststellung des Wahlergebnisses in Betracht kommen dürfen, welche für Personen abgegeben worden sind, die zur engeren Wahl gebracht worden waren. Gewählt ist, wenn es sich um eine Wahl handelt, derjenige (wenn es sich um mehrere Wahlen handelt diejenigen) aus der Zahl der hiernach Wählbaren, welcher die meisten Stimmen erhalten hat, ohne Rücksicht darauf, ob die Stimmenzahl eine unbedingte Mehrheit darstellt. Dasselbe gilt bei einer nach § 52 erforderlichen Neuwahl.

47) **Los.** Über die Bedeutung der Entscheidung durch das Los s. Anm. 34a zu § 41.

Wer in mehreren Klassen [48]) oder Wahlbezirken [49]) zugleich gewählt ist, hat zu erklären, welche Wahl er annehmen will. [49a])

Die vorstehenden Bestimmungen finden auch auf eine nach § 52 erforderlich werdende Neuwahl Anwendung. [49b])

§ 63.

Die Wahlprotokolle sind von dem Wahlvorstande zu unterzeichnen [50]) und von dem Gemeindevorsteher aufzubewahren. Der letztere hat das Ergebnis der Wahlen sofort in ortsüblicher Weise bekannt zu machen. [51])

---

48) **Abteilungen** statt Klassen s. oben Anm. 6.

49) **Wahlbezirke** s. § 51 Abs. 1.

49a) **Erklärung über die Annahme der Wahl.** Die Aufforderung zur Erklärung wird vom Gemeindevorsteher zu erlassen sein. Wird keine Erklärung abgegeben, so ist keine Wahl angenommen worden und es muß die Anordnung von Neuwahlen erfolgen. — Auch sonst bedarf es einer Erklärung des Gewählten, daß er die Wahl annehme; vor Abgabe dieser Erklärung kann der Gewählte nicht Gemeindeverordneter werden. Die Annahme der Wahl durch eine Person, welche bereits in einer anderen Abteilung gewählt, diese Wahl angenommen hat und Gemeindeverordneter geworden ist, kann erst nach Niederlegung dieses Amtes erfolgen, da niemand mehrere Wahlen zur Gemeindevertretung annehmen kann (vgl. OVG. **53** 59). — Über die Ablehnung der Wahl s. § 65.

49b) **Neuwahl von Angesessenen** s. oben Anm. 46a.

50) **Wahlprotokoll.** Der Verlust des Wahlprotokolls macht die Wahl nicht ungültig, wenn die Ordnungsmäßigkeit der Wahl durch anderweitige Beweismittel festgestellt werden kann (OVG. **8** 125). Über die Zuziehung einer nicht zum Wahlvorstand oder zur Wählerversammlung gehörigen Person als Protokollführer s. oben Anm. 41c. — Die Verweigerung der Unterschrift durch ein Mitglied des Wahlvorstandes oder die Vollziehung des Protokolls außerhalb des Wahllokals macht die Wahl nicht ungültig (OVG. **6** 153, **8** 125, **41** 27, **47** 132). Über die Art der Protokollierung der Stimmabgabe besteht keine Vorschrift (PrVBl. **10** 178).

Bei Anfechtung der Gültigkeit der Wahl ist der Nachweis zulässig, daß die Stimmabgaben unrichtig protokolliert worden seien. Dieser Nachweis ist nicht (wie bei gerichtlichen Protokollen) auf den Beweis der Fälschung beschränkt. Jedoch kann nur durch einen vollen Beweis der Unrichtigkeit dem Protokolle seine Beweiskraft entzogen werden (OVG. vom 18. September 1913 — I B 16/13).

51) **Bekanntmachung des Wahlergebnisses.** Über Ortsüblichkeit s. oben Anm. 39. — Eine Verkündung des Wahl-

Einsprüche gegen die Gültigkeit der Wahlen zur Gemeindevertretung sind innerhalb zwei Wochen nach Bekanntmachung des Wahlergebnisses bei dem Gemeindevorsteher anzubringen. [52])

---

ergebnisses durch den Wahlvorstand am Schlusse des Wahltermins ist nicht vorgeschrieben und daher nicht erforderlich.

Hat die Wahl nur in einer oder zwei Abteilungen zu einem Ergebnisse geführt, während in anderen Abteilungen eine Stichwahl erforderlich ist, so ist mit der Bekanntmachung nicht bis zur Erledigung der Stichwahl zu warten, sondern sofort das Ergebnis der Wahl in den ersterwähnten Abteilungen bekannt zu machen. — Es darf kein anderes Ergebnis als das vom Wahlvorstande festgestellte bekannt gemacht werden (OVG. **24** 36). Die Unterlassung der Bekanntmachung bewirkt keine Ungültigkeit der Wahl. Bei der Bekanntmachung ist zweckmäßigerweise die Zahl der im ganzen abgegebenen und die Zahl der auf die Gewählten entfallenen Stimmen anzugeben (OVG. **26** 119).

52) **Einsprüche gegen die Gültigkeit der Wahlen.** Der Einspruch ist nicht gegen einzelne Maßnahmen oder Entscheidungen gegeben, die im Laufe des Wahlverfahrens von dem Wahlvorstande getroffen werden, sondern nur gegen das Endergebnis eines abgeschlossenen Wahlverfahrens nach dessen Bekanntmachung durch den Gemeindevorsteher. Daher sind Einsprüche nicht zulässig gegen die Feststellung des Wahlvorstandes, daß in einem Wahlgang eine gültige Wahl nicht zustande gekommen sei, und auch nicht gegen die Aufforderung der Wähler zu einer engeren Wahl. Die erste Wahl und die engere Wahl (Stichwahl) bilden derart eine Einheit, daß eine Ungültigkeit der einen auch die Ungültigkeit der anderen nach sich zieht (OVG. **18** 333; **19** 23; **20** 22; **28** 12; **32** 129). Ist vom Wahlvorstande (mit Recht oder mit Unrecht) eine engere Wahl angeordnet worden, so kann erst nach deren Vollziehung das vom Gemeindevorsteher bekannt gemachte Ergebnis des abgeschlossenen Wahlverfahrens angefochten werden, und zwar nur mit dem Ziele auf Ungültigkeitserklärung, nicht aber mit dem Ziele auf Gültigkeitserklärung derjenigen Wahl, die der engeren Wahl vorausgegangen war (PrVBl. **31** 867).

Die Einspruchsfrist wird nur durch die vom Gemeindevorsteher erlassene Bekanntmachung des Wahlergebnisses in Lauf gesetzt, aber nicht durch Mitteilungen des Wahlvorstandes hierüber oder durch Zeitungsnachrichten über solche Mitteilungen. Jedoch ist auch ein Einspruch zulässig, der vor dieser Bekanntmachung, aber nach der Feststellung des Wahlergebnisses im Wahltermine, bei dem Gemeindevorsteher angebracht wird (OVG. **24** 36, **58** 51).

Zum Einspruche berechtigt sind alle materiell Wahlberechtigten, nicht nur die zu der Wahlabteilung gehörigen, in welcher die Wahl stattgefunden hat (OVG. **17** 103, 119, **20** 88), und zwar ohne Rücksicht darauf, ob sie in die Wählerliste eingetragen waren oder

§ 64.

Die bei der regelmäßigen Ergänzung neu gewählten Gemeindeverordneten treten an dem der Wahl folgenden 1. April ihr Amt an; die Ausscheidenden bleiben bis zur Einführung der neu gewählten Mitglieder in Tätigkeit.[53])

---

nicht (OVG. **48** 133) und ob sie sich bei der Wahl beteiligt hatten (PrVBl. **30** 675), ferner alle Personen, die in der Wählerliste standen und deshalb (formell) wahlberechtigt waren, auch wenn sie das Gemeinderecht nicht besaßen (OVG. **63** 133). Auch die zur Ausübung des Stimmrechts gesetzlich berufenen Vertreter Stimmberechtigter (§ 46) sind zum Einspruch berechtigt (OVG. **48** 137), dagegen nicht ein Verein, welchem Wahlberechtigte als Mitglieder angehören (PrVBl. **31** 81).

Der Einspruch kann nicht darauf gestützt werden, daß die Wählerliste unrichtig gewesen sei. Einsprüche, die sich hierauf beziehen, können nur innerhalb der durch § 56 bestimmten Frist erhoben werden (PrVBl. **15** 239), s. oben Anm. 38.

Ein mündlicher Einspruch ist dann rechtsgültig, wenn auf ihn ein Beschluß ergeht (OVG. **8** 118 und **46** 135). Einsprüche, die an eine Bedingung geknüpft sind, sind unwirksam (OVG. **43** 102).

Das weitere Verfahren auf den Einspruch ist durch §§ 66, 67 geregelt.

53) **Einführung und Amtsdauer der gewählten Gemeindeverordneten.** Nach der Vorschrift des § 64 bleiben die Gemeindeverordneten nötigenfalls über ihre sechsjährige Amtsdauer (§ 54) hinaus in Tätigkeit, und zwar bleibt jeder Ausscheidende bis zur Einführung des für ihn neugewählten Mitglieds im Amte (OVG. **16** 58). Diese Vorschrift kann jedoch keine Anwendung finden, wenn in der betreffenden Abteilung gleichzeitig in einer Wahlhandlung unterschiedslos mehrere Wahlen für mehrere ausscheidende Gemeindeverordnete stattgefunden haben und nicht sämtliche Gewählten die Wahl angenommen haben oder nicht sämtliche Wahlen für gültig erklärt worden sind. Es steht dann nicht fest, für welche von den Ausscheidenden die gültig Gewählten, welche die Wahl angenommen haben, in die Versammlung als Nachfolger eintreten und welche von den bisherigen Gemeindeverordneten noch weiter über ihre sechsjährige Wahlzeit hinaus im Amte zu bleiben haben. In diesem Falle wird daher keiner der früheren Gemeindeverordneten der betreffenden Abteilung (und desselben Wahlbezirks im Falle des § 52), dessen Amtsdauer abgelaufen ist, im Amte bleiben können, sobald ein neugewählter Gemeindeverordneter derselben Abteilung (und desselben Wahlbezirks) in die Versammlung eingeführt worden ist. — Wird die Wahl eines neu Gewählten nach dessen Einführung für ungültig erklärt, so kann sein Vorgänger, den er ersetzt hat, nicht wieder in Tätigkeit treten, da sein Amt mit der Einführung seines Nachfolgers endgültig er-

Die Gewählten werden von dem Gemeindevorsteher in die Versammlung der Gemeindevertretung eingeführt und durch Handschlag verpflichtet.

§ 65.

Die Gemeindeglieder sind verpflichtet, unbesoldete Ämter in der Verwaltung und der Vertretung der Gemeinde zu übernehmen, sowie ein angenommenes Amt mindestens drei Jahre lang zu versehen.[54])

---

loschen ist. Die Gewählten sind nicht eher einzuführen, als bis ihre Wahl von der Gemeindevertretung für gültig erklärt worden ist (§ 66 Nr. 2) oder bis ein die Ungültigkeit aussprechender Beschluß der Gemeindevertretung durch eine die Gültigkeit aussprechende rechtskräftige Entscheidung im Verwaltungsstreitverfahren ersetzt worden ist. Dagegen hindert die Anfechtung eines die Gültigkeit der Wahl aussprechenden Beschlusses mittels der Klage nicht die Einführung des Gewählten. — Vor seiner Einführung und Verpflichtung durch Handschlag ist kein Gewählter zur Ausübung des Amtes als Gemeindeverordneter berechtigt.

Die sechsjährige Amtsdauer beginnt nicht mit der Einführung, sondern mit dem 1. April.

Die Beschlußfassung über die Gültigkeit der Wahl und die Einführung des Gewählten werden nicht in derselben Sitzung der Gemeindevertretung erfolgen können, weil zu derselben Sitzung das ausscheidende Mitglied und das neu an dessen Stelle gewählte als Mitglieder der Gemeindevertretung nicht zusammen eingeladen und als solche nebeneinander das Stimmrecht ausüben dürfen, eine Einladung verschiedener Personen zu verschiedenen Teilen derselben Sitzung (verschiedenen Gegenständen der Tagesordnung) aber nicht zulässig ist (s. Busch im PrVBl. **33** 51).

54) **Verpflichtung zur Verwaltung von Gemeindeämtern.** S. Riebeling: Die Verpflichtung zur Übernahme kommunaler Ämter (Preußische Gemeindezeitung **4** 492 ff.). — Die stimmberechtigten Forensen (§ 45 Abs. 1) und die Vertreter der Stimmberechtigten, welche nicht Gemeindeglieder sind, können zwar zu Gemeindeverordneten gewählt werden (§ 50 Abs. 3), sind aber zur Annahme des Amtes nicht verpflichtet.

Wegen der Gemeindeämter s. § 74 Anm. 1 und § 84 Anm. 26. — Unbesoldete Ämter sind „Ehrenämter". Ein unbesoldetes Amt in der Vertretung der Gemeinde ist das des Gemeindeverordneten (OVG. **40** 164), wenngleich dieser nicht Gemeindebeamter ist (s. Anm. 91 zu § 117). — Das Amt des Gemeindevorstehers ist in der Regel ein unbesoldetes. Seine „Entschädigung" (§ 87) ist keine Besoldung. — Der zum Gemeindevorsteher Gewählte ist berechtigt, bei Annahme des Amtes einen Antrag auf anderweitige Festsetzung der Entschädigung bei dem

Zur Ablehnung[54a]) oder früheren Niederlegung solcher Ämter berechtigen folgende Entschuldigungsgründe:

1. anhaltende Krankheit,[54b])

2. Geschäfte, welche eine häufige oder lange dauernde Abwesenheit vom Wohnorte mit sich bringen,

---

Kreisausschusse zu stellen, darf aber die Annahme der Wahl nicht von der Annahme jenes Antrags abhängig machen. Eine in dieser Weise bedingte Annahme der Wahl würde ihrer Ablehnung gleichstehen. — Das Amt eines Gemeindeexekutors ist kein unbesoldetes Amt in der Verwaltung der Gemeinde. Ist der Gebührenbezug so erheblich, daß er eine den Lebensunterhalt gewährende Einnahmequelle bildet, so ist das Amt schon deshalb kein unbesoldetes. Abgesehen hiervon kommt folgendes in Betracht. Soweit die Gesetze gewisse Angelegenheiten nicht ausdrücklich als solche bezeichnen, die ehrenamtlich zu versehen sind (wie z. B. das Amt der Ehrenfeldhüter) muß zwischen Ämtern unterschieden werden, die der Verwaltung der Gemeinde im engeren Sinne, und Ämtern, die der sogenannten Exekutive angehören. Die Exekutivbeamten, welche die Anordnungen der verwaltenden Beamten auszuführen haben, nehmen an der eigentlichen Verwaltung nicht teil; sie sind daher von der Gemeinde nicht als Ehrenbeamte, sondern als besoldete Beamte anzustellen (OVG. **57** 84). — Das Amt eines Mitglieds der Voreinschätzungskommission für die Veranlagung der Staats-Einkommensteuer ist kein Gemeindeamt, sondern ein Staatsamt (OVG. **23** 4 und PrVBl. **19** 100). Auch das Amt eines Schiedsmanns ist kein Gemeindeamt (OVG. **23** 5), wohl aber das eines Mitglieds des Gemeindewaisenrats (BGB. §§ 1849—1851 und AusfGes. zum BGB. Art. 77 § 1 Abs 2; vgl. OVG. **59** 90). — Lehrer an höheren oder niederen Gemeindeschulen sind keine Gemeindebeamten im Sinne des § 53 Nr. 2 der LGO., sondern Staatsbeamte (OVG. **14** 75, RGer. **37** 298, **80** 338). Sie sind auch keine „für den Dienst eines Kommunalverbandes angestellte Beamte" im Sinne des § 4 des Gesetzes über Haftung für Amtspflichtverletzungen der Beamten vom 1. August 1909 (Urteil des RGer. vom 5. November 1912, Jurist. Wochenblatt **42** 149, Preußisches Verwaltungsarchiv **4** 490). Streitig ist, ob sie als mittelbare oder als unmittelbare Staatsbeamte anzusehen sind (vgl. die Gutachten von Wenzel, Zorn und Laband im PrVBl. **31** 389 und 538ff., ferner Anschütz: Die Schulaufsicht und die rechtliche Stellung der Volksschullehrer in Preußen — in der Festgabe der Berliner jurist. Fakultät für Gierke, 1910 Bd. I S. 234 — endlich Arndt im Verwaltungsarchiv **21** 144).

54 a) **Ablehnung des Amtes.** Eine bedingte Annahme des Amtes kann als Ablehnung angesehen werden (PrVBl. **30** 55).

54 b) **Krankheit.** Anhaltend ist eine Krankheit dann, wenn es sich bei ihr nicht um eine Störung des Gesundheitszustandes vorübergehender Art handelt (PrVBl. **31** 819).

3. das Alter von 60 Jahren,
4. die Verwaltung eines unmittelbaren Staatsamtes,[55])
5. sonstige besondere Verhältnisse, welche nach dem Ermessen [55a]) der Gemeindevertretung oder, wo eine solche nicht besteht, des Gemeindevorstehers eine gültige Entschuldigung begründen.

Wer ein unbesoldetes Amt in der Verwaltung oder in der Vertretung der Gemeinde während der vorgeschriebenen regelmäßigen Amtsdauer versehen hat, kann die Übernahme desselben oder eines gleichartigen [55b]) für die nächsten drei Jahre ablehnen.[55c])

Wer sich ohne einen der vorbezeichneten Entschuldigungsgründe weigert,[56]) ein unbesoldetes Amt in der

---

55) **Unmittelbare Staatsbeamte** bedürfen zur Annahme der Wahl als Gemeindeverordneter oder zur Übernahme eines besoldeten oder unbesoldeten Amtes in der Gemeindeverwaltung der Genehmigung der ihnen vorgesetzten Dienstbehörde (Staatsministerialbeschluß vom 2. März 1851, MBl. S. 38 und Verf. des Ministers des Innern vom 25. Mai 1893, MBl. S. 126).

55 a) **Entschuldigungsgründe.** Im Verwaltungsstreitverfahren entscheidet darüber, ob eine Berechtigung zur Ablehnung oder Niederlegung des Amtes vorlag, das selbständige Ermessen des Verwaltungsrichters (OVG. **13** 212, PrVBl. **10** 562). Zur Prüfung, ob Entschuldigungsgründe vorhanden sind, ist die Gemeindevertretung nur dann verpflichtet, wenn solche von dem das Amt Ablehnenden angegeben worden sind (PrVBl. **30** 55). Die Gemeindevertretung ist aber befugt, ihr bekannte Verhältnisse als Entschuldigungsgründe von Amts wegen zu berücksichtigen. Ist dies nicht geschehen, so darf der Verwaltungsrichter im Streitverfahren nur die von dem Gewählten vorgetragenen Entschuldigungsgründe prüfen, aber nicht aus eigenem Ermessen besondere Verhältnisse behufs Befreiung des Gewählten von dem Amte berücksichtigen, die bis dahin nicht geltend gemacht worden waren (OVG. **56** 115).

55 b) **Begriff des gleichartigen Amtes.** Ein gleichartiges Amt ist ein solches, welches nicht wesentlich geringere Anforderungen an die Arbeitskraft und die Zeit des Inhabers stellt, als das bisher verwaltete. — Das Versehen des Amtes des Stellvertreters eines Gemeindebeamten während der vorgeschriebenen Amtsdauer berechtigt nicht zur Ablehnung des Amtes des Gemeindebeamten (vgl. das die Kreisordnung betreffende Urteil PrVBl. **16** 222). — Ein Gemeindeverordneter darf die Annahme seiner Wahl zum Schöffen ablehnen (OVG. **46** 160).

55 c) Zur **Niederlegung** eines bisher verwalteten unbesoldeten Amtes aus Anlaß der Wahl zu einem anderen Amte ist der Gewählte nicht berechtigt.

56) **Verweigerung der Amtsführung.** Es kommt nur eine

Verwaltung oder Vertretung der Gemeinde zu übernehmen oder das übernommene Amt drei Jahre hindurch zu versehen, sowie derjenige, welcher sich der Verwaltung solcher Ämter tatsächlich entzieht,[56a]) kann für einen Zeitraum von drei bis sechs Jahren der Ausübung seines Rechts auf Teilnahme an der Verwaltung und Vertretung der Gemeinde[57]) für verlustig erklärt und um ein Achtel bis ein Viertel stärker als die übrigen Gemeindeangehörigeu zu den Gemeindeabgaben herangezogen werden.[58])

Weigerung in Betracht, die nach Übertragung des Amtes, aber nicht eine solche, die vorher erfolgt ist (OVG. **12** 9). Die Weigerung kann die Verhängung der Nachteile nicht schon dann zur Folge haben, wenn der Gewählte keine Entschuldigungsgründe angibt, sondern nur dann, wenn solche tatsächlich nicht vorhanden sind (OVG. **13** 211).

56 a) **Unterlassung der Amtsverwaltung.** Der Verwaltung des Amtes entzieht sich tatsächlich, wer die Weigerung, das ihm übertragene Amt zu übernehmen, zwar nicht mit Worten ausdrückt, aber durch Handlungen zum Ausdrucke bringt, dagegen nicht derjenige, welcher die Pflichten des von ihm übernommenen Amtes in fahrlässiger oder vorsätzlicher Weise, insbesondere als Gemeindeverordneter durch unentschuldigtes Ausbleiben aus den Sitzungen, verletzt (OVG. **45** 139).

57) **Teilnahme an der Verwaltung und Vertretung der Gemeinde.** Unter dem Rechte auf Teilnahme an der Verwaltung und Vertretung der Gemeinde ist nicht nur die Wählbarkeit zu Gemeindeämtern, sondern auch die Ausübung des Stimmrechts zu verstehen (vgl. OVG. **51** 18 und die den § 8 der Kreisordnung betreffende Minist.-Verf. vom 11. März 1874, MBl. S. 99).

58) **Entscheidung über die zu verhängenden Nachteile.** Die bezügliche Entscheidung erfolgt in Gemeinden mit Gemeindevertretung durch diese, in anderen Gemeinden durch den Gemeindevorsteher allein (§ 66). Gegen sie ist die Klage beim Kreisausschuß innerhalb zwei Wochen zulässig (§§ 67, 144). — Der oben bezeichnete Verlust der Rechte und die Heranziehung zu höheren Abgaben darf auch über die Zeit hinaus verhängt werden, während deren die Verpflichtung zur Annahme des Amtes besteht, z. B. bei einem 58jährigen Gemeindeglied über das 60. Lebensjahr hinaus. Der betreffende Beschluß erstreckt sich sowohl auf die Würdigung der Ablehnungsgründe als auch auf die Verhängung der Nachteile. Es ist jedoch auch zulässig, daß zunächst nur über den ersten Punkt Beschluß gefaßt wird, und dies ist namentlich dann sachlich gerechtfertigt, wenn der Gewählte aus einem von ihm geltend gemachten Ablehnungsgrunde die Entbindung von der Annahme der Wahl fordert, ohne diese endgültig zu verweigern (vgl. OVG. **52** 27).

§ 66.

Die Gemeindevertretung, wo eine solche nicht besteht der Gemeindevorsteher, beschließt[59])

1. auf Beschwerden und Einsprüche,[59a]) betreffend den Besitz oder den Verlust des Gemeinderechts,[60]) die Zu=

Ist aber eine endgültige Weigerung ohne ausreichenden Grund erfolgt, so kann eine nach der Verhängung der Nachteile erklärte Bereitwilligkeit zur Übernahme des Amtes die Rechtswirkungen des Beschlusses nicht beseitigen (OVG. **13** 213). — Die Erklärung, das Amt niederzulegen, ist an den Gemeindevorsteher zu richten. Sie hat, wenn sie bedingungslos abgegeben wird, die unmittelbare Wirkung, daß der Betreffende aufhört, Gemeindebeamter oder Gemeindeverordneter zu sein, ohne daß es einer Zustimmung oder Genehmigung der Gemeindevertretung oder des Gemeindevorstehers bedarf. Die Gemeindevertretung kann einen Zwang zur Beibehaltung der Stelle nicht ausüben, sondern bei unberechtigter Niederlegung des Amtes nur die Verhängung der in § 66 Abs. 4 vorgesehenen Nachteile beschließen (OVG. **40** 36).

59) **Zuständigkeit der Gemeindevertretung oder des Gemeindevorstehers zur Beschlußfassung.** Die Gemeindevertretung hat über die in § 66 unter Nr. 1 aufgeführten Angelegenheiten niemals von Amts wegen zu beschließen (ohne daß Einspruch oder Beschwerde vorliegt), wohl aber über die unter Nr. 2 und 3 angeführten.

Nur eine einmalige Beschlußfassung ist zulässig, der gefaßte Beschluß kann, wenn er in einer öffentlichen Sitzung der Gemeindevertretung gefaßt und verkündet worden ist, nicht zurückgenommen oder abgeändert werden, und zwar auch dann nicht, wenn eine Mitteilung an die Beteiligten noch nicht stattgefunden hatte (OVG. **48** 31).

59a) **Einspruch und Beschwerde.** Während der Einspruch in der Regel nur innerhalb einer bestimmten Frist erhoben werden kann, ist die Beschwerde an eine Frist nicht geknüpft. Sie ist über die in § 66 Nr. 1 aufgeführten Gegenstände aber nur dann zulässig, wenn ein befristeter Einspruch im Gesetze nicht vorgesehen ist, wie über den Besitz oder Verlust des Gemeinderechts (OVG. **26** 108).

60) **Besitz des Gemeinderechts.** Über die Voraussetzungen für den Erwerb und Verlust des Gemeinderechts s. §§ 41—44. — Die Beschwerde kann hinsichtlich des Besitzes des Gemeinderechts nicht nur dann erhoben werden, wenn eine bestimmte, aus dem Gemeinderechte hervorgehende Befugnis streitig gemacht wird, sondern auch dann, wenn die Anerkennung des Gemeinderechts überhaupt den Beteiligten von der Gemeindebehörde versagt wird (OVG. **49** 1). Sie ist auch hinsichtlich der Aufnahme einer Person in die Liste der Gemeindeglieder und sonstigen Stimmberechtigten (§ 39 Abs. 2) zulässig (OVG. **49** 132). Auch die Frage, ob der Verlust eines unbesoldeten Gemeindeamts eingetreten ist, kann Gegenstand der Beschlußfassung sein (OVG. **26** 102 und PrVBl. **15** 498).

gehörigkeit zu einer bestimmten Klasse von Stimmberechtigten,[61]) die Wählbarkeit zu einer Stelle in der Gemeindeverwaltung oder Gemeindevertretung,[62]) die Ausübung des Stimmrechts durch einen Dritten,[63]) sowie über die Richtigkeit der Gemeindewählerliste,[64])

Der Verlust des Gemeinderechts und der Nichtbesitz des Gemeinderechts kann durch Beschluß auch einem Gemeindeverordneten gegenüber ausgesprochen werden, dessen Wahl zum Gemeindeverordneten früher für gültig erklärt worden war. Dieser Beschluß zieht den Verlust des Stimmrechts in der Gemeindeversammlung oder des Amtes des Gemeindeverordneten ohne weiteres nach sich (OVG. **49** 107). — Die Voraussetzungen für die Wählbarkeit zu dem Amte müssen wie zur Zeit der Wahl, so auch während der Dauer der Amtsperiode vorhanden sein, brauchen aber nicht unverändert in derselben Art fortzubestehen. Sind für die Wählbarkeit derselben Person durch das Gesetz mehrere Rechtsgründe gegeben, so genügt es, daß ein neuer während der Dauer des Amtes erworben wird, bevor der früher vorhandene fortgefallen ist (OVG. **53** 74).

Darüber, ob ein Stimmberechtigter in einem einzelnen Falle von der Ausübung des Stimmrechts in der Gemeindeversammlung oder in der Gemeindevertretung auszuschließen ist, findet eine Beschlußfassung auf Grund des § 66 Nr. 1 nicht statt (OVG. **46** 134). S. §§ 41—44.

Zur Erhebung der Beschwerde ist jeder Stimmberechtigte befugt (OVG. **49** 136), aber nicht zu einer Zeit, während deren sein Stimmrecht ruht (OVG. **51** 23).

61) **Zugehörigkeit zu einer Klasse von Stimmberechtigten.** S. §§ 45, 48 und 50.

62) **Wählbarkeit zu einem Gemeindeamt.** S. §§ 40, 41, 50, 52 und 53. — Über die Ordnungsmäßigkeit und Gültigkeit der Wahl eines Gemeindebeamten, dessen Wahl der Bestätigung des Landrats bedarf (§ 84), ist in dem durch § 66 vorgeschriebenen Verfahren nicht zu beschließen (OVG. **14** 184).

63) **Ausübung des Stimmrechts durch einen Dritten.** S. §§ 46, 47 und 48 Nr. 1.

64) **Richtigkeit der Wählerliste.** S. §§ 39 Abs. 2, 50, 51, 55 und 56. — Die Gemeindevertretung (der Gemeindevorsteher) hat nur über Einsprüche gegen die Richtigkeit der Wählerliste zu beschließen, aber nicht eine von Einsprüchen unabhängige Prüfung und Berichtigung der Wählerliste vorzunehmen (OVG. **25** 121, **45** 130; PrVBl. **32** 134). Sie hat aber nicht nur zu beschließen, ob die Wählerliste zu berichtigen ist, sondern hat ihrerseits die Liste richtig zu stellen (OVG. **56** 16).

Über den Einspruch, seine Zulässigkeit und Form, s. oben Anm. 31 und 32, über die Klage gegen den Einspruchsbescheid s. unten Anm. 67. Über die rechtzeitig erhobenen Einsprüche muß zur Vermeidung der Ungültigkeit der Wahl vor der Wahl, die

2. über die Gültigkeit der Wahlen zur Gemeindevertretung,[65])

---

auf Grund der Liste erfolgt, beschlossen und die dem Beschlusse entsprechende Berichtigung der Liste vor der Wahl ausgeführt werden (OVG. **63** 123).

Ein Beschluß, die nicht näher bezeichneten Erben einer Person in die Liste aufzunehmen, entbehrt der erforderlichen Bestimmtheit (OVG. **45** 130).

65) **Gültigkeit der Wahlen zur Gemeindevertretung.** Hier muß die Beschlußfassung sowohl auf einen Einspruch als auch von Amts wegen erfolgen, wenn kein Einspruch erhoben worden ist. — Der Gewählte, der bereits vor seiner Wahl Mitglied der Gemeindevertretung gewesen und bis zur Beschlußfassung über die Gültigkeit seiner Wahl (Wiederwahl) geblieben ist, darf an dieser Beschlußfassung teilnehmen (OVG. vom 19. November 1912 — I C 52/11). — Über den Einspruch, seine Zulässigkeit und Form, s. oben Anm. 52. — Die Prüfung ist nicht auf die Ordnungsmäßigkeit des Wahlverfahrens beschränkt, sondern erstreckt sich auf die Gültigkeit der Wahl nach allen Richtungen hin. Gültig ist die Wahl nur dann, wenn sie auch hinsichtlich der für die Übertragung des Amtes bestehenden subjektiven und objektiven Voraussetzungen dem Gesetz entspricht (OVG. **19** 136; **34** 155; **40** 167; PrVBl. **11** 434, **20** 501). Zu diesen Voraussetzungen gehört auch die, daß die Wahl überhaupt zulässig war (OVG. **52** 61). Nicht jeder Mangel des Wahlverfahrens macht die Wahl ungültig. Mängel des Wahlverfahrens, die nicht sämtliche, sondern nur einen Teil der abgegebenen Stimmen betreffen oder nur für einen Teil der Stimmberechtigten von Bedeutung sind (wie z. B. die Unterlassung einer ordnungsmäßigen Einladung zur Wahl bei einem Teil der Stimmberechtigten), haben die Ungültigkeit der Wahl nur dann zur Folge, wenn sie mit Rücksicht auf die Zahl der hierbei in Betracht kommenden Stimmen im Vergleich mit der Zahl der Stimmen, welche der Gewählte erhalten hat, auf das Ergebnis der Wahl haben von Einfluß sein können (PrVBl. **34** 348). Dagegen sind andere Mängel des Wahlverfahrens, z. B. die Unterlassung der ordnungsmäßigen Aufstellung und Auslegung einer Wählerliste (oben Anm. 29, 30, 38), ordnungswidrige Bekanntmachung der Wahl (oben Anm. 39), Zerlegung der Wahl in mehrere Wahlgänge (oben Anm. 42), Gesetzwidrigkeiten bei der Entscheidung durch das Los (oben Anm. 45), gesetzwidrige Einladung zur engeren Wahl (oben Anm. 46, 46a) usw. so wesentlich, daß sie stets die Ungültigkeit der Wahl begründen.

Die Gemeindevertretung (der Gemeindevorsteher), die eine Wahl für ungültig befindet, hat sich auf die Ungültigkeitserklärung zu beschränken, darf aber nicht ein anderes Wahlergebnis an die Stelle des bekannt gemachten setzen (OVG. **6** 141, **31** 112, **43** 94) oder eine neue Wahl anordnen (OVG. **19** 23). — Der Beschluß muß die Gültigkeit jeder einzelnen Wahl zum Gegenstande haben

3. über die Berechtigung der Ablehnung oder Niederlegung einer Stelle in der Gemeindeverwaltung oder Gemeindevertretung, sowie über die Nachteile, welche gegen Gemeindeglieder wegen Nichterfüllung der ihnen nach diesem Gesetze obliegenden Pflichten zu verhängen sind.[66])

§ 67.

Die Beschlüsse der Gemeindevertretung und des Gemeindevorstehers in den Fällen des § 66 bedürfen keiner Genehmigung oder Bestätigung von seiten des Gemeindevorstehers oder der Aufsichtsbehörde.

Gegen die Beschlüsse[66a]) findet die Klage[67]) im Ver-

(PrVBl. **24** 322). Es können über die Gültigkeit der zu derselben Zeit vorgenommenen Wahlen mehrere getrennte Beschlüsse ergehen (OVG. **54** 45). War vom Wahlvorstand, wenn auch unrichtigerweise, die Notwendigkeit einer engeren Wahl verkündet worden, so kann erst nach deren Vollziehung das vom Gemeindevorsteher bekannt zu machende Ergebnis des abgeschlossenen Wahlverfahrens mit dem Einspruch angefochten und alsdann immer nur die Beseitigung dieses Ergebnisses erreicht werden, aber nicht die Erklärung der Gültigkeit derjenigen Wahl, welche der engeren Wahl vorausgegangen war (PrVBl. **31** 867). — Über die Unzulässigkeit der Begründung des Einspruchs gegen die Gültigkeit der Wahl durch die Behauptung der Unrichtigkeit der Wählerliste s. oben Anm. 38.

Der Beschluß, daß eine Wahl gültig sei, darf erst nach Ablauf der Einspruchsfrist erfolgen, da der Beschluß einheitlich alle rechtzeitig gegen die Wahl erhobenen Einsprüche erledigen muß. Ist die Beschlußfassung vorzeitig erfolgt, so darf auf einen späteren rechtzeitigen Einspruch kein neuer abweichender Beschluß gefaßt werden; vielmehr ist dem Einspruchserheber lediglich der früher gefaßte Beschluß mitzuteilen, gegen den er dann innerhalb der zweiwöchigen Frist (§ 144) die Klage anstellen kann. — Die Ungültigkeit der Wahl darf schon vor Ablauf der Einspruchsfrist beschlossen werden (OVG. **54** 45). Der Umstand, daß ein gegen die Wahl erhobener Einspruch von der Gemeindevertretung als verspätet zurückgewiesen worden ist, hindert sie nicht bei der ihr obliegenden selbständigen Prüfung der Gültigkeit der Wahl diese für ungültig zu erklären (OVG. **58** 43).

66) **Verhängung von Nachteilen.** S. oben § 65 und Anm. 58. — Die gegen den Beschluß erhobene Klage hat in diesem Falle aufschiebende Wirkung (§ 67 Abs. 3).

66a) **Form des Beschlusses.** Auch gegen einen mündlich erteilten Bescheid des Gemeindevorstehers ist die Klage zulässig (OVG. **46** 135). Doch sollen alle Beschlüsse der Gemeindevertretung (und ebenso des Gemeindevorstehers), gegen welche das Gesetz eine an eine bestimmte Frist gebundene Klage zuläßt, den zur Klageerhebung gesetzlich berechtigten Personen in einer Weise schriftlich zugestellt oder mündlich in einer amtlichen Form eröffnet werden, welche eine Feststellung des Beginns der Frist möglich macht. Anderenfalls kann die Klagefrist nicht ablaufen (OVG. **40** 166, PrVBl. **31** 462). Hat jedoch der Einspruchерheber in der Sitzung der Gemeindevertretung an der Beschlußfassung über den Einspruch als Gemeindeverordneter teilgenommen, so bedarf es keiner Zustellung des Beschlusses an ihn; vielmehr läuft die Klagefrist für ihn vom Tage der Sitzung ab (OVG. **55** 52). — Auch ein formell ungültiger Beschluß der Gemeindevertretung genügt als Voraussetzung für die Zulässigkeit der Klage (OVG. vom 6. Oktober 1913 — I C 9/13). Sind die für gültig erklärten Wahlen zur Gemeindevertretung innerhalb der Klagefrist nicht angefochten worden, so gehören die Gewählten der Gemeindevertretung auch dann an, wenn das Wahlverfahren nicht einwandfrei gewesen ist (PrVBl. **30** 55).

67) **Klagen gegen die Beschlüsse. Klagefrist.** Die Klage ist innerhalb einer Frist von zwei Wochen bei dem Kreisausschuß anzubringen (§ **144**). Die Frist läuft vom Tage der Zustellung des Beschlusses ab oder von dem Tage, an welchem der Kläger in einer die Zustellung ersetzenden Weise von dem Beschlusse Kenntnis erlangt hat (s. oben Anm. **66a**), für den Gemeindevorsteher jedoch, der den Beschluß der Gemeindevertretung angreift, vom Tage der Beschlußfassung ab.

Beklagter. Die Klage ist, wenn der Beschluß von dem Gemeindevorsteher gefaßt worden ist, gegen diesen, wenn er von der Gemeindevertretung gefaßt worden ist, gegen sie zu richten. Dem kollegialischen Gemeindevorstand steht kein Klagerecht zu. Die Klage ist auch dann gegen die Gemeindevertretung und nicht gegen den Kreisausschuß zu richten, wenn dieser an Stelle der beschlußunfähigen Gemeindevertretung (§ 108) den angefochtenen Beschluß gefaßt hatte (OVG. **49** 127). — Die Klage kann auch bereits vor der Zustellung des Beschlusses, sobald dieser in öffentlicher Sitzung der Gemeindevertretung verkündet worden ist, erhoben werden (PrVBl. **24** 603).

Gegenstand der Klage. Der Beschluß ist zwar die notwendige Voraussetzung der Klage (OVG. **57** 98), aber nicht der Gegenstand ihres Angriffs. Dieser hat sich, wenn es sich bei dem Streite um die Gültigkeit einer Wahl handelt, hiergegen zu wenden. Die Gültigkeit einzelner Stimmen oder formelle Mängel des Beschlußverfahrens können für sich allein nicht Gegenstand der Entscheidung sein (OVG. **14** 39; **54** 67).

Klagerecht. Ein Verzicht auf das Klagerecht ist unwirksam (PrVBl. **31** 462). — **a)** Die Klage gegen einen die Wählerliste betreffenden Beschluß steht, abgesehen von dem Gemeindevorsteher, demjenigen Stimmberechtigten zu, dessen Einspruch durch den Beschluß zurückgewiesen worden ist. — Besteht Streit darüber, ob der Gemeindevorsteher selbst zu Recht in die Liste aufgenommen worden ist, so darf der Gemeindevorsteher gegen den hierüber ergangenen Beschluß nicht in seiner amtlichen Eigenschaft, sondern nur als persönlich Beteiligter klagen (OVG. **63** 144). Auch derjenige ist klageberechtigt, der zwar keinen Einspruch erhoben hat, dessen Stimmrecht aber durch eine auf den Einspruch eines anderen bewirkte Änderung der Wählerliste verkürzt worden ist. Eine solche Verkürzung liegt vor, wenn der Wähler in eine niederere Wählerabteilung versetzt worden ist, als ihm nach seiner Steuerleistung im Verhältnisse zu dem der Liste zugrunde liegenden Gesamtsteuerbetrage zukommt, aber nicht auch dann, wenn durch die Listenberichtigung nur der betreffenden Abteilung mehr Wähler zugeführt worden sind, als nach der ursprünglich aufgestellten Liste in der Abteilung vorhanden waren (OVG. **60** 72; PrVBl. **27** 836). — Der mit seinem Einspruche gegen die Richtigkeit der Wählerliste Zurückgewiesene ist nur dann zur Klageanstellung befugt, wenn er zu denjenigen Personen gehörte, die zur Einspruchserhebung berechtigt waren (OVG. **49** 121). Über die Berechtigung zur Erhebung des Einspruchs s. oben Anm. 31 und 32. — Die Klage kann nur auf die bereits im Einspruch geltend gemachten Mängel der Wählerliste gestützt werden (PrVBl. **33** 614).

b) Die Klage gegen einen die Gültigkeit einer Wahl betreffenden Beschluß steht, abgesehen von dem Gemeindevorsteher, dem Gewählten zu, dessen Wahl durch den Beschluß für ungültig erklärt, und dem Erheber des Einspruchs, wenn dieser zurückgewiesen ist (OVG. **17** 118, **20** 88, PrVBl. **27** 836). Ist dem Einspruche gemäß die Wahl für ungültig erklärt worden, so steht dem Erheber des Einspruchs das Klagerecht nicht zu (OVG. **63** 127). — Hat der Gemeindevorsteher oder die Gemeindevertretung im Einspruchsbeschlusse sich unzulässigerweise nicht auf die Entscheidung über die Gültigkeit der Wahlen beschränkt, sondern statt der Personen, deren Wahl sie für ungültig erklärt, andere Personen als gewählt bezeichnet, so steht die Klage hiergegen jedem Wahlberechtigten zu, auch wenn er nicht Einspruch erhoben hatte (OVG. **51** 29). Diese Klage kann auch auf andere als die im Einspruche gegen die Gültigkeit der Wahl geltend gemachten Gründe gestützt werden (OVG. **48** 133). Der Verwaltungsrichter hat hier bei seiner Entscheidung nicht nur die gegen die Gültigkeit der Wahl vom Kläger erhobenen Einwendungen zu prüfen, sondern von Amts wegen alles zu berücksichtigen, was für die Gültigkeit oder Ungültigkeit der angefochtenen Wahl von Bedeutung ist (PrVBl. **34** 348).

Beiladung (LVG. § 70). Die Klage auf Ungültigkeitserklärung einer Wahl ist nicht gegen den Gewählten zu richten, dieser ist aber zu dem Streitverfahren beizuladen (OVG. **31** 108 und **40** 168). Ebenso ist bei einer Klage auf Berichtigung der Wählerliste durch Streichung eines Eingetragenen dieser beizuladen (OVG. **29** 116). Dasselbe hat zu geschehen, wenn es sich um eine Berichtigung der Wählerliste durch Änderung der Steuerbeträge eines Wählers handelt (OVG. **56** 86), sofern dieser infolgedessen in eine niedrigere Wählerabteilung gelangt. — Es empfiehlt sich auch die Beiladung des

Einspruchserhebers, wenn der mit der Klage angegriffene Beschluß seinem Einspruche durch Erklärung der Ungültigkeit der Wahl stattgegeben hatte und der Beschluß mit der Klage von dem Gewählten oder vom Gemeindevorsteher angegriffen wird (PrVBl. **12** 324 und **22** 628, OVG. **14** 56). Notwendig ist aber die Beiladung in diesem Falle nicht (OVG. **49** 112). Aber auch, wenn sie erfolgt ist, kann der Einspruchserheber in dem Streitverfahren nicht beanspruchen, daß ein von ihm eingelegtes Rechtsmittel sachlich entschieden werde, und zwar auch dann nicht, wenn er der Gegenkandidat des Gewählten gewesen ist und behauptet, bei der Wahl zu Unrecht als nicht gewählt erachtet worden zu sein (OVG. **63** 127).

Parteivertretung. Die Gemeindevertretung wird im Verwaltungsstreitverfahren durch den Gemeindevorsteher vertreten (s. Anm. 41 zu § 88), kann aber auch einen besonderen Vertreter bestellen (§ 144 Abs. 2). Hat der Gemeindevorsteher die Klage gegen die Gemeindevertretung erhoben, so kann diese einen besonderen Vertreter bestellen oder sich durch einen Schöffen vertreten lassen. Die Gültigkeit der Vertretung durch den Schöffen ist weder davon abhängig, daß die Gemeindevertretung einen Beschluß über seine Beauftragung gefaßt hat, noch davon, daß der älteste Schöffe die Vertretung übernommen hat. — Der Gemeindevorsteher kann Rechtsmittel in dem Streitverfahren auch ohne besondere Ermächtigung durch die Gemeindevertretung einlegen (OVG. **31** 109, **45** 133).

Begründung der Klagen. Im Verwaltungsstreitverfahren dürfen für und gegen die Gültigkeit der Wahl auch solche Umstände geltend gemacht werden, die im Einspruchsverfahren nicht vorgebracht oder nicht erörtert waren (OVG. **48** 133). — In einem Streitverfahren wegen Besitz oder Ausübung des Gemeinderechts können Unterlagen, welche zur Zeit der Beschlußfassung des Gemeindevorstehers oder der Gemeindevertretung noch nicht gegeben waren, nicht berücksichtigt werden (OVG. **26** 108).

Inhalt und Wirkung der Entscheidung. In einem Streitverfahren über Gültigkeit einer Wahl hat der Verwaltungsrichter nur die Gültigkeit oder Ungültigkeit der Wahl auszusprechen, aber bei Ungültigkeitserklärung der Wahl weder Anordnungen über das weitere Wahlverfahren zu treffen (OVG. **14** 70, **19** 23 und **20** 21) noch einen anderen als gewählt zu erklären (OVG. **6** 140, **31** 412, **43** 94). — War in dem auf den Einspruch gefaßten Beschluß nicht nur die angefochtene Stichwahl für ungültig erklärt, sondern unzulässigerweise auch auf Grund der vorausgegangenen Hauptwahl eine Person als gewählt bezeichnet, so ist durch die Entscheidung des Verwaltungsgerichts nicht diese Wahl für ungültig zu erklären, sondern nur der Beschluß, soweit er jene Wahl als gültig bezeichnet, aufzuheben (OVG. **56** 28). — Nach dem Tode des Gewählten ist über die Gültigkeit seiner Wahl eine Entscheidung nicht mehr zu erlassen (OVG. **28** 9). — Ist über die Gültigkeit einer Wahl rechtskräftig entschieden worden, so kann hierüber auf die Klage eines anderen Beteiligten nicht nochmals entschieden werden (OVG. **14** 43 und **26** 119). Werden waltungsstreitverfahren statt, welche, wenn der Beschluß von der Gemeindevertretung gefaßt ist, auch dem Gemeindevorsteher zusteht.

Die Klage [67a]) hat in den Fällen des § 66 unter 1 und 2 keine aufschiebende Wirkung, jedoch dürfen Neuwahlen [68]) zum Ersatz für solche Wahlen, welche durch Beschluß der Gemeindevertretung oder des Gemeindevorstehers für ungültig erklärt worden sind, vor ergangener rechtskräftiger Entscheidung [69]) nicht vorgenommen werden. [70])

---

mehrere Klagen hinsichtlich derselben Wahl erhoben, so muß sie der Verwaltungsrichter behufs einheitlicher Verhandlung und Entscheidung verbinden, aber nicht das Verfahren auf die späteren Klagen bis zur Erledigung der ersten Klage aussetzen (PrVBl. **31** 867). Der Gewählte, dessen Wahl von der Gemeindevertretung für gültig erklärt worden ist, verliert sein Recht auf Sitz und Stimme in der Gemeindevertretung erst durch Eintritt der Rechtskraft eines die Ungültigkeit der Wahl aussprechenden Urteils (OVG. **31** 108).

Ist eine Wahl wegen Formfehler, die bei der engeren Wahl vorgekommen sind, für ungültig erklärt, so ist nicht die engere Wahl, sondern die ganze Wahlhandlung zu wiederholen (OVG. **31** 112).

Wird mittels der Klage die Richtigkeit einer Wählerliste in einzelnen Punkten angegriffen, so muß durch das Urteil über die einzelnen Beanstandungen entschieden und es darf nicht die ganze Liste für ungültig erklärt werden (OVG. **51** 18).

Über die Wirkung einer Entscheidung, welche die Richtigkeit der Wählerliste betrifft, s. oben Anm. 33.

Beanstandung der Wahl. Der Umstand, daß eine Wahl durch einen unangefochten gebliebenen Beschluß für gültig erklärt worden ist, schließt die Zulässigkeit ihrer Beanstandung durch den Gemeindevorsteher (§ 140) nicht aus (OVG. **45** 16, **49** 108, PrVBl. **33** 28). Die Beanstandung hat aufschiebende Wirkung; daher wird der Gewählte durch die Beanstandung des Beschlusses, durch welchen seine Wahl für gültig erklärt worden war, sofort seines Amtes entkleidet, und zwar solange bis die Beanstandung zurückgezogen oder durch rechtskräftiges Urteil außer Kraft gesetzt ist (OVG. **52** 77).

67a) **Aufschiebende Wirkung** hat bei der Anfechtung von Wahlen zwar nicht die Klage, wohl aber der Einspruch (s. oben Anm. 53).

68) **Wählerliste bei den Neuwahlen.** Den Neuwahlen ist die zur Zeit ihrer Vornahme in Geltung befindliche Wählerliste zugrunde zu legen (OVG. **14** 56). S. aber auch oben Anm. 33.

69) **Rechtsmittel.** Gegen die Entscheidung des Kreisausschusses ist die Berufung an den Bezirksausschuß, und gegen dessen Ent-

Fünfter Abschnitt.

Gemeindevermögen.

§ 68.

Im Eigentum der Landgemeinden stehen sowohl diejenigen Bestandteile des Gemeindevermögens, deren Erträge für die Zwecke des Gemeindehaushalts bestimmt sind (Gemeindevermögen im engeren Sinne), wie auch diejenigen Vermögensgegenstände, deren Nutzungen den Gemeindeangehörigen oder einzelnen derselben vermöge dieser ihrer Eigenschaft zukommen (Gemeindegliedervermögen, Allmenden, Gemeinheiten).[1]

---

scheidung das Rechtsmittel der Revision an das Oberverwaltungsgericht zulässig (LVG. §§ 82, 93). — Die Neuwahl darf auch dann angeordnet werden, wenn der die Ungültigkeit der Wahl aussprechende Beschluß der Gemeindevertretung (des Gemeindevorstehers) durch Fristablauf unanfechtbar geworden ist (OVG. vom 21. April 1913 — I C 40/12).

70) **Neuwahlen,** die dieser Vorschrift zuwider vorgenommen worden sind, sind ungültig (OVG. **40** 165 und **54** 54).

1) **Gemeindevermögen. Gemeindegliedervermögen. Interessentenvermögen. Lagerbuch.** Es ist, soweit gemeinschaftliches Vermögen von Gemeindeangehörigen in Frage kommt, zu unterscheiden zwischen eigentlichem Gemeindevermögen, Gemeindegliedervermögen und Interessentenvermögen. An dem eigentlichen Gemeindevermögen (in den Städten Kämmereivermögen genannt) steht der Gemeinde sowohl Eigentum als Nutzung zu, an dem Gemeindegliedervermögen (in den Städten Bürgervermögen genannt) hat die Gemeinde Eigentum, die einzelnen Gemeindeangehörigen sind vermöge dieser ihrer öffentlich-rechtlichen Eigenschaft zur Nutzung berechtigt, an dem Interessentenvermögen (dem gemeinschaftlichen Vermögen — Eigentum oder Nutzungsrechten — einer gewissen Klasse der Gemeindeangehörigen) steht das Eigentum oder die Nutzung den Interessenten auf Grund eines privatrechtlichen Titels zu.

Das Gemeindegliedervermögen steht oft nicht allen Gemeindeangehörigen, sondern nur einer bestimmten Klasse von ihnen zu (z. B. den bäuerlichen Besitzern); man spricht dann von Gemeindegliederklassenvermögen (s. unten Anm. 5).

Die Entscheidung, ob eigentliches Gemeindevermögen, Gemeindegliedervermögen oder Interessentenvermögen vorliegt, bietet oft Schwierigkeiten. Zum eigentlichen Gemeindevermögen gehören außer den Vermögensgegenständen, deren Erträge für die Zwecke des Gemeindehaushalts bestimmt sind (dem sogenannten Finanzvermögen), auch Vermögensgegenstände, welche einer ertraglosen Benutzung zu Zwecken der Gemeindeverwaltung dienen, wie die Verwaltungsgebäude, Straßen, Armenhäuser u. dgl. (das sogenannte Verwaltungsvermögen). Gewisse Grundstücke der Gemeinde nehmen eine Mittelstellung ein, wenn sie im öffentlichen Interesse errichtet sind und gegen Zahlung eines Entgelts (Gebühr) benutzt werden dürfen, wie Marktplätze, Schlachthäuser, Krankenhäuser u. dgl. (s. Kommunalabgabengesetz § 4). Gemeindeanstalten, die zur Gewinnerzielung dienen, wie Gasanstalten, Straßenbahnen u. dgl., sind gewerbliche Unternehmungen der Gemeinde, mögen sie auch zugleich einem öffentlichen Interesse dienen (s. Kommunalabgabengesetz § 3). Auch Gemeindeanstalten, welche nicht zu Erwerbszwecken, sondern im öffentlichen Interesse errichtet sind, können trotzdem und ohne deshalb die Eigenschaft von gewerblichen Unternehmungen zu erhalten, für die Gemeinde einen Gewinn abwerfen, wie z. B. Sparkassen, Leihhäuser. — Über die Verwaltung des eigentlichen Gemeindevermögens s. § 113 und § 88 Abs. 4 Nr. 3. — Gegenstand der sich als Interessentenvermögen darstellenden Nutzung kann auch ein im Eigentume der Gemeinde stehender Grundbesitz sein. — Entscheidend für die Frage, ob Gemeindegliedervermögen oder Interessentenvermögen vorliegt, ist stets der Rechtsgrund der Befugnis zur Nutzung. Beruht diese auf der öffentlichrechtlichen Tatsache der Gemeindeangehörigkeit, so handelt es sich um Gemeindegliedervermögen, beruht sie auf einem Privatrechte, so liegt Interessentenvermögen vor (s. § 2 der Deklaration vom 26. Juli 1847). — Streitigkeiten über das Interessentenvermögen sind von den ordentlichen Zivilgerichten zu entscheiden, nicht von den Verwaltungsgerichten (OVG. **5** 163, **8** 140, **10** 109, **15** 190, **18** 136, PrVBl. **17** 95 und **23** 52). Dagegen unterliegen Streitigkeiten über das Recht zur Teilnahme an den Gemeindenutzungen nicht der Entscheidung der ordentlichen Gerichte (Urteil des RG. vom 18. Juni 1898, PrVBl. **19** 463), s. unten Anm. 13.

Fischereiberechtigungen, die ohne Verbindung mit einem bestimmten Grundbesitze von allen Einwohnern oder Mitgliedern einer Gemeinde bis zum Inkrafttreten des Fischereigesetzes vom 30. Mai 1874 ausgeübt werden konnten, sind nach § 6 dieses Gesetzes fernerhin stets als Gemeindevermögen im engeren Sinne (Kämmereivermögen) anzusehen (OVG. **15** 193). Beruhte die Fischereiberechtigung der Gemeindeglieder dagegen auf einem bestimmten Grundbesitze, so ist sie als Interessentenvermögen bestehen geblieben (s. Urteile des RG. vom 26. Mai 1888, PrVBl. **9** 382 und RGer. **49** 241). — Durch widerrufliche Überlassung eines Stückes des Gemeindevermögens an die Gemeindeangehörigen mittels eines Gemeindebeschlusses kann dieses Stück nicht zum Gemeindegliedervermögen gemacht werden. Dies konnte früher nach ALR. II 7 § 31 nur entweder durch Vertrag zwischen der Gemeinde und den Gemeindegliedern, der einer Genehmigung der Aufsichtsbehörde bedurfte, oder durch hergebrachte Gewohnheit (Herkommen) geschehen (PrVBl. **17** 95).

Öffentliche Gemeindewege sind kein Gemeindegliedervermögen (PrVBl. 23 679). — Die Gemeindenutzungen werden von den Berechtigten nicht immer in Natur bezogen. Ihr Erlös wird häufig zur Gemeindekasse für Rechnung der Berechtigten vereinnahmt und dann an diese verteilt (OVG. 42 148).

Gemeinschaftliches Interessentenvermögen konnte namentlich durch Separationen im Auseinandersetzungsverfahren geschaffen werden. — Nach dem Gesetz vom 2. April 1887 (GS. S. 105) kann der Gemeindevorsteher (oder der kollegialische Gemeindevorstand) zum Verwalter der gemeinschaftlichen Angelegenheiten der Teilungsinteressenten bestellt werden. Er ist hierbei der Aufsicht des Staates in gleicher Weise wie in Gemeindeangelegenheiten unterworfen und bedarf zu gewissen Handlungen der Zustimmung der Generalkommission, aber weder der Zustimmung der Interessenten noch einer solchen der Gemeindeversammlung oder Gemeindevertretung (OVG. 21 146 und 23 68; Beschluß des Oberlandeskulturgerichts vom 26. Mai 1905, PrVBl. 29 702). Er ist zu allen Anordnungen befugt, die begrifflich zur Verwaltung gehören (OVG. 42 112); hinsichtlich der Wegeunterhaltung beschränkt sich seine Zuständigkeit auf die nicht öffentlichen Wege (OVG. 42 84) und erstreckt sich auch nicht auf deren Umgestaltung zu anderen Zwecken, als den im Auseinandersetzungsrezesse bestimmten (OVG. 63 103). — Wenn ein Interessentengrundstück an die politische Gemeinde veräußert werden soll, so muß wegen des Widerstreits der Interessen der Gemeinde mit denen der Auseinandersetzungsteilnehmer für letztere an Stelle des Gemeindevorstehers ein besonderer Vertreter bestellt werden (Beschl. des Oberlandeskulturgerichts vom 4. November 1904, PrVBl. 29 702). — Für gemeinschaftliche Angelegenheiten, die in einem einzigen mehrere Ortschaften umfassenden Verkoppelungsverfahren begründet worden sind, können die Gemeindevorsteher zu Vertretern der Interessenten in der Weise bestellt werden, daß ein jeder die Verwaltung und Vertretung innerhalb des Bezirks seiner Gemeinde ausübt (Beschl. des Oberlandeskulturgerichts vom 5. Januar 1906, PrVBl. 29 702). — Das Verwaltungsstreitverfahren ist gegen Maßnahmen des mit der Verwaltung des Interessentenvermögens beauftragten Gemeindevorstehers auf Grund des § 6 des Gesetzes vom 2. April 1887 nur dann zulässig, wenn gegen Maßnahmen gleicher Art in Gemeindeangelegenheiten den Beteiligten die Klage im Verwaltungsstreitverfahren gegeben wäre (OVG. 44 61, PrVBl. 31 393). In seiner Eigenschaft als Vertreter der Separationsinteressenten untersteht der Gemeindevorsteher lediglich der Kommunalaufsichtsbehörde. Ist der Gegenstand der Verwaltung des Gemeindevorstehers ein Vermögensstück, welches Nutzungen bietet, so hat der Gemeindevorsteher dafür zu sorgen, daß der Genuß dieser Nutzungen unvermehrt und ungeschmälert denen zukommt, welche von ihm als dazu berechtigt nach den für seine Verwaltung maßgebenden Grundsätzen anzusehen sind. Ist durch einen Separationsrezeß das Eigentum an gewissen gemeinschaftlichen Anlagen den am Rezesse beteiligten Bauern vorbehalten, so können die Erwerber von Trennstücken der Bauerngüter ihre hier-

Im weiteren kommen die Bestimmungen der Deklaration einiger Vorschriften des Allgemeinen Landrechts und der Gemeinheitsteilungsordnung vom 7. Juni 1821, betreffend das nutzbare Gemeindevermögen, vom 26. Juli 1847 (GS. S. 327) zur Anwendung.[2])

§ 69.

Das den Zwecken des Gemeindehaushalts gewidmete Vermögen darf nur dann in Gemeindegliedervermögen umgewandelt werden, wenn die Gemeinde schuldenfrei ist und durch eine solche Veränderung weder die Einführung neuer Gemeindeabgaben, noch auch die Erhöhung bestehender für absehbare Zeit erforderlich wird.[3])

---

auf gestützten Ansprüche auf Rechte an jenen Anlagen nicht im Verwaltungsstreitverfahren, sondern nur im ordentlichen Rechtswege verfolgen. Denn es geht über den Rahmen der Verwaltungsaufgabe des Gemeindevorstehers hinaus, zu dieser Streitfrage Stellung zu nehmen (OVG. **60** 49). — Vgl. hierzu: Holzapfel, Das Recht der Wirtschaftswege und sonstigen landwirtschaftlichen Zweckgrundstücke, sowie das Gesetz vom 2. April 1887 (Berlin 1904).

Anw. III C 1 bestimmt: „Für größere Gemeinden empfiehlt sich die Anlegung und regelmäßige Fortschreibung eines Lagerbuches, in welches sowohl das unbewegliche Vermögen (Grundstücke, Gebäude, Gerechtigkeiten) als auch das bewegliche Eigentum der Gemeinde (Forderungen, Bücher, Feuerlöschgerätschaften) einzutragen ist."

2) **Deklaration vom 26. Juli 1847.** Nach dieser Deklaration kann weder das Gemeindevermögen noch das Gemeindegliedervermögen durch eine Gemeinheitsteilung in Privatvermögen der Gemeindeglieder verwandelt werden (vgl. hierzu RGer. **73** 159). Ferner wird darin erklärt, daß Nutzungsrechte der Gemeindemitglieder oder Einwohner am Gemeindegliedervermögen, die diesen nicht vermöge ihrer Eigenschaft als solche, sondern aus einem anderen Rechtstitel gebühren, nicht zum Gemeindevermögen, sondern zum Privatvermögen der Nutzungsberechtigten gehören, in welches auch die auf diese Rechte bei der Gemeinheitsteilung fallenden Abfindungen übergehen. Endlich wird festgesetzt, daß die Bestimmungen im ALR. II 6 § 72 und II 8 § 160, wonach das Gemeindegliedervermögen nach den Regeln des gemeinsamen Eigentums beurteilt werden soll, sich nur auf die Verwaltung jenes Vermögens beziehen sollen. — Die im ALR. II 7 §§ 28—36 enthaltenen Vorschriften über das Gemeindevermögen sind aufgehoben (LGO. § 146).

3) **Umwandlung von Gemeindevermögen in Gemeindegliedervermögen.** Der Beschluß der Gemeinde, durch den das Gemeinde-

Hinsichtlich der Verwaltung der Gemeindewaldungen bewendet es bei den bestehenden Bestimmungen, im besonderen dem Gesetze vom 14. August 1876 (GS. S. 373).[4])

Gemeindegliedervermögen kann unter hinzutretender Genehmigung des Kreisausschusses in Gemeindevermögen im engeren Sinne umgewandelt werden, jedoch mit der Einschränkung, daß Nutzungsrechte, welche nicht den sämtlichen, sondern nur einzelnen Gemeindegliedern oder Einwohnern, als solchen, zustehen, durch Gemeindebeschluß den letzteren wider ihren Willen nicht entzogen oder geschmälert werden dürfen.[5])

---

vermögen in Gemeindegliedervermögen verwandelt werden soll, bedarf nach § 114 der Genehmigung des Kreisausschusses, weil es sich dabei um eine Veränderung im Genusse der Gemeindenutzungen handelt (vgl. die das ältere Recht betreffende Entsch. OVG. **8** 142).

4) **Gemeindewaldungen.** Neben dem Gesetz vom 14. August 1876 kommt noch die zu ihm erlassene Ausführungsinstruktion vom 21. Juni 1877 (MBl. S. 259) zur Anwendung. — Hiernach ist der Betriebsplan vom Regierungspräsidenten zu genehmigen und die Wirtschaftsführung von ihm zu überwachen. Der Regierungspräsident kann auch die Anstellung brauchbarer Forstverwalter von der Gemeinde verlangen und erzwingen; er ist aber nicht befugt, ihre Anstellung als Beamte anzuordnen und die ihnen zu gewährenden Dienstbezüge vorzuschreiben (vgl. OVG. **27** 296). — Die Kosten für die Aufstellung der Betriebspläne und für die Taxrevisionen hat die Gemeinde zu tragen, die Kosten der staatlichen Aufsicht der Staat (OVG. **17** 333).

5) **Umwandlung von Gemeindegliedervermögen in Gemeindevermögen.** Es handelt sich hier um solche Rechte, die nach der Verleihungsurkunde, vertragsmäßigen Festsetzung oder hergebrachten Gewohnheit nicht allen Gemeindeangehörigen, sondern nur einer einzelnen Klasse von ihnen (z. B. den Hofbesitzern, Büdnern, Gärtnern) zustehen (vgl. ALR. II 7 § 23 und OVG. **1** 133, **5** 160, **8** 163, **11** 105, **13** 198, **31** 105, PrVBl. **27** 321). Bei diesen Rechten bedarf es einer Zustimmung der berechtigten Klasse, wenn durch Umwandlung des Gemeindegliedervermögens in eigentliches Gemeindevermögen (Kämmereivermögen) die Nutzungsrechte der betreffenden Klasse aufgehoben oder geschmälert werden würden (OVG. **8** 140 und **24** 94, PrVBl. **27** 322). — Die Deichpflichtigen in einer Gemeinde bilden keine besondere Klasse der Gemeindeangehörigen. Die Deichlast ist keine Kommunallast, sondern eine Reallast der einzelnen zum Deichverbande gehörigen Grundstücke (§ 15b, § 16 des Deichgesetzes vom 28. Januar 1848, GS. S. 54 und § 7 des Allerh. Erlasses vom 14. November 1853, GS. S. 935).

§ 70.

Zur Teilnahme an den Gemeindenutzungen sind die Gemeindeangehörigen [5a]) unter den aus den Verleihungsurkunden, vertragsmäßigen Festsetzungen und hergebrachter Gewohnheiten [6]) sich ergebenden Bedingungen und Ein-

---

Kommt das Nutzungsrecht allen Gemeindeangehörigen zu, so steht den einzelnen gegen den Gemeindebeschluß, durch welchen Gemeindegliedervermögen in Gemeindevermögen im engeren Sinne (Kämmereivermögen) umgewandelt wird, ein Widerspruchsrecht nicht zu. Die Gemeinden sind berechtigt, bestehende Gemeindenutzungen durch entsprechende Änderung der Ortsverfassung entweder ganz fortfallen zu lassen oder einzuschränken oder die Bedingungen für ihren Bezug zu ändern. Auch die Zahlung von Einkaufsgeld (§ 72) gewährt kein Recht auf dauernde Zulassung zu den Gemeindenutzungen (PrVBl. **24** 87).

5a) **Teilnahmerecht.** Nur Gemeindeangehörige im Sinne des § 7 können zur Teilnahme an den Gemeindenutzungen berechtigt sein. Juristische Personen und die ihnen gleichgestellten Erwerbsgesellschaften sowie Forensen sind keine Gemeindeangehörigen und daher hierzu nicht berechtigt (OVG. **41** 165), wohl aber können auch Einwohner der Gemeinde, welche keine Gemeindeglieder (§ 39) sind, berechtigt sein.

6) **Hergebrachte Gewohnheit.** Herkommen, Observanz oder hergebrachte Gewohnheit (s. Anschütz im PrVBl. **22** 86) ist die während eines längeren Zeitraums innerhalb eines bestimmten Kreises von den in einer rechtlichen oder tatsächlichen Gemeinschaft stehenden Personen ununterbrochen fortgesetzte Übung, die auf der vom geschriebenen Recht unabhängigen Überzeugung dieser Beteiligten beruht, daß sie die Betätigung des notwendigen, durch die Umstände gegebenen Rechtes ist (OVG. **7** 158, **12** 275, **15** 184 und 230, **16** 292, **31** 196, **36** 231, 264, **37** 219, **38** 57). Daß die Übung auf einer Rechtsüberzeugung beruht, kann mit Rücksicht auf ihre Dauer angenommen (PrVBl. **25** 337) und aus ihrer Gleichmäßigkeit geschlossen werden (OVG. **5** 160, **16** 249, **45** 173). Jedoch liegt ein Herkommen dann nicht vor, wenn die Übung nachweislich auf einem tatsächlichen oder rechtlichen Irrtume beruht hat (OVG. **34** 252, **39** 207 und **53** 211). Ein solcher Irrtum als ursprüngliche Veranlassung zu der Übung steht aber der Bildung des Herkommens nicht entgegen, wenn die Übung, nachdem der Irrtum erkannt worden war, fortgesetzt worden ist, oder wenn sie auch ohne nachweisbares Erkennen des Irrtums durch eine langjährige, Generationen umfassende Fortdauer, bei welcher ihr Entstehungsgrund in Vergessenheit geraten war, zu einer Rechtsüberzeugung geführt hat (OVG. **45** 172). Wie die Entstehung so hat auch das Fortbestehen einer Observanz eine gleichmäßige Übung, die bei jeder sich bietenden Gelegenheit in

schränkungen berechtigt. Soweit hiernach der Maßstab für die Teilnahme an diesen Nutzungen nicht feststeht, erfolgt die Verteilung [7]) nach dem Verhältnisse, in welchem die Gemeindeangehörigen [8]) zu den kommunalen Lasten beitragen. [9])

---

der Überzeugung rechtlicher Notwendigkeit betätigt worden ist, zur Voraussetzung (PrVBl. **22** 107). Vereinzelte Abweichungen von einer sonst gleichmäßigen Übung hindern nicht unbedingt die Bildung einer Observanz. — Ebensowenig wird eine entstandene Observanz durch solche vereinzelten Abweichungen aufgehoben, namentlich dann nicht, wenn sie auf einem tatsächlichen oder rechtlichen Irrtum beruhen (OVG. **45** 173), solange hierdurch die Gleichmäßigkeit der Übung im wesentlichen nicht beseitigt ist. Ist aber ein fortdauerndes Schwanken in der Übung eingetreten, so hat die Observanz zu bestehen aufgehört (OVG. **47** 248), auch wenn sich nicht durch eine gleichmäßige entgegengesetzte Übung ein anderes neues Gewohnheitsrecht gebildet hat. — Welcher Zeitraum zur Begründung einer Observanz notwendig ist, hängt von dem durch die Einzelheiten des Falles bestimmten richterlichen Ermessen ab (OVG. **5** 159, **7** 146 und 158, **13** 297, **16** 282, **45** 173). — Die Observanz ist ein örtliches Gewohnheitsrecht und begründet daher objektive Rechtsnormen im Gegensatze zu der Verjährung, die ein Rechtsverhältnis zwischen zwei einzelnen Personen begründet (OVG. **12** 275 und **31** 196).

Zur Bildung eines Herkommens hinsichtlich der Teilnahme einer einzelnen Klasse an den Gemeindenutzungen ist nicht nur erforderlich, daß die Gemeindeangehörigen, welche teilgenommen haben, sondern auch, daß die Gemeindebehörde und die von der Nutzung ausgeschlossenen Gemeindeangehörigen in der Überzeugung gehandelt haben, jener Klasse stehe allein das Recht auf die Gemeindenutzungen zu.

7) **Verteilung der Gemeindenutzungen.** Die Verteilung der Gemeindenutzungen ist ein Akt der Gemeindeverwaltung und steht daher nach § 68 Nr .3 der LGO. dem Gemeindevorsteher (Gemeindevorstand), nicht der Gemeindeversammlung (Gemeindevertretung) zu. Sie bedarf auch nicht der jedesmaligen Fassung eines Gemeindebeschlusses. Es genügt vielmehr, daß sie den früher gefaßten und noch in Geltung befindlichen Gemeindebeschlüssen entspricht.

8) **Nutzungsberechtigte.** Die Forensen (§ 45 Abs. 1) und juristische Personen, Gesellschaften usw. (§ 45 Abs. 2) sind zur Teilnahme an den Gemeindenutzungen nicht berechtigt, weil sie keine Gemeindeangehörigen (§ 7) sind (s. oben Anm. **5a**).

9) **Verteilungsmaßstab.** Bei Anwendung dieses Maßstabs erhalten Gemeindeangehörige, die keine kommunalen Lasten zu tragen haben, auch keinen Anteil an den Gemeindenutzungen.

§ 71.

Auf Beschwerden und Einsprüche,[9a]) betreffend
1. das Recht zur Teilnahme an den Nutzungen und Erträgen des Gemeindevermögens,
2. die besonderen Rechte einzelner örtlicher Teile des Gemeindebezirks oder einzelner Klassen der Gemeindeangehörigen in Ansehung der zu Nr. 1 erwähnten Ansprüche,

beschließt[10]) der Gemeindevorsteher (Gemeindevorstand).[11])

9a) **Beschwerden und Einsprüche.** Die Beschwerden und Einsprüche, zwischen denen hier ein begrifflicher Unterschied nicht besteht, sind an eine Frist nicht gebunden. Sie können auch nach ihrer Zurückweisung durch den Gemeindevorsteher wiederholt werden. — Sie sind nur hinsichtlich des Gemeindegliedervermögens, nicht des Gemeindevermögens im engeren Sinne (s. oben Anm. 1) zulässig. Hinsichtlich des letzteren Vermögens und seiner Verwendung durch den Gemeindevorsteher steht den Gemeindeangehörigen nur das Recht zur Beschwerde bei der Aufsichtsbehörde zu (OVG. **56** 103).

10) **Beschluß auf die Beschwerde und Klage gegen den Beschluß.** Der Beschluß des Gemeindevorstehers ergeht nicht zwischen zwei streitenden Parteien in einem geordneten Verfahren und ist daher einer materiellen Rechtskraft nicht fähig. Er ist vielmehr nur ein Verwaltungsakt, welcher für den Beschwerdeführer nach Ablauf der Klagefrist formell unanfechtbar wird. Hierdurch ist aber weder der Gemeindevorsteher behindert, seinen Beschluß abzuändern, noch der Beschwerdeführer, seine Beschwerde zu erneuern (s. oben Anm. 9a und das den Einspruch gegen Abgabenforderungen betreffende Urteil OVG. **48** 33).

Die Rechtsmittel stehen nur dem Nutzungsberechtigten selbst, aber nicht einem Dritten zu, dem der Nutzungsberechtigte seinen Anspruch abgetreten hat oder für den dieser Anspruch gepfändet worden ist (OVG. **55** 65).

Im § 71 handelt es sich sowohl in den Fällen zu 1 als auch in den Fällen zu 2, die sich von jenen nur durch die Begrenzung des Kreises der Berechtigten unterscheiden, um solche Ansprüche, die auf das öffentliche Recht, die Gemeindeangehörigkeit und die Gemeindeverfassung, gegründet werden. — Das Recht eines Gemeindeangehörigen zur Teilnahme an den Nutzungen und Erträgen des Gemeindevermögens (Gemeindegliedervermögens) kann streitig werden, wenn bei unmittelbarer Nutzung dieses Vermögens durch die Gemeindeangehörigen ein Gemeindeangehöriger behauptet, zu Unrecht von der Nutzung ausgeschlossen oder in dem Maße der Nutzung beschränkt zu sein, oder wenn der Gemeindeangehörige behauptet, daß das von der Gemeindeverwaltung zu Gemeindezwecken als eigentliches Gemeindevermögen (Kämmereivermögen) benutzte Vermögen rechtlich die Eigenschaft von Gemeindeglieder-

Gegen den Beschluß findet die Klage im Verwaltungsstreitverfahren statt. [12])

Der Entscheidung im Verwaltungsstreitverfahren unterliegen desgleichen Streitigkeiten zwischen Beteiligten über

---

vermögen habe, und daher einen Anteil an der Nutzung oder deren Erträgen beansprucht (OVG. **10** 109). Voraussetzung des Einspruchs und der Klage ist aber stets, daß die Gemeinde tatsächlich sich im Besitze der Nutzung befindet. Die Klage kann nicht schon auf die Behauptung gestützt werden, daß Nutzungen, welche die Gemeinde tatsächlich nicht bezieht, ihr rechtlich gebühren (OVG. **3** 76). Einspruch und Klage ist auch dann zulässig, wenn die Nutzung, an welcher die Teilnahme beansprucht wird, der Gemeinde selbst auf Grund eines privatrechtlichen Titels (z. B. Vertrags) einem Dritten gegenüber zusteht (PrVBl. 7 398). — Einspruch und Klage können nur auf Zubilligung bestimmter Teile der Nutzung und Erträge des Gemeindegliedervermögens oder einzelner zu ihm gehörigen Vermögensstücke an den Kläger gerichtet sein, aber nicht darüber hinaus auf die Feststellung von Grundsätzen für die Verwaltung dieses Vermögens und die Verwendung seiner Erträge, auch nicht auf die Beseitigung oder Beschränkung der Teilnahme anderer Personen an den Nutzungen, damit diese für Zwecke des Gemeindehaushalts verwendet würden. Es kann daher nicht auf Wiedereinziehung von Beträgen, welche an die Gemeindeangehörigen gezahlt sind, und ihre Abführung an die Gemeindekasse geklagt werden (OVG. **49** 140). Dagegen ist eine Klage auch dann zulässig, wenn nicht das Recht zur Teilnahme an den Nutzungen streitig ist, sondern nur, ob gewisse für die Ausübung dieses Rechts aufgestellte Bedingungen oder Modalitäten berechtigt sind oder nicht (OVG. **38** 58). S. auch unten Anm. 13.

Das in den §§ 8 und 9 behandelte Recht auf Mitbenutzung der öffentlichen Einrichtungen und Anstalten der Gemeinde ist von dem Rechte zur Teilnahme an den Nutzungen des Gemeindevermögens verschieden. Dort handelt es sich um Benutzung, hier um Bezug der Nutzungen (Früchte).

11) **Beschlußfassung des Gemeindevorstandes.** Der kollegialische Gemeindevorstand hat diese Befugnisse nur dann auszuüben, wenn sie ihm durch Ortsstatut übertragen sind (§ 89).

12) **Anbringung der Klage. Wirkung des Urteils.** Die gegen den Gemeindevorsteher (Gemeindevorstand) zu richtende Klage ist bei dem Kreisausschuß innerhalb zwei Wochen nach Zustellung des Beschlusses anzubringen (§ 144). — Gegen einen Beschluß der Gemeinde gemäß § 113 ist die Klage nicht zulässig.

Ist auf die Klage dem Kläger ein Nutzungsrecht durch rechtskräftiges Urteil zugesprochen worden, so entsteht hierdurch für ihn kein Sonderrecht, das durch die Änderung des Ortsrechts (s. oben Anm. 5) nicht beseitigt werden könnte (OVG. **48** 179).

ihre in dem öffentlichen Rechte begründete Berechtigung zu den im Absatze 1 bezeichneten Nutzungen.[13])

13) **Beteiligte. Voraussetzungen der Klage. Rechtsweg.** Zu den Beteiligten gehört nicht die Gemeinde oder der Gemeindevorstand. Beteiligte sind vielmehr hier nur diejenigen einerseits, welche an den Nutzungen teilnehmen, und diejenigen andererseits, welche auf diese Teilnahme Anspruch erheben. Die Klage kann von diesen gegen jene gerichtet werden und Herausgabe eines Teils der von ihnen gezogenen Nutzungen an die Kläger zum Gegenstande haben (PrVBl. **10** 195).

Für die Frage, ob das Verwaltungsstreitverfahren oder der ordentliche Rechtsweg zulässig ist, kommt es nur darauf an, was der Kläger zur Begründung seines Anspruchs geltend macht. Behauptet er, daß er als Gemeindeangehöriger einen Anspruch auf Nutzungen und Erträge des Gemeindevermögens habe, so ist das Verwaltungsstreitverfahren zulässig. Kann er seine Behauptung nicht erweisen, so muß die Klage als unbegründet abgewiesen werden (PrVBl. **31** 94). Macht der Kläger dagegen im ordentlichen Rechtswege einen privatrechtlichen Anspruch auf jene Nutzungen geltend und es ergibt sich, daß nicht ein solcher Anspruch, wohl aber ein öffentlich-rechtlicher besteht, so muß die Klage von dem Zivilgericht abgewiesen werden (PrVBl. **24** 180). — Über die Zulässigkeit und Wirkung eines Vergleichs zwischen den Berechtigten über die Nutzung s. RG. vom 14. Februar 1906 (PrVBl. **27** 647), über den Einfluß der Änderung des objektiven Rechts auf die durch rechtskräftige Entscheidung zugesprochenen Nutzungsrechte s. OVG. **48** 175. — Nur soweit die in Anspruch genommenen Berechtigungen auf das öffentliche Recht (das Gemeindeverfassungsrecht) gegründet sind, findet das Verwaltungsstreitverfahren statt. Dagegen nicht, wenn es sich um solche Ansprüche der Gemeindeangehörigen handelt, die auf privatrechtlichen Titeln beruhen und daher zum Interessentenvermögen (s. oben Anm. 1) gehören (OVG. **3** 90, **5** 163; PrVBl **27** 321). Ist zum Zwecke der Umwandlung von Gemeindegliedervermögen in reines Gemeindevermögen (Kämmereivermögen) von der Gemeinde mit den Nutzungsberechtigten ein Vertrag geschlossen worden, wonach diese gegen eine Geldabfindung auf die Nutzungen verzichten, so sind Streitigkeiten über diese Abfindung im ordentlichen Rechtswege zu entscheiden (RGer. vom 11. April 1912, PrVBl. **33** 770). Ebenso kann die Frage, ob das Eigentum und die Nutzungen an gewissen Grundstücken den Separationsinteressenten (deren Rechtsnachfolgern) oder der Gemeinde zustehen, ob sie also Korporationsvermögen der Gemeinde oder Privateigentum der Interessenten sind, nicht zum Gegenstand einer Klage im Verwaltungsstreitverfahren auf Grund des § 71 Abs. 3 gemacht, sondern nur im ordentlichen Rechtsweg entschieden werden (PrVBl. **31** 393). Eine Klage zwischen den Beteiligten aus § 71 Abs. 3 ist ebenfalls (s. oben Anm. 9) nur dann zulässig, wenn die Gemeinde tatsächlich Erträge aus dem

Die Beschwerden und die Einsprüche sowie die Klage haben keine aufschiebende Wirkung.

§ 72.

Die Landgemeinden sind befugt, auf Grund von Gemeindebeschlüssen, welche der Genehmigung des Kreisausschusses unterliegen, für die Teilnahme an den Gemeindenutzungen die Entrichtung eines zu deren Werte in einem angemessenen Verhältnisse stehenden Einkaufsgeldes anstatt oder neben einer jährlichen Abgabe anzuordnen [14].

Durch die Entrichtung des Einkaufsgeldes wird die Ausübung des Gemeinderechtes nicht bedingt.

Die Verpflichtung zur Zahlung des Einkaufsgeldes sowie der Abgabe für die Teilnahme an den Gemeindenutzungen ruht, solange auf diese Teilnahme verzichtet wird.[15])

§ 73.

Hinsichtlich der Beitreibung der Einkaufsgelder und der jährlichen Abgaben für die Teilnahme an den Ge-

---

betreffenden Gemeindevermögen bezieht. Auch ein Streit darüber, ob das Eigentum und das Nutzungsrecht an einem Grundstücke der Gemeinde oder den Separationsinteressenten zusteht, kann nicht zwischen den einzelnen Gemeindeangehörigen und der Gemeinde im Verwaltungsstreitverfahren, sondern nur zwischen der Gemeinde und den Separationsinteressenten im ordentlichen Zivilprozesse zum Austrage gebracht werden. — Die Klage aus § 71 setzt voraus, daß der Kläger die Zulassung zur Teilnahme an den Nutzungen als sein Recht *für sich* in Anspruch nimmt. Eine Klage, mit welcher nur eine Beschränkung des Nutzungsrechts *anderer* erstrebt wird, ist unzulässig. Daher sind die rechtlich von der Nutzung ausgeschlossenen Gemeindeangehörigen zu einer Klage auf Feststellung der *Nichtberechtigung* der zur Nutzung zugelassenen Gemeindeangehörigen nicht befugt (s. Anm. 10).

14) **Einkaufsgeld.** Diese Vorschrift ist durch das KAG. nicht beseitigt worden (vgl. KAG. § 96 letzter Absatz). Das Einkaufsgeld ist keine Gemeindesteuer im Sinne des § 33 letzter Absatz des KAG., wohl aber eine Gemeindelast (OVG. **25** 134 und **35** 155).

15) **Verzicht auf Gemeindenutzungen.** Es steht hiernach jedem Gemeindeangehörigen die *Wahl* frei, ob er auf die Teilnahme an den Gemeindenutzungen verzichten oder das als Gegenleistung für diese Teilnahme festgesetzte Einkaufsgeld (oder Einkaufsgeld und Jahresabgabe oder Jahresabgabe allein) zahlen will. — Die Steuerprivilegien der *Beamten* finden auf diese Jahresabgabe keine Anwendung.

meindenutzungen im Verwaltungszwangsverfahren,[15a]) der Einsprüche und Beschwerden sowie der Klage [15b]) in betreff der Heranziehung oder der Veranlagung zu diesen Abgaben, etwaiger Nachforderung derselben und der Verjährung der Rückstände finden die in den §§ 36—38 enthaltenen Bestimmungen sinngemäße Anwendung, jedoch mit der Maßgabe, daß die nicht zur Hebung gestellten Einkaufsgelder erst in zwei Jahren nach Ablauf desjenigen Jahres, in welchem die Zahlungsverbindlichkeit entstanden ist,[16]) verjähren.

Sechster Abschnitt.

Verwaltung der Landgemeinden.

§ 74.

An der Spitze der Verwaltung der Landgemeinde steht der Gemeindevorsteher (Schulze, Scholze, Richter, Dorfrichter).[1])

15a) **Verwaltungszwangsverfahren.** Das Verwaltungszwangsverfahren findet jetzt nach Maßgabe der Verordnung vom 15. November 1899 (GS. S. 545) und der hierzu erlassenen Anweisung vom 28. November 1899 (Zentralblat der Abgabengesetzgebung für 1900 S. 44) statt.

15b) **Rechtsmittel.** Auf das Einkaufsgeld und die betreffenden Abgaben finden die Vorschriften des KAG. keine Anwendung, da es sich hierbei nicht um Steuern, Gebühren oder Beiträge im Sinne dieses Gesetzes handelt. Es verbleibt daher bei der sinngemäßen Anwendung der §§ 36—38 der LGO. (vgl. § 96 letzter Absatz des KAG. und PrVBl. **19** 175). Die Einspruchsfrist beträgt nach § 37 drei Monate, die Klagfrist nach § 144 zwei Wochen.

16) **Zahlungsverbindlichkeit bei Einkaufsgeld. Verjährung.** Die Zahlungsverbindlichkeit entsteht mit der Begründung des Wohnsitzes in der Gemeinde (§ 7) oder dem Eintritte der Tatsache, von der sonst nach der Ortsverfassung das Recht auf Teilnahme an Gemeindenutzungen abhängig ist. Sie fällt fort, wenn auf die Teilnahme verzichtet wird, tritt aber wieder ein, sobald der Verzicht widerrufen wird (§ 72 letzter Absatz).

Der Lauf der zweijährigen Verjährungsfrist beginnt mit dem Ablaufe des Jahres, in welchem die Zahlungsverbindlichkeit hiernach entstanden ist, nicht erst mit der Heranziehung des Zahlungspflichtigen (OVG. **48** 34).

1) **Gemeindebeamte.** Der Gemeindevorsteher ist der unmittel-

bare Dienstvorgesetzte aller Gemeindebeamten, hat deren amtliche Tätigkeit zu leiten und zu beaufsichtigen und ist befugt, ihnen (auch den Schöffen) Warnungen und Verweise zu erteilen (OVG. 53 434). — Über den Geschäftskreis des Gemeindevorstehers s. unten § 88 und dort Anm. 32. — In einzelnen Landgemeinden von mehr als 10000 Einwohnern wird dem Gemeindevorsteher die Führung des Titels „Bürgermeister" und dem ersten Schöffen die Führung des Titels „Beigeordneter" vom Minister des Innern gestattet. — Die Amtsbezeichnung als Gemeindevorsteher ist kein Titel, der nach ehrenvollem Ausscheiden aus dem Dienste fortgeführt werden darf (OVG. 52 440). Dasselbe muß von der Bezeichnung als Schöffe u. dgl. (§ 74 Abs. 2) gelten.

Welche Beamte außer dem Schulzen und den Schöffen sonst noch in der Gemeinde zu wählen sind, bestimmt sich nach den hierüber in anderen Gesetzen bestehenden Vorschriften und der Verfassung jeder einzelnen Gemeinde. Die LGO. enthält hierüber keine Vorschriften. Gewählte (im Ehrenamte tätige) Gemeindebeamte, deren Bestellung in anderen Gesetzen vorgesehen ist, sind die Ehrenfeldhüter, Waisenräte, Schulvorsteher (in Westpreußen), die Mitglieder der Steuerausschüsse und Armenpflegedeputationen (s. unten Anm. 26 zu § 84). Auf Grund der Gemeindeverfassung können unbesoldeten Gemeindebeamten alle solche amtliche Tätigkeiten übertragen werden, welche sich als eigentliche Verwaltungsgeschäfte darstellen und keine besondere technische Vorbildung (wie Kassengeschäfte mit nicht ganz einfacher Buchführung) erfordern, aber nicht solche Geschäfte, die sich lediglich als Ausführung oder Durchsetzung von Anordnungen der Verwaltungsbeamten (Zwangsvollstreckung, polizeilicher Exekutivdienst, mechanische Dienstleistungen u. dgl.) darstellen (vgl. oben Anm. 54 zu § 65). Die Gemeinde kann auch für einzelne Verwaltungszweige die Anstellung besoldeter Beamten beschließen (vgl. §§ 117 und 88 Nr. 5). Als solche werden stets Gemeindediener, Nachtwächter und andere Unterbeamte angestellt, wenn ein Bedürfnis hierzu vorliegt. — Die Standesbeamten sind in der Regel nicht von den Gemeinden zu wählen. Das Amt des Standesbeamten ist von dem Gemeindevorsteher wahrzunehmen oder von ihm mit Genehmigung des Oberpräsidenten einem anderen Gemeindebeamten widerruflich zu übertragen (§§ 4 und 7 des Personenstandsgesetzes vom 6. Februar 1875). Die Gemeindeversammlung (Gemeindevertretung) kann aber die Anstellung eines besonderen Standesbeamten beschließen, den dann der Gemeindevorsteher (Gemeindevorstand), ebenso wie die sonstigen besoldeten Gemeindebeamten, zu ernennen hat. Die Ernennung bedarf jedoch der Genehmigung des Oberpräsidenten. In den aus mehreren Gemeindebezirken gebildeten Standesamtsbezirken werden die Standesbeamten stets von dem Oberpräsidenten ernannt (§§ 4, 6 und 7 a. a. O.). Sie sind dann unmittelbare Staatsbeamte, während alle Gemeindebeamten zu den mittelbaren Staatsbeamten gehören. — Über die für die Aufsicht usw. über die Standesbeamten zuständigen Behörden s. Bekanntmachung vom 17. Oktober 1899 (MBl. S. 189).

Dem Gemeindevorsteher stehen zwei Schöffen (Schöppen, Gerichtsmänner, Gerichts- oder Dorfgeschworene) zur Seite, welche ihn in den Amtsgeschäften zu unterstützen und in Behinderungsfällen zu vertreten haben.[2])

---

2) **Schöffen.** Die Schöffen bilden, wenn nicht durch Ortsstatut ein kollegialischer Gemeindevorstand eingeführt worden ist, mit dem Gemeindevorsteher zusammen kein Kollegium. Der Gemeindevorsteher hat vielmehr in den gesetzlich ihm überwiesenen Angelegenheiten allein Entscheidung zu treffen. Ein Zusammenwirken des Gemeindevorstehers mit den Schöffen ist jedoch vorgeschrieben bei Ausführung von Gemeindebeschlüssen über die Benutzung des Gemeindevermögens (§ 88 Nr. 3) und bei der Ausstellung von Urkunden über Rechtsgeschäfte, welche die Gemeinde gegen Dritte verbinden sollen, und von Vollmachten (§ 88 Nr. 7). — Die Behinderung des Gemeindevorstehers, die eine Vertretung erforderlich macht, kann tatsächlicher Natur (Krankheit, Abwesenheit u. dgl.) oder rechtlicher Natur (persönliches Interesse, persönliche Beteiligung des Gemeindevorstehers bei der zu erledigenden Angelegenheit) sein (OVG. 4 328, 7 140). Welcher von den beiden Schöffen als Vertreter einzutreten hat, muß durch die Aufsichtsbehörde (Landrat) bestimmt werden, sofern nicht ein für allemal hierüber Bestimmung durch Gemeindebeschluß oder durch Ortsstatut getroffen worden ist oder, falls dies nicht geschehen ist, eine Vereinbarung des Gemeindevorstehers mit den Schöffen hierüber nicht zustande kommt (OVG. 4 123, 6 264). Bei schleunigen Geschäften kann jeder erreichbare Schöffe den Gemeindevorsteher vertreten (vgl. OVG. 6 269; RG. 51 153). Die Rechtsgültigkeit der Amtshandlung des Schöffen hängt nicht von dem Nachweis seiner Befugnis zur Vertretung des Gemeindevorstehers in dem gegebenen Falle ab (PrVBl. 27 882). — Die Anw. III (A. III 2) bestimmt, daß die Vertretung des Gemeindevorstehers in der Regel durch den dem Dienstalter nach, bei gleichem Dienstalter durch den dem Lebensalter nach ältesten Schöffen erfolgen soll.

Der Gemeindevorsteher ist verpflichtet, dem ihn vertretenden Schöffen die zur Führung der Geschäfte erforderlichen Gegenstände, insbesondere das mit dem Gemeindesiegel versehene Petschaft zu übergeben (OVG. 51 431).

Dorfgericht. Der Schulze und die Schöffen machen zusammen das Dorfgericht aus (ALR. II 7 § 79; §§ 80—85 daselbst sind durch Artikel 89 des AG. zum BGB. vom 20. September 1899 aufgehoben worden). Über die Zuständigkeit der Dorfgerichte trifft das Preußische Gesetz über die freiwillige Gerichtsbarkeit vom 21. September 1899 (GS. S. 249) in den Artikeln 104 bis 110 und 119 und hinsichtlich der Aufnahme von Taxen § 86 II 7 des ALR. Bestimmung. Die Dorfgerichte sind nach Art. 110 des erwähnten Gesetzes gehörig besetzt, wenn neben dem Schulzen zwei Schöffen oder ein Schöffe und ein vereidigter Gerichtsschreiber mitwirken; bei Taxen bilden stets der Schulze und zwei Schöffen das

Durch Ortsstatut kann die Zahl der Schöffen auf höchstens sechs vermehrt werden.

Wo die Zahl der Schöffen nach der bisherigen Ortsverfassung eine größere als zwei gewesen ist, aber die Zahl sechs nicht übersteigt, verbleibt es hierbei bis zu anderweiter ortsstatutarischer Festsetzung.

Wo dem Gemeindevorsteher nur zwei Schöffen zur Seite stehen, ist ein Stellvertreter zu wählen, welcher in Behinderungsfällen eines der beiden Schöffen für diesen eintritt.[3])

In größeren Gemeinden kann durch Ortsstatut ein aus dem Gemeindevorsteher und den Schöffen bestehender kollegialischer Gemeindevorstand eingeführt werden.[4])

Dorfgericht. Ist der Schulze verhindert, so wird er durch einen Schöffen vertreten. Den Amtsgerichten steht in den Angelegenheiten der freiwilligen Gerichtsbarkeit hinsichtlich der Dorfgerichte ihres Bezirkes das Recht der Aufsicht zu. Disziplinarbefugnisse haben aber nur die Gemeindeaufsichtsbehörden des § 139 der LGO. (Verf. vom 12. November 1881, MBl. S. 228). Im Geltungsgebiete des ALR. ist das Verfahren der Dorfgerichte durch eine allgemeine Verfügung des Justizministers vom 20. Dezember 1899 geregelt (JMBl. S. 806). Die sachliche Zuständigkeit der Dorfgerichte ist hiernach beschränkt auf Maßregeln zur Sicherung eines Nachlasses, die Aufnahme von Vermögensverzeichnissen, insbesondere Nachlaßinventaren, die Vornahme freiwilliger öffentlicher Versteigerungen beweglicher Sachen und öffentlicher Verpachtungen und die Aufnahme von Taxen. — Über die Dienstabzeichen der Gemeindevorsteher (Schulzenstab und Armbinde) s. MBl. für 1855 S. 136 und 232, für 1856 S. 6 und 36.

3) **Vertretung eines Schöffen.** Sie kann in Fällen erforderlich werden, wo neben dem Gemeindevorsteher oder seinem Vertreter noch eine Mitwirkung von zwei Schöffen gesetzlich vorgeschrieben ist (s. Anm. 1).

4) **Einführung eines kollegialischen Gemeindevorstandes.** Der kollegialische Gemeindevorstand tritt nicht in allen Beziehungen an die Stelle des Gemeindevorstehers, vielmehr können ihm nur bestimmte Befugnisse durch das Statut übertragen werden (s. § 89).

Über die Einführung eines kollegialischen Gemeindevorstandes spricht Anw. III A. IV folgendes aus:

„Die Einrichtung eines kollegialischen Gemeindevorstandes ist an eine Mindestzahl der Einwohner nicht geknüpft. Für die Frage seiner Einführung werden neben der Einwohnerzahl und dem Umfange der Geschäfte auch noch andere, insbesondere persönliche Verhältnisse in Betracht zu ziehen sein, und es wird stets einer näheren Prüfung im einzelnen bedürfen, ob es den Interessen der Ge-

§ 75.

Der Gemeindevorsteher und die Schöffen werden von der Gemeindeversammlung (Gemeindevertretung)[5]) aus

---

meindeverwaltung entspricht, die oben erwähnten Geschäfte einem Kollegium an Stelle eines Einzelbeamten zu übertragen. — In Gemeinden, deren Verhältnisse einfach und gleichartig gestaltet sind, und deren Einwohner der Hauptsache nach Landbau treiben, kann trotz beträchtlicher Seelenzahl die laufende Gemeindeverwaltung meist sehr wohl von einem Einzelbeamten geführt werden. In Gemeinden mit verwickelteren Verhältnissen und vorwiegend städtischem Charakter, wie namentlich in manchen Vororten größerer Städte, wird anderseits oft die Einführung eines kollegialischen Gemeindevorstandes zur Förderung des Gemeindelebens und zur Hebung der Gemeindeverwaltung dienen können. Insbesondere wird sie häufig einen angemessenen Übergang von der Landgemeindeverfassung zur städtischen Verfassung in solchen Orten bilden, deren Entwicklung auf die Verleihung der letzteren hinweist. — Ob hiernach die Einführung eines kollegialischen Gemeindevorstandes zulässig und zweckmäßig ist, hat in erster Linie die Gemeinde selbst bei Beschlußfassung über das gemäß § 74 Abs. 6 notwendige Ortsstatut, demnächst aber auch der Kreisausschuß bei Erteilung der nach § 6 Abs. 2 für das Ortsstatut erforderlichen Genehmigung zu prüfen."

5) **Wahlkörper.** In Gemeinden ohne Gemeindevertretung erfolgt die Wahl durch die in der Gemeindegliederliste aufgeführten Stimmberechtigten (§ 39), in Gemeinden mit Gemeindevertretung durch diese. — Einer Beschlußfähigkeit der Gemeindeversammlung oder der Gemeindevertretung im Sinne des § 106 bedarf es hierbei nicht, da im Gesetze die Tätigkeit der Versammelten als Wahlkörper für die nach § 75 vorzunehmenden Wahlen in anderer Weise geregelt ist, wie ihre beschließende Tätigkeit. Dies gilt sowohl von der Gemeindeversammlung als auch von der Gemeindevertretung. Nicht diese Versammlungen werden unter Beobachtung der für sie vorgeschriebenen Form (§§ 104, 105) zu der Sitzung zusammenberufen, sondern ihre Mitglieder zu einer Wahl unter Beobachtung der durch § 59 vorgeschriebenen Form eingeladen. Nicht der Gemeindevorsteher hat (wie bei der Beschlußfassung nach § 88) die Leitung, sondern ein kollegialischer Wahlvorstand, der als solcher Beschlüsse fassen kann (§ 78), während den Wählern jede Beratung und Beschlußfassung untersagt ist. Das ganze Wahlverfahren ist erschöpfend geregelt, wobei die Rechtswirksamkeit des Ergebnisses, die Gültigkeit der Wahl, von Voraussetzungen abhängig gemacht ist (§ 82), zu denen die Beteiligung eines bestimmten Bruchteils der Wahlberechtigten bei der Wahl nicht gehört. Ebenso Macht im PrVBl. **32** 769. — Über die Wahlen anderer Gemeindebeamten als des Gemeindevorstehers und der Schöffen s. unten Anm. 10.

der Zahl der Gemeindeglieder [6]) auf sechs Jahre gewählt. Nach dreijähriger Amtsdauer kann der Gemeindevorsteher auf weitere neun Jahre gewählt werden. [6a])

In Gemeinden mit mehr als 3000 Einwohnern kann die Gemeindevertretung die Anstellung eines besoldeten [7]) Gemeidevorstehers beschließen. Die Wahl desselben erfolgt auf die Dauer von 12 Jahren und ist nicht beschränkt auf die Gemeindeglieder.

In größeren Gemeinden kann, sofern der Umfang oder die Eigenart der Gemeinde-

---

6) **Wählbarkeit.** Auch nicht mit Grundbesitz angesessene Gemeindeglieder können zum Gemeindevorsteher oder Schöffen gewählt werden, aber nicht Stimmberechtigte oder deren Vertreter (§§ 45, 46), die nicht Gemeindeglieder (§§ 39, 41) sind. — Ein Gemeindeverordneter kann zum Gemeindevorsteher oder zum Schöffen gewählt werden, jedoch erlischt durch die Bestätigung seiner Wahl (§ 84) sein Amt als Gemeindeverordneter, da dieses mit jenen Ämtern unvereinbar ist (s. oben Anm. 22 zu § 53). — Von der Wahl zum Gemeindevorsteher oder Schöffen sind die zu Gemeindeverordneten nach § 53 nicht wählbaren Personen gesetzlich nicht ausgeschlossen, da es in der LGO. an einer solchen Vorschrift (wie sie in anderen Gemeindeordnungen besteht) fehlt. Es kann aber ihrer Wahl mit Rücksicht auf die Unvereinbarkeit des Gemeindeamtes mit dem Staatsamte oder dem Berufe des Gewählten die Bestätigung versagt werden.

6a) **Amtsdauer.** Ob die Wahl auf neun Jahre stattfindet, muß auf den bei der Wahl für den bisherigen Gemeindevorsteher abgegebenen Stimmzetteln (§§ 79ff.) angegeben werden (Minist.-Erlaß vom 7. September 1892 bei v. Brauchitsch, die neuen Preußischen Verwaltungsgesetze III Anm. 4 zu § 75 der LGO.). — Die Amtsdauer beginnt nicht mit dem Wahltage, sondern mit dem Antritt des Amtes (§ 85). Die Vorschrift des § 64 findet hier keine Anwendung. Die Amtsdauer endet ohne weiteres mit dem Ablaufe der Amtszeit (6 Jahre). Es muß daher für die Vornahme einer Neuwahl schon vor Ablauf der Amtszeit des Gemeindevorstehers gesorgt werden, damit die Gemeinde nicht ohne Vorsteher bleibt. Tritt dieser Fall dennoch ein, so muß bis zur Bestätigung des neu gewählten Gemeindevorstehers ein Schöffe das Amt des Gemeindevorstehers verwalten.

7) **Festsetzung der Besoldung.** Die Anstellungs-, Besoldungs- und Pensionsverhältnisse besoldeter Gemeindebeamten sowie die Ansprüche der Hinterbliebenen dieser Beamten auf Witwen- und Waisengeld können nach § 18 des Kommunalbeamtengesetzes vom 30. Juli 1899 durch Ortsstatut geregelt werden. — Im übrigen s. Anm. 92 zu § 118 der LGO. und über die Form der Anstellung Anm. 91 zu § 117 LGO.

verwaltungsgeschäfte es erfordert, mit Zustimmung des Ministers des Innern durch Ortsstatut vorgeschrieben werden, daß die Anstellung eines oder mehrerer Schöffen, jedoch höchstens eines Drittels ihrer Gesamtzahl, gegen Besoldung geschehen soll. Die Wahl dieser Schöffen erfolgt auf die Dauer von 12 Jahren und ist nicht auf Gemeindeglieder beschränkt.[8])

Vater und Sohn, sowie Brüder dürfen nicht gleichzeitig Gemeindevorsteher und Schöffen[9]) sein.

§ 76.

Bezüglich der Einladung der Mitglieder der Gemeindeversammlung (Gemeindevertretung) zur Wahl[9a]) kommen die Vorschriften des § 59 zur Anwendung.[10])

§ 77

Der Wahlvorstand besteht aus dem Gemeindevorsteher oder dem zu dessen Vertretung berufenen Schöffen, als

8) **Gesetzesänderung.** Abs. 3 ist durch Gesetz vom 20. Mai 1902 (GS. S. 143) eingeschaltet.

9) **Verwandte im Gemeindevorstand.** Stiefvater und Stiefsohn können gleichzeitig Gemeindevorsteher und Schöffen sein. Unter „Brüdern" sind auch Halbbrüder, die denselben Vater oder dieselbe Mutter haben (PrVBl. 27 323), aber nicht die durch eine Heirat zwischen einem Witwer und einer Witwe „zusammengebrachten" Geschwister zu verstehen. — Aus der Mehrzahl „Schöffen" ergibt sich, daß Vater und Sohn oder Bruder gleichzeitig weder das Amt des Gemeindevorstehers und eines Schöffen noch zwei Schöffenämter bekleiden dürfen.

9a) **Einladung zur Wahl.** Die Vorschriften des § 59 kommen hierbei nur insoweit zur Anwendung, als sie die Form und den Inhalt der Einladung, aber nicht, insoweit sie den Kreis der einzuladenden Personen betreffen.

10) **Wahlverfahren bei anderen Wahlen.** Die Vorschriften über das Wahlverfahren bei der Wahl des Gemeindevorstehers und der Schöffen finden bei den Wahlen anderer Gemeindebeamten (s. unten Anm. 26) keine Anwendung. Diese werden daher in jeder anderen Weisen (offene Abstimmung, Zettelwahl, Zuruf) erfolgen dürfen. Für sie müssen die Vorschriften Anwendung finden, welche für Beschlüsse der Gemeindeversammlung oder Gemeindevertretung bestehen, insbesondere muß auch deren Beschlußfähigkeit (§ 106) vorliegen (s. oben Anm. 5).

Vorsitzenden, und aus zwei von der Gemeindeversammlung (Gemeindevertretung) zu wählenden Beisitzern.[11]) Der Vorsitzende ernennt einen der Beisitzenden zum Protokollführer. Erforderlichenfalls kann jedoch auch eine nicht zur Wahlversammlung gehörige Person zum Protokollführer ernannt werden.

§ 78.

Während der Wahlhandlung dürfen im Wahlraume weder Beratungen stattfinden, noch Ansprachen gehalten, noch Beschlüsse gefaßt werden. Ausgenommen hiervon sind Beratungen und Beschlüsse des Wahlvorstandes, welche durch die Leitung des Wahlgeschäfts erheischt werden.

§ 79.

Jede Wahl erfolgt in einem besonderen Wahlgange durch Stimmzettel.[12])

§ 80.

Die Wähler werden in der Reihenfolge, in welcher sie in der Wählerliste aufgeführt sind,[13]) aufgerufen.

---

11) **Beisitzer.** Zu Beisitzern können nur zur Wahlversammlung gehörige Personen gewählt werden. Ihre Wahl kann auch auf andere Weise als durch Stimmzettel (z. B. durch Zuruf oder andere, offene Stimmabgabe) erfolgen (vgl. OVG. 8 121). — Die Ernennung der Beisitzer durch den Gemeindevorsteher ist unzulässig (vgl. OVG. 9 89). — Über die Bedeutung der Wahlförmlichkeiten und der Wahlbeeinflussungen s. Anm. 41 zu § 60.

12) **Form der Abstimmung.** Die Vornahme der Wahl auf andere Weise als durch Stimmzettel (z. B. durch Zuruf, Händeerheben) ist unzulässig.

13) **Wählerliste.** Erfolgt die Wahl durch die Gemeindevertretung, so wird die „Wählerliste" durch ein Verzeichnis der Mitglieder der Gemeindevertretung dargestellt; erfolgt sie durch die Gemeindeversammlung, so bildet die Gemeindegliederliste (§ 39 Abs. 2) auch die Wählerliste. Da eine Auslegung dieser Liste während einer bestimmten Frist nicht vorgeschrieben ist, so kann die Liste nicht (wie die Wählerliste des § 59) als die unabänderliche Grundlage für das Wahlverfahren gelten. Daher kann auch in Unrichtigkeiten der Wählerliste ein formaler Mangel des Wahlverfahrens (§ 84 Abs. 2) gefunden werden, welcher die Versagung der Bestätigung des Gewählten begründet, wenn durch die Unrichtigkeiten das Wahlergebnis beeinflußt sein kann.

Die Aufgerufenen legen ihre Stimmzettel uneröffnet in die Wahlurne.

Findet die Wahl durch die Gemeindeversammlung statt, so wird das Simmrecht nach Maßgabe der Bestimmungen des § 48 ausgeübt.

Die nach der Eröffnung, jedoch vor dem Schlusse der Wahlhandlung erscheinenden Wähler können noch an der Abstimmung teilnehmen.

Sind keine Stimmen mehr abzugeben, so erklärt der Wahlvorstand die Wahl für geschlossen; der Vorsitzende nimmt die Stimmzettel einzeln aus der Wahlurne und verliest die darauf verzeichneten Namen, welche von einem durch den Vorsitzenden zu ernennenden Beisitzer laut gezählt werden. 14)

§ 81.

Ungültig sind diejenigen Stimmzettel, 15)

1. welche nicht von weißem Papier oder welche mit einem äußeren Kennzeichen versehen sind,
2. welche keinen oder keinen lesbaren Namen enthalten,
3. aus welchen die Person des Gewählten nicht unzweifelhaft zu erkennen ist,
4. auf welchen mehr als ein Name oder der Name einer nicht wählbaren Person verzeichnet ist,
5. welche einen Protest oder Vorbehalt enthalten.

---

14) **Stimmzähler.** Der Vorsitzende hat einen der von der Versammlung aus ihrer Mitte gewählten Beisitzer zum Stimmzähler zu ernennen. Der Protokollführer darf dann nicht Stimmzähler sein, wenn er nicht zugleich Beisitzer, sondern eine nicht zur Wahlversammlung gehörige Person (§ 77) ist.

15) **Ungültige Stimmzettel.** Ein den Stimmzettel ungültig machendes äußeres Kennzeichen ist ein auf der Außenseite des Stimmzettels befindliches, da ein solches auch den zusammengefalteten Stimmzettel bei der Abgabe kenntlich machen kann. — Ob die Person des Gewählten unzweifelhaft erkannt werden kann, ist eine rein tatsächliche, nach den Umständen des einzelnen Falles vom Wahlvorstande zu entscheidende Frage (OVG. **1** 13). Handelt es sich dabei um eine nur unvollständige, aber nicht unrichtige Bezeichnung des Gewählten, so wird bei der Nachprüfung der Entscheidung des Wahlvorstandes auf dessen Urteil besonders Gewicht zu legen sein, da seine Mitglieder dem Wahlkörper selbst angehören und den in Betracht kommenden Verhältnissen und Vorgängen am nächsten stehen (PrVBl. **33** 146).

Alle ungültigen Stimmzettel werden als nicht abgegeben betrachtet. Über die Gültigkeit der Stimmzettel entscheidet vorläufig der Wahlvorstand.

Die Stimmzettel [16]) sind dem Wahlprotokolle beizufügen und so lange aufzubewahren, bis über die gegen das Wahlverfahren erhobenen Einsprüche rechtskräftig entschieden ist. [16a])

§ 82.

Als gewählt ist derjenige zu betrachten, [17]) welcher bei der ersten Abstimmung mehr als die Hälfte der gültig abgegebenen Stimmen erhalten hat.

Ergibt sich bei der ersten Abstimmung diese Stimmenmehrheit nicht, so kommen bei der sofort vorzunehmenden zweiten Abstimmung diejenigen zwei Personen, welche im ersten Wahlgange die meisten Stimmen erhalten haben, auf die engere [18]) Wahl. Haben mehr als zwei Personen die höchste oder zweithöchste Stimmenzahl in der Weise erhalten, daß auf sie eine gleiche Stimmenzahl entfallen ist, so entscheidet das durch die Hand des Vorsitzenden zu ziehende Los [19]) darüber, wer auf die engere Wahl zu bringen ist. Bei dem zweiten Wahlgange sind außer

---

16) **Aufbewahrung der Stimmzettel.** Sie muß alle Stimmzettel, sowohl gültige als ungültige, umfassen.

16a) **Eine rechtskräftige Entscheidung über erhobene Einsprüche** gegen das Wahlverfahren findet bei diesen Wahlen nicht statt. In Betracht kommen kann nur die Entscheidung des Kreisausschusses über die Versagung der Bestätigung, die Entscheidung des Bezirksausschusses über eine gegen den bezüglichen Beschluß des Kreisausschusses erhobene Beschwerde und die Entscheidung des Oberverwaltungsgerichts auf die von dem Landrate gegen den Beschluß des Kreisausschusses erhobene Klage (s. unten Anm. 23).

17) **Verkündung des Wahlergebnisses.** Das Ergebnis der Wahl ist der Wahlversammlung sogleich nach der Feststellung zu verkünden (OVG. 7 94).

18) **Engere Wahl.** Die engere Wahl muß sofort vorgenommen werden. (Anders bei den Wahlen der Gemeindeverordneten, § 62 Abs. 3). An ihr können sich auch inzwischen erschienene Wähler beteiligen, die bei dem ersten Wahlgange keine Stimme abgegeben haben (OVG. 3 18).

19) **Los.** Über das Wesen der Auslosung siehe oben Anm. 34 zu § 41.

den im § 81 angegebenen ferner auch alle diejenigen Stimmzettel ungültig, welche den Namen einer nicht zur engeren Wahl stehenden Person enthalten. Als gewählt ist derjenige zu betrachten, welcher die meisten Stimmen erhalten hat. Bei Stimmengleichheit entscheidet das durch die Hand des Vorsitzenden zu ziehende Los.

Die Wahlprotokolle sind von dem Wahlvorstande zu unterzeichnen. [20])

§ 83.

Der Vorsitzende des Wahlvorstandes hat die Gewählten von der auf sie gefallenen Wahl mit der Aufforderung in Kenntnis zu setzen, sich über die Annahme oder Ablehnung der Wahl innerhalb längstens einer Woche zu erklären. [21]) Von demjenigen, welcher hierüber keine Erklärung abgibt, wird angenommen, daß er die Wahl ablehne. [21a])

§ 84.

Die gewählten Gemeindevorsteher und Schöffen bedürfen der Bestätigung durch den Landrat.

Vor der Bestätigung ist der Amtsvorsteher (Distriktskommissarius) [22]) mit seinem Gutachten zu hören.

Die Bestätigung kann nur unter Zustimmung des Kreisausschusses [23]) versagt werden. Dieser Zustimmung

---

20) **Unterzeichnung des Protokolls.** Die Unterzeichnung kann auch nach Schluß der Wahlhandlung erfolgen. Die Verweigerung der Unterschrift seitens eines Beisitzers bewirkt keinen Mangel des Wahlverfahrens (vgl. OVG. 6 153).

21) **Erklärung über die Annahme der Wahl.** Ist der Gewählte bei der Wahl anwesend, so kann die Mitteilung und Erklärung über die Wahl sofort mündlich geschehen und im Wahlprotokolle beurkundet werden.

21a) **Wiederholung der Wahl.** Wird die Wahl abgelehnt, so hat der Gemeindevorsteher eine Wiederholung der Wahl in einem neuen Termin in dem durch § 59 bestimmten Verfahren anzuordnen (s. oben Anm. 9a).

22) **Anhörung des Amtsvorstehers.** Der Distriktskommissarius tritt in der Provinz Posen an die Stelle des Amtsvorstehers. Wird der Amtsvorsteher zum Gemeindevorsteher gewählt, so ist sein Stellvertreter (Kreisordnung § 57 Abs. 5 u. 6) zu hören.

23) **Rechtsmittel gegen den Beschluß.** Gegen den die Bestätigung versagenden Beschluß des Kreisausschusses ist gemäß

bedarf es auch dann, wenn der Wahl die Bestätigung wegen formaler Mängel des Verfahrens versagt wird.

Wird die Bestätigung versagt, so ist eine Neuwahl anzuordnen.[23a]) Erhält auch diese die Bestätigung nicht, so ernennt der Landrat unter Zustimmung des Kreisausschusses einen Stellvertreter[24]) auf so lange, bis eine erneuerte Wahl[25]) die Bestätigung erlangt hat.

LVG. § 121 Abs. 3 die Beschwerde an den Bezirksausschuß innerhalb zwei Wochen zulässig. Dieser entscheidet gemäß LVG. § 121 Abs. 2 endgültig. Das Beschwerderecht wird sowohl dem Gewählten als auch der Gemeinde, die es auf Beschluß der Gemeindeversammlung (Gemeindevertretung) durch den Gemeindevorsteher auszuüben hat, zuzubilligen sein. Der Beschluß des Kreisausschusses wird daher sowohl dem Gewählten als auch der Gemeinde (zu Händen des Gemeindevorstehers) zugestellt werden müssen. Gegen den die Zustimmung zur Versagung der Bestätigung ablehnenden Beschluß des Kreisausschusses steht dem Landrat kein Recht zur Beschwerde zu. Er kann jedoch die Klage bei dem Oberverwaltungsgerichte (LVG. § 126) erheben, wenn jener Beschluß das bestehende Recht verletzt. Dies kann dann der Fall sein, wenn der Gewählte nach den gesetzlichen Vorschriften der LGO. nicht wählbar ist, z. B. weil er nicht Gemeindeglied ist (OVG. **11** 84), oder wenn bei dem Wahlverfahren gegen gesetzliche Vorschriften verstoßen worden ist (s. oben §§ 76—82).

Der Angabe von Gründen bedarf es bei Versagung der Bestätigung nicht. — Vgl. auch Anm. 62 zu § 66.

Die erteilte Bestätigung zurückzunehmen, ist der Landrat auch nicht mit Zustimmung des Kreisausschusses befugt (OVG. **41** 1).

23a) **Anordnung einer Neuwahl.** S. oben Anm. 21a.

24) **Kommissarischer Gemeindevorsteher.** Der Stellvertreter des Gemeindevorstehers wird auch „kommissarischer Gemeindevorsteher" genannt. Seine Ernennung durch den Landrat erfolgt widerruflich. Ob und welche Kündigungsfrist ihm gegenüber bei Entziehung des Auftrags einzuhalten ist, wird zwischen dem zu Ernennenden und dem Landrat vereinbart werden müssen. Jedenfalls kann aber durch eine solche Vereinbarung das Recht der Gemeinde, jederzeit die Neuwahl des Gemeindevorstehers vorzunehmen (s. Anm. 25), nicht eingeschränkt werden. Der Landrat ist, unbeschadet der getroffenen Vereinbarung, auch befugt, den von ihm ernannten kommissarischen Gemeindevorsteher durch einen anderen zu ersetzen, insbesondere wenn die Zeitdauer, für welche seine Ernennung erfolgt ist, ihr Ende erreicht hat. Dasselbe gilt von Stellvertretern für nicht bestätigte Schöffen oder andere gewählte Gemeindebeamte (letzter Absatz). Über die Höhe der von der Gemeinde zu zahlenden Entschädigung des kommissarischen Gemeinde-

Dasselbe findet statt, wenn keine Wahl zustande kommt.[25a])

Die Bestimmungen dieses Paragraphen finden auch auf andere gewählte Gemeindebeamte Anwendung, deren Wahl der Bestätigung bedarf.[26])

---

vorstehers für seine Tätigkeit beschließt gemäß § 87 der Kreisausschuß.

Die Annahme, daß die Ernennung eines Stellvertreters durch den Landrat auch dann zulässig sei, wenn bei der zweiten Wahl der Gewählte die Annahme der Wahl abgelehnt hat (s. Saran im PrVBl. 29 695), findet in dem Gesetze keine Grundlage, da in diesem Falle weder eine Versagung der Bestätigung erfolgt (§ 84 Abs. 4) noch eine Wahl nicht zustande gekommen ist (§ 84 Abs. 5).

25) **Erneute Wahl.** Die erneute Wahl kann von der Gemeindeversammlung (Gemeindevertretung) jederzeit wieder vorgenommen werden, ohne daß es hierzu einer Anordnung oder Genehmigung des Landrats bedarf.

25a) **Kein Zustandekommen einer Wahl.** Eine Wahl kommt nicht zustande, wenn in dem anberaumten Wahltermine keine Wahl stattfinden kann, sei es weil so wenig Wähler erscheinen, daß kein Wahlvorstand (gemäß § 77) gebildet werden kann, sei es weil sämtliche erschienenen Wähler sich der Wahl enthalten. Von der Vornahme einer Wahl Abstand zu nehmen, darf weder die Gemeindeversammlung noch die Gemeindevertretung in einer Gemeinde mit nicht mehr als 3000 Einwohnern (§ 75 Abs. 2) beschließen. Der Gemeindevorsteher muß vielmehr trotz eines solchen Beschlusses die Wähler (gemäß §§ 59, 76) zur Wahl einladen und hierzu nötigenfalls von dem Landrat angehalten werden. — Die Befugnis des Landrats zur Ernennung eines stellvertretenden Gemeindevorstehers tritt nicht erst ein, wenn eine Wahl nicht zustande kommt, nachdem vorher eine Versagung der Bestätigung des Gewählten stattgefunden hatte, oder wenn eine Wahl zum zweiten Male nicht zustande gekommen ist. Die Ernennung kann vielmehr auch dann erfolgen, wenn die Wahl erst einmal nicht zustande gekommen ist. Ebenso wird sie zulässig sein müssen, wenn fortdauernd die Gewählten die Annahme der Wahl ablehnen (s. oben Anm. 21a und 24 Abs. 2).

26) **Bestätigung gewählter Gemeindebeamten.** Dieser Bestätigung bedürfen der Regel nach alle gewählten Gemeindebeamten (ALR. II 6 §§ 159, 160). Zu ihnen gehören insbesondere Ehrenfeldhüter (§ 64 des Feld- u. Forstpolizeigesetzes vom 1. April 1880), Mitglieder der Deputationen für die Armenpflege (§ 3 des G. vom 8. März 1871; OVG. 25 417) und in der Provinz Westpreußen die gewählten Schulvorsteher (§ 31 der Preußischen Schulordnung v. 11. Dezember 1845). Keine Anwendung findet § 84 auf die im Geltungsbereiche des Schulunterhaltungsgesetzes vom 28. Juli 1906 (GS. S. 335) gewählten Mit-

§ 85.

Die Gemeindevorsteher und die Schöffen werden vor ihrem Amtsantritte [26a]) von dem Landrate oder in seinem Auftrage von dem Amtsvorsteher, in der Provinz Posen von dem Distrikskommissarius, vereidigt. [27])

§ 86.

Die Gemeindevorsteher haben den Ersatz ihrer baren Auslagen [28]) und die Gewährung einer mit ihrer amt-

---

glieder des Schulvorstandes, die von der Schulaufsichtsbehörde zu bestätigen sind (§ 47 Abs. 5, § 50 Abs. 7 daselbst), ferner auf die Schiedsmänner, die vom Präsidium des Landgerichts bestätigt werden (vgl. Schiedmannsordnung vom 29. März 1879 §§ 4 u. 5), die Mitglieder des Steuerausschusses (Kommunalabgabengesetz § 61) und die Waisenräte (BGB. §§ 1675, 1779, 1792, 1849 bis 1851, 1862, 1915; Reichsgesetz über die freiwillige Gerichtsbarkeit vom 17. Mai 1898 § 49; Preußisches Ausführungsgesetz zum BGB. v. 20. September 1899 Artikel 77; Ministerialverf. vom 9. Dezember 1875, MBl. S 273, vgl. Anm. 54 zu § 64). Nicht gewählten, sondern angestellten (besoldeten) Gemeindebeamten, die der Bestätigung des Landrats nach besonderer gesetzlicher Vorschrift bedürfen (wie polizeiliche Beamte auf Grund des § 4 des G. vom 11. März 1850, Feld- und Forsthüter auf Grund des § 62 des Feld- und Forstpolizeigesetzes), kann der Landrat ohne Zustimmung des Kreisausschusses die Bestätigung versagen. Bei Versagung der Bestätigung bedarf es auch hier nicht der Angabe von Gründen. — Besoldete Gemeindebeamte, für die eine Bestätigung durch besondere gesetzliche Bestimmung nicht vorgeschrieben ist, wie Gemeindeschreiber, bedürfen einer solchen nicht (Minist.Verf. v. 3. September 1892, MBl. S. 293).

26a) **Der Amtsantritt** erfolgt nicht (wie nach § 64 bei den Gemeindeverordneten) an einem bestimmten Tage im Jahre, sondern sogleich nach Ablauf der Amtszeit des Amtsvorgängers (s. oben Anm. 6a).

27) **Vereidigung.** Die Form des Diensteides ist durch Verordnung vom 6. Mai 1867 (GS. S. 715) bestimmt. Eine wiederholte Vereidigung desselben Beamten für verschiedene Ämter ist ebensowenig erforderlich als die Verweisung auf den früher geleisteten Diensteid bei der Einführung in ein anderes Amt (Minist-Verf. v. 26. Oktober 1888, MBl. S. 191).

28) **Auslagen des Gemeindevorstehers.** Zu den baren Auslagen gehören die Kosten für Dienstreisen, Schreibmaterialen, Miete für Diensträume, Schreibhilfe, Postporto. Es ist nicht unzulässig, daß für alle oder einzelne Gruppen dieser Auslagen zwischen dem Gemeindevorsteher und der Gemeindeversammlung (Gemeindever-

lichen Mühewaltung in billigem Verhältnisse stehenden Entschädigung [29]) zu beanspruchen.

Die Aufbringung derselben liegt der Gemeinde ob.

Alle fortlaufenden Geld- und Naturalbeiträge des Gutsherrn zur Remuneration des Gemeindevorstehers fallen fort.

Landdotationen, welche für die Verwaltung des Schulzenamts ausgewiesen sind, können auf Grund des gegenwärtigen Gesetzes nicht zurückgefordert werden. Sind solche Landdotationen allein oder in Verbindung mit Geld- und Naturalbeiträgen von dem Gutsherrn gewährt, so ist derselbe berechtigt, hierfür von dem Gemeindevorsteher auch ferner die Wahrnehmung der Geschäfte des Gutsvorstehers oder die Vertretung hierbei in dem bisherigen Umfange (§ 124 Absatz 2) zu fordern.

Der Gutsherr wie die Gemeinde kann die Lösung eines derartigen Verhältnisses gegen Fortfall der Geld- und Naturalbeiträge und gegen Entschädigung für die Landdotationen verlangen. Der Gemeinde steht dabei das Recht zu, statt der Gewährung einer Entschädigung die Landdotationen herauszugeben. [29a])

---

tretung) ein Pauschquantum vereinbart wird. Erforderlichenfalls kommt § 87 zur Anwendung.

Für die Wahrnehmung der Standesamtsgeschäfte in der Gemeinde seines Hauptamts (s. oben Anm. 1) steht dem Gemeindevorsteher eine Entschädigung nicht zu. Er erhält eine solche nur in den aus mehreren Gemeinden zusammengesetzten Standesamtsbezirken (Personenstandsgesetz vom 6. Februar 1875 § 7 Abs. 2, OVG. 2 85).

29) **Entschädigung und Besoldung.** Die Entschädigung des Gemeindevorstehers ist keine „Besoldung" im Sinne des Kommunalbeamtengesetzes v. 30. Juli 1899. Als eine solche sind nur die Dienstbezüge eines nach § 75 der LGO. angestellten „besoldeten" Gemeindevorstehers anzusehen.

Eine Befreiung des Gemeindevorstehers von Kommunalabgaben ist nach Erlaß des Kommunalabgabengesetzes (s. dort § 20) nicht mehr zulässig.

29a) **Auseinandersetzung wegen des Schulzendienstlandes.** Ob ein Schulzendienstlands-Verhältnis im Sinne der Vorschriften in Abs. 4 und 5 vorhanden ist, hängt nicht davon ab, wer der privatrechtliche Eigentümer des Schulzendienstlandes ist. Liegen die Voraussetzungen des § 86 Abs. 5 vor, so hat die Gemeinde auch dann die Entschädigung dem Gutsherrn zu gewähren, wenn

In betreff der Auseinandersetzungen kommen die Vorschriften der §§ 97 bis 101 mit der Maßgabe zur Anwendung, daß zu den im ersten Absatze des § 101 erwähnten Kosten auch die Gutsherren nichts beizutragen haben.

Die Schöffen haben ihr Amt in der Regel unentgeltlich zu verwalten und nur den Ersatz barer Auslagen zu beanspruchen.[30])

§ 87.

Über die Festsetzung der baren Auslagen und der Entschädigung der Gemeindevorsteher und der kommissarischen Gemeindevorsteher, sowie über die baren Auslagen der Schöffen beschließt der Kreisausschuß auf Antrag der Beteiligten.[31])

---

sie privatrechtlich Eigentümerin des Landes ist. Liegen dagegen jene Voraussetzungen nicht vor, so behält sie das Schulzendienstland auch dann, wenn es privatrechtlich im Eigentume des Gutsherrn steht (Urteil des Oberlandeskulturgerichts vom 14. März 1910, Zeitschrift f. d. Landeskulturgesetzgebung **38** 34, PrVBl. **33** 211).

30) **Auslagen der Schöffen.** Bare Auslagen können den Schöffen aus der Vertretung des Gemeindevorstehers erwachsen. Die dem Gemeindevorsteher zustehende Entschädigung wird statt diesem dem Schöffen zu gewähren sein, wenn letzterer für einen längeren Zeitraum, besonders bei Erledigung des Amtes des Gemeindevorstehers vor Wiederbesetzung des Amtes, vertretungsweise dessen Verwaltung übernehmen muß.

31) **Beschluß des Kreisausschusses über die Entschädigung.** Von Amts wegen (ohne Antrag eines Beteiligten) hat der Kreisausschuß hierüber nicht zu beschließen. Es ist daher eine Vereinbarung zwischen der Gemeinde und dem Gemeindevorsteher nicht nur bezüglich der Auslagen, sondern auch bezüglich der Entschädigung für die Mühewaltung zulässig. Eine solche Vereinbarung schließt aber ein Anrufen des Kreisausschusses nicht aus, wenn das öffentliche Interesse eine anderweitige Bemessung der Entschädigung erforderlich macht (OVG. **4** 97, 102). Als „Beteiligte" sind der Gemeindevorsteher oder die Schöffen einerseits und die Gemeinde andererseits anzusehen, jedoch nicht die überstimmte Minderheit der Gemeindeversammlung oder Gemeindevertretung (OVG. **4** 91). Nicht nur die Höhe der Entschädigung, sondern auch ihre Art kann Gegenstand der Beschlußfassung des Kreisausschusses sein (OVG. **7** 164.) — Gegen den Beschluß des Kreisausschusses steht jedem der Beteiligten innerhalb zwei Wochen die Beschwerde an den Bezirksausschuß zu. Seine Entscheidung ist endgültig (LVG. §§ 52, 121). — Über Auslagen der Schöffen s. oben Anm. 30.

§ 88.

Der Gemeindevorsteher ist die Obrigkeit der Landgemeinde und führt deren Verwaltung.[32])

32) **Obliegenheiten des Gemeindevorstehers.** Der Gemeindevorsteher ist sowohl Obrigkeit (Staatsverwaltungsbehörde) als auch Verwalter der Gemeindeangelegenheiten. In beiden Eigenschaften hat er die Eigenschaft einer Behörde und die Befugnisse einer solchen (s. Friedrichs im PrVBl. 28 41 und 57). Als Obrigkeit ist er in den betreffenden Angelegenheiten verpflichtet, den Anordnungen der vorgesetzten Staatsbehörden Folge zu leisten. In den Gemeindeverwaltungssachen ist die Befugnis der Aufsichtsbehörde durch das Recht der Gemeinde auf Selbstverwaltung beschränkt (s. §§ 5 und 139—141). In Angelegenheit der Staatsverwaltung, als Obrigkeit, stehen dem Gemeindevorsteher zur Durchsetzung seiner Anordnungen die in § 132 des LVG. bezeichneten Zwangsmittel (Ausführung durch einen Dritten auf Kosten des Verpflichteten, Androhung von Geldstrafe bis zu 5 Mark, event. 1 Tag Haft, unmittelbarer Zwang) nach Maßgabe jener Vorschrift zu, als Verwalter der Gemeindeangelegenheiten jedoch nicht (OVG. 9 57). Ein Strafrecht steht ihm auf dem Gebiete der Gemeindeabgabenverwaltung nach Maßgabe des § 81 Abs. 2 und § 82 des KAG. zu. Als Obrigkeit ist der Gemeindevorsteher in seinen Entschließungen selbständig, er führt die politische Verwaltung unabhängig von der Gemeindeversammlung (Gemeindevertretung), während er die Verwaltung der Gemeindeangelegenheiten nach Maßgabe der Beschlüsse jener Versammlungen zu führen hat (s. unten Anm. 57 und 58).

Zu den Gemeindeangelegenheiten im engeren Sinne gehören sowohl diejenigen, welche gesetzlich der Gemeinde obliegen, wie die Wegeunterhaltung, die Armenverwaltung, das Abgabenwesen der Gemeinde und die Verwaltung des Gemeindevermögens, als auch diejenigen, welche freiwillig von der Gemeinde übernommen sind (s. Anm. 2 und 2a zu § 5). Man nennt jene die obligatorischen, diese die fakultativen Gemeindeaufgaben (vgl. Anm. 2 zu § 5).

Als Ortsobrigkeit liegen dem Gemeindevorsteher außer der in §§ 90 und 91 behandelten polizeilichen Tätigkeit besonders folgende Pflichten ob:

a) die Vorarbeiten für die Veranlagung der staatlichen Einkommen-, Ergänzungs-, Gewerbe-, Grund- und Gebäudesteuer nach Maßgabe der betreffenden Steuergesetze, sowie die Erhebung der Steuern nach Maßgabe der Allerh. Verordnung vom 22. Januar 1894 (GS. S. 5);

b) die Führung der Rekrutierungsstammrollen der Gemeinde, das Erscheinen im Musterungs- und Aushebungsgeschäft, die Gestellung der Militärpflichtigen zu diesen Geschäften, die Unterstützung der Ersatz- und Landwehrbehörde bei der Kontrolle der Wehrpflichtigen und die Aufstellung der Landsturmrollen nach Maßgabe der §§ 45, 46, 61 Nr. 3, 62 Nr. 1, 70 Nr. 2, 102—106 der Wehrordnung vom 22. Juli 1901, die Verteilung der Quartierleistung für die bewaffnete Macht und der sonstigen Naturalleistungen (Vorspann, Fourage, Verpflegung) im Frieden, sowie der Kriegsleistungen nach Maßgabe der §§ 5, 11 und 14 des Bundesgesetzes vom 25. Juni 1868, der §§ 7 und 16 des Reichsgesetzes vom 13. Februar 1875 und 21. Juni 1885, des Reichsgesetzes vom 13. Juni 1873 und der hierzu erlassenen Kaiserlichen Verordnungen; die Mitwirkung bei Feststellung der Verhältnisse der zu unterstützenden Familien in den Militärdienst eingetretener Mannschaften nach § 6 des Reichsgesetzes vom 28. Februar 1888 und die Entgegennahme von Unterstützungsanträgen von Familien der zu Friedensübungen einberufenen Mannschaften nach § 1 des Reichsgesetzes vom 10. Mai 1892;

c) die Erhebung der Betriebssteuern für den Kreis nach § 13 des Gesetzes vom 14. Juli 1893;

d) die Aufstellung der Urlisten zur Auswahl der Schöffen und Geschworenen nach §§ 36 und 85 des Gerichtsverfassungsgesetzes;

e) die Aufstellung der Wählerliste für die Reichstagswahlen nach dem Reichswahlgesetz vom 31. Mai 1869 nebst Ausführungsreglement vom 28. Mai 1870 (BGBl. S. 275) und Bekanntmachung vom 28. April 1903 (RGBl. S. 202), für die Wahlen zum Abgeordnetenhause nach der Verordnung vom 30. Mai 1849, dem Gesetze vom 29. Juni 1893 und dem Wahlreglement vom 14. März 1903 (MBl. S. 146);

f) die Mitwirkung auf dem Gebiete der Kranken-, Unfall-, und Invaliditätsversicherung nach Maßgabe der Reichsversicherungsordnung und den zu dieser erlassenen Ausführungsvorschriften;

g) die Mitwirkung in gewerbepolizeilichen Angelegenheiten nach Maßgabe der Reichsgewerbeordnung, die gewerbegerichtliche Tätigkeit nach Maßgabe der §§ 71 ff. des RG. vom 30. Juni 1901 (RGBl. S. 353) und die kaufmannsgerichtliche nach Maßgabe des § 19 des RG. vom 6. Juli 1904 (RGBl. S. 266);

h) die Verwaltung der Angelegenheiten der Jagdgenossenschaft als Jagdvorsteher der Gemeinde nach Maßgabe der §§ 16 bis 26 der Jagdordnung vom 15. Juli 1907 (GS. S. 207); s. OVG. **52** 440; PrVBl. **30** 391 und unten Anm. 76 zu § 113;

i) die Vertretung der Separationsinteressenten nach Maßgabe des Gesetzes vom 2. April 1887 (vgl. OVG. **21** 143 und **23** 68); s. auch oben Anm. 1 zu § 68;

k) die Führung der Geschäfte des Standesbeamten, sofern nicht von der höheren Verwaltungsbehörde ein anderer Standesbeamter bestellt oder diese Geschäfte einem auf Beschluß der Gemeinde bestellten besonderen Standesbeamten (s. § 117

Der Gemeindevorsteher führt in der Gemeindeversammlung (Gemeindevertretung) den Vorsitz [33]) mit vollem Stimmrechte. [33a])

Anm. 91) oder vom Gemeindevorsteher mit Genehmigung der höheren Verwaltungsbehörde einem anderen Gemeindebeamten widerruflich übertragen worden sind (Personenstandsgesetz vom 6. Februar 1875, RGBl. S. 23, §§ 3 bis 5, Bekanntmachung vom 17. Oktober 1899, MBl. S. 189); s. auch oben Anm. 1;

l) die Aufnahme von Nottestamenten gemäß BGB. §§ 2234 bis 2250, 2252, 2265 sowie AG. zum BGB. Art. 80. Das Testament, zu dessen Aufnahme auch die Gutsvorsteher befugt sind, muß unverzüglich dem Amtsgericht abgeliefert werden. In betreff der Errichtung ist eine ausführliche Anweisung, die ein Muster enthält, am 23. Juni 1900 (MBl. S. 251, JustMBl. Beilage zu Nr. 32) erlassen worden. Abgesehen von dem Falle, daß der Ort infolge des Ausbruchs einer Krankheit oder infolge sonstiger ungewöhnlicher Umstände dergestalt abgesperrt ist, daß die Errichtung eines Testaments vor einem Richter oder einem Notar nicht möglich ist (BGB. § 2250), darf der Gemeindevorsteher (Gutsvorsteher) sich der Aufnahme eines Testaments nur dann unterziehen, wenn er die Besorgnis für begründet hält, daß der Erblasser früher sterben werde, als die Errichtung eines Testaments vor dem Richter oder einem Notar möglich sein würde. Die örtliche Zuständigkeit des Gemeindevorstehers (Gutsvorstehers) beschränkt sich auf den Gemeindebezirk (Gutsbezirk). Der Vorsteher soll dem Erblasser darüber belehren, daß das Nottestament, falls er am Leben bleibt, nur drei Monate lang gilt (MinistVerf. vom 10. November 1902, MBl. S. 222).

33) **Vertretung des Gemeindevorstehers.** Über Behinderung des Gemeindevorstehers, den Vorsitz zu führen, und seine Vertretung s. oben Anm. 2.

33a) **Stimmrecht des Gemeindevorstehers.** Die Vorschrift, daß der Gemeindevorsteher den Vorsitz „mit vollem Stimmrecht" führe, hat nur für die Fälle Bedeutung, in denen dem Gemeindevorsteher in der Gemeindeversammlung ein volles Stimmrecht nicht zusteht, weil er nicht angesessen ist (§ 48 Nr. 1) oder weil er vom Landrat ernannter Stellvertreter des Gemeindevorstehers (§ 84 Abs. 4), aber nicht Gemeindeglied (§ 39 Abs. 1, § 41) ist. Dieses volle Stimmrecht steht auch dem Schöffen zu, welcher als Vertreter des Gemeindevorstehers den Vorsitz der Gemeindeversammlung führt. Anderer Ansicht ist Busch (PrVBl. 32 375), der mit Rücksicht auf die ähnliche Vorschrift über das Stimmrecht des Amtsvorstehers im Amtsausschusse (Kreisordnung § 54 Abs. 1) annimmt, daß der Gemeindevorsteher außer den ihm als Gemeindeglied gemäß § 48 zustehenden Stimmen noch eine weitere Stimme als Vorsitzender hat. — In den Sitzungen der Gemeindevertretung steht dem Gemeindevorsteher als Vor-

Hat die Gemeindeversammlung (Gemeindevertretung) einen Beschluß gefaßt, welcher nach der Ansicht des Gemeindevorstehers das Gemeinwohl oder das Gemeindeinteresse verletzt, so ist der Gemeindevorsteher[33b]) verpflichtet, die Ausführung des Beschlusses auszusetzen und, wenn die Gemeindeversammlung (Gemeindevertretung) bei nochmaliger Beratung bei ihrem Beschluß beharrt, innerhalb zwei Wochen die Entscheidung des Kreisausschusses einzuholen.[34])

Insbesondere liegen dem Gemeindevorsteher folgende Geschäfte ob:

1. die Gesetze und Verordnungen, sowie die Verfügungen der ihm vorgesetzten Behörden auszuführen,
2. die Beschlüsse der Gemeindeversammlung (Gemeindevertretung) vorzubereiten,[34a])
3. die Beschlüsse der Gemeindeversammlung (Gemeindevertretung), sofern er dieselben nicht beanstandet (§ 140) oder deren Ausführung aussetzt (Abs. 3) — diejenigen über die Benutzung des Gemeindevermögens (§ 113)

---

sitzenden, ebenso wie jedem Gemeindeverordneten, eine Stimme zu, diese entscheidet aber bei Stimmengleichheit (§ 107).

33b) **Aussetzung der Ausführung eines Beschlusses durch den Gemeindevorstand.** Liegt die Ausführung eines Beschlusses der Gemeindevertretung dem kollegialischen Gemeindevorstande gemäß § 89 ob, so kann dieser beschließen, daß die Ausführung auszusetzen sei. Daneben besteht die gleiche Befugnis für den Gemeindevorsteher (OVG. vom 12. Juni 1913 — I C 7/13).

34) **Aussetzung der Ausführung von Gemeindebeschlüssen.** Die Verpflichtung hierzu stellt, ebenso wie die im § 140 behandelte Verpflichtung zur Beanstandung von Beschlüssen, eine Ausnahme von der Regel dar, daß der Gemeindevorsteher die Beschlüsse der Gemeindeversammlung auszuführen hat (s. Nr. 3 im § 88). Die Aussetzung der Ausführung findet statt gegenüber Beschlüssen, die an sich gesetzlich zulässig, aber unzweckmäßig sind, weil sie das Gemeinwohl oder das Interesse der Gemeinde verletzen, die Beanstandung (§ 140) aber gegenüber Beschlüssen, welche die Befugnisse der Gemeindeversammlung (Gemeindevertretung) überschreiten oder die Gesetze verletzen (s. Anm. 4 bis 6 zu § 140). — Über die Rechtsmittel gegen den Beschluß des Kreisausschusses s. oben Anm. 31.

34a) **Vorbereitung der Beschlüsse.** Es ist nicht unzulässig, daß die Gemeindeversammlung (Gemeindevertretung) auch Beschlüsse faßt, die von dem Gemeindevorsteher nicht vorbereitet sind (OVG. vom 12. Juni 1913 — I C 7/13).

nach Beratung mit den Schöffen [35]) —, zur Ausführung zu bringen und demgemäß die laufende Verwaltung bezüglich des Vermögens und der Einkünfte der Gemeinde, sowie der Gemeindeanstalten, für welche eine besondere Verwaltung nicht besteht, zu führen, [35a]) und diejenigen Gemeindeanstalten, für welche besondere Verwaltungen eingesetzt sind, [35b]) zu beaufsichtigen,

4. die auf dem Gemeindevoranschlage oder auf Beschlüssen der Gemeindeversammlung (Gemeindevertretung) beruhenden Einnahmen und Ausgaben [36]) anzuweisen und das Rechnungs- und Kassenwesen, soweit er es nicht selbst führt, zu beaufsichtigen,

5. die Gemeindebeamten, nachdem die Gemeindeversammlung (Gemeindevertretung) darüber beschlossen hat, anzustellen [37]) und zu beaufsichtigen, [38])

---

35) **Mitwirkung der Schöffen.** Nur eine Beratung mit den Schöffen, aber keine Beschlußfassung hat stattzufinden. Die Entscheidung über die Art der Ausführung steht nicht den Schöffen, sondern dem Gemeindevorsteher allein zu.

35a) **Laufende Verwaltung.** Auch diese laufende Verwaltung hat der Gemeindevorsteher nach Maßgabe der Beschlüsse der Gemeindeversammlung (Gemeindevertretung) zu führen (s. unten Anm. 57 und 58).

35b) **Gemeindeanstalten. Gemeinde-Sparkasse.** Über die Gemeindeanstalten s. § 8 Anm. 9, über deren besondere Verwaltungen unten Anm. 58. Die Verwaltung einer Sparkasse kann nach Auffassung des Kammergerichts (Beschluß vom 8. Mai 1911, PrVBl. **32** 649) innerhalb des Geltungsgebietes des Sparkassenreglements vom 12. Dezember 1838 auch in Landgemeinden durch das Statut einem Vorstande als einer selbständigen öffentlichen Behörde übertragen werden.

36) **Anweisung der Ausgaben.** Außer den Ausgaben, die von der Gemeindeversammlung (Gemeindevertretung) beschlossen worden sind, hat der Gemeindevorsteher auch die gemäß § 141 vom Landrate zwangsweise festgestellten Ausgaben anzuweisen.

37) **Anstellung der Gemeindebeamten.** Es handelt sich hier um die Anstellung besoldeter Gemeindebeamten (vgl. §§ 117, 118). Die Auswahl des Anzustellenden kommt nicht der Gemeindeversammlung (Gemeindevertretung), sondern dem Gemeindevorsteher allein zu. Jene hat nur gemäß § 117 vorher darüber zu beschließen, ob eine besoldete Stelle einzurichten und welche Besoldung zu bewilligen ist (OVG. **31** 123). Wie der Gemeindevorsteher allein die Gemeindebeamten anzustellen hat, so sind auch deren Anstellungsurkunden (s. unten Anm. 91) von ihm allein zu unterschreiben. Die Vorschrift der Nr. 7 Abs. 2 findet keine An-

6. die Urkunden und Akten der Gemeinde aufzubewahren,

7. die Gemeinde nach außen zu vertreten[39]) und

---

wendung. Über die Kautionsleistung des Gemeindeeinnehmers hat nach der Anw. III A. III 5 die Gemeinde zu beschließen. — Wegen der Besetzung der Beamtenstellen mit Militäranwärtern s. das Reichsgesetz vom 8. Juli 1907 (Reichszentralblatt S. 309 und MBl. S. 293) sowie das Gesetz vom 31. Mai 1906 (RGBl. S. 593) und die Bekanntmachung der vom Bundesrate festgestellten Grundsätze durch den Reichskanzler vom 8. Juli 1907 (R.Zentralblatt S. 309). Diese Gesetzesvorschriften, Grundsätze und Erläuterungen sowie die neben ihnen geltenden Bestimmungen des preußischen Gesetzes vom 21. Juli 1892 und dessen Erläuterungen und Ergänzungen sind zusammengestellt in dem MinErl. vom 3. September 1907 (MBl. S. 293). Nach § 2 des preußischen Gesetzes vom 21. Juli 1892 sind die Subaltern- und Unterbeamtenstellen bei denjenigen Landgemeinden und Kommunalverbänden, welche weniger als 2000 Einwohner haben, den Vorschriften dieses Gesetzes nicht unterworfen und brauchen daher nicht mit Militäranwärtern besetzt zu werden; sie können ihnen aber bezüglich der Kriegsinvaliden durch Kaiserliche Verordnung unterworfen werden. — Jede Anstellung eines Gemeindebeamten, die im Widerspruch mit den Bestimmungen des Gesetzes vom 21. Juli 1892 stattgefunden hat, ist unwirksam (RGer. vom 25. Januar 1897, Gruchots Beiträge **41** 114, PrVBl. **18** 351, vom 25. September 1899, Gruchots Beiträge **44** 1012, PrVBl. **23** 97, vom 8. Februar 1899, Jurist. Wochenschrift 1899 S. 201, vom 23. Februar 1904, Entsch. d. RGer. Ziv. **57** 120).

38) **Disziplinargewalt des Gemeindevorstehers.** Der Gemeindevorsteher hat als Dienstvorgesetzter nach § 18 des Disziplinargesetzes vom 21. Juli 1852 die Befugnis, den Gemeindebeamten Warnungen und Verweise zu erteilen (LGO. § 143 und OVG. **53** 435). S. auch oben Anm. 1.

39) **Vertretung der Gemeinde.** Der Gemeindevorsteher ist der gesetzliche Vertreter der Gemeinde nach außen hin, bedarf also zu dieser Vertretung nicht eines Auftrags durch einen Gemeindebeschluß. Einer Vollmacht der Gemeinde bedarf er dort, wo eine solche nach besonderer gesetzlicher Vorschrift erforderlich ist. — Die Vollmachtserteilung ist bei Privatrechtsgeschäften der Gemeinde stets zulässig, wo das Privatrecht eine Bevollmächtigung zuläßt (RGer. vom 15. Mai 1912, PrVBl. **33** 791, Jurist. Wochenschrift **41** 816, Preuß. Kommunalarchiv **4** 41). Über die Vertretung der Gemeinde im Verwaltungsstreitverfahren s. unten Anm. 41. — Für eine Zustellung, die an die Gemeinde erfolgen soll, genügt in Zivilprozessen die Zustellung an den Gemeindevorsteher (ZPO. § 171). Dasselbe gilt im Verwaltungsstreitverfahren (Regulativ für das OVG. § 16), sowie in dem Verfahren bei den Provinzialräten, den Bezirksausschüssen und den Kreisausschüssen (§ 17 der betreffenden Regulative).

namens derselben mit Behörden und Privatpersonen zu verhandeln. [39a])

Urkunden über Rechtsgeschäfte, welche die Gemeinde gegen Dritte verbinden sollen, ingleichen Vollmachten, müssen unter Anführung des betreffenden Gemeindebeschlusses und der dazu etwa erforderlichen Genehmigung oder Entschließung der zuständigen Aufsichtsbehörde [40]) im Namen der Gemeinde von dem Gemeindevorsteher und einem der Schöffen unterschrieben und mit dem Gemeindesiegel [40a]) versehen sein. [40b]) Eine der vorstehenden

---

39a) **Postsendungen** der Gemeindebehörden und sonstigen Kommunalbehörden untereinander sollen, wenn sie portopflichtig sind, frankiert geschehen (Minist.Verf. vom 13. Juli 1896, MBl. S. 137, und vom 28. Dezember 1912, MBl. für 1913 S. 13).

40) **Aufsichtsbehörde.** Hierüber siehe namentlich § 114.

40a) **Unterschrift und Dienstsiegel.** Beim Fehlen des Gemeindesiegels ist die Urkunde ungültig (Urteil des RGer. vom 16. Juli 1911, PrVBl. **32** 847). Der Gebrauch eines Faksimile-Stempels kann die handschriftliche Unterschrift bei rechtsgeschäftlichen Erklärungen nicht ersetzen (s. Markull in PrVBl. **25** 675). Dienstsiegel der Gemeinden, die neu hergestellt werden, sollen den Preußischen Adler nicht enthalten (Minist.Verf. vom 15. Februar 1889, MBl. für 1891 S. 52). Auch ein Stempel (Aufdruck — Schwarzdruck, Farbdruck — der Eindruck in die Urkunde) ist als „Siegel" im Sinne der Vorschrift des § 88 anzusehen (vgl. RGer. vom 15. Mai 1912 in der Juristischen Wochenschrift 41 S. 816, im PrVBl. **34** 245 und im Preußischen Kommunalarchiv **4** 41).

40b) **Form der Verpflichtung der Gemeinde durch Rechtsgeschäfte.** Die Beidrückung des Gemeindesiegels ist für die Gültigkeit des Vertrags wesentlich (RGer. **73** 205). Streitig ist die Frage, ob der Gemeindevorsteher auch durch mündliche Erklärungen auf Grund seiner gesetzlichen Vertretungsbefugnis die Gemeinde durch privatrechtliche Rechtsgeschäfte verpflichten kann und ob die im Abs. 2 der Nr. 7 bezeichnete urkundliche Form nur dann erforderlich ist, wenn ein schriftlicher Vertrag abgeschlossen oder ein sonstiges Rechtsgeschäft schriftlich beurkundet werden soll, oder ob jene Form für alle Rechtsgeschäfte notwendig ist, welche die Gemeinde gegen Dritte verbinden sollen (s. Schneider: Mündliche Verträge preußischer Ortsbehörden — Verwaltungsarchiv **15** 247, Schreiber: Formzwang und Legitimation bei den verpflichtenden Willenserklärungen der kommunalen und kirchlichen Körperschaft — Zeitschrift des Deutschen Notarvereins **11** 495, Biermann: Rechtsgeschäfte einer Landgemeinde — Jurist. Wochenschrift Jahrg. 1912 S. 821, Appel, Rechtsgeschäfte der preußischen Gemeinden — Jurist. Wochenschrift Jahrg. 1913 S. 531, Hausmeister: Der Abschluß verpflichtender Verträge durch Gemeinden

— PrVBl. **34** 872). Das Reichsgericht hat zwischen beiden Ansichten geschwankt. Im Urteile vom 23. November 1901 (Entsch. in Zivilsachen Bd. 50 S. 23) hat es erklärt, daß die Vorschrift des § 88 Abs. 4 Nr. 7 Abs. 2 keine die Handlungsfähigkeit der Landgemeinden oder ihrer gesetzlichen Vertreter beschränkende Norm sei und die mündlich abgeschlossenen Rechtsgeschäfte nicht berühre. In späteren Urteilen, so namentlich in den Urteilen vom 2. Juni 1905 (PrVBl. 27 233), 4. Dezember 1906 (RGer. **64** 409, (PrVBl. **28** 930), vom 20. Dezember 1907 (RGer. **67** 269), vom 4. Februar und 1. März 1910 (RGer. **73** 73) hat es dagegen ausgesprochen, daß die im § 88 a. a. O. vorgeschriebene Form für alle Rechtsgeschäfte gelte, welche die Gemeinde verpflichten sollen, und nicht bloß für diejenigen, über welche tatsächlich eine Urkunde errichtet wird. Die Rechtswirksamkeit der vom Gemeindevorsteher geschlossenen Geschäfte, welche die Gemeinde verbinden sollen, sei durch das Vorhandensein eines vorgängigen, die Genehmigung hierzu erteilenden Gemeindebeschlusses bedingt, welcher in der durch § 88 Nr. 5 LGO. vorgeschriebenen Form zur Kenntnis der Gegenpartei gebracht werden müsse. Das Reichsgericht hat ferner ausgeführt, es genüge bei Verträgen, daß die Erklärung der Gemeinde in dieser Form abgegeben werde, während die andere Vertragspartei sich in anderer Form erklären dürfe (RGer. **68** 407). Für nicht wesentlich erachtet das Reichsgericht die Anführung des Gemeindebeschlusses, in der schriftlichen, der Vorschrift des § 88 Nr. 7 gemäß ausgestellten Urkunde; es sei ausreichend, wenn der Gemeindebeschluß dem anderen Vertragsteile vom Gemeindevorsteher in anderer Form mitgeteilt worden sei (RGer. **73** 73). Vgl. auch die RGer. vom 22. Mai 1908 (PrVBl. **30** 158). Hiergegen sind von verschiedenen Seiten Bedenken geltend gemacht worden. So ist in der 4. Auflage dieses Kommentars folgendes bemerkt worden: „Sollte kein die Gemeinde verpflichtendes Rechtsgeschäft namens der Gemeinde vom Gemeindevorsteher ohne einen Gemeindebeschluß vorgenommen werden können, so würde die Gemeindeverwaltung sehr erschwert werden. Man wird in folgender Weise unterscheiden müssen: Sowohl die Gemeindeversammlung (oder Gemeindevertretung) als auch der Gemeindevorsteher sind Organe derselben juristischen Person (der Gemeinde). Der Gemeindevorsteher ist nicht Beauftragter der Gemeindeversammlung, vielmehr haben beide die selbständige Befugnis, namens der Gemeinde zu handeln, wenn auch diese Befugnis unter sie durch das Gesetz verteilt ist (s. OVG. **37** 118). Rechtsgeschäfte, die innerhalb des selbständigen Wirkungskreises des Gemeindevorstehers liegen, bei denen er selbständig für die Gemeinde zu handeln durch das Gesetz (oder das Ortsrecht) berufen ist, wie die Führung der laufenden Verwaltung (§ 88 Abs. 1 und Abs. 4 Nr. 3, s. unten Anm. 57), die Anstellung der Gemeindebeamten (§ 88 Abs. 4 Nr. 5), die Annahme von Arbeitern zur Leistung von Gemeindediensten für die sich weigernden Verpflichteten (KAG. § 90 Abs. 2), können von dem Gemeindevorsteher selbständig (ohne Gemeindebeschluß und ohne Beobachtung einer schriftlichen Form) für die Gemeinde vorgenommen werden. Sonstige Rechtsgeschäfte, welche die Gemeinde gegen Dritte verbinden sollen, insbesondere solche, welche für die Gemeinden nach gesetzlicher Vorschrift nur auf Grund eines Gemeindebeschlusses vorgenommen werden können, wie die, welche die Verwaltung und Benutzung des Gemeindevermögens außerhalb der Geschäfte der laufenden Verwaltung betreffen (§ 113), verbinden dagegen die Gemeinde nur dann, wenn bei ihnen die Formvorschrift des § 88 a. a. O. beobachtet worden ist. Die Fälle, in denen das OVG. die dort vorgeschriebene Schriftform für erforderlich erachtet hat (OVG. **47** 307 und **48** 284), betrafen Jagdpachtverträge, für welche die für die Benutzung des Gemeindevermögens anzuwendenden Vorschriften maßgebend waren." — Neuerdings hat das Reichsgericht in einem Urteile vom 5. Juli 1912 (PrVBl. **34** 263, Jurist. Wochenschrift **41** 925, Preußisches Kommunalarchiv **4** 252) folgendes erklärt: Es halte grundsätzlich an der Auffassung fest, daß ein Rechtsgeschäft, durch welches eine Landgemeinde einem Dritten gegenüber verpflichtet werden solle, der im § 88 LGO. bestimmten Form nicht nur dann bedürfe, wenn darüber eine Urkunde errichtet wird, sondern daß ein solches Rechtsgeschäft überhaupt nur in dieser Form zustande kommen könne. „Für die Anwendung dieser grundsätzlichen Auffassung mag da kein Raum sein, wo es sich um die laufenden Geschäfte der Verwaltung handelt, die eines besonderen Beschlusses der Gemeindevertretung nicht bedürfen. Eine solche Einschränkung des Grundsatzes beseitigt die Bedenken, welche gegen die Zweckmäßigkeit und tatsächliche Durchführbarkeit der vom Reichsgericht vertretenen Rechtsauffassung erhoben worden sind. Ob nicht auch sonst noch eine besondere Lage des Falles eine Ausnahme von dieser grundsätzlichen Auffassung rechtfertigen könnte, kann dahingestellt bleiben." Durch die hier ausgesprochene Zulässigkeit der „Einschränkung" des früher unbedingt hingestellten Grundsatzes und auch sonstiger „Ausnahmen" von dem Grundsatz in besonderen Fällen ist der früher aufgestellte Rechtssatz über die Bedeutung der erwähnten Bestimmung des § 88 LGO. und seine Anwendbarkeit derart ins Ungewisse gestellt, daß nicht mehr erkennbar ist, in welchen Fällen jener Grundsatz zweifellos Geltung haben soll. Es muß daher diesen Ausführungen gegenüber an der früher hier ausgesprochenen Ansicht festgehalten werden, daß es der in § 88 vorgeschriebenen Form nur in den Fällen bedarf, in denen zur Verpflichtung der Gemeinde einem Dritten gegenüber ein besonderer Gemeindebeschluß erforderlich ist und daher die Gemeindeversammlung (Gemeindevertretung) als Willensorgan der Gemeinde in Tätigkeit tritt, nicht aber in den Fällen, in welchen der Gemeindevorsteher nach dem Gesetz (s. LGO. § 102, § 88 Nr. 3) befugt ist, als Willensorgan der Gemeinde für diese Verpflichtungen gewisser Art einzugehen. — Ein Rechtsgeschäft, welches vom Gemeindevorsteher unter Beobachtung der in Nr. 7 Abs. 2 vorgeschriebenen Form vorgenommen worden ist, bleibt rechtswirksam, auch wenn der Beschluß der Gemeindeversammlung (Gemeindevertretung) formell ungültig war (OVG. 27 91). — S. auch § 102 Anm. 57.

Der Gemeindevorsteher ist befugt, gegen eine an die Gemeinde

Bestimmung gemäß ausgestellte Vollmacht ist auch dann ausreichend, wenn die Gesetze sonst eine gerichtliche oder Notariats-Vollmacht erfordern.[41])

Zu dem Nachweise, daß von einer Gemeinde bei der Erwerbung oder Veräußerung von Grundstücken oder denselben gleichstehenden Gerechtsamen die den Gemeinden gesetzlich vorgeschriebenen besonderen Formen[42]) beobachtet sind, genügt eine Bescheinigung des Landrats als Vorsitzenden des Kreisausschusses;

8. die Gemeindeabgaben und Dienste nach den Gesetzen und den Beschlüssen der Gemeindeversammlung (Gemeindevertretung) auf die Verpflichteten zu verteilen und wegen deren Einziehung oder Ausführung die erforderlichen Anordnungen zu treffen.[43])

---

erlassene wegepolizeiliche Verfügung namens der Gemeinde Einspruch zu erheben (PrVBl. 27 664). Dasselbe gilt von dem Einspruche gegen die Heranziehung der Gemeinde zu Kommunalabgaben in einer anderen Gemeinde.

41) **Vertretung der Gemeinde im Verwaltungsstreitverfahren und Zivilprozesse.** Zur Vertretung ihrer Gemeinden im Verwaltungsstreitverfahren bedürfen Gemeindevorsteher, die als solche legitimiert sind, keiner Vollmacht (LVG. 73 und OVG. **31** 109, **45** 134). Auch der Prozeßvertreter einer Gemeinde im Verwaltungsstreitverfahren bedarf keiner Vollmacht der Gemeindeversammlung oder Gemeindevertretung, sondern nur einer solchen des Gemeindevorstehers (PrVBl. **6** 196). Der Gemeindevorsteher bedarf auch zur Einlegung von Rechtsmitteln keiner besonderen Ermächtigung durch die Gemeindeversammlung (Gemeindevertretung), doch darf er ihrem erklärten Willen zuwider ein Rechtsmittel nicht einlegen (OVG. **31** 109). Dieselben Grundsätze müssen (abgesehen von dem Anwaltszwang) auch im Zivilprozeß gelten, da die Prozeßhandlungen im engeren Sinne keine Rechtsgeschäfte darstellen, auf welche sich die im § 88 Nr. 7 erwähnten Vollmachten beziehen. Zu Verzichten, Anerkenntnissen oder Vergleichen bedarf der Gemeindevorsteher sowohl im Verwaltungsstreitverfahren als auch im Zivilprozeß einer Vollmacht der Gemeinde, auf welche die Vorschriften der LGO. § 88 Nr. 7 Anwendung finden (vgl. OVG. **54** 90).

42) **Formen bei Veräußerung von Grundstücken usw.** s. §§ 114 und 115.

43) **Gemeindeabgaben und Gemeindedienste.** Über die Heranziehung zu Gemeindediensten s. § 68 des KAG. vom 14. Juli 1893. Dem Gemeindevorsteher steht, falls die Gemeinde etwas anderes nicht beschlossen hat, auch die Bestimmung der Zeit für Leistung der Gemeindedienste zu. Für die Veranlagung der Ge-

§ 89.

Wo ein kollegialischer Gemeindevorstand eingeführt ist (§ 74 Absatz 6), können demselben die in den §§ 9, 51, 71, 88 Nr. 2 bis 4 und 8, 119 und 120 erwähnten Befugnisse durch das Ortsstatut übertragen werden.[44])

Die Beschlüsse des Gemeindevorstandes werden nach Stimmenmehrheit und unter Teilnahme von mindestens

---

meindeabgaben sind jetzt die Bestimmungen des KAG. (§§ 61 bis 67 daselbst) maßgebend.

44) **Kollegialischer Gemeindevorstand.** Über seine Einführung s. oben Anm. 4. — Dem Gemeindevorstande können keine anderen als die im § 89 bezeichneten Befugnisse übertragen werden. Dem Gemeindevorsteher als Einzelbeamten verbleiben jedenfalls die in den §§ 34, 36, 38, 39, 56, 60, 63, 64, 66, 67, 77, 88 (Abs. 2, Abs. 4 Nr. 1, 5, 6, 7), 90, 91, 140 vorgesehenen Befugnisse und Obliegenheiten. — Anw. III A. IV bemerkt folgendes:

„Dem Gemeindevorstande können nach § 89 Abs. 1 durch das Ortsstatut folgende Geschäfte und Befugnisse des Gemeindevorstehers, alle oder einzelne, übertragen werden:

a) die Beschlußfassung auf Beschwerden und Einsprüche, betreffend das Recht der Mitbenutzung der öffentlichen Gemeindeanstalten und der Teilnahme an den Gemeindenutzungen (§§ 9, 71);
b) die Obliegenheiten des Gemeindevorstehers bei der Bildung von Wahlbezirken für die Wahl der Gemeindeverordneten (§ 51);
c) die Vorbereitung der Beschlüsse der Gemeindeversammlung oder Gemeindevertretung (§ 88 Abs. 4 Nr. 2);
d) die Ausführung der Gemeindebeschlüsse, die laufende Verwaltung des Vermögens und der Einkünfte der Gemeinde sowie der Gemeindeanstalten, für welche ein besondere Verwaltung nicht besteht, und die Beaufsichtigung der Gemeindeanstalten, für welche eine besondere Verwaltung eingesetzt ist (§ 88 Abs. 4 Nr. 3);
e) die Anweisung der Einnahmen und Ausgaben der Gemeinde und die Beaufsichtigung des Rechnungs- und Kassenwesens (§ 88 Abs. 4 Nr. 4);
f) die Verteilung der Gemeindeabgaben und Dienste und die Anordnungen wegen ihrer Einziehung und Ausführung (§ 88 Abs. 4 Nr. 8);
g) die Aufstellung des Voranschlags (§ 119 Abs. 1) und
h) da, wo ein besonderer Gemeindeeinnehmer bestellt ist, die Vorprüfung der von ihm einzureichenden Gemeinderechnung (§ 120 Abs. 2)."

Die Beschlußfassung über Einsprüche, die gegen die Heranziehung zu Gemeindeabgaben erhoben werden, kann dem kollegialischen Gemeindevorstande nicht übertragen werden (OVG. 35 136).

drei Mitgliedern gefaßt.[45]) Bei Stimmengleichheit entscheidet die Stimme des Vorsitzenden. Den Vorsitz führt der Gemeindevorsteher. Über dessen Vertretung in Behinderungsfällen hat das Ortsstatut Bestimmungen zu treffen.

Betrifft der Gegenstand der Verhandlung einzelne Mitglieder des Gemeindevorstandes oder deren Verwandte und Verschwägerte in auf- oder absteigender Linie oder bis zum dritten Grade der Seitenlinie,[46]) so dürfen dieselben an der Beratung und Entscheidung nicht teilnehmen.[46a]) Wird hierdurch der Gemeindevorstand beschlußunfähig, so entscheidet der Gemeindevorsteher allein.

Tritt die Beschlußunfähigkeit aus anderen Gründen ein, so hat der Gemeindevorsteher eine zweite Sitzung anzuberaumen; ergibt sich auch in dieser keine Beschlußfähigkeit, so hat der Gemeindevorsteher allein hinsichtlich der auf der Tagesordnung stehenden Gegenstände Anordnung zu treffen.

---

45) **Beschlußfähigkeit.** Sind in der Gemeinde nur zwei Schöffen vorhanden, so ist bei Verhinderung eines von ihnen die Zuziehung des Stellvertreters (§ 74 Abs. 5) zur Beschlußfähigkeit des Gemeindevorstandes erforderlich.

46) **Verwandtschaftsverhältnis.** Verwandte in aufsteigender Linie sind Eltern, Großeltern, Urgroßeltern usw. Verwandte in absteigender Linie Kinder, Enkel, Urenkel usw. Verwandte im zweiten und dritten Grade der Seitenlinie sind Geschwister, Oheim, Tante, Neffe und Nichte (Vettern sind Verwandte vierten Grades). Schwägerschaft wird das Verhältnis des einen Ehegatten zu den Verwandten des anderen genannt. Verschwägerte aufsteigender Linie sind Stiefeltern und deren Verwandte aufsteigender Linie sowie die Eltern, Großeltern usw. des anderen Ehegatten (Schwiegereltern). Verschwägerte absteigender Linie sind Stiefkinder und deren Nachkommen sowie die Ehegatten der Kinder und Kindeskinder (Schwiegersöhne und Schwiegertöchter). Verschwägerte im zweiten und dritten Grade der Seitenlinie sind die vorhin bezeichneten Verwandten des anderen Ehegatten im zweiten und dritten Grade der Seitenlinie (BGB. §§ 1589, 1590).

46a) S. hierüber Saran: Über die Ausschließung persönlich interessierter Mitglieder der städtischen Körperschaften (Preußisches Kommunalarchiv **4** 1) und Öhler über denselben Gegenstand in der Deutschen Gemeindezeitung Jahrg. 1897 S. 9ff., ferner Jebens: Die Stadtverordneten, 2. Aufl. S. 233ff.

§ 90.

Der Gemeindevorsteher ist, sofern er nicht zugleich selbst das Amtsvorsteheramt bekleidet, das Organ des Amtsvorstehers für die Polizeiverwaltung.[47])

In dem gleichen Verhältnisse steht der Gemeindevorsteher in der Provinz Posen zu dem Distriktskommissarius.

Der Gemeindevorsteher hat vermöge dessen das Recht und die Pflicht, da, wo die Erhaltung der öffentlichen Ruhe, Ordnung und Sicherheit ein sofortiges polizeiliches Einschreiten notwendig macht, das dazu Erforderliche vorläufig anzuordnen und ausführen zu lassen.[48])

47) **Gemeindevorsteher als Polizeiorgan.** Nach § 65 der Kreisordnung vom 19. März 1881 sind die Gemeindevorsteher verbunden, den Anweisungen und Aufträgen des Amtsvorstehers, welche dieser in Gemäßheit seiner gesetzlichen Befugnisse in Dienstangelegenheiten an sie erläßt, nachzukommen, und können hierzu von ihm unter Anwendung der den Ortspolizeibehörden nach LVG. § 132 zustehenden Zwangsmittel, mit Ausnahme der Haftstrafe, angehalten werden. Eine solche Anweisung ist aber keine polizeiliche Verfügung im Sinne des LVG. § 127 und kann daher nicht mit der Klage, sondern nur mit der Beschwerde im Aufsichtswege angegriffen werden (OVG. 6 156). Ein Ordnungsstrafrecht steht dem Amtsvorsteher gegen die Gemeindevorsteher nicht zu.

48) **Polizeiliche Obliegenheiten des Gemeindevorstehers.** Der Gemeindevorsteher darf hiernach polizeiliche Maßnahmen nur vorläufig (bis zur Entscheidung des Amtsvorstehers über ihre Fortdauer) und nur dann ergreifen, wenn ein sofortiges Einschreiten notwendig ist. Liegen diese Voraussetzungen vor, so stehen ihm dieselben polizeilichen Befugnisse zur Erhaltung der öffentlichen Ruhe, Ordnung und Sicherheit zu, wie den Ortspolizeibehörden (ALR. § 10 II 17). Der Amtsvorsteher kann aber nicht die ihm obliegende Polizeiverwaltung dem Gemeindevorsteher übertragen, also nicht Dienstobliegenheiten, die andere selbständige polizeiliche Entschließungen und Verfügungen, als die erwähnten, erfordern. Er darf beispielsweise auf dem Gebiete der Wegepolizei den Gemeindevorsteher mit der selbständigen Anordnung dessen, was an Wegebauten erforderlich ist, oder mit der vorläufigen Entscheidung darüber, wer zu ihrer Ausführung verpflichtet ist, nicht beauftragen (OVG. 6 208). — Ein Rechtsmittel ist gegen die vorläufige Anordnung des Gemeindevorstehers nicht gegeben. Es kann nur die Entscheidung des Amtsvorstehers über die Fortdauer der Anordnung verlangt werden. Erst diese Entscheidung oder die stillschweigende Verweigerung der Mißbilligung der vorläufigen Anordnung stellt die mittels der Rechtsmittel der §§ 127 ff. des

§ 91.

Der Gemeindevorsteher hat insbesondere das Recht und die Pflicht:[49])

1. der vorläufigen Festnahme und Verwahrung einer Person nach den Vorschriften des § 127 der Strafprozeßordnung für das Deutsche Reich vom 1. Februar 1877 (RGBl. S. 258)[50]) und des § 6 des Gesetzes zum Schutze

---

LVG. angreifbare polizeiliche Verfügung dar (OVG. 27 295, **41** 238 und **45** 166).

49) **Sonstige Obliegenheiten.** In § 91 werden nur die Pflichten des Gemeindevorstehers auf dem Gebiete der Polizeiverwaltung aufgeführt. Über seine sonstigen Obliegenheiten s. oben Anm 32.

50) **Vorläufige Festnahme. Anzeigen. Strafrechtliche Ermittlungen. Durchsuchungen. Beschlagnahmen.** Der Gemeindevorsteher ist hiernach zunächst wie jedermann zur vorläufigen Festnahme berechtigt, wenn jemand auf frischer Tat bei einer strafbaren Handlung betroffen oder verfolgt wird, und wenn dieser entweder der Flucht verdächtig ist oder seine Persönlichkeit nicht sofort festgestellt werden kann. Ferner ist er aber als Sicherheitsbeamter auch dann zur vorläufigen Festnahme befugt, wenn Gefahr im Verzug obwaltet und außerdem folgende Voraussetzungen vorliegen: a) dringende Verdachtsgründe gegen den Beschuldigten und b) entweder Fluchtverdacht oder Tatsachen, aus denen zu schließen ist, daß der Beschuldigte Spuren der Tat vernichten oder daß er Zeugen oder Mitschuldige zu einer falschen Aussage oder Zeugen dazu verleiten werde, sich der Zeugnispflicht zu entziehen (StPO. §§ 127, 112). — Der Festgenommene ist unverzüglich dem Amtsvorsteher zuzuführen, der die Vorführung vor den Amtsrichter veranlaßt, wenn er den Festgenommenen nicht in Freiheit setzt (s. Erlasse des Ministers des Innern vom 11. Juli 1881, MBl. S. 183 und vom 3. Dezember 1889, MBl. S. 220).

Der Gemeindevorsteher hat ferner als Behörde des Polizei- und Sicherheitsdienstes gemäß StPO. § 156 Anzeigen strafbarer Handlungen oder Strafanträge entgegenzunehmen und mündliche Anzeigen dieser Art zu beurkunden (durch Aufnahme eines Protokolls). Sind Anhaltspunkte dafür vorhanden, daß jemand eines nicht natürlichen Todes gestorben ist, oder wird die Leiche eines Unbekannten gefunden, so ist der Gemeindevorsteher nach § 157 zur sofortigen Anzeige an die Staatsanwaltschaft oder an den Amtsrichter verpflichtet. An diesen ist die Anzeige zu richten, wenn er schneller zu erreichen ist als die Staatsanwaltschaft. Die Beerdigung darf nur auf Grund einer schriftlichen Genehmigung der Staatsanwaltschaft oder des Amtsrichters erfolgen. Bis zum Eingange der Verfügung einer dieser beiden Behörden hat der Gemeindevorsteher den Leichnam vor jeder Einder persönlichen Freiheit vom 12. Februar 1850 (GS. S. 45),[51])

2. die unter Polizeiaufsicht stehenden Personen zu beaufsichtigen,[52])

3. die ihm von dem Amtsvorsteher (Distriktskommissarius), der Staats- oder Amtsanwaltschaft aufgetragenen polizeilichen Maßregeln auszuführen und Verhandlungen aufzunehmen,[53])

4. die in den §§ 8 ff. des Gesetzes über die Aufnahme neu anziehender Personen vom 31. Dezember 1842 (GS. 1843 S. 5) vorgeschriebene Meldung entgegenzunehmen.[53a])

---

wirkung Dritter sicher zu stellen. Endlich haben die Gemeindevorsteher als Behörden des Polizei- und Sicherheitsdienstes nach StPO. § 161 strafbare Handlungen zu erforschen und alle keinen Aufschub gestattenden Anordnungen zu treffen, um die Verdunkelung der Sache zu verhüten. Sie sind Hilfsbeamte der Staatsanwaltschaft (GVG. § 153, Minist.Verf. vom 15. September 1879, MBl. S. 265), als solche verpflichtet, den Anordnungen der Staatsanwälte bei dem Landgericht ihres Bezirkes und der diesen vorgesetzten Beamten Folge zu leisten, und berechtigt, bei Gefahr im Verzug und beim Vorliegen der sonstigen gesetzlichen Voraussetzungen (StPO. §§ 98 und 105) auch Durchsuchungen und Beschlagnahmen anzuordnen und auszuführen.

51) **Polizeiliche Verwahrung.** Hiernach ist der Gemeindevorsteher „befugt, Personen in polizeiliche Verwahrung zu nehmen, wenn der eigene Schutz dieser Personen oder die Aufrechterhaltung der öffentlichen Sittlichkeit, Sicherheit und Ruhe diese Maßregel dringend erfordern. Die polizeilich in Verwahrung genommenen Personen müssen jedoch spätestens im Laufe des folgenden Tages in Freiheit gesetzt oder es muß in dieser Zeit das Erforderliche veranlaßt werden, um sie der zuständigen Behörde zu überweisen".

52) **Polizeiaufsicht.** Hierfür sind StGB. §§ 38 und 39 sowie die Instruktion des Ministers des Innern vom 30. Juni 1900 (MBl. S. 212) und 18. Juli 1902 (MBl. S. 157) maßgebend. Die Beaufsichtigung der vorläufig entlassenen Strafgefangenen (StGB. §§ 23 ff.) liegt nicht den Gemeindevorstehern, sondern den Ortspolizeibehörden (Amtsvorsteher, Distriktskommissarius) ob (Reglement vom 21. Januar 1871, MBl. S. 47).

53) **Verhandlungen.** Gemäß § 159 der Strafprozeßordnung hat der Gemeindevorsteher der Staatsanwaltschaft Auskunft zu erteilen und die von ihr verlangten Ermittlungen jeder Art (mit Ausschluß eidlicher Vernehmungen) vorzunehmen.

53a) **An- und Abmeldungen.** Die Form und Frist für die Meldungen und die Erteilung von Bescheinigungen über die Meldung kann durch Polizeiverordnung geregelt werden (OVG.

Siebenter Abschnitt.

Aufhebung der mit dem Besitze gewisser Grundstücke verbundenen Berechtigung und Verpflichtung zur Verwaltung des Schulzenamtes.

§ 92.

Die mit dem Besitze gewisser Grundstücke verbundene Berechtigung und Verpflichtung zur Verwaltung des Schulzen-(Richter-)Amtes ist von dem Zeitpunkte des Inkrafttretens dieses Gesetzes ab auch in der Provinz Posen aufgehoben.[54])

§ 93.

Infolge der Aufhebung der im § 92 gedachten Berechtigung und Verpflichtung treten auch diejenigen Festsetzungen außer Kraft, welche infolge der Zerstückelung von Lehn- und Erbschulzengütern nach § 16 des Gesetzes vom 3. Januar 1845 (GS. S. 25) über die Verbindung der Verwaltung des Schulzenamtes mit dem Besitze eines der Teile des zerstückelten Grundstücks oder die Ausweisung eines auskömmlichen Schulzengehaltes in Grundstücken oder in Geld und die Verteilung des Geldbeitrages auf die einzelnen Trennstücksbesitzer getroffen worden sind.

§ 94.

Grundstücke, Gerechtigkeiten und Einkünfte, welche den Schulzengutsbesitzern erweislich von der Gemeinde selbst

---

7 382), für deren Erlaß die Minist.Verf. vom 16. Januar 1904 (MBl. S. 40) maßgebend ist. Die polizeiliche An- und Abmeldung bei dem Gemeindevorsteher ersetzt die durch § 66 des Einkommensteuergesetzes vom 24. Juni 1891 angeordnete An- und Abmeldung des Steuerpflichtigen sowie die für das Erlöschen der Gemeindesteuerpflicht nach § 60 des KAG. vom 14. Juli 1893 maßgebende Abmeldung. Dieser bedarf es auch dann nicht, wenn die Abmeldung bei der hierfür zuständigen staatlichen Polizeibehörde rechtzeitig erfolgt ist (OVG. **49** 36).

54) **Aufhebung der Erbschulzereien.** Für die übrigen Provinzen des Geltungsgebiets der LGO. hat die Aufhebung bereits durch §§ 36—45 der Kreisordnung stattgefunden. Zu diesen Vorschriften sind in der Instruktion vom 20. September 1873 (MBl. S. 258) Ausführungsbestimmungen erlassen worden, die jetzt auch in der Provinz Posen Anwendung finden (Anw. III A. III 6).

für die Amtsverwaltung verliehen sind, fallen an die Gemeinde zurück.

§ 95.

Ebenso hören diejenigen Vorrechte und Befreiungen auf, welche dem Schultzengutsbesitzer für die Verwaltung des Schultzenamtes in Beziehung auf die aus dem Kommunalverbande oder aus anderen Verbänden, z. B. dem Kirchen- und Schulverbande, entspringenden Dienste und Abgaben der Gemeinde oder deren Mitgliedern gegenüber bisher zustanden.

Auf weitere Vergütigungen hat die Gemeinde keinen Anspruch.

§ 96.

Die Beziehungen zwischen dem Besitzer des Schulzengutes und dritten Personen werden von den Vorschriften dieses Gesetzes nicht berührt.

In keinem Falle können jedoch Grundstücke, Gerechtigkeiten oder Befreiungen, welche dem Schulzengute, wenngleich mit Beziehung auf die dem Besitzer zustehende Verwaltung des Schulzenamtes, von Dritten, insbesondere von dem Landesherrn oder von Gerichts- oder Gutsherren, sei es bei der Fundation des Schulzengutes oder später, ohne ausdrücklichen Vorbehalt des Widerrufs verliehen worden sind, sowie die etwa an Stelle der verliehenen Gerechtigkeiten und Freiheiten getretenen Landabfindungen oder sonstigen Entschädigungen von den Verleihern oder deren Rechtsnachfolgern in Anspruch genommen und zurückgefordert werden. Dieselben verbleiben vielmehr dem Schulzengutsbesitzer auch nach Aufhebung der mit dem Schulzengute verbundenen Amtsverwaltung.

§ 97.

Die nach den §§ 94 und 95 etwa erforderliche Auseinandersetzung zwischen der Gemeinde und dem Schulzengutsbesitzer wird durch einen von dem Kreisausschusse zu ernennenden Kommissarius bewirkt.

Der über die Auseinandersetzung aufzunehmende Rezeß unterliegt der Prüfung und Bestätigung des Kreisausschusses.

§ 98.

Entstehen bei dem Auseinandersetzungsverfahren (§ 97) Streitigkeiten darüber, ob mit einem Grundstücke die Verpflichtung zur Verwaltung des Schulzenamtes verbunden ist, oder ob und welche Grundstücke, Gerechtigkeiten, Vorrechte oder Befreiungen der in den §§ 94 und 95 gedachten Art zurückzugewähren oder aufzuheben sind, oder wird die Vollziehung des Rezesses von den Beteiligten verweigert, oder die Bestätigung (§ 97 Abs. 2) von dem Kreisausschusse versagt, so sind die Verhandlungen zum weiteren Verfahren und zur Entscheidung an die betreffende Auseinandersetzungsbehörde (Generalkommission) abzugeben.

Gegen die Entscheidung der Generalkommission findet die Berufung an das Oberlandeskulturgericht statt, welches endgültig entscheidet.

Vor der Entscheidung in erster und zweiter Instanz ist das Gutachten des Kreisausschusses einzuholen und den Beteiligten zur Erklärung mitzuteilen.

§ 99.

Ist das Auseinandersetzungsverfahren zufolge § 98 auf die Auseinandersetzungsbehörde übergegangen, so steht dieser Behörde auch die Aufnahme, Prüfung und Bestätigung des Rezesses zu.

§ 100.

Inbetreff des Verfahrens (§§ 97 bis 99), sowie der Wirkung und Ausführung der Rezesse, gelten die hinsichtlich der Ablösung der Reallasten und der Regulierung der gutsherrlichen Verhältnisse bestehenden Vorschriften.[55])

§ 101.

Zu den Kosten, welche die Ausführung der in diesem Gesetze den Kreisausschüssen und deren Kommissarien

---

55) **Auseinandersetzungsrezesse.** S. namentlich Verordnung vom 20. Juni 1817 (GS. S. 161), Verordnung vom 30. Juni 1834 (GS. S. 69) und Gesetz vom 18. Februar 1880 (GS. S. 59).

übertragenen Geschäfte verursacht, haben die Gemeinden und die Schulzengutsbesitzer nichts beizutragen.[56])

Für das Verfahren bei den Auseinandersetzungsbehörden gelten die für dieselben bestehenden Kostenbestimmungen.

Achter Abschnitt.

Geschäfte der Gemeindeversammlung und Gemeindevertretung.

§ 102.

Die Gemeindeversammlung (Gemeindevertretung) hat über alle Gemeindeangelegenheiten zu beschließen, soweit diese nicht durch das Gesetz dem Gemeindevorsteher (Gemeindevorstand) ausschließlich überwiesen sind.[57]) Über

---

56) **Kosten der Auseinandersetzung.** Diese Kosten hat der Kreis zu tragen.

57) **Zuständigkeit der Gemeindeversammlung gegenüber der Zuständigkeit des Gemeindevorstehers.** Die Angelegenheiten der Gemeinde, über welche die Gemeindeversammlung (Gemeindevertretung) zu beschließen hat, sind in der LGO. nicht erschöpfend aufgeführt (einzelne Fälle in den §§ 66, 72, 103, 105, 112, 113, 119, 120). Ebensowenig ist der Kreis der Verwaltungsbefugnisse des Gemeindevorstehers bestimmt abgegrenzt. Zweifel über die Grenzen der Befugnisse zwischen Gemeindevorsteher und Gemeindeversammlung (Gemeindevertretung) treten daher nicht selten auf. Zunächst muß beachtet werden, daß die Gemeindeversammlung (Gemeindevertretung) nur über Gemeindeangelegenheiten im engeren Sinne (kommunale Anlegenheiten, s. § 5 Anm. 2 und 2a) zu beschließen hat, aber nicht über die dem Gemeindevorsteher übertragenen Staatshoheitsangelegenheiten (s. § 88 Anm. 32). In den Gemeindeangelegenheiten steht dem Gemeindevorsteher das Recht zur selbständigen Anordnung zu, soweit es sich um die laufende Verwaltung (§ 88 Abs. 4 Nr. 3) handelt. In diese einzugreifen ist die Gemeindeversammlung nicht befugt (OVG. **37** 118). Was aber zur „laufenden Verwaltung“ gehört, ist gesetzlich nicht bestimmt und kann daher im Einzelfalle streitig werden, wo nicht etwa durch ein Ortsstatut hierüber Bestimmung getroffen ist (OVG. **50** 8 und 10). Im Zweifel muß die Zuständigkeit der Gemeindeversammlung (Gemeindevertretung) angenommen werden. Diese darf jedenfalls allgemeine Regeln (Normen) aufstellen, welche bei der Verwaltung der Gemeindeangelegenheiten zu beachten sind (PrVBl. 28 257, **29** 770), darf aber hierdurch nicht die Befugnisse einschränken, welche nach besonderer gesetzlicher Vorschrift dem Gemeindevor-

steher allein zustehen (wie in den Fällen der Nr. 4, 5, 7 und 8 des § 88, § 104 Abs. 2, § 110, § 140), und darf auch nicht Handlungen vornehmen, welche eine Ausführung ihrer Beschlüsse darstellen (§ 103). Unter der Ausführung eines Beschlusses ist die Herstellung des tatsächlichen Zustandes zu verstehen, der dem durch den Beschluß erklärten Willen der Gemeinde entspricht. Die Verteidigung eines Beschlusses in einem behufs seiner Beseitigung eingeleiteten Verwaltungsstreitverfahren gehört nicht zu seiner Ausführung und kommt daher der Gemeindeversammlung (Gemeindevertretung) zu (OVG. 52 25). — Die Gemeindeversammlung (Gemeindevertretung) darf bei der Bewilligung von Geldmitteln für Gemeindeeinrichtungen ihre Mitwirkung bei der Beschlußfassung über die Vergebung der hierzu erforderlichen Arbeiten verlangen (PrVBl. 29 770).

Da der Gemeindevorsteher ein öffentlichrechtliches Organ der Gemeinde ist, so finden die privatrechtlichen Vorschriften des BGB. über Vertretung und Vollmacht (§§ 164 bis 181) auf seine gesetzliche Befugnis, die Gemeinde durch seine Handlungen zu berechtigen und zu verpflichten, keine Anwendung. Wohl aber kann ihn die Gemeindeversammlung (Gemeindevertretung) durch ihre Beschlüsse zu bestimmten Rechtshandlungen ermächtigen und mit solchen beauftragen (s. § 88 Abs. 4 Nr. 7 über die Form der Ermächtigung). — Verletzt der Gemeindevorsteher vorsätzlich oder fahrlässig die ihm einem Dritten gegenüber obliegende Amtspflicht, so hat er dem Dritten den daraus entstehenden Schaden zu ersetzen. Fällt ihm nur Fahrlässigkeit zur Last, so kann er nur dann in Anspruch genommen werden, wenn der Verletzte nicht auf andere Weise Ersatz zu erlangen vermag. Die Ersatzpflicht des Gemeindevorstehers tritt nicht ein, wenn der Verletzte vorsätzlich oder fahrlässig unterlassen hat, den Schaden durch Gebrauch eines Rechtsmittels abzuwenden (BGB. § 839). Die Gemeinde ist (gemäß BGB. §§ 31 und 89) für den Schaden verantwortlich, den der Gemeindevorsteher durch eine in Ausführung der ihm zustehenden Verrichtungen begangene, zum Schadensersatze verpflichtende Handlung einem Dritten zufügt. Diese Vorschriften des BGB. beziehen sich indessen nur auf privatrechtliche Verrichtungen des Gemeindevorstehers, die er als Organ oder Beauftragter der Gemeinde in Kommunalangelegenheiten, aber nicht auf solche Verrichtungen, die er in Ausübung der ihm zustehenden öffentlichen Gewalt (s. oben Anm. 32) vornimmt. Verletzt ein Gemeindebeamter (oder ein Beamter eines sonstigen Kommunalverbandes) in Ausübung der ihm anvertrauten öffentlichen Gewalt vorsätzlich oder fahrlässig die ihm einem Dritten gegenüber obliegende Amtspflicht, so trifft die im § 839 des BGB. bestimmte Verantwortlichkeit an Stelle des Beamten die Gemeinde (den Kommunalverband) nach Maßgabe des Gesetzes vom 1. August 1909 (GS. S. 691), sofern der Beamte nicht ausschließlich auf den Bezug von Gebühren angewiesen ist oder für die betreffende Amtshandlung nicht Gebühren von den Beteiligten zu beziehen hat. Jedoch kann die Gemeinde von den Beamten ihrerseits andere Angelegenheiten darf die Gemeindeversammlung (Gemeindevertretung) nur dann beraten, wenn solche durch besondere Gesetze oder in einzelnen Fällen durch Aufträge der Aufsichtsbehörde an sie gewiesen sind.

Wo eine Gemeindevertretung besteht, sind die Gemeindeverordneten an keinerlei Instruktion oder Aufträge der Wähler gebunden.

§ 103.

Die Gemeindeversammlung (Gemeindevertretung) überwacht die Verwaltung; sie ist berechtigt, sich von der Ausführung ihrer Beschlüsse, von dem Eingange und der Verwendung aller Einnahmen der Gemeindekasse, sowie von der gehörigen Ausführung der Gemeindearbeiten Überzeugung zu verschaffen;[58]) sie darf jedoch ihre Beschlüsse niemals selbst zur Ausführung bringen.[58a])

Schadensersatz verlangen. Für Pflichtverletzungen von Standesbeamten haften nicht die Gemeinde, sondern stets der Staat. (S. Kappelmann: Die Haftung der Gemeinde für ihre verfassungsmäßig berufenen Vertreter). Angelegenheiten, die dem Gemeindevorsteher ausschließlich (ohne Mitwirkung der Gemeindeversammlung) überwiesen sind, bezeichnen die §§ 9, 38, 66, 71 Abs. 1, § 88 Nr. 3 (Ausführung der Beschlüsse), Nr. 4, Nr. 5, Nr. 7, Nr. 8, §§ 90, 91.

58) **Befugnisse der Gemeindeversammlung gegenüber der Gemeindeverwaltung.** Die Gemeindeversammluug kann Mängel und Übelstände in der Gemeindeverwaltung bei dem Gemeindevorsteher zur Sprache bringen und Abhilfe nötigenfalls bei der Aufsichtsbehörde (§ 139) erbitten. Sie ist aber nicht befugt, die Gemeindebeamten selbst zu beaufsichtigen und ihre Tätigkeit im einzelnen zu kontrollieren, also auch nicht befugt, Kassenrevisionen vorzunehmen, da die Dienstaufsicht dem Gemeindevorsteher (nach § 88 Nr. 5) zusteht. Das Überwachungsrecht der Gemeindeversammlung bezieht sich nicht auf die obrigkeitliche, sondern nur auf die kommunale Verwaltung des Gemeindevorstehers (s. oben Anm. 32). Es kann nicht von jedem einzelnen Gemeindegliede, sondern nur durch die Gemeindeversammlung (Gemeindevertretung) selbst oder eine aus Mitgliedern derselben bestehende, von ihr gewählte Kommission in ihrem Auftrag ausgeübt werden. — Über die Bildung von Kommissionen oder Deputationen, wie sie nach § 59 der Städteordnung für die östlichen Provinzen zulässig ist, enthält die LGO. keiue Bestimmungen. Anderweit ist sie auch für Landgemeinden gesetzlich vorgesehen im § 3 des AG. zum RG. über den Unterstützungswohnsitz vom 8. März 1871 (GS. S. 130),

§ 104.

Die Gemeindeversammlung (Gemeindevertretung) ist zusammenzuberufen, so oft ihre Geschäfte es erfordern.

Die Zusammenberufung erfolgt unter Angabe der Gegenstände der Beratung[59]) durch den Gemeinde-

---

wonach für die Verwaltung der öffentlichen Armenpflege auf Grund eines Gemeindebeschlusses besondere, dem Gemeindevorstand untergeordnete Deputationen aus Mitgliedern des Gemeindevorstandes und der Gemeindevertretung, geeignetenfalls unter Zuziehung anderer Ortseinwohner, gebildet werden können. Ferner ist im § 61 des KAG. zugelassen, daß die Veranlagung der Gemeindeabgaben durch einen besonderen Steuerausschuß der Gemeinde erfolgen kann, dessen Zusammensetzung und Geschäftsordnung unter sinngemäßer Anwendung der Vorschriften der §§ 50 Abs. 3 bis einschließlich 54 des Einkommensteuergesetzes durch Gemeindebeschluß zu bestimmen ist. — Soweit hiernach die Bildung von Kommissionen oder Deputationen gesetzlich nicht vorgesehen ist, können solche oder andere Organisationen zur selbständigen Verwaltung von Gemeindeangelegenheiten mit der Wirkung, daß ihnen die Eigenschaft von Behörden beiwohnt, in Landgemeinden nicht gebildet werden. Durch die LGO. ist eine Ermächtigung hierzu nicht erteilt worden, während es in der Städteordnung (§ 59) und in der Kreisordnung (§ 167) f. d. östl. Prov. geschehen ist (Beschl. des Kammerger. vom 3. Juni 1909, Johow **38** 200). Über die Verwaltung der Gemeindesparkasse durch eine selbständige Behörde s. oben Anm. 35 b; über den Begriff der Behörde s. Friedrichs im PrVBl. 28 41, 58. — Durch Anw. III ist die Bildung einer Kommission zur Prüfung der Gemeinderechnung gestattet (s. unten § 120 Anm. 99). Werden in einer Landgemeinde durch Ortsstatut (§ 6) Kommissionen gebildet, die nicht Ausschüsse der Gemeindevertretung, sondern Personenmehrheiten sind, denen die Verwaltung bestimmter Gemeindeanstalten übertragen wird (was nach § 88 Abs. 4 Nr. 3 zulässig ist), so hat (nach dieser Bestimmung) der Gemeindevorsteher die Aufsicht über die Verwaltung zu führen (s. auch Schmidt im PrVBl. **29** 583 und über die Zulässigkeit der Bildung von Kommissionen in städtischen Verwaltungen OVG. **43** 89).

58a) **Ausführung der Beschlüsse.** S. § 88 Nr. 3. — Diese Vorschrift schließt nicht aus, daß die Gemeindeversammlung (Gemeindevertretung) selbst ihre Rechte im Verwaltungsstreitverfahren durch einen besonderen Vertreter wahrnimmt (§ **144** Abs. 2).

59) **Gegenstände der Beratung.** Bei der Zusammenberufung muß die Tagesordnung mitgeteilt werden. Ihre Feststellung steht dem Gemeindevorsteher zu. Erfolgt die Zusammenberufung der Versammlung auf das Verlangen der Mitglieder, so muß der Gemeindevorsteher auch den Gegenstand auf die Tagesordnung setzen, zu dessen Beratung die Zusammenberufung verlangt worden

vorsteher; sie muß erfolgen, wenn es von einem Viertel der Mitglieder verlangt wird.

Die Art und Weise der Zusammenberufung wird durch die Ortsverfassung [60]) bestimmt. Mit Ausnahme dringender Fälle müssen zwischen der Zusammenberufung und dem Verhandlungstermine mindestens zwei Tage frei bleiben. [61])

---

war. Über eine ungerechtfertigte Verzögerung der Anberaumung der Sitzung würde jeder Gemeindeverordnete (bei der Gemeindeversammlung jeder Stimmberechtigte) bei dem Landrat (§ 139) Beschwerde führen können (vgl. Busch im PrVBl. **33** 68). Sollen nach erfolgter Zusammenberufung noch weitere Gegenstände auf die Tagesordnung gesetzt werden, so ist diese Erweiterung der Tagesordnung nachträglich in der für die Zusammenberufung vorgeschriebenen Weise bekannt zu machen, sofern es noch unter Innehaltung der vorgeschriebenen zweitägigen Frist geschehen kann. Eine Beschlußfassung über Gegenstände, die nicht auf der in dieser Weise mitgeteilten Tagesordnung stehen, ist unzulässig; über solche, die später als am dritten Tage vor dem Sitzungstage den Stimmberechtigten als Gegenstand der Beratung mitgeteilt worden sind, ist sie nur dann zulässig, wenn die Beschlußfassung der Gemeinde keinen Aufschub zuläßt („dringende Fälle"). Ist die Zusammenberufung nicht ordnungsmäßig erfolgt, so sind die gefaßten Beschlüsse ungültig, und zwar auch dann, wenn sie vom Kreisausschusse bestätigt werden (OVG. **24** 98). — Ist in der Gemeindeversammlung ein Gegenstand der Tagesordnung durch Beschlußfassung erledigt, so darf er, wenn inzwischen sich ein Mitglied der Versammlung entfernt hat, in derselben Versammlung nicht nochmals zum Gegenstand einer anderweitigen Beschlußfassung gemacht werden (OVG. **14** 174).

60) **Ortsverfassung.** Es bedarf hierzu einer statutarischen Anordnung gemäß § 6, während eine solche im Falle des § 59 nicht erforderlich ist.

61) **Einberufungsfrist.** Bei Berechnung der zweitägigen Frist ist der Tag der Einladung sowie der Tag der Verhandlung nicht mitzuzählen, so daß zwischen beiden zwei volle Kalendertage liegen müssen. Ist die Frist nicht innegehalten worden, obwohl der Fall kein dringender war, so sind die in der Versammlung (Sitzung) gefaßten Beschlüsse ebenso ungültig wie bei einer sonstigen nicht ordnungsmäßigen Einberufung (s. oben Anm. 59). Ob die Einberufung ordnungsmäßig erfolgt ist und ob die Abkürzung der Frist durch die Dringlichkeit des Falls berechtigt war, ist gegebenenfalls durch Beschluß der Gemeindeversammlung (Gemeindevertretung) festzustellen (vgl. OVG. **41** 43). Die Tagesordnung (s. Anm. 59) muß stets, auch in dringenden Fällen, vor der Versammlung (Sitzung) mitgeteilt werden.

Die Versammlungen sollen in der Regel nicht in Wirtshäusern oder Schänken abgehalten werden. 62)

§ 105.

Für die Gemeindevertretung 63) können durch Beschluß derselben regelmäßige Sitzungstage festgesetzt werden; es müssen jedoch auch dann die Gegenstände der Beratung, und zwar mit Ausnahme dringender Fälle mindestens zwei Tage vorher, 64) den Mitgliedern der Versammlung angezeigt werden.

§ 106.

Die Gemeindeversammlung ist beschlußfähig, wenn mehr als ein Drittel der stimmberechtigten Gemeindemitglieder anwesend ist. 65)

Für die Gemeindevertretung bedarf es der Anwesenheit von mehr als der Hälfte der Mitglieder derselben. 66)

---

62) **Versammlungsraum.** Ein unbedingtes Verbot, die Versammlungen in Wirtshäusern abzuhalten, enthält § 104 nicht. Es handelt sich nur um eine Regelvorschrift (OVG. **63** 115). Steht dem Gemeindevorsteher kein für die Gemeindeversammlung genügender Versammlungsraum zur Verfügung, so wird er bei der Schulverwaltungsbehörde (Schulvorstand usw.) die Überlassung eines Schulzimmers außerhalb der Unterrichtszeit für den bezeichneten Zweck nachsuchen müssen. Im Notfalle kann eine Gemeindeversammlung auch in einem Wirtshaus abgehalten werden.

63) **Sitzungstage, Sitzungsstunde.** Regelmäßige Sitzungstage können nur für die Gemeindevertretung bestimmt werden. Für die Gemeindeversammlung ist dies nicht zulässig. Ebenso wie die Sitzungstage kann auch die regelmäßige Sitzungsstunde an den regelmäßigen Sitzungstagen festgesetzt werden (OVG. **63** 147). Ist dies nicht geschehen, so hat der Gemeindevorsteher bei der Einladung jedesmal die Stunde für den Beginn der Sitzung anzugeben.

64) **Einberufungsfrist.** S. Anm. 61.

65) **Beschlußfähigkeit der Gemeindeversammlung.** Die nicht gemeindeangehörigen Stimmberechtigten (Forensen), Aktiengesellschaften usw. (§ 45), sowie die Vertreter von stimmberechtigten Gemeindegliedern (§ 46) werden bei Feststellung der Beschlußfähigkeit nicht mitgezählt; es müssen mehr als $^1/_3$ der stimmberechtigten Gemeindeangehörigen (§§ 39, 7) anwesend sein. Wie viele Stimmen diese führen, ist für die Frage der Beschlußfähigkeit gleichgültig.

66) **Beschlußfähigkeit der Gemeindevertretung.** Über die Zusammensetzung der Gemeindevertretung s. § 49 Anm. 5. Es muß

In beiden Fällen bedarf es bei der Vorladung des Hinweises darauf, daß die Nichtanwesenden sich den gefaßten Beschlüssen zu unterwerfen haben.[66a])

Wird die Gemeindeversammlung (Gemeindevertretung) zum zweiten Male zur Beratung über denselben Gegenstand zusammenberufen,[67]) so sind die erschienenen Mitglieder ohne Rücksicht auf ihre Anzahl beschlußfähig. Bei der zweiten Zusammenberufung muß auf diese Bestimmung ausdrücklich hingewiesen werden.

§ 107.

Die Beschlüsse werden nach Stimmenmehrheit gefaßt.[68]) Bei Stimmengleichheit entscheidet die Stimme des Vor-

---

mehr als die Hälfte der gesetzlich oder statutarisch vorgeschriebenen Zahl der Mitglieder anwesend sein, nicht der im Amte befindlichen (OVG. **18** 48). — Auf die nach § 100 der Kreisordnung von der Gemeindevertretung vorzunehmenden Wahlen von Wahlmännern für die Wahlen der Kreistagsabgeordneten finden die Vorschriften des § 106 der LGO. keine Anwendung, da diese Wahlen nicht durch die Gemeindevertretung als solche, sondern durch eine aus deren Mitgliedern bestehende besondere Wahlversammlung vorgenommen werden sollen (OVG. **34** 5). S. auch oben Anm. 5. Die Wahlversammlung ist ordnungsmäßig zusammengesetzt, wenn sie neben dem Gemeindevorsteher aus denjenigen Gemeindeverordneten gebildet ist, welche tatsächlich einen Sitz in der Gemeindevertretung haben (OVG. **61** 1).

66a) **Hinweis bei der Vorladung.** Anw. III A. 1. 8 bestimmt: „Bei jeder Vorladung ist ausdrücklich darauf hinzuweisen, daß die Nichterscheinenden sich den Beschlüssen der Erscheinenden zu unterwerfen haben. Erfolgt wegen Beschlußunfähigkeit der Versammlung die Vorladung zu einer neuen Versammlung, so kommt es auf die Zahl der Erscheinenden nicht weiter an; hierauf ist bei der zweiten Vorladung hinzuweisen."

67) **Beschlußfähigkeit bei wiederholter Zusammenberufung.** Die Vorschrift des § 106 Abs. 4 findet nur dann Anwendung, wenn in der ersten Versammlung eine Beschlußfassung wegen Beschlußunfähigkeit der Versammlung (§ 106 Abs. 1 u. 2) nicht hat stattfinden können, jedoch nicht auch dann, wenn aus anderen Gründen eine wiederholte Beratung desselben Gegenstandes stattfindet, etwa weil die Beschlußfassung vertagt worden war oder die Abänderung eines gefaßten Beschlusses beantragt wird.

68) **Form der Abstimmung. Schöffen. Klage.** Die Abstimmung — mag sie durch Abgabe einer mündlichen Erklärung (Ja oder Nein), durch Erheben von den Sitzen oder Sitzenbleiben, durch

sitzenden. Die der Stimmabgabe sich enthaltenden Mitglieder werden zwar als anwesend betrachtet, die Stimmenmehrheit wird jedoch lediglich nach der Zahl der abgegebenen Stimmen festgestellt. [69])

§ 108.

An Verhandlungen über Rechte und Verpflichtungen der Gemeinde darf derjenige nicht Teil nehmen, dessen Interesse mit dem der Gemeinde im Widerspruche steht. [70]) Kann wegen dieser Ausschließung ein gültiger Beschluß

Aufheben oder Nichtaufheben der Hand und dergleichen erfolgen — muß stets eine offene sein und darf nicht geheim (durch Stimmzettel) erfolgen, da dann die Stimme des Vorsitzenden, die nötigenfalls den Ausschlag geben soll, nicht erkennbar sein würde (PrVBl. **15** 427). Anderer Meinung ist Wolff im PrVBl. **31** 650. — Jedes Mitglied (auch der Gemeindevorsteher) hat eine Stimme; nur bei Stimmengleichheit kommt dem Gemeindevorsteher ein stärkeres Stimmrecht zu.

Die Schöffen, welche Mitglieder eines kollegialischen Gemeindevorstandes (§ 74 Abs. 6) sind, haben bei der Beschlußfassung der Gemeindevertretung über Anträge des Gemeindevorstandes selbständig ohne Rücksicht auf die Stellungnahme des Gemeindevorstandes ihre Stimme abzugeben.

Eine Klage auf Ungültigkeitserklärung von Gemeindebeschlüssen ist im Verwaltungsstreitverfahren weder allgemein noch für bestimmte Gebiete zugelassen (PrVBl. **26** 271).

69) **Berechnung der Mehrheit.** Die Mitglieder, die sich der Abstimmung freiwillig enthalten, werden mitgezählt, wenn es sich um die Frage nach der Beschlußfähigkeit handelt, nicht mitgezählt, wenn es sich um Berechnung der Stimmenmehrheit (absolute Majorität) handelt.

70) **Ausschließung von der Verhandlung.** Die Gründe hierfür, die bei den Sitzungen des Gemeindevorstandes maßgebend sind (§ 89), finden bezüglich der Gemeindeversammlung und Gemeindevertretung keine Anwendung. Es kommt daher nur das eigene Interesse des Mitglieds in Betracht, nicht das seiner Verwandten usw. (Literatur s. oben Anm. 46a). — Auch derjenige, welchen der Beschluß der Gemeindevertretung betrifft (z. B. ein Beschluß über Einlegung von Rechtsmitteln in einem die Gültigkeit seiner Wahl betreffenden Streitverfahren), ist von der Beschlußfassung nicht ausgeschlossen (OVG. **31** 110). — Gemeindeglieder, welche an den Nutzungen des Gemeindegliedervermögens teilnehmen (§ 70), sind von der Beschlußfassung darüber ausgeschlossen, ob hierauf und in welchem Umfang auch die Gemeindekasse Anspruch zu erheben hat (OVG. **51** 10).

nicht gefaßt werden, so beschließt an Stelle der Gemeindeversammlung (Gemeindevertretung) der Kreisausschuß.[70a])

§ 109.

Bei den Sitzungen der Gemeindeversammlung (Gemeindevertretung) findet beschränkte Öffentlichkeit statt. Denselben können als Zuhörer alle zu den Gemeindeabgaben herangezogenen männlichen großjährigen Personen beiwohnen, welche sich im Besitz der bürgerlichen Ehrenrechte befinden und Gemeindeangehörige (§ 7) oder Stimmberechtigte auf Grund des § 45 Absatz 1 oder Vertreter von Stimmberechtigten (§ 46 1, 2 und 4) sind. Für einzelne Gegenstände kann durch besonderen Beschluß, welcher in geheimer Sitzung gefaßt wird, die Öffentlichkeit ausgeschlossen werden. Das Ortsstatut kann Bestimmung darüber treffen, daß die Sitzungen mit Angabe der Tagesordnung in ortsüblicher Weise vorher bekannt zu machen sind.[71])

§ 110.

Der Vorsitzende leitet die Verhandlungen, eröffnet und schließt die Sitzungen und handhabt die Ordnung in der Versammlung.[72])

Er kann jeden Zuhörer, welcher Störung irgend einer Art verursacht, aus dem Sitzungszimmer entfernen lassen.

70a) **Beschlußfassung des Kreisausschusses.** Sie hat dann stattzufinden, wenn von den Mitgliedern der Gemeindeversammlung mehr als ein Drittel, von den Mitgliedern der Gemeindevertretung mehr als die Hälfte (s. § 106) von der Teilnahme an der Verhandlung ausgeschlossen ist. Wird diese Zahl nicht erreicht, tritt aber trotzdem Beschlußunfähigkeit infolge des Ausbleibens nicht ausgeschlossener Mitglieder ein, so muß eine nochmalige Zusammenberufung der Versammlung (§ 106 Abs. 4) erfolgen (vgl. OVG. 18 54). — Gegen den Beschluß des Kreisausschusses ist gemäß LVG. § 121 innerhalb zwei Wochen die Beschwerde an den Bezirksausschuß zulässig.

71) **Bekanntmachung der Sitzungen.** Es handelt sich hierbei nicht um eine nur für die Mitglieder der Versammlung bestimmte, sondern um eine öffentliche Bekanntmachung. — Über den Begriff der Ortsüblichkeit s. oben Anm. 39 zu § 59.

72) **Handhabung der Ordnung.** S. unten § 112.

§ 111.

Die Beschlüsse der Gemeindeversammlung (Gemeindevertretung) sind in ein besonderes Buch einzutragen und von dem Vorsitzenden, sowie wenigstens zwei stimmberechtigten Mitgliedern der Versammlung zu unterzeichnen.[73])

§ 112.

Durch Ortsstatut[74]) kann bestimmt werden, daß unentschuldigtes Ausbleiben[74a]) aus den Versammlungen der Gemeindevertretung, sowie ordnungswidriges Benehmen in diesen Versammlungen oder in der Gemeindeversammlung für das betreffende Mitglied eine in die Gemeindekasse fließende Geldstrafe von 1 bis 3 Mark nach sich ziehen, und daß im Wiederholungsfalle, nach Lage der Sache, Ausschließung[74b]) aus der Versammlung auf eine

---

73) **Beurkundung der Beschlüsse.** Es ist zulässig und empfehlenswert, daß ein vollständiges Protokoll aufgenommen wird. Für den Nachweis eines ordnungsmäßigen Gemeindebeschlusses genügt die Tatsache der Aufzeichnung des Beschlusses in dem Beschlußbuch und die Unterschrift des Vorsitzenden sowie zweier stimmberechtigten Mitglieder unter dem Beschlusse.

Anw. III A. I. 7 bestimmt: „Die Beschlüsse sind unter Angabe des Tages und der Anwesenden in ein besonderes Buch einzutragen und von dem Vorsitzenden und wenigstens zwei Mitgliedern der Versammlung zu unterzeichnen. Der Schriftführer braucht nicht zu den Mitgliedern der Gemeindeversammlung zu gehören." — Die Rechtsbeständigkeit eines Beschlusses ist nicht davon abhängig, daß er in der vorgeschriebenen Form beurkundet worden ist. Der Beweis, daß ein Beschluß ordnungsmäßig zustande gekommen ist, kann auch in anderer Weise erbracht werden als durch die Tatsache seiner Eintragung in das Protokollbuch (OVG. 9 47).

74) **Ortsstatut.** Das Orksstatut bedarf der Genehmigung des Kreisausschusses (§ 6).

74a) **Unentschuldigtes Ausbleiben.** Zur Feststellung, daß unentschuldigtes Ausbleiben in Sitzungen der Gemeindevertretung vorliegt, bedarf es, falls der Gemeindeverordnete den Empfang der Einladung in Abrede stellt, des Nachweises der ordnungsmäßigen Einladung; bei Ortsüblichkeit der Einladung durch einfachen Brief des Nachweises, daß dem Gemeindeverordneten dieser Brief rechtzeitig zugegangen ist (OVG. **33** 224/225, PrVBl. **33** 419).

74b) **Ausschließung aus der Versammlung.** Die Ausschließung des Gemeindevorstehers oder der Schöffen von den Sitzungen der Gemeindevertretung ist ebensowenig zulässig wie ihre Bestrafung gewisse Zeit, bis auf die Dauer eines Jahres, verhängt werde. Über die Verhängung dieser Strafen beschließt die Gemeindevertretung (Gemeindeversammlung).[74c]) Gegen den Beschluß findet die Klage im Verwaltungsstreitverfahren statt.[75]) Die Klage steht auch dem Gemeindevorsteher zu.

§ 113.

Die Gemeindeversammlung (Gemeindevertretung) beschließt über die Verwaltung und Benutzung des Gemeindevermögens (§§ 68 ff.).[76])

---

wegen unentschuldigten Ausbleibens durch die Gemeindevertretung (Gemeindeversammlung). Eine Verletzung der ihnen obliegenden Pflichten kann nur durch die zuständige Aufsichtsbehörde (s. §§ 139, 143) im Disziplinarwege bestraft werden (OVG. **63** 115).

74c) **Beschluß über Bestrafung.** Der Beschluß muß den Erfordernissen einer Straffestsetzung genügen, insbesondere den Bestraften mit Namen bezeichnen (OVG. **51** 35).

75) **Strafen.** Es können, sofern nicht das Ortsstatut ein anderes bestimmt, mehrere verwirkte Strafen gleichzeitig festgesetzt werden, da die Verhängung der Strafe an eine Frist gesetzlich nicht gebunden ist (PrVBl. **30** 290). — Die Klage gegen die Straffestsetzung ist binnen zwei Wochen bei dem Kreisausschuß einzureichen (§ 144) und gegen die Gemeindevertretung (Gemeindeversammlung) zu richten (OVG. **51** 35). Die Klagefrist läuft von der Kundgebung des Beschlusses an die Betroffenen ab (OVG. **40** 165). Einer förmlichen Zustellung des Beschlusses an ihn bedarf es nicht (OVG. vom 28. Januar 1910 — I C 64/09).

76) **Verwaltung des Gemeindevermögens.** Zu dem Gemeindevermögen gehört auch das Gemeindegliedervermögen (siehe oben Anm. 1). — Die Beschlüsse der Gemeindeversammlung (Gemeindevertretung) über die Benutzung des Gemeindevermögens hat der Gemeindevorsteher erst zur Ausführung zu bringen, nachdem er hierüber mit den Schöffen beraten hat (§ 88 Nr. 3, s. oben Anm. 35).

Die Jagdnutzung gehört nur dann zu dem Gemeindevermögen und unterliegt daher der Beschlußfassung der Gemeindeversammlung (Gemeindevertretung), wenn die Gemeinde einen Eigenjagdbezirk hat, d. h. wenn sie Grundstücke besitzt, welche dauernd und vollständig gegen den Einlauf von Wild eingefriedigt sind oder einen im Zusammenhange nicht unterbrochenen land- oder forstwirtschaftlich benutzbaren Flächenraum von mindestens 75 ha nach Maßgabe des § 4 der Jagdordnung vom 15. Juli 1907 (GS. S. 207) bilden. Sie darf in diesem Falle das Jagdrecht auf ihrem Bezirke durch Verpachtung oder durch höchstens drei angestellte Jäger ausüben oder muß es ruhen lassen (§ 6 der

§ 114.

Zur Veräußerung oder wesentlichen Veränderung von Sachen, welche einen besonderen wissenschaftlichen, histo=

Jagdordnung). Alle übrigen Grundflächen eines Gemeindebezirkes, welche nicht zu einem Eigenjagdbezirke gehören und im Zusammenhange wenigstens 75 ha umfassen, bilden den gemeinschaftlichen Jagdbezirk (§ 7). Die Eigentümer der Grundstücke dieses Jagdbezirkes bilden eine Jagdgenossenschaft, welche Rechtsfähigkeit besitzt. Ihre Angelegenheiten werden durch den Gemeindevorsteher als „Jagdvorsteher" verwaltet (OVG. 52 440), den in Behinderungsfällen der sonst zu seiner Vertretung berufene Schöffe zu vertreten hat (§ 16). Die Kassengeschäfte der Jagdgenossenschaft sind durch die Gemeindekasse zu führen (§ 25 Abs. 7). Den Schöffen und der Gemeindeversammlung (Gemeindevertretung) steht hiernach eine Mitwirkung bei der Verwaltung der Angelegenheiten des gemeinschaftlichen Jagdbezirkes nicht zu. Über die Art der Jagdverpachtung hat der Jagdvorsteher (vorbehaltlich des Einspruchsverfahrens) selbständig zu befinden; ein Genehmigungs= oder Anweisungsrecht steht hierbei der Jagdaufsichtsbehörde (Landrat, Regierungspräsident) nicht zu (OVG. **54** 367). Dieselben Grundsätze finden auch auf Gutsbezirke Anwendung. Mit Genehmigung des Kreisausschusses können aus den Grundflächen eines Gemeinde=(Guts=)Bezirkes, welche den gemeinschaftlichen Jagdbezirk bilden, mehrere selbständige gemeinschaftliche Jagdbezirke gebildet werden, von denen in der Regel keiner weniger als 250 ha im Zusammenhang umfassen darf. Ausnahmsweise kann im Interesse der Jagdgenossen eine Herabsetzung bis zu 75 ha stattfinden. Mit Genehmigung des Kreisausschusses und, wenn eine Stadtgemeinde beteiligt ist, des Bezirksausschusses können die zur Bildung eines gemeinschaftlichen Jagdbezirkes geeigneten Grundflächen eines Gemeinde=(Guts=)Bezirkes oder Teile von ihnen mit gleichartigen im räumlichen Zusammenhange mit ihnen stehenden Grundflächen eines oder mehrerer anderer Gemeinde=(Guts=) Bezirke oder den Teilen solcher zu gemeinschaftlichen, im Zusammenhange wenigstens 75 ha umfassenden Jagdbezirken vereinigt werden (Jagdordnung § 7).

Die Verwaltung der Holzungen der Gemeinden unterliegt der Oberaufsicht des Staates nach Maßgabe des Gesetzes vom 14. August 1876 (GS. S. 373), insbesondere bedürfen die Betriebspläne der Feststellung durch den Regierungspräsidenten. Auch können die Gemeinden zur Ausführung von Holzkulturen verpflichtet werden. S. oben Anm. 4.

Das Grundeigentum des Staates kann auf eine Gemeinde und das einer Gemeinde an den Staat oder an eine andere Gemeinde nicht nur durch Auflassung, sondern auch durch Landesgesetz übertragen werden (EG. zum BGB. Art. 126). Die Grundstücke der Gemeinde erhalten ein Grundbuchblatt nur rischen oder Kunstwert haben, ist die Genehmigung des Regierungspräsidenten erforderlich.[77])

Zur Veräußerung von Grundstücken [78]) oder solchen

---

auf Antrag des Eigentümers oder eines Berechtigten (Verordnung vom 13. November 1899 Art. 1, GS. S. 519).

Über die Verwaltung der Gemeindeschule s. § 148.

77) **Denkmalpflege.** Die Vorschrift des § 114 Abs. 1 bezweckt die Erhaltung von Denkmälern. Die Sachen, auf welche sie sich bezieht, können sowohl unbewegliche (Bauwerke, vorgeschichtliche Gräber, Wälle u. dgl.) als auch bewegliche sein (Urkunden, Bildwerke, Kunstgeräte, vorgeschichtliche Werkzeuge, Urnen u. dgl.). Das Verbot ihrer Veräußerung oder wesentlichen Veränderung besteht nur für Sachen, die sich im Eigentume von Gemeinden befinden. Gutsbezirke und der Besitz des Gutsherrn an solchen Gegenständen unterliegen dieser Vorschrift nicht. — Zunächst war durch die Kabinettsorder vom 20. Juni 1830 (GS. S. 113) die Erhaltung der Stadtmauern usw. angeordnet; dann ist eine Reihe von Ministerialerlassen zur Erhaltung von sonstigen Überresten der Vorzeit ergangen, insbesondere am 24. Januar 1844 (MBl. S. 38), 31. Juli 1844 (MBl. S. 219), 5. November 1854 (MBl. für 1855 S. 2), 28. August 1857 (MBl. S. 144), in betreff der Archive am 17. Februar 1859 (MBl. S. 89), in betreff der Hünengräber, Stein- und Erdmonumente am 30. Dezember 1886 (MBl. für 1887 S. 8), in betreff der Aufgrabung von Altertümern am 18. Mai 1888 (MBl. S. 112), in betreff der Einholung einer Äußerung des Provinzialkonservators darüber, ob ein Gegenstand der vorbezeichneten Art vorliegt, und über dessen Mitwirkung bei Entwürfen über die Veränderung von Denkmälern am 6. Mai 1904 (Zentralblatt f. d. Unterrichtsverwaltung S. 482), in betreff der Erhaltung von Naturdenkmälern bei Ausführung von Wegebauten am 16. April 1912 (Zentralblatt d. Unterrichtsverwaltung S. 410). Durch polizeiliche Verfügung kann die Erhaltung von Baudenkmälern, soweit es sich nicht um sicherheitspolizeiliche Maßnahmen handelt, nicht erzwungen werden (OVG. **43** 420 und **44** 388). Der Wert des Gegenstandes ist nicht dann ein besonderer, wenn er ein großer ist, sondern wenn der Gegenstand, abgesehen von seinem sonstigen Werte, einen besonderen Wert durch seine wissenschaftliche, geschichtliche oder künstlerische Bedeutung hat (OVG. **47** 52). Die gesetzliche Beschränkung der Gemeinde hinsichtlich der Veräußerung schließt die Verpflichtung der Gemeinde zur Erhaltung jener Gegenstände ein (OVG. **43** 420, **47** 52 und PrVBl. **28** 746).

78) **Veräußerung von Grundstücken.** Eine Genehmigung zur Veräußerung ist nur dann erforderlich, wenn diese im Wege der freiwilligen Übertragung des Grundeigentums erfolgen soll. Dagegen bezieht sich die Vorschrift des § 114 weder auf unfreiwillige Veräußerungen noch auf Verpfändungen oder sonstige Belastungen.

Gerechtigkeiten, welche den Grundstücken gesetzlich gleichgestellt sind,[79])

Zum Erwerbe von Grundstücken bedarf die Gemeinde keiner Genehmigung. Die eine solche erfordernde Bestimmung des § 33 II 7 ALR. war bereits durch § 31 des ZG. aufgehoben worden, ebenso die Kabinettsorder vom 25. Januar 1831, betreffend die Erwerbung von Rittergütern durch Dorfgemeinden oder deren Mitglieder. Die Bestimmung des Art. 7 § 1 Abs. 1 des AG. zum BGB. vom 20. September 1899 findet nach Abs. 2 daselbst auf Landgemeinden keine Anwendung. Dagegen bedarf nach Art. 6 daselbst die Annahme von Schenkungen oder Zuwendungen von Todes wegen, auch wenn sie Grundstücke zum Gegenstande haben, der Genehmigung des Königs oder der durch Königliche Verordnung bestimmten Behörden, wenn ihr Wert 5000 M. übersteigt. Das Gesetz vom 23. Februar 1870, betreffend die Genehmigung von Schenkungen usw. (GS. S. 118), ist durch Art. 89 Nr. 26 des erwähnten AG. aufgehoben und durch § 80 des BGB. und den Art. 4 der Ausführungsverordnung zum BGB. vom 16. November 1899 (GS. S. 562) ersetzt worden (s. Verfügung des Ministers des Innern vom 19. Dezember 1899, MBl. für 1900 S. 8). Gemeindevorsteher, die eine Schenkung oder eine Zuwendung von Todes wegen in Empfang nehmen und nicht binnen vier Wochen die erforderliche Genehmigung nachsuchen, sind nach Art. 6 a. a. O. strafbar. — Über die Voraussetzungen, unter denen die Genehmigung zu erteilen ist, trifft ein Minist.Erlaß vom 10. November 1904 (unveröffentlicht) Bestimmung.

79) **Den Grundstücken gesetzlich gleichgestellte Gerechtigkeiten.** Solche Gerechtigkeiten sind nach BGB. § 96 alle Rechte, die mit dem Eigentum an einem Grundstücke verbunden sind. Hierher gehören: ein der Gemeinde zustehendes Erbbaurecht (BGB. §§ 1012—1017) — während die Einräumung des Erbbaurechts auf einem Gemeindegrundstücke keine Veräußerung eines Erbbaurechts ist (Johow, Entsch. des Kammergerichts 21 A 127) — und die Grunddienstbarkeiten (BGB. §§ 1018 ff.), ferner nach besonderer gesetzlicher Vorschrift: Bergwerkseigentum, unbewegliche Bergwerksanteile, Kohlenabbaugerechtigkeit und andere selbständige Gerechtigkeiten (s. Art. 22, 27 und 28 des AG. zur Grundbuchordnung vom 26. September 1899, GS. S. 307, und hinsichtlich des Bergwerkseigentums § 50 des Allgemeinen Berggesetzes vom 24. Juni 1865, GS. S. 705, hinsichtlich der unbeweglichen Bergwerksanteile § 228 des Allgemeinen Berggesetzes, hinsichtlich der Kohlenabbaugerechtigkeiten in den ehemals sächsischen Landesteilen § 3 des G. vom 22. Februar 1869, GS. S. 402). Als selbständige Gerechtigkeiten können auch Apothekergerechtigkeiten, Fährgerechtigkeiten und andere Zwangs-, Bann- und Realgewerberechte in Betracht kommen, für die auch nach Erlaß des BGB. die landesgesetzlichen Vorschriften gelten (Art. 74 des EG. zum BGB. vom 18. August 1896, RGBl. S. 604).

zu einseitigen Verzichtleistungen 80) und Schenkungen 81),
zu Anleihen, durch welche die Gemeinde mit einem Schuldenstande belastet, oder der vorhandene vergrößert wird, 82)
zur neuen Belastung der Gemeindeangehörigen ohne gesetzliche Verpflichtung, 83)

---

80) **Einseitige Verzichtleistung.** Hierunter ist eine solche zu verstehen, die ohne eine Gegenleistung erfolgt.

81) **Schenkung** ist eine Zuwendung, durch welche jemand aus seinem Vermögen einen anderen bereichert, wenn beide Teile darüber einig sind, daß die Zuwendung unentgeltlich erfolgt (BGB. § 516). — Ist die Schenkung oder eine letztwillige Zuwendung unter einer Auflage gemacht worden, so kann nach dem Tode des Schenkers oder Erblassers auch die zuständige Behörde die Vollziehung der Auflage verlangen, wenn sie im öffentlichen Interesse liegt (BGB. §§ 525 und 2194).

82) **Anleihen.** Anleihen, welche zur Tilgung älterer Schulden dienen, mithin den Schuldenstand nicht vergrößern, bedürfen nicht der Genehmigung (Minist.Erlaß vom 6. Dezember 1881, MBl. 1882 S. 5 und vom 18. März 1888, MBl. S. 101). Die Grundsätze, nach denen die Gemeindebeschlüsse über Aufnahme von Anleihen zu prüfen sind, ergeben sich aus den Ministerialerlassen vom 1. Juni 1891 (MBl. S. 84), 6. August 1892 (MBl. S. 321), 1. Februar 1912 (MBl. S. 28) und vom 3. Juni 1912 (MBl. S. 203). Über Aufnahme von Anleihen durch Ausgabe von Inhaberpapieren s. G. vom 17. Juni 1833 (GS. S. 75), RG. vom 8. Juni 1891, RGBl. S. 210, BGB. § 795, Verordn. vom 16. November 1899, GS. S. 562, Art. 8 und Minist.Erlasse vom 1. November 1870 (MBl. 1880 S. 11), 8. Dezember 1883 (MBl. 1884 S. 9), 1. Juni 1891 (MBl. S. 84), 6. August 1892 (MBl. S. 321), 31. Januar und 16. Juli 1900 (MBl. S. 81 und 224), 14. August 1902 (MBl. S. 174), 23. August 1907 (MBl. S. 261), 3. Dezember 1907 (MBl. 1908 S. 11) und vom 7. Juni 1912 (MBl. S. 203). S. auch die Aufsätze von Kappelmann (PrVBl. **23** S. 241, 381 und 401) und von Scholz (PrVBl. **29** 761). — Auch die Sparkasse der Gemeinde darf dieser Darlehen und Vorschüsse nur unter Beachtung der allgemeinen Vorschriften über die Ausleihung von Sparkassenbeständen gewähren (Minist.Erlaß vom 24. Juni 1911, MBl. S. 177). — Selbstschuldnerische Bürgschaften der Gemeinde bedürfen der Genehmigung nur dann, wenn sie eine neue Belastung der Gemeinde ohne gesetzliche Verpflichtung darstellen (s. Anm. 83).

83) **Neue Belastung ohne gesetzliche Verpflichtung.** Diese Bestimmung ist ungenau gefaßt und kann daher zu Mißverständnissen Anlaß geben. S. die Aufsätze von Dierschke (PrVBl. 28 781), Busch (PrVBl. 28 970), Beschl. des Kammergerichts vom 8. April 1907 (PrVBl. **29** 152) und Johow Entsch. **34 A** 193. Sie ist

in den älteren Gemeinde- und Städteordnungen nicht enthalten, wohl aber bereits in der Kreisordnung vom 13. Dezember 1872 § 176 Nr. 6 und in der Provinzialordnung vom 29. Juni 1875 § 119 Nr. 5. Es handelt sich nicht um eine Belastung der Gemeindeangehörigen mit neuen oder erhöhten Abgaben, wie in der Vorschrift des ALR. II 6 § 65, welcher der Vorläufer jener Bestimmungen gewesen ist (neue Beiträge, die weder in der Stiftungsverfassung der Korporation noch in den allgemeinen Staatsgesetzen gegründet, aber „zur Erfüllung des Zweckes der Korporation oder einer von ihr vorhin schon rechtsgültig übernommenen Verbindlichkeit notwendig" sind), sondern um eine neue Belastung der Gemeinde mit einer Verpflichtung, zu deren Erfüllung nötigenfalls den Abgabenpflichtigen (nicht nur den „Gemeindeangehörigen") Gemeindeabgaben auferlegt werden müssen. Für die Genehmigung von Gemeindebeschlüssen über die Verteilung des Steuerbedarfs der Gemeinde auf die Abgabenpflichtigen kommt § 114 nicht in Betracht. Sie war bereits in den §§ 13, 16 bis 20 der LGO. und ist jetzt im KAG. geregelt. Auch § 176 Nr. 6 der Kreisordnung enthält den ungenauen Ausdruck „Belastung der Kreisangehörigen ohne gesetzliche Verpflichtung", während in § 119 Nr. 5 der Provinzialordnung richtig „neue Belastung des Provinzialverbandes ohne gesetzliche Verpflichtung" gesagt ist. — Eine neue Belastung der Gemeinde wird weder durch einen Beschluß über Verwendung bereiter Geldmittel der Gemeindekasse oder sonstige Verwendung von vorhandenem Gemeindevermögen noch durch Eingehen von Verträgen herbeigeführt, durch welche von der Gemeinde eine Verpflichtung gegen eine gleichwertige Gegenleistung an die Gemeinde übernommen wird. Es kommt hier vielmehr nur eine wirtschaftliche Belastung der Gemeinde in Betracht. Eine solche kann bewirkt werden durch eine Verpflichtung zu Leistungen, welche die Gemeinde einem Dritten gegenüber eingeht, oder durch eine Veranstaltung der Gemeinde, welche zukünftige Aufwendungen der Gemeinde, insbesondere zu ihrer Unterhaltung, verursacht. Eine Belastung der ersten Art ist die Übernahme der Verpflichtung, zu den Kosten eines Wegebaues des Kreises oder einer anderen Gemeinde beizutragen, eine Belastung der zweiten Art die durch Einrichtung einer höheren Schule herbeigeführte Verpflichtung zu deren Unterhaltung. Der Genehmigung bedarf diese neue Belastung der Gemeinde nur, wenn sie „ohne gesetzliche Verpflichtung" erfolgt. Das ist dann der Fall, wenn sie zur Erfüllung einer Aufgabe erfolgt, zu deren Übernahme die Gemeinde gesetzlich nicht verpflichtet, wohl aber berechtigt ist (s. § 5 Anm. 2, 2a und § 141 Anm. 8). Hierzu gehören nicht die Aufwendungen für die allgemeine Gemeindeverwaltung, wie z. B. für die Einrichtung von Beamtenstellen, für den Bau eines Gemeindehauses, für die öffentliche Armenpflege, die Wegeunterhaltung, für polizeiliche Veranstaltungen der Gemeinde (s. Anm. 9 zu § 8). Sie bedürfen daher keiner Genehmigung. Demgemäß ist auch mit Rücksicht auf die erwähnten gleichlautenden Bestimmungen der Kreisordnung und

zu Veränderungen im Genusse der Gemeindenutzungen [84])
bedarf es der Genehmigung des Kreisausschusses. [84a])

---

der Provinzialverwaltung die Übernahme der Unterhaltung einer Chaussee auf den Provinzialverband (Minist.Erl. vom 22. März 1893, MBl. S. 109) und der Bau eines Kreishauses durch den Kreis (Minist.Verf. vom 30. Oktober 1890, MBl. S. 241) vom Minister des Innern für nicht genehmigungsbedürftig erklärt worden. Dagegen sind genehmigungsbedürftig alle Veranstaltungen, zu denen die Gemeinde sich ohne gesetzliche Verpflichtung entschließt, wie die Einrichtung einer höheren Schule, und alle Einrichtungen auf dem Gebiete der öffentlichen Wohlfahrtspflege, wenn sie dauernde Aufwendungen der Gemeinde erfordern, wie die Einrichtung einer Volksbibliothek, eines Arbeitsnachweises, einer Rechtsauskunftsstelle u. dgl. Auch wenn die Gemeinde eine Aufgabe dieser Art schon vor Einführung der Landgemeindeordnung übernommen hatte, bedarf es der Genehmigung für alle ferneren Aufwendungen zur Erfüllung dieser Aufgabe, wenn die Genehmigung hierzu nicht bereits früher allgemein (z. B. zur Unterhaltung einer bestimmten Gemeindeanstalt durch die Gemeinde) erteilt worden war und keine die Unterhaltungslast vergrößernde Erweiterung der Veranstaltung stattfindet. — In der Rechtsprechung ist die Genehmigung insbesondere für erforderlich erachtet worden für einen Beitrag der Gemeinde zu einem Chausseebau des Kreisverbandes (OVG. **2** 186), für die freiwillige Übernahme von Wegebaulasten (OVG. **5** 138 und **9** 77), von Schullasten einer Schulsozietät und von Kirchenlasten (OVG. **3** 124, **12** 155 und 199, **16** 218).

84) **Veränderungen im Genusse der Gemeindenutzungen.** Über die Gemeindenutzungen s. oben §§ 68—70 und die dortigen Anmerkungen. Die Vorschrift des § 114 bezieht sich nur auf Veränderungen im Teilnahmerecht, des Einkaufsgeldes und der Abgabe, nicht auf wirtschaftliche Veränderungen in der Kultur der Grundstücke (Minist.Erlaß vom 27. Mai 1862, MBl. S. 212).

84a) **Genehmigung des Kreisausschusses.** Sie fällt fort, wenn der Kreisausschuß gemäß § 108 an Stelle der Gemeindeversammlung (Gemeindevertretung) beschlossen hat. Die Genehmigung kann gemäß § 117 des LVG. durch den Vorsitzenden des Kreisausschusses namens dieser Behörde erteilt werden, wenn ein dringlicher oder klarer Fall vorliegt. Ob diese Voraussetzungen gegeben sind, hat der Vorsitzende nach seinem pflichtmäßigen Ermessen zu entscheiden. Soll auf Grund dieser Genehmigung eine Eintragung im Grundbuch erfolgen, so hat der Grundbuchrichter nur zu prüfen, ob die Genehmigung ordnungsmäßig ausgestellt („namens des Kreisausschusses der Vorsitzende") und mit dem Siegel oder Stempel versehen ist (Beschl. des Kammergerichts vom 10. Juli 1909, Johow Entsch. **38** 241). Genehmigungen können auch stillschweigend durch schlüssige Handlungen erteilt werden (OVG. **40** 203, **58** 95; PrVBl.

§ 115.

Die Veräußerung von Grundstücken darf der Regel nach [85]) nur im Wege des öffentlichen Meistgebotes stattfinden.

Zur Gültigkeit einer solchen Veräußerung gehört:

1. die Vorlegung eines beglaubigten Auszuges aus der Grundsteuermutterrolle,
2. eine ortsübliche Bekanntmachung,
3. die einmalige Bekanntmachung durch das für die amtlichen Bekanntmachungen des Landrats bestimmte Blatt (Kreisblatt),
4. eine Frist von vier Wochen von der Bekanntmachung bis zum Verkaufstermine,
5. die Abhaltung der Verkaufsverhandlung durch den Gemeindevorsteher oder einen Justizbeamten.[86])

Der im Absatz 2 unter Nr. 3 vorgeschriebenen Bekanntmachung bedarf es nicht, wenn der Grundsteuerreinertrag des Grundstücks 6 Mark nicht übersteigt.

Liegt diese Voraussetzung (Absatz 3) vor, oder erachtet der Kreisausschuß den Vorteil der Gemeinde für gewahrt, so kann ein Verkauf aus freier Hand oder ein Tausch stattfinden.

Das Ergebnis des Verkaufes ist in allen Fällen der Gemeindeversammlung (Gemeindevertretung) mitzuteilen;

---

19 467). — Über bedingte oder unter Maßgaben erteilte Genehmigungen s. PrVBl. **24** 362 und 755; **25** 235; **29** 323; OVG. **56** 146; sowie Wilke, Die bedingte Genehmigung, im PrVBl. **30** 22 und 36). — Ein Antrag auf Genehmigung, der abgelehnt worden ist, kann wieder erneut gestellt werden und erfordert dann eine erneute Prüfung des Kreisausschusses (OVG. **44** 363).

85) **Form der Grundstücksveräußerung.** Ausnahmen von der Regel der Veräußerung im Wege des öffentlichen Meistgebots sind nur für die im Abs. 4 vorgesehenen beiden Fälle (a. Grundstücke mit nicht mehr als 6 Mark Grundsteuerreinertrag, b. Genehmigung des Kreisausschusses zum freihändigen Verkauf oder Tausch) gestattet.

86) **Justizbeamte.** Unter Justizbeamten sind hier nur Richter und Notare zu verstehen (s. Protokoll der Kommission des Abgeordnetenhauses vom 19. Januar 1891 S. 15). S. auch das Preuß. Gesetz über die freiwillige Gerichtsbarkeit vom 21. September 1899 (GS. S. 249) §§ 31 ff. und 66 ff.

der Zuschlag [87]) kann nur mit deren Genehmigung erteilt werden.

Die vorstehenden Bestimmungen finden auch auf Verkäufe von Realberechtigungen [87a]) Anwendung, wobei außerdem die Aufnahme einer Taxe in allen Fällen notwendig ist.

Für die Eintragung im Grundbuche genügt zum Nachweise, daß der Vorschrift dieses Paragraphen genügt worden ist, die Bestätigung des Vertrages durch den Kreisausschuß.

§ 116.

Die Verpachtung [88]) von Grundstücken und Gerechtsamen [89]) der Gemeinden [90]) muß im Wege des öffentlichen Meistgebotes geschehen. Ausnahmen hiervon können durch den Kreisausschuß gestattet werden.

Neunter Abschnitt.

Besoldete Gemeindebeamte, deren Gehälter und Pensionen.

§ 117.

Die Landgemeinden sind befugt, die Anstellung besoldeter Gemeindebeamten für einzelne Dienstzweige oder Dienstverrichtungen zu beschließen. [91])

---

87) **Erteilung des Zuschlags.** Ein Zuschlag hat nur bei Veräußerungen im Wege des Meistgebotes, aber nicht bei freihändigen Veräußerungen zu erfolgen. Doch kann der den Veräußerungsvertrag abschließende Gemeindevorsteher hier die Gültigkeit des Vertrags von der Zustimmung der Gemeindeversammlung (Gemeindevertretung) abhängig machen, und zwar auch dann, wenn er von dieser zum Abschlusse des Vertrags bevollmächtigt war.

87a) **Realberechtigungen.** S. oben Anm. 79.

88) **Verpachtung.** S. BGB. §§ 581 ff. — Die Vermietung von Grundstücken (BGB. § 535) darf ohne Meistgebotsverfahren durch Vertrag erfolgen.

89) **Gerechtsame.** S. oben Anm. 79.

90) **Jagdnutzung.** Über die Jagdnutzung auf dem gemeinschaftlichen Jagdbezirke der Gemeinde s. oben Anm. 76.

91) **Gemeindebeamte** sind Personen, welche zur fortdauernden Ausübung von Gemeindegeschäften in einem öffentlich-rechtlichen Dienstverhältnisse durch einen öffentlich-rechtlichen Akt mit ihrer Zustimmung angestellt worden sind (vgl. Wenzel im PrVBl. **31** 389). Über ihre Rechtsverhältnisse s. Brand: Das Beamtenrecht,

Berlin 1913. Sie sind entweder unbesoldete (im Ehrenamte tätige, s. § 65, § 84 Anm. 26) oder besoldete. Auf diese bezieht sich § 117. Nur über die Einrichtung der Stellen besoldeter Gemeindebeamten und deren Diensteinkommen, nicht über die Auswahl der anzustellenden Personen hat die Gemeindeversammlung (Gemeindevertretung) zu beschließen (PrVBl. **34** 49). Diese Auswahl und die Anstellung des Ausgewählten erfolgt durch den Gemeindevorsteher (s. Anm. 37 zu § 88 Nr. 5). Über die Notwendigkeit einer Bestätigung der Anstellung durch die Aufsichtsbehörde s. oben Anm. 26.

Die Anstellung besoldeter Gemeindebeamter kann seit dem 1. April 1900 nach § 1 des Gesetzes, betreffend die Anstellung und Versorgung der Kommunalbeamten, vom 30. Juli 1899 (GS. S. 141) nur durch Aushändigung einer Anstellungsurkunde erfolgen (vgl. Entsch. des Oberlandsgerichts Breslau vom 14. Oktober 1912, PrVBl. **34** 863, und PrVBl. **34** 49). Keine Anwendung findet dies aber nach § 2 daselbst auf Personen, die ein Gemeindeamt nur als Nebenamt oder als Nebentätigkeit ausüben oder ein Gemeindeamt führen, das seiner Art oder seinem Umfange nach nur als eine Nebentätigkeit anzusehen ist (also z. B. auf einen Nachtwächter oder Gemeindediener, dessen Hauptberuf ein Handwerkbetrieb ist). — Bei Berufung in Amtsstellen, deren Inhaber unzweifelhaft Beamteneigenschaft haben (wie z. B. in die eines Gemeindevorstehers), ist auch eine schriftliche Eröffnung der Anstellungsbehörde an den betreffenden Beamten, daß ihm das dort bezeichnete Amt übertragen werde, als Aushändigung einer Anstellungsurkunde anzusehen (RGer. 15. April 1913, PrVBl **34** 916). Obrigkeitliche Handlungen können auch in Landgemeinden nur von Beamten ausgeübt werden. Personen, die keine obrigkeitlichen Befugnisse ausüben, sondern nur technische, wissenschaftliche, künstlerische oder mechanische Dienste leisten sollen, können von der Gemeinde auch im Wege der privatrechtlichen Dienstmiete vertragmäßig angenommen werden. Sie sind dann aber keine Gemeindebeamte (vgl. Ausführungsanweisung vom 12. Oktober 1899, MBl. S. 192 ff.). Der Nachtwachtdienst in einer Gemeinde kann sowohl durch Nachtwächter, die polizeiliche Gemeindebeamte sind, oder auch durch Gemeindeangehörige als Gemeindedienst (KAG. § 68) wahrgenommen werden (s. Minist.Verf. vom 3. September 1892, MBl. S. 293). Letztenfalls stehen den zu diesem Dienste herangezogenen Personen Befugnisse, die nach gesetzlicher Vorschrift nur von Polizeibeamten ausgeübt werden können, nicht zu (PrVBl. 21 305).

Die Gemeindebeamten sind mittelbare Staatsbeamten (vgl. Zorn und Laband im PrVBl. **31** 538 und 540), stehen las solche unter dem Disziplinargesetze vom 21. Juli 1852 und genießen die Gemeindesteuerprivilegien aus KAG. § 41 und der Verordnung vom 23. September 1867 (GS. S. 1648), sowie des Schutzes des Gesetzes vom 13. Februar 1854, betreffend die Konflikte bei gerichtlichen Verfolgungen wegen Amts- und Diensthandlungen (GS. S. 86). Über die Haftpflicht für Amtshandlungen der Beamten gelten dieselben Vorschriften wie hinsichtlich des Gemeindevorstehers (s. oben Anm. 57). Die Gemeinden sind nicht berechtigt, ihren Beamten eigentliche Amtstitel beizulegen, d. h. Benennungen, die mit einer Rangstellung oder sonstigen Ehrenvorrechten verbunden sind, wohl aber Amtsbenennungen zur bloßen Bezeichnung der Amtsstellung oder Amtstätigkeit. Diese müssen sich von den Titeln der Staatsbeamten ersichtlich unterscheiden (OVG. **6** 58, **38** 443, **41** 44, **65** 1; PrVBl. **17** 224; Minist.Verf. vom 7. November 1878 — MBl. für 1879 S. 2 —, vom 17. Juni und vom 23. Oktober 1901 — MBl. S. 192 und 256). Die staatliche Aufsichtsbehörde darf einer Gemeinde die Verleihung eines Amtstitels an einen Gemeindebeamten untersagen, wenn der Titel mit Rücksicht auf die bestehenden staatlichen Amtstitel unzulässig oder mit Rücksicht auf die Bedeutung des Amts nicht sachgemäß ist. Sie kann daher auch die Beilegung des Titel „Gemeindebaurat" an einen Gemeindebaubeamten verbieten (OVG. vom 26. Mai 1913 — I C 44/12). S. auch Hartung: Amtsbezeichnung und Titel der preußischen Gemeindebeamten (Preußisches Kommunalarchiv **1** 421 ff. und 593 ff.) und Schmidt: Die Beilegung von Amtsbezeichnungen und die Verleihung von Ehrentiteln durch die preußischen Gemeindebehörden (Verwaltungsarchiv **21** 95). Die Bezeichnung als Gemeindevorsteher oder Schöffe sind keine Titel, die nach ehrenvollem Ausscheiden aus dem Dienste fortgeführt werden dürfen (OVG. **52** 440).

Als besoldete Gemeindebeamte können außer dem Gemeindevorsteher und den Schöffen (s. oben Anm. 22 zu § 53 und § 75 Abs. 2 und 3) hauptsächlich angestellt werden: Standesbeamte (s. Anm. 1 zu § 74), Gemeindeschreiber (s. Minist.Verf. vom 3. September 1892, MBl. S. 293), Steuererheber, Sparkassenrendanten, Boten, Gemeindediener, Forst- und Feldhüter, Nachtwächter (s. oben Anm. 1 und 26). — Anw. III A III. 5 bestimmt: „Über die Kautionsleistung des Gemeindeeinnehmers hat die Gemeinde zu beschließen". — Gemeindesteuererheber können auch im Nebenamt angestellt werden und bedürfen dann keiner Anstellungsurkunde (OVG. **48** 138). — Die amtlich bestellten Fleischbeschauer sind keine Gemeindebeamte (OVG. **20** 344, PrVBl. **19** 519, Minist. Erl. vom 6. April 1877, MBl. S. 166). — Die Lehrer sind keine Gemeindebeamten im Sinne der Gemeindeverfassungsgesetze (s. Anm. 54 zu § 65). Über Gemeindeärzte oder Schulärzte s. PrVBl. **30** 812, über Gemeindefeldhüter RGStrafs. **27** 216.

Auf Kündigung angestellte Gemeindebeamte, deren Anstellung der staatlichen Bestätigung bedurfte, dürfen im Wege der Kündigung entlassen werden, ohne daß es hierfür einer Genehmigung der Staatsbehörde bedarf (OVG. **51** 55). Das förmliche Verfahren zum Zwecke der Feststellung der Dienstunfähigkeit (Disziplinargesetz vom 21. Juli 1852 §§ 93, 95) ist ihnen gegenüber nicht zulässig (OVG. **54** 484).

Über den Übertritt eines Gemeindebeamten in den Dienst einer anderen Gemeinde, welcher die Gemeinde des Beamten einverleibt wird, s. Anm. 29 und 30 zu § 3.

Über die Besoldung der Gemeindeforstbeamten s. Kom-

§ 118.[92])

Über die Gehalts- und Pensionsverhältnisse dieser Beamten kann durch Ortsstatut Bestimmung getroffen werden.

Auf Antrag der Beteiligten beschließt der Kreisausschuß über die Festsetzung der Besoldungen und sonstigen Dienstbezüge von Gemeindebeamten.

Über streitige Pensionsansprüche der besoldeten Gemeindebeamten beschließt der Kreisausschuß, und zwar, soweit der Beschluß sich darauf erstreckt, welcher Teil des Diensteinkommens bei Feststellung der Pensionsansprüche als Gehalt anzusehen ist, vorbehaltlich der den Beteiligten gegeneinander zustehenden Klage im Verwaltungsstreitverfahren, im übrigen vorbehaltlich des ordentlichen Rechtsweges. Der Beschluß ist vorläufig vollstreckbar.

---

munalbeamtengesetz vom 30. Juli 1899 § 23; OVG. **44** 155; PrVBl. 22 225; über ihre Uniform s. Minist.Verf. vom 2. November 1899 (MBl. S. 203); über die Anstellung von Militäranwärtern s. oben Anm. 37 zu § 88.

92) **Gesetzesänderung.** An die Stelle des § 118 sind folgende Vorschriften des Kommunalbeamtengesetzes vom 30. Juli 1899 getreten:

§ 3. Die Zahlung des Gehalts an Kommunalbeamte erfolgt in Ermangelung besonderer Festsetzungen vierteljährlich im voraus.

§ 4. Die Hinterbliebenen eines Kommunalbeamten erhalten für das auf den Sterbemonat folgende Vierteljahr noch die volle Besoldung des Verstorbenen (Gnadenquartal); war der Verstorbene pensioniert, so gebührt ihnen die Pension noch für den auf den Sterbemonat folgenden Monat (Gnadenmonat). Dabei finden die für die unmittelbaren Staatsbeamten geltenden Bestimmungen mit der Maßgabe Anwendung, daß an Stelle der Genehmigung des Verwaltungschefs und der Provinzialbehörde, auf deren Etat die Pension übernommen war, die Genehmigung der Kommunalverwaltungsbehörde tritt.

§ 5. In dem Genusse der von dem verstorbenen Beamten bewohnten Dienstwohnung ist die hinterbliebene Familie in Ermangelung anderweiter Festsetzungen nach Ablauf des Sterbemonats noch drei fernere Monate zu belassen. Hinterläßt der Beamte keine Familie, so ist denjenigen, auf welche sein Nachlaß übergeht, unter der gleichen Voraussetzung eine vom Todestage an zu rechnende einmonatliche Frist zur Räumung der Dienstwohnung zu gewähren. — In jedem

Falle müssen Arbeits- und Sitzungszimmer sowie sonstige, für den amtlichen Gebrauch bestimmte Räumlichkeiten sofort geräumt werden.

§ 6. Über die Art und Höhe der Reisekostenentschädigung, welche den Kommunalbeamten, einschließlich der im § 2 Absatz 1 erwähnten [der auf Probe, zu vorübergehenden Dienstleistungen oder zur Vorbereitung angestellten Kommunalbeamten] bei Dienstreisen zugebilligt werden sollen, können die Kommunalverbände Vorschriften erlassen. Kommen solche in Fällen, in welchen ein Bedürfnis der Regelung besteht, nicht zustande, so kann die Aufsichtsbehörde die erforderlichen Vorschriften erlassen, welche so lange in Geltung bleiben, bis anderweite Bestimmungen seitens der Kommunalverbände getroffen sind.

§ 7. Der Bezirksausschuß beschließt über streitige vermögensrechtliche Ansprüche der Kommunalbeamten einschließlich der im § 2 Absatz 1 erwähnten Beamten aus ihrem Dienstverhältnisse, insbesondere über Ansprüche auf Besoldung, Reisekostenentschädigung, Pension sowie über streitige Ansprüche der Hinterbliebenen der Beamten auf Gnadenbezüge oder Witwen- und Waisengeld. Die Beschlußfassung erfolgt, soweit sie sich auf die Frage erstreckt, welcher Teil des Diensteinkommens bei Feststellung der Pensionsansprüche als Gehalt anzusehen ist, vorbehaltlich der den Beteiligten innerhalb zwei Wochen bei dem Bezirksausschuß gegeneinander zustehenden Klage im Verwaltungsstreitverfahren. Im übrigen findet gegen den in erster oder auf Beschwerde in zweiter Instanz ergangenen Beschluß binnen einer Ausschlußfrist von sechs Monaten nach Zustellung desselben die Klage im ordentlichen Rechtswege statt. Die Beschlüsse sind vorläufig vollstreckbar. — Bei den in §§ 18 bis 20 erwähnten ländlichen Kommunalverbänden tritt an die Stelle des Bezirksausschusses sowohl für das Beschluß- als auch für das Verwaltungsstreitverfahren der Kreisausschuß.

§ 18. Die Anstellungs-, Besoldungs- und Pensionsverhältnisse der Beamten der Landgemeinden, sowie die Ansprüche der Hinterbliebenen dieser Beamten auf Witwen- und Waisengeld können durch Ortsstatut geregelt werden. — — — — Kommt ein derartiges Statut in größeren Landgemeinden, für welche nach ihren besonderen örtlichen Verhältnissen ein Bedürfnis ortsstatutarischer Regelung (Absatz 1) besteht, insbesondere städtischen Vororten, Industrieorten, Badeorten usw. nicht zustande, so kann auf Antrag der Aufsichtsbehörde der Kreisausschuß beschließen, ob und inwieweit die Bestimmungen der §§ 8 bis 10 und 12 bis 15 dieses Gesetzes auf die Beamten oder einzelne Klassen der Beamten derselben entsprechende Anwendung zu finden haben. Bei Anwendung der vorgedachten Bestimmungen tritt an die Stelle des Bezirksausschusses der Kreisausschuß. Der Beschluß des Kreis-

Zehnter Abschnitt.

Gemeindehaushalt.

§ 119.

Über alle Einnahmen und Ausgaben, welche sich im voraus veranschlagen lassen, entwirft der Gemeindevorsteher (Gemeindevorstand) [92a]) für das Rechnungsjahr [93]) oder für eine längere, von der Gemeindeversammlung (Gemeindevertretung) festzusetzende Rechnungsperiode, welche jedoch die Dauer von drei Jahren nicht übersteigen darf, einen Voranschlag. [93a])

Der Entwurf ist während zwei Wochen nach vorheriger Bekanntmachung in einem von der Gemeindeversammlung (Gemeindevertretung) zu bestimmenden Raume zur Einsicht aller Gemeindeangehörigen auszulegen. [94])

Nach Ablauf dieser Frist erfolgt die Feststellung des

---

ausschusses bleibt so lange in Geltung, bis durch Ortsstatut (Absatz 1) eine anderweite Regelung getroffen ist. — Auf Antrag der Beteiligten oder der Aufsichtsbehörde beschließt der Kreisausschuß über die Festsetzung der Besoldungen und sonstigen Dienstbezüge der Landgemeindebeamten. — Die vorstehenden Bestimmungen gelten auch für die Beamten der Amtsbezirke und der auf Grund der §§ 128 ff. der Landgemeindeordnung für die sieben östlichem Provinzen vom 3. Juli 1891 — — — — gebildeten Zweckverbände.

S. auch die Ausführungsanweisung zum Gesetze vom 30. Juli 1899 (MBl. S. 192, 202) Artikel V und VII; über die Kürzung der Staatspension bei pensionierten, im Gemeindedienste angestellten früheren Staatsbeamten s. Art. VIII der Novelle zum Pensionsgesetz vom 27. Mai 1907. — S. auch Zweckverbandsgesetz § 19.

92a) **Gemeindevorstand.** S. § 89 Abs. 1.

93) Das **Rechnungsjahr** für den Gemeindehaushalt beginnt mit dem 1. April und schließt mit dem 31. März. An seine Stelle kann eine Periode von zwei oder drei Rechnungsjahren treten (KAG. § 95).

93a) **Voranschlag.** Über die Aufstellung des Voranschlags s. Schoplick, Der Kommunalhaushalt, im PrVBl. 29 554 und 596.

94) **Recht auf Einsicht in den Entwurf.** Auch die nicht stimmberechtigten Gemeindeangehörigen (§ 7) sind zur Einsicht des Entwurfs berechtigt. Seine Auslegung ist daher öffentlich bekannt zu machen, eine Mitteilung nur an die Stimmberechtigten genügt nicht.

Voranschlages durch die Gemeindeversammlung (Gemeindevertretung).[95])

Diese Feststellung ist vor Beginn des neuen Rechnungsjahres oder der neuen Rechnungsperiode zu bewirken. Der Gemeindevorsteher hat eine Abschrift des festgesetzten Voranschlages dem Vorsitzenden des Kreisausschusses einzureichen.[96])

Der Gemeindehaushalt ist nach dem Voranschlage zu führen. Alle Gemeindeeinkünfte müssen zur Gemeindekasse gebracht werden. Ausgaben, welche außerhalb des Voranschlages geleistet werden sollen, oder über deren Verwendung besondere Beschlußfassung vorbehalten ist, sowie Überschreitungen des Voranschlages bedürfen der vorherigen Genehmigung der Gemeindeversammlung (Gemeindevertretung).[97])

Durch Beschluß des Kreisausschusses kann einzelnen Gemeinden die Festsetzung eines Voranschlages nachge-

---

95) **Schuletat.** Bei Aufstellung des Voranschlags für Gemeindeschulen hat die Schulbehörde nach Maßgabe der Schulgesetzgebung mitzuwirken (§ 148).

96) **Befugnisse des Landrats.** Der Vorsitzende des Kreisausschusses hat den Voranschlag weder zu genehmigen noch festzustellen. Abgesehen von der zwangsweisen Einstellung von Ausgaben in den Voranschlag (§ 141) ist er nicht befugt, Abänderungen des Voranschlags vorzunehmen oder ihn zu ergänzen, insbesondere auch nicht Ausgaben zu verhindern oder neue Einnahmen einzustellen (PrVBl. **17** 95).

97) **Anweisung der Ausgaben.** Die im Voranschlage festgestellten Ausgaben darf der Gemeindevorsteher (Gemeindevorstand § 89) ohne Genehmigung der Gemeindeversammlung (Gemeindevertretung) leisten, soweit die dort ausgeworfene Summe hierdurch nicht überschritten wird und sofern die Gemeindeversammlung (Gemeindevertretung) nicht ausdrücklich sich eine besondere Beschlußfassung über die Verwendung jener Summe vorbehalten hat (s. § 88 Nr. 4). Bei Zwangsetatisierungen (§ 141), die von der Gemeinde mittels Klage nicht angegriffen worden sind oder bei denen die erhobene Klage abgewiesen worden ist, hat der Gemeindevorsteher auch ohne Genehmigung die Ausgabe zu leisten und die hierfür erforderlichen Mittel durch Erhebung von Gemeindeabgaben nach Maßgabe des KAG. § 59 zu beschaffen.

Auch Gemeindeeinkünfte, die im Voranschlage nicht vorgesehen worden sind (z. B. Vermächtnisse, Schenkungen), müssen zur Gemeindekasse vereinnahmt werden.

lassen werden, wenn deren Verhältnisse dies unbedenklich erscheinen lassen.

§ 120.

Über alle Einnahmen und Ausgaben der Gemeinde muß ein nach Vorschrift angelegtes Gemeinderechnungsbuch geführt werden. [98])

---

98) **Kassen- und Rechnungswesen.** Hierüber enthält Anm. III C folgende Bestimmungen:

„6. Kassen- und Rechnungswesen. Dem Gemeindevorsteher liegt ob, die auf dem Voranschlag oder auf Beschlüssen der Gemeindeversammlung (Gemeindevertretung) beruhenden Einnahmen und Ausgaben anzuweisen und das Rechnungswesen, soweit er es nicht selbst führt, d. h. soweit besondere Beamte hierfür angestellt sind (Einnehmer, Rechnungsführer), zu beaufsichtigen (§ 88 Abs. 4, Nr. 4). — 7. Gemeinderechnungsbuch. Während der Rechnungsperiode muß der Gemeindehaushalt und das Kassen- und Rechnungswesen stets klar gehalten werden. Hierzu dient die in § 120 Abs. 1 angeordnete Führung eines Gemeinderechnungsbuchs, wie solches bereits in vielen Gemeinden in Gebrauch ist. In dieses Buch sind alle Einnahmen und Ausgaben sofort nach der Vereinnahmung und Verausgabung einzutragen. In einem Anhange des Gemeinderechnungsbuchs werden zweckmäßig noch andere laufende Aufzeichnungen Platz finden, z. B. ein Register der von den Pflichtigen reihenweise geleisteten Hand- und Spanndienste, sowie eine Rechnung über Einnahmen und Ausgaben des Jagdbezirkes, bei welchen es sich nicht um Gemeinde-, sondern Interessentenvermögen handelt. Behufs Anleitung der Gemeindevorsteher bei Aufstellung und Führung des Gemeinderechnungsbuchs wird das anliegende Muster beigefügt, welches nach den besonderen Bedürfnissen der einzelnen Gemeinde abgeändert werden kann. [Das Muster ist hier nicht abgedruckt.] — Für größere Gemeinden empfiehlt sich die Anlegung eines nach den Einnahme- und Ausgabetiteln des Voranschlags geordneten Handbuchs neben dem Rechnungsbuch und die Führung einer Hebeliste für die Gemeindesteuern. — 8. Kassenrevisionen. Zur Kontrolle der Kassenführung dienen, außer der Überwachung durch die Gemeindeversammlung (Gemeindevertretung) gemäß § 103, regelmäßige und außerordentliche Kassenrevisionen. Wenn ein besonderer Gemeindebeamter die Kasse führt, sind sie vom Gemeindevorsteher vorzunehmen, und zwar die regelmäßigen alle drei Monate, die außerordentlichen mindestens einmal im Jahre, können aber außerdem jederzeit von Aufsichts wegen veranlaßt werden. Führt der Gemeindevorsteher die Kasse, so hat der Landrat als Vorsitzender des Kreisausschusses mindestens einmal im Jahre selbst oder durch einen Beauftragten ihre Revision zu bewirken. Bei allen Kassenrevisionen sind die Eintragungen im Gemeinderechnungsbuche, vom

Die Gemeinderechnung ist binnen drei Monaten nach dem Schlusse des Rechnungsjahres der Gemeindeversammlung (Gemeindevertretung) zur Prüfung, Feststellung und Entlastung vorzulegen.[99])

---

letzten Abschluß ab, mit den Belägen zu vergleichen, zusammenzurechnen und der Kassenbestand, welcher danach vorhanden sein muß, festzustellen und der wirkliche Bestand nachzuzählen; über das Ergebnis ist ein Protokoll aufzunehmen. Die Kassenrevisionen können mit den Rechnungsrevisionen (s. Nr. 10) verbunden werden. — 9. Rechnungslegung. Nach § 120 Abs. 2 bis 6 ist die Gemeinderechnung binnen drei Monaten nach dem Schlusse des Rechnungsjahrs der Gemeindeversammlung (Gemeindevertretung) zur Prüfung, Feststellung und Entlastung vorzulegen. Wo ein besonderer Gemeindeeinnehmer bestellt ist, reicht dieser die Rechnung zunächst dem Gemeindevorsteher, oder, wo dies statutarisch vorgeschrieben ist, dem Gemeindevorstand ein, welcher sie einer Vorprüfung zu unterziehen und, mit seinen Erinnerungen versehen, der Gemeindeversammlung (Gemeindevertretung) vorzulegen hat. Bei dieser Vorprüfung hat der Gemeindevorsteher die Schöffen zuzuziehen; außerdem ist die Gemeinde befugt, ihm für diesen Zweck eine besondere Kommission zur Seite zu stellen. Die Feststellung der Rechnung muß innerhalb drei Monaten nach Vorlegung der Gemeinderechnung bewirkt sein. Nach erfolgter Feststellung ist die Rechnung während eines Zeitraums von zwei Wochen — nach vorheriger Bekanntmachung — in einem von der Gemeindeversammlung (Gemeindevertretung) zu bestimmenden Raume zur Einsicht der Gemeindeangehörigen auszulegen. Dem Vorsitzenden des Kreisausschusses ist eine Abschrift des Feststellungsbeschlusses sofort einzureichen. — 10. Revision der Gemeinderechnungen. Außerdem bestimmt § 120 Abs. 7, daß alljährlich bei mehreren Gemeinden des Kreises eine Revision der Gemeinderechnungen durch den Kreisausschuß stattfindet. Die Revisionen sind durch den Vorsitzenden oder einzelne zu beauftragende Mitglieder des Kreisausschusses zu bewirken. Die regelmäßige Vornahme von Rechnungsrevisionen ist von hohem praktischen Werte und verdient sorgfältige Beachtung, da sie geeignet ist, den Kreisausschuß allmählich mit dem Haushalt und allen übrigen Verhältnissen der Landgemeinden im Kreise vertraut zu machen, die Aufsichtsführung zu erleichtern und Beschwerden vorzubeugen; von derselben ist deshalb in möglichst ausgedehntem Maße Gebrauch zu machen. — 11. Defekte. Ergibt sich bei Kassenrevisionen, bei Prüfung oder Revision der Gemeinderechnungen ein Defekt, so ist gemäß § 121 Nr. 1 die Beschlußfassung des Kreisausschusses wegen Feststellung und Ersatz desselben nach Maßgabe der Verordnung vom 24. Januar 1844 (GS. S. 52) zu veranlassen."

99) **Rechnungslegung.** Sie muß auch dann alljährlich erfolgen, wenn der Gemeindehaushalt für mehrere Jahre aufgestellt

Wo ein besonderer Gemeindeeinnehmer bestellt ist, erfolgt die Einreichung der Rechnung zunächst an den Gemeindevorsteher (Gemeindevorstand), welcher sie einer Vorprüfung zu unterziehen und, mit seinen Erinnerungen versehen, der Gemeindeversammlung (Gemeindevertretung) vorzulegen hat.

Die Feststellung der Rechnung muß innerhalb drei

---

worden ist. Über das Verfahren hierbei s. Anw. III C oben in Anm. 98. Darüber, in welcher Weise die Rechnung aufzustellen ist, enthält die Anweisung keine Vorschrift. Ist einer Gemeinde die Aufstellung eines Voranschlags nachgelassen (§ 119 letzter Absatz), so wird es auch der Anfertigung einer Gemeinderechnung nicht bedürfen, vielmehr wird für die Rechnungslegung die Vorlegung des abgeschlossenen Gemeinderechnungsbuchs (Anw. III C Nr. 7) nebst Belägen an die Gemeindeversammlung und später auch die Auslegung dieses Buches nebst Belägen (§ 120 Abs. 5) genügen. In allen anderen Fällen wird eine förmliche Rechnung aufzustellen sein. Diese muß alle einzelnen Einnahmen und Ausgaben, geordnet nach den Titeln des Voranschlags, enthalten, wie sie in das „Handbuch" (Anw. III C Nr. 7), falls ein solches geführt wird, eingetragen worden sind. Bei jeder einzelnen Einnahme und Ausgabe ist die Nummer des zu ihr gehörigen Belags zu vermerken. Die Einnahmen oder Ausgaben jeden Titels sind aufzurechnen; es empfiehlt sich auch ersichtlich zu machen, um wie viel die Summe jeden Titels der wirklichen Einnahmen und Ausgaben die Summe des betreffenden Titels im Vorschlage übersteigt („Zugang") oder hinter ihr zurückbleibt („Abgang"). Welche weiteren Angaben die Rechnung noch zu enthalten hat (Restverwaltung und laufende Verwaltung, Isteinnahmen, Istausgaben und Solleinnahmen, Sollausgaben, Restverzeichnisse usw.), wird sich nach den Verhältnissen der einzelnen Gemeinden und der Größe ihrer Kassenverwaltung richten. Jedenfalls muß die Rechnung so klar und übersichtlich sein, daß ihre Prüfung eine Feststellung ermöglicht, ob die in ihr aufgeführten Einnahmen und Ausgaben mit den Kassenbüchern übereinstimmen und durch Beläge als richtig nachgewiesen werden, ferner ob sie ordnungsmäßig vom Gemeindevorsteher angewiesen sind, und dem Voranschlage entsprechen (§ 88 Nr. 4). Die „Feststellung" der Rechnung, die nach Prüfung der Rechnung und nach Erledigung der hierbei gezogenen Erinnerungen zu erfolgen hat, besteht in der Feststellung des Betrages mit dem die Rechnung in der Einnahme und des Betrags, mit dem sie in der Ausgabe abschließt. Hiermit wird die Erteilung der „Entlastung" des Rechnungslegers durch Beschluß der Gemeindeversammlung (Gemeindevertretung) verbunden. Diese Entlastung kann unter dem Vorbehalt erteilt werden, daß noch einzelne, bestimmt zu bezeichnende, bisher nicht erledigte Erinnerungen später erledigt werden.

Monaten nach Vorlegung der Gemeinderechnung bewirkt sein.

Nach erfolgter Feststellung ist die Rechnung während eines Zeitraumes von zwei Wochen zur Einsicht der Gemeindeangehörigen auszulegen.[100])

Dem Vorsitzenden des Kreisausschusses ist eine Abschrift des Feststellungsbeschlusses sofort einzureichen.

Dem Kreisausschusse liegt die Revision der Gemeinderechnungen ob, welche alljährlich bei mehreren Gemeinden des Kreises zu erfolgen hat.[101])

§ 121.

Der Kreisausschuß beschließt:[101a])

1. an Stelle der Aufsichtsbehörde über die Feststellung und den Ersatz der bei Kassen und anderen Verwaltungen der Landgemeinden vorkommenden Defekte nach Maßgabe der Verordnung vom 24. Januar 1844 (GS. S. 52).[102])

Der Beschluß ist vorbehaltlich des ordentlichen Rechtsweges endgültig;[103])

2. über die Art der gerichtlichen Zwangsvollstreckungen wegen Geldforderungen gegen Landgemeinden (§ 15 zu 4 des Einführungsgesetzes zur Deutschen Zivilprozeßordnung vom 30. Januar 1877, RGBl. S. 244).[104])

---

100) **Recht auf Einsicht in die Rechnung.** Zur Einsicht der Rechnung sind auch die nicht stimmberechtigten Gemeindeangehörigen berechtigt (s. Anm. 94).

101) **Revision der Rechnung.** S. Anw. III C 10 oben in Anm. 98.

101 a) **Beschlußfassung des Vorsitzenden namens des Kreisausschusses** s. oben Anm. 84 a.

102) **Kassendefekte.** S. Anw. III C 11 oben in Anm. 98. — Die §§ 6 und 7 der Verordnung vom 24. Januar 1844 sind hierbei nicht anwendbar.

103) **Rechtsmittel.** Die Erhebung der Klage im ordentlichen Rechtswege (vor dem ordentlichen Gericht) steht nach § 16 der Verordnung vom 24. Juni 1844 dem Beamten, der durch den Beschluß für verpflichtet zur Erstattung eines Defektes erklärt worden ist, innerhalb eines Jahres zu.

104) **Zwangsvollstreckung.** Bei der gerichtlichen Zwangsvollstreckung gegen Landgemeinden wegen Geldforderungen hat das Gericht die erforderlichen Maßnahmen im Einvernehmen mit dem

Dritter Titel.

Selbständige Gutsbezirke.

§ 122.

Für den Bereich eines selbständigen Gutsbezirkes [1]) ist der Besitzer des Gutes [2]) zu den Pflichten und Leistungen,

---

Kreisausschusse zu treffen (§ 153 des Anhanges zu § 45 I 24 der Allgemeinen Preußischen Gerichtsordnung, Erlasse des Justizministers vom 24. März 1882, JustizMBl. S. 59, und vom 2. November 1883, JustizMBl. S. 332). — In gleicher Weise ist auch bei der Zwangsvollstreckung aus Entscheidungen der Verwaltungsgerichte zu verfahren (OVG. **5** 86, **18** 142, **26** 145).

1) **Gutsbezirke im allgemeinen.** Über den Begriff des Ritterguts und des Gutsbezirkes, seine Begrenzung, Bestandteile und Aufhebung s. §§ 1, 2 und die dortigen Anm. 1—6, sowie § 4 Anm. 37 und 39.

Der Gutsbezirk stellt an sich keinen korporativen Verband dar und ist daher auch der Regel nach keine Rechtsperson, insbesondere auch nicht in vermögensrechtlicher oder steuerrechtlicher Hinsicht (vgl. PrVBl. **25** 350). Träger der öffentlich-rechtlichen Pflichten sind nicht die Bewohner des Gutsbezirkes, sondern der „Gutsbesitzer" (Gutsherr). Daher ist auch dieser zu den Lasten des Gutsbezirkes heranzuziehen und als Partei im Verwaltungsstreitverfahren über die Lasten aufzutreten befugt (PrVBl. **25** 351). Eine Ausnahme hiervon macht der Gutsbezirk als Ortsarmenverband sowie als Träger der Volksschullasten, der Kosten für Bekämpfung übertragbarer Krankheiten und der Kreissteuerlast (s. unten Anm. 3). In dieser Hinsicht ist er ein kommunaler Verband mit Rechtspersönlichkeit, der entweder durch ein Statut eine besondere Vertretung erhält, wie bei der Armenpflege nach § 8 des Preuß. Ausführungsgesetzes vom 8. März 1871, bei den Leistungen zur Bekämpfung übertragbarer Krankheiten nach § 28 des Gesetzes vom 28. August 1905 und in der Schulverwaltung nach § 46 des Gesetzes vom 28. Juli 1906, oder von dem Gutsbesitzer, in Armenpflegesachen (s. unten Anm. 3) und als Schulverband (s. unten Anm. 3 und § 148 Anm. 7) von dem Gutsvorsteher, vertreten wird.

2) **Gutsbesitzer. Restgut. Miteigentümer. Ehefrau. Herrschaft.** Unter dem „Besitzer des Gutes" ist hier nicht der Eigentümer des betreffenden Grundstücks im privatrechtlichen Sinne, sondern der „Gutsherr" im öffentlich-rechtlichen Sinne zu verstehen. Das Grundeigentum im Gutsbezirke kann verschiedenen Personen zustehen. Bei Zerstückelung des Grundeigentums in einem Gutsbezirke verbleiben die Rechte und Pflichten der Gutsherrschaft auch hinsichtlich der abverkauften Trennstücke dem Eigentümer des Restguts. Welches Grundstück als „Restgut" anzu-

sehen ist, hängt von den Umständen des einzelnen Falles ab und ist oft schwer festzustellen. Sind bei der Zerstückelung des Gutes die gutsherrlichen Rechte und Pflichten für einen bestimmten Teil in dem Veräußerungsvertrage vorbehalten worden, so ist dieser das Restgut. Andernfalls wird die Gutsherrschaft in der Regel auf den Erwerber des eigentlichen Rittersitzes (des castrum nobile) als des Stammes vom Gute übergegangen sein, es sei denn, daß der Rittersitz zuerst mit Vorbehalt der Gutsherrlichkeit für den übrigen Teil des Gutes veräußert worden war. Trotz der Veräußerung des Restguts kann aber die Gutsherrlichkeit bei dem bisherigen Inhaber verblieben sein, wenn dieser sich gegenüber seinen vormaligen Gutsuntertanen die gutsherrlichen Rechte auf deren Dienste oder an ihre Stelle getretener Zinsen, welche dann die Substanz des „Restguts" darstellen, vorbehalten hat, ohne zugleich den Übergang der sonstigen gutsherrlichen Rechte und aller Pflichten auf den Erwerber des letzten Landbesitzes am Gute ausbedungen zu haben. Die Rechte und Pflichten des bezeichneten Gutsherrn, der keinen Grundbesitz im Gutsbezirke hat, gehen bei seinem Tode auf seine Erben über (OVG. **16** 249 und 254, **27** 202, **53** 203; PrVBl. **12** 242, **22** 217, **28** 671, **29** 996, **32** 199). Ein Gutsherr, der sein ganzes Gut planmäßig aufteilt und daraus Rentengüter in der Voraussetzung bildet, daß die Teilstücke zu einem neuen Gemeindeverband oder mit einem bestehenden Gemeindeverband vereinigt werden, bleibt so lange Gutsherr des zerstückelten Gutsbezirks, bis die neue Ordnung der Kommunalverhältnisse beendigt ist. Dieser letzte Gutsherr gehört hier, ebenso wie in anderen Fällen, auch noch nach Eintritt der Veränderung in den kommunalen Verhältnissen zu den hieran Beteiligten im Sinne des § 3 Abs. 2 der LGO. (OVG. **52** 57).

Der privatrechtliche Rechtsnachfolger in das Eigentum des herrschaftlichen Gutes, mit Bezug auf welches die öffentlich-rechtlichen Lasten zu tragen und die Rechte auszuüben sind, tritt kraft dieser Singularsukzession ohne weiteres auch in die Pflichten und Rechte der mit dem Gute verbundenen Gutsherrlichkeit ein (OVG. **27** 202 und **36** 201).

In einem zerstückelten Gutsbezirke kann namentlich dann, wenn sein Eigentümer eine juristische Person ist (Fiskus, Stift, Stadtgemeinde), diese auch nach Veräußerung ihres ganzen Grundbesitzes Gutsherr des Gutsbezirkes bleiben (OVG. **1** 174, **7** 203, **10** 94, **12** 174, **16** 249, **20** 209, **22** 107, **27** 202). — Steht das Gut im Miteigentume mehrerer Personen zu ideellen Teilen, so ist jeder Miteigentümer Gutsherr (OVG. **37** 204 und PrVBl. **24** 374). — Steht das Gut im Eigentum einer Ehefrau, so ist diese, nicht ihr Ehemann, Gutsherr (OVG. **32** 181).

Eine andere Bedeutung hat der Ausdruck „Gut" in dem die Verpflichtung des Gutsherrn zu Baumaterialien betreffenden § 36 II 12 des ALR. Hier ist unter „Gut" nicht der Gutsbezirk im Sinne der LGO., sondern das Gebiet zu verstehen, auf das sich bei Einführung des ALR. die Gutsherrschaft nach dessen Bestimmungen in den §§ 87, 88 II 7 erstreckte, also auch das von welche den Gemeinden für den Bereich ihres Gemeindebezirkes im öffentlichen Interesse gesetzlich obliegen, mit den hinsichtlich einzelner dieser Leistungen aus den Gesetzen folgenden Maßgaben verbunden.[8])

---

den Gutsuntertanen bewohnte Dorf und dessen Gemeindebezirk (OVG. **29** 188, **33** 256).

Ein als „Herrschaft" bezeichneter Güterkomplex kann mehrere selbständige Gutsbezirke umfassen (OVG. **33** 257; PrVBl. **28** 671). Anderseits kann ein Rittergut in mehrere Güter geteilt sein, von deren Besitzern nur einer den Gutsherrn darstellt (OVG. **16** 246).

3) **Öffentliche Lasten des Gutsbezirks.** Die von dem Gutsherrn zu tragenden öffentlichen Lasten bestehen hauptsächlich in den Kosten der Ortsverwaltung, der polizeilichen Einrichtungen (insbesondere auch des Nachtwachtwesens OVG. **50** 50, des Feuerlöschwesens OVG. **38** 184 und **48** 326), des Wegebaues, der Armenpflege, der Standesamtsverwaltung, der Schulunterhaltung, des Heilverfahrens in den ersten 13 Wochen bei landwirtschaftlichen Betriebsunfällen nach der Reichsversicherungsordnung und in Leistungen für die bewaffnete Macht. Ein Recht der Unterverteilung dieser Kosten und Leistungen auf die Grundeigentümer und Bewohner des Gutsbezirkes steht dem Gutsherrn (abgesehen von den zwischen den Beteiligten im Vertragswege getroffenen, lediglich ihre privatrechtlichen Verhältnisse bestimmenden Vereinbarungen) der Regel nach nicht zu (OVG. **6** 85, **14** 290, wegen der Amtsunkosten OVG. **4** 139, wegen der Kosten des Standesamts Minist.Erlaß vom 9. April 1878, MBl. S. 78). Ausnahmen finden statt hinsichtlich der Verbandslasten eines Zweckverbandes, der Kosten der Armenpflege, der Schulunterhaltung, der Wegeunterhaltung, der Bekämpfung von Epidemien und einzelner Leistungen für die bewaffnete Macht. Über die Verbandslasten eines Zweckverbandes, dem der Gutsbezirk angehört, s. ZVG. § 18 (Anhang). Hinsichtlich der Armenpflegekosten kann eine Abweichung von der Regel eintreten, wenn der Gutsbezirk nicht ausschließlich im Eigentume des Gutsherrn steht. In diesem Falle kann auf Antrag des Gutsherrn ein Statut erlassen werden, welches die Aufbringung der Armenpflegekosten anderweit regelt und eine Heranziehung der Grundbesitzer und Einwohner des Gutsbezirkes zu diesen Kosten anordnet (§ 8 des Preuß. Ausf.G. zum RG. betr. den Unterstützungswohnsitz vom 8. März 1871, GS. S. 130, s. auch OVG. **4** 191, **6** 182, **8** 165, **12** 174, **24** 118; PrVBl. **32** 199 und 249). — In ähnlicher Weise kann unter derselben Voraussetzung eine Heranziehung der Grundbesitzer und der Einwohner des Gutsbezirkes zu den Kosten der Bekämpfung übertragbarer Krankheiten auf Grund eines vom Kreisausschuß erlassenen Statuts gemäß § 28 des Preuß. Ausf.G. vom 28. August 1905 stattfinden. — Von den Lasten auf dem Gebiete der Schulver-

waltung hat der Gutsherr stets diejenigen allein zu tragen, die ihm (prinzipaliter oder subsidiär) als Gutsherrn im Schulbezirk (als ehemaliger Gerichtsobrigkeit) oder (subsidiär) als Grundherrn (Eigentümer des Grund und Bodens, auf welchem sich Ansiedler oder Einwohner niedergelassen haben, oder dessen Rechtsnachfolger, OVG. **33** 244, **44** 221) nach §§ 55 ff. der Preußischen Schulordnung vom 11. Dezember 1845 (GS. 1846 S. 1) in der Provinz Westpreußen zufallen. Hier können die von dem Gutsbezirke zu tragenden Schullasten auf die Gutsanwohner, soweit diese leistungsfähig sind, nach Maßgabe einer Festsetzung der Schulaufsichtsbehörde verteilt werden (Schulordnung §§ 55, 65), den Ausfall hat der Grundherr zu tragen (OVG. **4** 191, **6** 182, **8** 165, **9** 135, **12** 212, **21** 199, **27** 158), während die hauptsächlich in der Lieferung von Bauholz und Brennholz bestehenden gutsherrlichen Lasten (Patronatslasten) von dem Gutsherrn allein zu tragen sind (Schulordnung §§ 44—48). Die dem Fiskus nach § 45 der Preußischen Schulordnung obliegenden Leistungen werden auch in Ostpreußen nach § 32 Abs. 4 des Schulunterhaltungsgesetzes vom 28. Juli 1906 fortgewährt. In der Provinz Posen liegt nach dem ALR. II 12 §§ 29—37 die Schulunterhaltung in der Regel den „Hausvätern" des Ortes ob; die Gutsherrschaften sind nur verpflichtet, ihre unvermögenden Gutsuntertanen hierbei zu unterstützen und Materialien zum Schulbau herzugeben. In den übrigen Provinzen liegt die Unterhaltung der Volksschule in den Gutsbezirken jetzt nach dem Gesetze vom 28. Juli 1906 dem Gutsherrn ob, jedoch kann eine Unterverteilung auf die Gutseinwohner durch Statut stattfinden (s. LGO. § 148 Anm. 7). — Zur Teilnahme an den Kosten der Wegebaulast können die Grundeigentümer in der Provinz Westpreußen nach § 48 der Wegeordnung vom 27. September 1905 (GS. S. 357), in der Provinz Posen nach § 49 der Wegeordnung vom 15. Juli 1907 (GS. S. 243), in der Provinz Ostpreußen nach § 48 der Wegeordnung vom 10. Juli 1911 (GS. S. 99) durch eine Anordnung des Kreisausschusses verpflichtet werden, während die Wegebaulast nach der Wegeordnung für die Provinz Sachsen vom 11. Juli 1891 (GS. S. 316) nach der Regelvorschrift der LGO. § 122 dem Gutsherrn obliegt (OVG. **43** 234). — Von den Leistungen für die bewaffnete Macht ist die Verpflichtung zur Quartierleistung nach § 5 des RG. vom 25. Juni 1868 (BGBl. S. 523) keine Last des Gutsbezirkes, sondern der Inhaber der für Quartierzwecke in Anspruch zu nehmenden Räumlichkeiten (OVG. **5** 108). Ebenso liegen auch die sonstigen Naturalleistungen für die bewaffnete Macht im Frieden nicht den Kommunalbezirken, sondern den einzelnen Personen ob (OVG. **4** 135). Die Gutsbezirke kommen wie die Gemeindebezirke nur als Abgrenzungen für die Verteilung der bezüglichen Leistungen, die Gutsvorsteher wie die Gemeindevorsteher als Organe für die Verteilung in Betracht (RG. vom 13. Februar 1875, RGBl. S. 52, vom 11. Juni 1878, RGBl. S. 229, vom 21. Juni 1887, RGBl. S. 245). Dagegen ist die bei einer Mobilmachung eintretende Verpflichtung zu Kriegsleistungen eine Kommunal-

Auf Beschwerden und Einsprüche, betreffend die Heranziehung oder die Veranlagung von Grundbesitzern und Einwohnern eines Gutsbezirkes zu den öffentlichen Lasten desselben, finden die Be-

---

last der Gutsbezirke, wenn auch der Gutsvorsteher berechtigt ist, behufs Erfüllung dieser Leistungen die Bewohner und die Grundstücke des Gutsbezirkes heranzuziehen (RG. v. 13. Juni 1873, RGBl. S. 129). — Zur Aufbringung der direkten Kreissteuern sind nach § 7 des Kreis- und Provinzialabgabengesetzes vom 23. April 1906 (GS. S. 159) die Gutsbezirke ebenso wie die Gemeinden verpflichtet. Der auf die Gutsbezirke entfallende Teil des Kreissteuerbedarfes wird jedoch gemäß § 13 vom Kreisausschusse auf die Steuerpflichtigen der Gutsbezirke unterverteilt.

Die von dem Gutsherrn zu tragenden Kommunallasten des Gutsbezirkes haben nicht die Natur von Reallasten und können nicht auf die einzelnen Grundstücke des Bezirkes als öffentliche Lasten umgelegt werden (OVG. **1** 147, **20** 209). Daher begründen auch die auf Grund des Gesetzes vom 3. Januar 1845 (GS. S. 25) aufgestellten Abgabenregulierungspläne, welche die Verteilung der Kommunallasten innerhalb eines Gutsbezirkes zum Gegenstande haben, keine öffentlich-rechtlich erzwingbare Beitragspflicht der Angehörigen des Gutsbezirkes zugunsten des Gutsherrn (OVG. **12** 174, **29** 181). — Der Gutsherr kann unter Zustimmung der auf dem betreffenden Verwaltungsgebiete zuständigen Behörde (Schulaufsichtsbehörde, Polizeibehörde) dauernde öffentlich-rechtliche Verpflichtungen zur Erfüllung von Aufgaben, die der Gutsherrschaft gesetzlich obliegen, mit bindender Kraft für seine Nachfolger im Besitze der Gutsherrlichkeit übernehmen, ohne daß es hierzu einer Eintragung der Verpflichtung im Grundbuche des Gutes bedarf (OVG. **27** 202). Diese Fähigkeit des Gutsherrn ist nicht von seiner Befugnis abhängig, über das Eigentum am Gute verfügen zu dürfen, und kommt daher auch dem Besitzer eines Fideikommißgutes zu. Denn die Verpflichtungen der bezeichneten Art sind keine Reallasten, sondern persönliche des Gutsherrn und in dessen gesamtes unbewegliches und bewegliches Vermögen vollstreckbar. Durch den Besitz des Gutes wird nur der jeweilige Träger der Last bestimmt. Die vom Gutsherrn übernommenen Verpflichtungen werden durch die Zustimmung der zuständigen Behörde Bestandteil des öffentlichen Ortsrechts, mithin objektives Recht. Auch der Fideikommißbesitzer ist berechtigt, als Gutsherr die Erklärungen abzugeben, durch die bei Zustimmung der zuständigen Behörde ein neues, für die späteren Gutsherrn verbindliches ortsstatutarisches Recht begründet wird, ohne daß es hierzu der Einwilligung der Agnaten oder eines Familienbeschlusses bedarf. Er belastet hierdurch nicht das Gut als solches oder dessen Erträge, sondern sich und die späteren Gutsherrn und ihr Vermögen (OVG. **36** 204).

stimmungen im § 38 dieses Gesetzes sinngemäße Anwendung.[4])

§ 123.

Der Besitzer eines selbständigen Gutes[5]) hat insbesondere die in den §§ 90 und 91 aufgeführten obrigkeitlichen Befugnisse und Pflichten entweder in Person oder durch einen von ihm zu bestellenden, zur Übernahme des Amtes als Gutsvorsteher befähigten Stellvertreter auszuüben.[6]) Der letztere muß seinen beständigen

---

4) **Gesetzesänderung.** Die obige Bestimmung ist durch §§ 69, 70 des KAG. ersetzt. Hiernach hat der Gutsvorsteher auf die Beschwerden oder Einsprüche Beschluß zu fassen. Gegen den Beschluß findet innerhalb zwei Wochen die Klage bei dem Kreisausschusse statt. Beschwerde, Einspruch und Klage haben keine aufschiebende Wirkung. — Eine gleiche Bestimmung enthält hinsichtlich der Beschwerden über die Heranziehung zu den Armenpflegekosten § 44 des ZG. (OVG. **16** 243).

5) **Besitzer des Gutes.** Dieses ist der Gutsherr (s. oben Anm. 2).

6) **Gutsvorsteher** wird der Gutsherr in seiner obrigkeitlichen Stellung genannt. Einen Stellvertreter kann der Gutsherr entweder in der Art bestellen, daß jenem die Wahrnehmung der Gutsvorstehergeschäfte dauernd und ausschließlich übertragen wird, oder in der Weise, daß der Stellvertreter für den Gutsherrn nur dann einzutreten hat, wenn dieser behindert ist. — Abgesehen von der Verwaltung der öffentlichen Armenpflege und der Schulunterhaltung ist der stellvertretende Gutsvorsteher nicht gesetzlicher Vertreter des Gutsherrn für die vermögensrechtlichen Verhältnisse, die sich für diesen nach öffentlichem Rechte aus seiner Stellung als Gutsherr oder Grundherr ergeben (OVG. **6** 206, **9** 135, **18** 216, **38** 233, **45** 233, **50** 48). Besonderheiten bestehen für die Schulverwaltung (s. unten und § 148 Anm. 7).

Die Vergütung, die der stellvertretende Gutsvorsteher etwa von dem Gutsherrn erhält, stellt kein „Diensteinkommen" im Sinne der Verordnung vom 23. September 1867 (s. § 41 des KAG.) dar. Der stellvertretende Gutsvorsteher hat von diesen Bezügen daher ihrem vollen Betrage nach Kommunalsteuern zu entrichten und genießt in dieser Hinsicht nicht die Privilegien der Beamten (OVG. **6** 119). Die Pflicht zur Aufbringung dieser Vergütung liegt nicht dem Gutsbezirk als solchem, sondern dem Gutsherrn persönlich ob. Daher ist (nach OVG. **53** 88), wenn der Gutsherr die Zahlung für einen gemäß § 126 ernannten Stellvertreter verweigert, eine Zwangsetatisierung dieser Leistung (§ 141) unzulässig.

Eine Verpflichtung zur Übernahme des Amtes eines stellvertretenden Gutsvorstehers besteht für die Kreiseingesessenen gesetzlich nicht (OVG. 5 110). — Wie für den Gutsvorsteher der Besitz des Gutes, so ist für den Stellvertreter der Auftrag (die Bestellung) des Gutsbesitzers oder des Landrats die notwendige Voraussetzung seiner amtlichen Stellung. Mit dem Wegfalle dieses Auftrags enden das Recht und die Pflicht, die Gutsvorstehergeschäfte wahrzunehmen, von selbst (OVG. 7 183). Der Gutsvorsteher und der Stellvertreter erlangen erst durch die Bestätigung des Landrats (§ 125) die Eigenschaft von Beamten sowie die Befugnisse und Pflichten ihres Amtes. — Der bestätigte Gutsvorsteher hat für den Gutsbezirk dieselben obrigkeitlichen Rechte und Pflichten wie der Gemeindevorsteher für den Gemeindebezirk (s. oben Anm. 32 zu § 88, Anm. 47 bis 53 zu §§ 90 u. 91). Er ist mittelbarer Staatsbeamter und als solcher ebenso wie die im Gutsbezirk etwa angestellten Beamten dem Disziplinargesetze (LGO. § 143) und der Dienstaufsicht des Landrats und des Regierungspräsidenten unterstellt (LGO. § 139). Er hat im Gutsbezirk auch in Jagdangelegenheiten dieselben Obliegenheiten wie der Gemeindevorsteher im Gemeindebezirke (s. oben § 113 Anm. 76). Er ist ferner Hilfsbeamter der Staatsanwaltschaft (s. oben Anm. 53) und auch gesetzlicher Vertreter des Guts-Armenverbandes (Entsch. des Bundesamts f. d. Heimatwesen 7 33, 8 135, **11** 78, **15** 127, **16** 171). Ebenso ist er Vertreter des Gutsbezirks als Schulverbandes, wenn keine Unterverteilung der Schullasten im Gutsbezirk erfolgt; andernfalls hat der Gutsvorsteher der Gutsvertretung gegenüber (s. Anm. 7 zu § 148) die Befugnisse des Gemeindevorstehers (Volksschulunterhaltungsgesetz vom 28. Juli 1906 § 46). — In den wenigen Gutsbezirken der Provinz Posen, in denen der Gutsbesitzer die Verwaltung der Ortspolizei auf Grund der Kabinettsorder vom 10. Dezember 1836 führt, ist er nicht Organ des Distriktskommissars, sondern Ortspolizeibehörde (OVG. **22** 227; PrVBl. **13** 187). — Die Festsetzung von Fluchtlinien nach Maßgabe des Gesetzes vom 2. Juli 1875 ist in Gutsbezirken nicht zulässig (OVG. **55** 244). Als Beamte des Gutsbezirkes können besonders Gutsdiener, Nachtwächter, Feld- und Forsthüter, Waisenräte, Schulvorsteher, Schiedsmänner und Standesbeamte in Betracht kommen (s. oben Anm. 1 zu § 74). — Der Stellvertreter des Gutsvorstehers in einem Gutsbezirke, welcher einen eigenen Amtsbezirk bildet (Kreisordnung § 48 Nr. 3), ist auch dessen Stellvertreter in den Amtsvorstehergeschäften. Dies gilt aber nicht für einen besonderen, nur für einen Teil des Gutsbezirks bestellten Vertreter (LGO. § 124 Abs. 3). Hat die Bestellung eines stellvertretenden Gutsvorstehers für den ganzen Gutsbezirk oder eines Stellvertreters des Gutsvorstehers nicht stattgefunden, so ist ein Stellvertreter des Amtsvorstehers nach Maßgabe der Vorschrift im § 57 Abs. 1 und 4 der Kreisordnung zu ernennen (Minist.Erlaß vom 21. Dezember 1887, MBl. für 1888 S. 102).

Der Gutsvorsteher darf ein Dienstsiegel mit der Inschrift: „Der Gutsvorsteher zu . . .“ führen (Minist.Erlaß vom 10. April 1874, MBl. S. 101).

Aufenthalt im Gutsbezirke oder in dessen unmittelbarer Nähe haben.

Es können jedoch auch außer dem im § 86 Absatz 4 vorgesehenen Falle seitens des Besitzers des Gutes sämtliche oder einzelne Gutsvorstehergeschäfte an den Vorsteher einer benachbarten Gemeinde unter beider Zustimmung gegen eine angemessene Entschädigung übertragen werden.

Ehefrauen werden rücksichtlich der angeführten Rechte und Pflichten durch ihren Ehemann, Kinder unter väterlicher Gewalt durch ihren Vater und bevormundete Personen durch ihren Vormund oder Pfleger vertreten. [7])

§ 124.

Die Bestellung eines Stellvertreters muß erfolgen, wenn:

1. das Gut unverheirateten oder verwitweten Besitzerinnen, einer juristischen Person, einer Aktiengesellschaft, einer Kommanditgesellschaft auf Aktien, einer Berggewerkschaft oder einer eingetragenen Genossenschaft gehört, oder wenn mehrere Besitzer sich nicht darüber einigen, wer von ihnen die Geschäfte des Gutsvorstehers wahrnehmen soll,
2. der Gutsbesitzer kein Angehöriger des Deutschen Reichs ist, [8])
3. derselbe nicht seinen beständigen Aufenthalt im Gutsbezirke oder in dessen unmittelbarer Nähe hat

   oder
4. wegen Krankheit oder aus anderen in seiner Person liegenden Gründen [9]) außerstande ist, die Pflichten eines Gutsvorstehers zu erfüllen.

Über die Befugnis des Gutsvorstehers zur Aufnahme von Nottestamenten s. Anm. 32 zu § 88.

7) **Kinder und bevormundete Personen.** Kinder stehen nach § 1626 des BGB. unter elterlicher Gewalt, solange sie minderjährig sind. Wann dem Minderjährigen ein Vormund zu bestellen ist, wird durch § 1773 des BGB., wann ein Volljähriger ihn erhält, durch § 1896, wann ein Pfleger zu bestellen ist, durch §§ 1909 bis 1911 daselbst bestimmt.

8) **Reichsangehörigkeit.** S. Anm. 25 zu § 41.

9) **Persönliche Hindernisse.** Da weibliche Personen nicht Gutsvorsteher sein können, so muß ein Stellvertreter auch dann bestellt werden, wenn die Mutter des minderjährigen Gutsbesitzers

Auf den Antrag des Gutsbesitzers kann ein Stellvertreter für den ernannten Gutsvorsteher [10]) bestellt werden, welcher in Fällen der Behinderung des letzteren die Gutsvorstehergeschäfte wahrzunehmen hat.

Für die von dem Hauptgute entfernt belegenen Teile eines selbständigen Gutsbezirkes kann von dem Kreisausschusse die Bestellung besonderer Stellvertreter angeordnet werden, sofern dies für eine ordnungsmäßige örtliche Verwaltung erforderlich ist. [11])

§ 125.

Der Gutsbesitzer, sowie dessen Stellvertreter werden in der Eigenschaft als Gutsvorsteher von dem Landrate bestätigt. Die Bestätigung kann nur unter Zustimmung des Kreisausschusses versagt werden. [12])

Der Gutsvorsteher wird vor seinem Amtsantritte von dem Landrate oder in dessen Auftrage von dem Amtsvorsteher (Distriktskommissarius) [13]) vereidigt. [14])

---

die elterliche Gewalt über ihn ausübt (BGB. § 1684), oder wenn eine weibliche Person die Vormundschaft oder Pflegschaft über ihn führt. — Persönliche Hindernisse für die Wahrnehmung des Amtes des Gutsvorstehers liegen namentlich auch dann vor, wenn der Gutsherr nicht die bürgerlichen Ehrenrechte besitzt oder sich in Konkurs befindet (s. § 126).

10) **Stellvertreter des stellvertretenden Gutsvorstehers.** Es kann hiernach ein Stellvertreter für den stellvertretenden („ernannten") Gutsvorsteher bestellt werden, auch wenn die Bestellung des stellvertretenden Gutsvorstehers nicht durch § 124 geboten, sondern auf Grund des § 123 Abs. 1 erfolgt war.

11) **Besonderer Stellvertreter für einen Teil des Gutsbezirks.** Der Gutsbesitzer kann einen Stellvertreter für einen Teil seines Gutsbezirks auch ohne vorhergehende Anordnung des Kreisausschusses bestellen und zwar auch dann, wenn er einen Stellvertreter für den ganzen Gutsbezirk nicht ernannt hat (OVG. **46** 190).

Durch die Bestellung mehrerer Gutsvorsteher wird die rechtliche Einheit des Gutsbezirks ebensowenig wie durch seine Zuteilung zu mehreren Amtsbezirken berührt (OVG. **14** 231).

12) **Versagung der Bestätigung.** S. oben Anm. 23 zu § 84.

13) **Distriktskommissarius.** Der Distriktskommissarius tritt in der Provinz Posen an die Stelle des Amtsvorstehers.

14) **Vereidigung.** S. oben Anm. 27 zu § 85.

§ 126.

Unterläßt der Besitzer des Gutes in den im § 124 angegebenen Fällen oder wenn ihm die Bestätigung als Gutsvorsteher versagt worden ist, die Bestellung eines Stellvertreters, oder befindet er sich nicht im Besitze der bürgerlichen Ehrenrechte, oder ist er in Konkurs verfallen, so steht dem Landrate unter Zustimmung des Kreisausschusses die Ernennung des Stellvertreters auf Kosten des Besitzers zu.[14a])

§ 127.

Über die Festsetzung der dem stellvertretenden Gutsvorsteher in den Fällen des § 126 zu gewährenden Vergütung beschließt der Kreisausschuß.[15])

Vierter Titel.*)

Verbindung nachbarlich belegener Gemeinden und selbständiger Gutsbezirke behufs gemeinsamer Wahrnehmung kommunaler Angelegenheiten.

(Aufgehoben durch das Zweckverbandsgesetz vom 19. Juli 1911.)

---

14 a) **Ernennung durch den Landrat.** Gegen den zustimmenden Beschluß des Kreisausschusses steht dem hiervon Betroffenen die Beschwerde an den Bezirksausschuß nach LVG. § 121 zu.

15) **Dienstentschädigung.** Über die Verpflichtung zur Zahlung der Vergütung s. oben Anm. 6. Ist die Ernennung des stellvertretenden Gutsvorstehers nicht durch den Landrat, sondern durch den Gutsbesitzer selbst erfolgt, so ist die Festsetzung einer Dienstentschädigung lediglich Privatsache der Beteiligten (OVG. 6 127, 7 183).

*) **Gesetzesänderung.** An die Stelle des 4. Titels ist vom 1. Oktober 1911 ab das Zweckverbandsgesetz vom 19. Juli 1911 (GS. S. 115) getreten, das hinten als Anhang abgedruckt ist (s. § 25 daselbst). Die Bestimmungen dieses Gesetzes finden auch auf die Landgemeinden und Gutsbezirke der Kreise Teltow und Niederbarnim Anwendung, obwohl diese Kreise und einige von den ihnen angehörenden Landgemeinden „selbständige Glieder" des durch Gesetz vom 19. Juli 1911 (GS. S. 123) gebildeten Zweckverbandes Groß Berlin sind. Eine Ausnahme machen nur die Vorschriften des § 2, welche die zwangsweise erfolgende Bildung von Zweckverbänden betreffen (s. § 2 Abs. 6 des Zweckverbandsgesetzes vom 19. Juli 1911).

Fünfter Titel.

Aufsicht des Staates.

§ 139.

Die Aufsicht[1]) des Staates über die Verwaltung der Angelegenheiten der Landgemeinden, Gutsbezirke und

---

Durch das Zweckverbandsgesetz für Groß Berlin werden die in Geltung verbleibenden Vorschriften der LGO. gar nicht und die des Zweckverbandsgesetzes vom 19. Juli 1911 nur insoweit berührt, als für einige Landgemeinden der Kreise Teltow und Niederbarnim (s. unten Anm. 13 zum Zweckverbandsgesetze) ein Zwang zur Bildung von Zweckverbänden nach Maßgabe dieses Gesetzes ausgeschlossen ist.

1) **Staatsaufsicht im allgemeinen.** Die LGO. enthält im § 139 nur eine Vorschrift über die Zuständigkeit der Behörden, welche zur Ausübung des staatlichen Aufsichtsrechts über die Landgemeinden berufen sind, aber keine Abgrenzung des Inhalts des Aufsichtsrechts. Auch in den folgenden Vorschriften (§§ 140—143) werden nur einzelne Befugnisse der Aufsichtsbehörde geregelt, aber nicht der Begriff der Aufsicht bestimmt, sondern als feststehend vorausgesetzt. Über ihn ergibt sich aus der rechtsgeschichtlichen Entwicklung (s. OVG. **20** 72, **25** 49, **54** 471, PrVBl. **24** 53, OVG. vom 26. Mai 1913 — I C 44/12) folgendes:

Unter Aufsicht wird im öffentlichen Rechte die Überwachung der Tätigkeit eines Beamten, einer Behörde oder einer Körperschaft und die Sorge dafür verstanden, daß diese die ihnen zugewiesenen Aufgaben ordnungsgemäß erfüllen und gesetzwidrige Maßnahmen unterlassen. Die Aufsicht steht im Gegensatze zur Verwaltung. Die Aufsichtsbehörde darf daher in der Regel nicht Amtshandlungen der beaufsichtigten Behörde selbst vornehmen, sondern nur diese zur Vornahme anhalten. Den Gemeinden gegenüber ist zu unterscheiden zwischen der Dienstaufsicht über die Gemeindebeamten und der staatlichen Oberaufsicht über die Verwaltung der eigentlichen Gemeindeangelegenheiten (s. § 5 Anm. 2 und 2a). Die Befugnis zur Dienstaufsicht enthält das Recht, die zu beaufsichtigenden Beamten in dienstlichen Angelegenheiten mit Anweisungen zu versehen und deren Befolgung mit Zwangsmitteln durchzusetzen (s. Disziplinargesetz vom 21. Juli 1852 § 100, LVG. § 132 und OVG. **11** 402). Diese Befugnis (Befehlsbefugnis) steht den Aufsichtsbehörden gegenüber dem Gemeindevorsteher (Gutsvorsteher) uneingeschränkt nur soweit zu, als ihm die obrigkeitliche Verwaltung im Gemeindebezirke, die Erledigung staatlicher Geschäfte obliegt (s. § 88 Anm. 32). Sie ist aber in den Gemeindeangelegenheiten durch das gesetzliche Recht der Gemeinden zur Selbstverwaltung ihrer Angelegenheiten (s. § 5 Anm. 2a) beschränkt und berechtigt die Aufsichtsbehörden hinsichtlich dieser Angelegenheiten allgemein nur dazu, von den Maßnahmen der Gemeindeverwaltung jederzeit sich Kenntnis zu verschaffen (durch Erfordern von Berichten und Vornahme von Revisionen) und für einen gesetzmäßigen Fortgang der Gemeindeverwaltung zu sorgen, im Streitfalle die gesetzliche Verpflichtung der Gemeinde zu bestimmten Leistungen vorbehaltlich der ihr zustehenden Rechtsbehelfe, soweit aber solche ausgeschlossen sind (wie hinsichtlich der Einrichtungen für die der Polizeiverwaltung nach § 4 des Gesetzes vom 11. März 1850), endgültig festzustellen, über Beschwerden gegen die Gemeindeverwaltung zu entscheiden, wo dieses Beschwerdeverfahren nicht eine anderweitige Regelung gesetzlich erfahren hat, und endlich diejenigen sonstigen Befugnisse auszuüben, welche das Gesetz der Aufsichtsbehörde ausdrücklich zugewiesen hat. Nur diese letzterwähnten Befugnisse werden in den §§ 140, 141 und 142 behandelt. Sie stellen sich als das Recht zur Beanstandung (§ 140), zur Zwangsetatisierung (§ 141) und zur Auflösung der Gemeindevertretung (§ 142) dar. Ihnen treten hinzu das Recht, den gewählten Gemeindebeamten (§ 84), dem Gutsvorsteher (§ 125) und dem Gemeindeverbandsvorsteher (§ 134) die Bestätigung und gewissen Gemeindebeschlüssen (§§ 6, 114—116) die gesetzlich erforderliche Genehmigung zu versagen. Hierdurch sind die Formen für die Handhabung des Aufsichtsrechts geregelt. Sachlich hat die Aufsicht zu verhindern, daß die Gemeindeverwaltung gesetzwidrige oder solche Handlungen vornimmt, welche das Staatsinteresse oder das Gemeinwohl schädigen. — Gegenstand der Aufsicht sind nur die öffentlich-rechtlichen Angelegenheiten der Gemeinde. Ihre privatrechtlichen Verpflichtungen unterliegen, wenn sie von der Gemeinde bestritten werden, der Entscheidung der ordentlichen Gerichte. — Der Landrat ist befugt, von den Gemeindevorstehern und Gutsvorstehern die Auskünfte zu verlangen, die er zu Erledigung seiner staatlichen Geschäfte für erforderlich hält. Hierzu gehört auch eine Auskunft darüber, ob die Gemeinden und Gutsbezirke von den Vorteilen des vom Staate im Interesse der Landwirtschaft ins Leben gerufenen Wetternachrichtendienst Gebrauch machen (PrVBl. **33** 713).

Die Vornahme der gesetzlich zulässigen Wahlen darf der Gemeinde vom Landrate nicht untersagt werden (OVG. **49** 119).

Im Wege der Dienstaufsicht können die Mitglieder des kollegialischen Gemeindevorstandes (§ 74 Abs. 2, § 89) nur angehalten werden, in einer Angelegenheit überhaupt zu beschließen, aber nicht, einen Beschluß bestimmten Inhalts zu fassen (OVG. **21** 428). Ebenso kann der Gemeindevorsteher nicht zu solchen Leistungen aus der Gemeindekasse angewiesen werden, die der Gemeinde nur im Wege der Zwangsetatisierung (§ 141) auferlegt werden dürfen, oder zu solchen Amtshandlungen, die nach gesetzlicher Vorschrift nur auf Grund eines Beschlusses der hierfür zuständigen Behörde (Berichtigung der ausgelegten Wählerliste u. dgl.) erfolgen dürfen. Dagegen darf er von der Aufsichtsbehörde durch Zwangsmittel dazu angehalten werden, daß

Gemeindeverbände (Titel IV) [1a]) wird unbeschadet der in den Gesetzen geordneten Mitwirkung des Kreisausschusses und des Bezirksausschusses in erster Instanz von dem Landrate als Vorsitzenden des Kreisausschusses,[2]) in

---

er einen ordnungsmäßigen Beschluß der Gemeindeversammlung (Gemeindevertretung) ausführt, daß er pflichtwidrige Handlungen unterläßt, die innerhalb seiner Zuständigkeit liegenden und gesetzlich gebotenen Handlungen vornimmt und die von den zuständigen Beschwerdeinstanzen oder durch verwaltungsgerichtliche Entscheidungen angeordneten Maßnahmen ausführt. Dasselbe gilt auch entsprechend von dem Gutsvorsteher und dem Verbandsvorsteher.

Der Landrat darf zur Ausübung der Aufsicht auch solchen Sitzungen der Gemeindevertretung beiwohnen, die nicht öffentlich sind (s. Posse im PrVBl. **33** 719). Zulässig ist es, daß von der Aufsichtsbehörde dem Gemeindevorsteher (Gutsvorsteher) oder den Mitgliedern des kollegialischen Gemeindevorstandes vor der Beschlußfassung Disziplinarstrafen für den Fall in Aussicht gestellt werden, daß sie einen materiell rechts= oder sachwidrigen Beschluß pflichtwidrig, d. h. in vorsätzlicher oder fahrlässiger Nichtachtung der obwaltenden rechtlichen oder tatsächlichen Umstände, fassen würden (OVG. **21** 428). — S. auch den Aufsatz von Schmieder über die Kommunalaufsicht gegenüber Stadtgemeinden (PrVBl. **25** 483).

1a) An die Stelle des Titel IV ist das Zweckverbandsgesetz vom 19. Juli 1911 (s. Anhang) getreten.

2) **Der Landrat als Aufsichtsbehörde.** Der Landrat und der Kreisausschuß sind nach § 66 der Kreisordnung befugt, bei Beaufsichtigung der Kommunalangelegenheiten der zu einem Amtsbezirke gehörigen Gemeinden und Gutsbezirke die vermittelnde und begutachtende Tätigkeit des Amtsvorstehers in Anspruch zu nehmen. — Wird der Landrat in seinen sonstigen Geschäften durch den Kreissekretär vertreten, so fällt seine Vertretung als Vorsitzender des Kreisausschusses nicht dem Kreissekretär, sondern dem zu diesem Zwecke vom Kreisausschusse gewählten Mitgliede zu (Kreisordnung § 136). — Der dem Landrat beigegebene Regierungsassessor ist zur Vertretung des Landrats auch dann befugt, wenn der Landrat nicht abwesend, aber an der Vornahme des betreffenden Dienstgeschäftes durch andere Dienstgeschäfte verhindert ist. Unter dieser Voraussetzung kann der Regierungsassessor bei einer von ihm mit einem Gemeindevorsteher geführten Verhandlung gegen diesen auch eine Disziplinarordnungsstrafe festsetzen (OVG. **61** 450). — Daß der Landrat die von ihm in Ausübung der Dienstaufsicht erlassenen Verfügungen mit dem Zusatze „Vorsitzender des Kreisausschusses" unterzeichnet, ist zur Rechtsgültigkeit der Verfügungen nicht erforderlich (OVG. **26** 143). — S. auch Zweckverbandsgesetz §§ 22 und 26.

höherer und letzter Instanz [3]) von dem Regierungspräsidenten geübt.

Beschwerden bei den Aufsichtsbehörden in den vorbezeichneten Angelegenheiten sind in allen Instanzen innerhalb zwei Wochen anzubringen.

§ 140.

Beschlüsse der Gemeindeversammlung, der Gemeindevertretung oder der Gemeindeverbände (Titel IV), [3a]) welche deren Befugnisse überschreiten [3b]) oder die Gesetze verletzen, [3c]) hat der Gemeinde- oder Verbandsvorsteher, entstehendenfalls auf Anweisung der Aufsichtsbehörde, [4]) mit aufschiebender Wirkung unter Angabe der Gründe [5]) zu beanstanden. [6]) Gegen die Verfügung des Gemeinde-

---

3) **Höhere Aufsichtsinstanzen.** Es ist zulässig, daß der Regierungspräsident in erster Instanz Ordnungsstrafen verhängt. Auch verbleibt den dem Regierungspräsidenten vorgesetzten Behörden (Oberpräsident, Minister) das Recht der obersten dienstlichen Aufsicht, des Erlasses von Anordnungen und Anweisungen gemäß § 50 des LVG.

3a) **Gegenstand der Beanstandung.** Beschlüsse des kollegialischen Gemeindevorstandes (§ 74 Abs. 6) können von dem Gemeindevorsteher nicht beanstandet werden. — Titel IV ist durch das ZVG. ersetzt.

3b) **Befugnisse der Gemeinde.** S. Anm. 2 zu § 5.

3c) **Gesetzesverletzung.** Sie liegt auch dann vor, wenn das Gesetz infolge falscher Auslegung unrichtig angewendet oder nicht angewendet worden ist (OVG. 7 115). Unter Gesetz ist hier jede Norm des geschriebenen Rechts zu verstehen, also auch Ortsgesetze (Ortsstatuten).

4) **Befugnis zur Beanstandung.** Die Beanstandung ist auch ohne eine Anweisung der Aufsichtsbehörde zulässig (OVG. **34** 134). Sie steht nur dem Gemeindevorsteher zu, nicht dem kollegialischen Gemeindevorstand, und ist an keine Frist gebunden.

5) **Wirkung und Form der Beanstandung.** Der Beschluß darf vor endgültiger Entscheidung über die Beanstandung nicht ausgeführt werden. — Die Beanstandung braucht sich nicht als solche ausdrücklich zu bezeichnen. Es genügt, daß in der Verfügung die Absicht der Beanstandung inhaltlich zum klaren Ausdrucke gelangt und daß sie der Körperschaft gegenüber erfolgt, deren Beschluß beanstandet werden soll (OVG. **39** 50). — Eine Bezeichnung des Beschlusses als rechtswidrig kann mit Rücksicht auf die Vorgänge eine ausreichende Begründung der Beanstandung darstellen (OVG. **56** 35).

6) **Voraussetzungen der Beanstandung.** Der Beanstandung unterliegen nur solche Beschlüsse, die eine positive Wirkung äußern,

wenn sie unangefochten bleiben. Die Beanstandung von Beschlüssen, die bereits ausgeführt sind, und deren Rechtswirkungen durch die erfolgte Ausführung erschöpft sind, ist nicht zulässig (OVG. 27 87). Ebensowenig kann ein Beschluß Gegenstand der Beanstandung sein, der keinen positiven Inhalt hat und daher, wenn er unbeanstandet bleibt, Rechtswirkungen nicht äußern kann, also kein Beschluß, durch welchen lediglich ein gestellter Antrag abgelehnt oder eine Ansicht geäußert wird (OVG. **52** 27; PrVBl. **17** 222, 258 und **19** 519). Dagegen ist ein Beschluß der Beanstandung fähig, der auch nach seiner Ausführung noch eine rechtliche Wirkung ausübt (OVG. **59** 48), insbesondere ein Beschluß, der insofern noch fortwirkt, als er eine auch in allen künftigen gleichen Fällen von der Gemeindeverwaltung zu beachtende Regel aufstellt (OVG. **27** 87), ebenso ein Beschluß, der den Gemeindevorsteher an der Vornahme einer Verwaltungsmaßnahme hindert (OVG. **51** 8). Beschlüsse, die einer Genehmigung bedürfen, können, wenn überhaupt, so jedenfalls so lange nicht beanstandet werden, als nicht über die Erteilung der Genehmigung entschieden ist (OVG. **51** 55). Ein Beschluß, der gesetzlich einer Genehmigung bedarf, unterliegt der Beanstandung, wenn die beschließende Gemeindeversammlung eine Genehmigung für nicht erforderlich hält und daher von deren Einholung absehen will (OVG. **49** 5). An eine Frist ist die Beanstandung nicht gebunden. — Sie bedarf auch keiner bestimmten Form, muß aber klar erkennen lassen, daß eine Beanstandung im gesetzlichen Sinne (nicht etwa nur eine Versagung der Zustimmung) beabsichtigt ist (OVG. **21** 32, PrVBl. **24** 295). Über den Fortbestand der Rechte, welche der Beschluß bereits vor seiner Beanstandung begründet hatte, s. OVG. **27** 87. An den Nachweis eines öffentlichen Interesses ist die Zulässigkeit der Beanstandung nicht geknüpft (OVG. **37** 3).

Die Beanstandung unterscheidet sich von der Aussetzung der Ausführung (§ 88) und von der Anfechtung eines Beschlusses durch die Klage des Gemeindevorstehers (§ 67) in folgendem: Die Beanstandung muß erfolgen, wenn der Beschluß die Befugnisse der beschließenden Versammlung überschreitet oder die Gesetze verletzt (also ein unbefugter oder gesetzwidriger ist), die Aussetzung der Ausführung dagegen dann, wenn der Beschluß das Gemeinwohl oder Gemeindeinteresse verletzt (also ein unzweckmäßiger, schädlicher, gefährlicher ist), die Anfechtung endlich kann durch den Gemeindevorsteher nur gegenüber Beschlüssen der Gemeindevertretung in bestimmten Angelegenheiten erfolgen, wenn der Gemeindevorsteher den Beschluß für unrichtig hält. Bei der Beanstandung muß die Körperschaft, um deren Beschluß es sich handelt, die Klage im Verwaltungsstreitverfahren erheben, wenn sie die Ausführung ihres Beschlusses erlangen will, bei der Versagung der Ausführung muß der Gemeindevorsteher die Entscheidung des Kreisausschusses einholen, die Anfechtung muß seitens des Gemeindevorstehers im Wege der Klage bewirkt werden. — Auch Beschlüsse der Gemeindevertretung, deren Inhalt nicht gegen das Gesetz verstößt, die aber

(Verbands-)Vorstehers steht der Gemeindeversammlung (der Gemeindevertretung, der Versammlung der Verbandsmitglieder) [6a]) die Klage im Verwaltungsstreitverfahren zu. [7])

Die Aufsichtsbehörde ist nicht befugt, aus anderen als den vorstehend angegebenen Gründen eine Beanstandung von Beschlüssen der Gemeindeversammlung, der Gemeindevertretung oder des Gemeindeverbandes herbeizuführen.

§ 141.

Unterläßt oder verweigert eine Landgemeinde, ein Gutsbezirk oder ein Gemeindeverband (Titel IV) [7a]) die ihnen gesetzlich obliegenden, von der Behörde innerhalb der Grenzen ihrer Zuständigkeit festgestellten Leistungen auf den Voranschlag zu bringen oder außerordentlich zu

---

unter Verletzung formeller Gesetzesvorschriften (auf ungesetzlichem Wege) zustande gekommen sind, unterliegen der Beanstandung (OVG. **41** 42, **51** 9). Beschlüsse der Gemeindevertretung über Gültigkeit von Wahlen können vom Gemeindevorsteher beanstandet werden, obwohl gegen sie auch die Klage im Verwaltungsstreitverfahren zulässig ist (OVG. **45** 16 und **49** 108). S. Anm. 67 zu § 67. Dasselbe muß auch von den sonstigen mit der Klage anfechtbaren Beschlüssen der Gemeindevertretung gelten (§ 66), sofern sie die Gesetze verletzen.

6a) **Klagerecht.** Die Befugnis zur Klageanstellung steht einem oder mehreren Mitgliedern der Gemeindeversammlung oder Gemeindevertretung nicht zu, sondern nur diesen Kollegien selbst (OVG. **17** 8, **63** 109).

7) **Klage gegen die Beanstandung.** Die Klage muß innerhalb zwei Wochen bei dem Kreisausschusse, wenn aber bei dem Zweckverband eine Stadtgemeinde beteiligt ist, gemäß ZVG. § 22 (s. Anhang) bei dem Bezirksausschuß angebracht werden. Sie kann stets nur auf Beseitigung der aufschiebenden Wirkung der Beanstandung gerichtet sein. Die auf die Klage ergehende Entscheidung des Verwaltungsgerichts kann nur die Abweisung der Klage aussprechen oder die Beanstandungsverfügung aufheben. Dagegen kann sie nicht an Stelle des beanstandeten Beschlusses einen anderen setzen. Die Befugnisse des Verwaltungsgerichts gehen hierin nicht weiter als die der Behörde, welche die Beanstandung ausspricht (OVG. **6** 74, **10** 45, **17** 32, 33 und PrVBl. **19** 519). — Die Klage ist, auch wenn die Beanstandung auf Anweisung der Aufsichtsbehörde erfolgt ist, nicht gegen diese, sondern stets gegen den Gemeinde-(Verbands-)Vorsteher zu richten.

7a) S. Anm. 1a.

genehmigen, so verfügt der Landrat unter Anführung der Gründe die Eintragung in den Voranschlag oder die Feststellung der außerordentlichen Ausgabe.[8])

---

8) **Zwangsetatisierung.** § 141 behandelt die Befugnis des Landrats zur Zwangsetatisierung (s. Jebens im PrVBl. **18** 1 und 13). Diese stellt keine Entscheidung über eine öffentlich-rechtliche Verpflichtung der Gemeinde dar (OVG. **40** 123), sondern eine Vollstreckungsmaßregel, die einen vollstreckbaren Titel voraussetzt, (OVG. **18** 142, **43** 135, OVG. vom 18. September 1913 — I A 132/13). Sie bildet den Ersatz des verweigerten oder unterlassenen Beschlusses der Gemeinde, ihre von der zuständigen Behörde festgestellte Verpflichtung der Hergabe von Geldmitteln für einen bestimmten Zweck zu erfüllen. Sie begründet für den Gemeindevorstand das Recht und die Pflicht, die hierzu erforderlichen Geldmittel aus den Einnahmequellen der Gemeinde (nötigenfalls durch Steuerumlagen) zu beschaffen (vgl. OVG. **43** 137, PrVBl. **9** 254). Sie steht dem Landrat als Vorsitzenden des Kreisausschusses (§ 139) zu (OVG. vom 22. November 1901 I 1 1892) und hat zur materiellen Voraussetzung, daß die Geldleistung, die in den Voranschlag zwangsweise eingetragen werden soll, der Gemeinde (Gutsbezirk, Gemeindeverband) gesetzlich obliegt, zur formellen Voraussetzung, daß a) die Leistung vorher von der zuständigen Behörde festgestellt worden ist, und zwar sowohl ihrem Grunde als auch ihrem Betrage nach, ferner b) daß eine Aufforderung zur Leistung an die Gemeinde ergangen und c) daß diese sich geweigert oder es unterlassen hat, der Aufforderung nachzukommen (OVG. **46** 11). Fehlt es an einer dieser Voraussetzungen, so ist die Zwangsetatisierung unzulässig. Gegenstand der Zwangsetatisierung ist stets nur eine Geldleistung (Bereitstellung eines Geldbetrages) von bestimmter Höhe (OVG. **46** 9, 16; PrVBl. 27 26). — Für die Zwangsetatisierung gegenüber Zweckverbänden kommt ZVG. § 22 zur Anwendung.

Gesetzlich obliegende Leistungen sind solche, die durch Gesetz oder durch eine nach Maßgabe des Gesetzes von der zuständigen Behörde gefaßte Entschließung auferlegt sind (OVG. **6** 170, **16** 218, **19** 167), dagegen nicht solche, die auf Grund einer dem Kommunalverbande zustehenden Befugnis von ihm über seine gesetzliche Verpflichtung hinaus durch einen privatrechtlichen Vertrag übernommen worden sind, wie z. B. Leistungen zu Chausseebauten (OVG. **16** 218). Wohl aber liegen einer Gemeinde gesetzlich auch solche Leistungen ob, die sie mit öffentlich-rechtlicher Wirkung freiwillig oder vertragsmäßig übernommen hat (s. unten Anm. 2 zu § 146 und OVG. **13** 222, **24** 132, **28** 132). Die Frage, ob eine der Zwangsetatisierung unterliegende Verpflichtung der Gemeinde besteht, kann nur eine Verpflichtung zur Geldleistung (Zahlung aus den Geldmitteln der Gemeinde) zum Gegenstande haben, wenn auch diese Verpflichtung darin ihren Grund haben kann, daß die Gemeinde zu einer Handlung oder Herstellung verbunden ist, die den von ihr zu leistenden Geldaufwand erforderlich macht. Dagegen kann die den Geldaufwand erfordernde Handlung selbst (z. B. die Anstellung eines Beamten, die Anschaffung einer Feuerspritze, der Bau einer Brücke) weder Gegenstand der Feststellung der Leistung noch der Zwangsetatisierung sein. — Die durch eine gerichtliche oder verwaltungsgerichtliche Entscheidung einem Kommunalverband auferlegten Leistungen sind nicht durch Zwangsetatisierung, sondern durch Zwangsvollstreckung (LGO. § 121 Abs. 2) beizutreiben. Jedoch ist die Zwangsetatisierung an Stelle der Zwangsvollstreckung das notwendige Mittel zur Herbeiführung der Leistung, wenn es an Vermögensstücken fehlt, die zum Gegenstande der Zwangsvollstreckung gemacht werden könnten (PrVBl. 9 254 und OVG. **43** 137). Auch Geldleistungen, die als gesetzlich der Gemeinde obliegende durch polizeiliche Verfügung festgestellt worden sind, können Gegenstand der Zwangsetatisierung sein (OVG. **18** 142 und **46** 14). Der Gemeinde gesetzlich obliegende Leistungen können ferner nicht nur solche sein, die ausschließlich öffentlichen Korporationen obliegen, sondern auch solche, die ebenfalls Privatpersonen zufallen (wie z. B. Deichkosten, Fortschreibungsgebühren). Auch bei diesen Leistungen ist die Zwangsetatisierung zulässig, sofern nur zu einer für die Gemeinde verbindlichen Feststellung nicht ausschließlich das Gericht, sondern neben ihm oder an seiner Stelle eine andere öffentliche Behörde zuständig ist (OVG. **19** 167, **6** 172, **7** 19, **13** 60, **16** 221).

Die formelle Voraussetzung jeder Zwangsetatisierung ist an erster Stelle die Feststellung einer bestimmten Geldleistung durch die hierfür zuständige Behörde. Zuständig ist diejenige Behörde, welcher der Schutz und die Fürsorge hinsichtlich des bezüglichen öffentlichen Interesses und die Entscheidung über die Notwendigkeit der die Ausgabe erforderlich machenden Maßnahme, durch die jenem Interesse genügt werden soll, durch das Gesetz übertragen ist. — Die von der Polizei an die Gemeinde wegen Erhaltung oder Ergänzung einer bestehenden Gemeindeanstalt zu erhebenden Forderungen sind im Wege der polizeilichen Verfügung zu stellen. Die Polizeibehörde (nicht die Kommunalaufsichtsbehörde) hat dann auch gemäß LVG. § 132 den Betrag der Kosten, welche die Ausführung durch einen Dritten erfordert, wie bei allen polizeilichen Verfügungen, bei denen eine solche Ausführung in Betracht kommt, vorläufig festzusetzen (vgl. PrVBl. **22** 120) und sie nötigenfalls durch Zwangsvollstreckung beizutreiben. Ist dagegen im polizeilichen Interesse eine neue Anlage oder Einrichtung erforderlich, zu deren Herstellung die Gemeinde die erforderlichen Geldmittel als Trägerin der Polizeilast auf Grund des Gesetzes vom 11. März 1850 herzugeben verpflichtet ist, so hat zwar die Polizei zu bestimmen, welche Einrichtung erforderlich und welcher Kostenaufwand hierzu nötig ist, die Kommunalaufsichtsbehörde (der Landrat) aber hat die entsprechende Geldleistung als eine der Gemeinde gesetzlich obliegende festzustellen

(OVG. **18** 139, **23** 103, **26** 139, **40** 57 und **44** 38; PrVBl. **24** 53). — Die Zulässigkeit der Feststellung der Leistung durch die zuständige Behörde wird nicht stets schon dadurch ausgeschlossen, daß auch der ordentliche Rechtsweg von dem zur Empfangnahme der Leistung Berechtigten (z. B. hinsichtlich der Gehaltszahlung von einem Gemeindebeamten) beschritten werden kann (s. OVG. **17** 34, **19** 124, **23** 106, **28** 95 und 183). Jedoch ist bei allen Leistungen, welche die Gemeinde Dritten (auch anderen Korporationen) auf Grund des öffentlichen Rechts schuldet, der Landrat zur Feststellung in der Regel nur dann befugt, wenn das öffentliche Interesse an der Feststellung und rechtzeitigen Erfüllung der Verpflichtung beteiligt ist. Ein solches öffentliches Interesse liegt namentlich vor, wenn zur Aufrechterhaltung einer geordneten Verwaltung in der Gemeinde die pünktliche Zahlung der den Gemeindebeamten zustehenden Gehälter gefordert oder wenn sonst der ungestörte Gang der Gemeindeverwaltung durch das Unterbleiben der streitigen Leistung beeinträchtigt wird. Ist das öffentliche Interesse nicht beteiligt, so muß die Entscheidung über die bestrittene Verpflichtung der Gemeinde zu der Leistung den hierzu berufenen ordentlichen Gerichten überlassen werden. Ebenso ist die Feststellung der Leistung durch die Aufsichtsbehörde dann unzulässig, wenn zur Entscheidung darüber, ob eine Verpflichtung hierzu besteht, die Verwaltungsgerichte berufen sind, wie bei den gegen eine Gemeinde erhobenen Ansprüchen auf Erstattung des angeblich für sie zur Wegeunterhaltung oder Schulunterhaltung Geleisteten (vgl. ZG. § 56, Volksschulunterhaltungsgesetz § 54 und OVG. **45** 146). — Durch die Feststellung der Leistung kann eine Verpflichtung zur Zahlung von Gehalt oder sonstigen Dienstbezügen eines Gemeindebeamten für einen der Vergangenheit angehörenden Zeitraum nicht begründet werden; dagegen ist es zulässig, die Erfüllung einer für die Vergangenheit bereits bestehenden gesetzlichen Verpflichtung zur Zahlung des Gehalts usw. als eine der Gemeinde gesetzlich obliegende Leistung festzustellen (OVG. **61** 42). — Die von der zuständigen Behörde festgestellte Leistung kann auch schon dann Gegenstand der Zwangsetatisierung sein, wenn der Gemeinde gegen die Feststellung die Beschwerde an eine höhere Behörde, die Klage oder ein Rechtsmittel zusteht oder von ihr bereits eingelegt worden ist, sofern nur die Leistung schon vollstreckbar ist. Denn die Verwaltungsbehörden sind nach § 53 LVG. befugt, ihre Verfügungen, auch wenn sie mit der Beschwerde oder der Klage angefochten sind, zur Ausführung zu bringen, sofern diese nach dem Ermessen der Behörde ohne Nachteil für das Gemeinwesen nicht ausgesetzt bleiben kann (vgl. OVG. **11** 47, **11** 53, PrVBl. **25** 266). Wird die Feststellung der Leistung infolge der gegen sie eingelegten Beschwerde (oder des Rechtsmittels) aufgehoben, so tritt auch die Zwangsetatisierung hiermit außer Kraft. Lehnt die Behörde, die sie verfügt hat, trotzdem ihre Zurücknahme ab, so ist gegen diese Ablehnung der Aufhebung der Zwangsetatisierungsverfügung die Klage im Verwaltungsstreitverfahren ebenso wie gegen die Zwangsetatisierung selbst zulässig (vgl. OVG.

23 108, 26 141, 28 69; PrVBl. 22 119). Ist eine im öffentlichen Interesse erforderliche Leistung bereits von einem Dritten ausgeführt, so kann der zur Aufbringung der Kosten Verpflichtete nicht im Wege der Feststellung der Leistung und der Zwangsetatisierung dazu angehalten werden, die zur Ausführung der Leistung aufgewendeten Kosten zu erstatten (OVG. 61 277).

Die weiteren formellen Voraussetzungen für die Zwangsetatisierung sind eine ergangene Aufforderung an die Gemeinde zur Leistung und die Unterlassung der Leistung durch die Gemeinde. Eine ausdrückliche Verweigerung ist nicht erforderlich (OVG. 16 219, 29 119, 20 66).

Nur wenn sowohl die materielle Voraussetzung (gesetzliche Verpflichtung) als auch die erwähnten formellen (Feststellung der Leistung durch die zuständige Behörde und Unterlassung der verlangten Leistung) vorliegen, darf die Zwangsetatisierung (Eintragung in den Voranschlag oder Feststellung der außerordentlichen Ausgabe) erfolgen. Sie kann sich als Eintragung in den Voranschlag nur bei Gemeinden oder Gemeindeverbänden darstellen, die einen Voranschlag aufstellen (§ 119). Bei anderen und bei Gutsbezirken erfolgt sie durch Feststellung der außerordentlichen Ausgabe. — Die Feststellung der Leistung und die Feststellung der außerordentlichen Ausgabe sind verschiedene Anordnungen, die auch dann nicht miteinander verbunden werden dürfen, wenn sie derselben Behörde (dem Landrat) obliegen. Zwischen beiden muß ein gewisser Zeitraum liegen, die dem von der Feststellung der Leistung betroffenen Kommunalverband eine Entschließung darüber ermöglicht, ob er freiwillig nach Feststellung der Leistung die zu dieser erforderlichen Mittel aufbringen oder ob er das gegen jene Feststellung zulässige Rechtsmittel einlegen will (OVG. 8 49, 16 218, 19 119. 20 66, 25 6, 41 191 und Minist.Erlaß vom 30. Dezember 1890, MBl. für 1891 S. 6). Das erwähnte Rechtsmittel ist verschieden von der im § 141 Abs. 2 zugelassenen Klage gegen den Landrat (s. unten Anm. 9). — Eine der Zwangsetatisierung vorausgehende Feststellung der Leistung ist auch dann erforderlich, wenn diese nicht ihrem Betrage, sondern nur ihrem Grunde nach streitig ist (OVG. 25 1). — Wiederkehrende Leistungen, deren Jahresbetrag von der zuständigen Behörde festgestellt ist, können durch eine einmalige Anordnung des Landrats zwangsweise in die Voranschläge mehrerer Jahre im voraus eingetragen werden (OVG. 30 142). Dagegen können Ausgaben, zu deren Leistung die Gemeinde erst in späteren Jahren verpflichtet ist, nicht alle zusammen in einen früheren Jahresetat zwangsweise eingetragen werden (OVG. 27 135, 63 218). Auch kann sich jede Zwangsetatisierung nur auf eine bestimmte Geldleistung der Gemeinde beziehen, deren Betrag feststeht und nicht von anderen, der Veränderung unterworfenen Verhältnissen abhängt (OVG. 30 146, 40 132 und PrVBl. 22 120). Jedoch dürfen bei Leistungen, deren Beträge in den kommenden Jahren sich nicht genau im voraus berechnen lassen, annähernd ermittelte Höchstbeträge in den Etat eingestellt werden, mögen diese dann

Gegen die Verfügung des Landrats steht der Gemeinde, dem Besitzer des Gutes, sowie dem Verbande die Klage bei dem Bezirksausschusse zu. [9])

---

auch später nicht vollständig verbraucht, sondern zum Teil erspart werden (OVG. **46** 16).

Die Einstellung von Einnahmen in den Voranschlag kann nicht Gegenstand der Zwangsetatisierung sein (PrVBl. **17** 95), noch weniger können zum Gegenstande der Zwangsetatisierung Handlungen oder Beschlüsse der Gemeinde gemacht werden, durch welche erst die Möglichkeit einer Einnahme herbeigeführt, insbesondere Geldmittel im Wege des Kredits beschafft werden sollen. Daher kann die Aufnahme einer Anleihe der Gemeinde durch Zwangsetatisierung nicht aufgegeben werden. Es kann ihr nur anheimgestellt werden, zur Vermeidung einer ungewöhnlichen Belastung während eines kurzen Zeitraums eine durch jährliche Teilzahlungen zu tilgende Anleihe aufzunehmen (OVG. **46** 15). Dagegen können Zinsen und Tilgungsbeträge für eine Anleihe zum Gegenstand der Zwangsetatisierung gemacht werden (OVG. **26** 145).

Die Zwangsetatisierungsverfügung muß eine Begründung enthalten, doch ist ihre Rechtmäßigkeit nicht davon abhängig, daß die in ihr angegebenen Gründe zutreffend sind (OVG. **45** 111). Sie muß dem Gemeindevorsteher (Gutsbesitzer, Verbandsvorsteher) zugestellt werden; die Klagefrist läuft von dieser Zustellung ab (vgl. OVG. **14** 94, **19** 118).

Ist bei einem Zweckverband eine Stadt oder ein Landkreis beteiligt, so erfolgt die Zwangsetatisierung nicht durch den Landrat, sondern durch den Regierungspräsidenten (ZVG. § 22).

9) **Klage gegen die Zwangsetatisierung.** Die Klage kann nicht nur von dem Gemeindevorstande, sondern auch von der Gemeindeversammlung (Gemeindevertretung) erhoben werden (vgl. OVG. **23** 16). Die Gemeindeversammlung, die Gemeindevertretung (s. OVG. **14** 89 und **19** 111), der Gemeindevorstand und der Zweckverband können für das Verwaltungsstreitverfahren einen besonderen Vertreter bestellen. Die Frist zur Anstellung der Klage beträgt zwei Wochen (§ 144).

Die Klage hat an sich aufschiebende Wirkung; doch kann trotz Erhebung der Klage die Zwangsetatisierung durchgeführt werden, wenn dies nach dem Ermessen des Landrats nicht ausgesetzt bleiben kann (LVG. § 53 und OVG. **46** 14). Der Gemeindevorsteher hat dann, oder wenn die Verfügung unanfechtbar geworden oder die gegen sie erhobene Klage rechtskräftig abgewiesen ist, die Zahlung der festgesetzten Summe aus der Gemeindekasse zu leisten oder die hierzu erforderlichen Mittel nötigenfalls im Wege der Umlage (Steuerausschreibung, s. Anm. 97 zu 119) zu beschaffen (PrVBl. **9** 254 und OVG. **43** 137). Hierzu kann er vom Landrate durch Zwangsmittel angehalten werden (s. oben Anm. 1). — Mit der Klage kann nur die Aufhebung der Zwangsetatisierungsverfügung, aber nicht die Erstattung eines bereits gezahlten Geldbetrages gefordert werden (PrVBl. **23** 8).

In dem Verwaltungsstreitverfahren, das auf die Klage stattfindet, hat der Verwaltungsrichter zu prüfen, ob die beiden Voraussetzungen für die Zwangsetatisierung (s. oben Anm. 8) vorliegen, insbesondere in förmlicher Hinsicht, ob die Leistung vorher von der zuständigen Behörde ihrem Rechtsgrund und ihrem Betrage nach festgestellt war und ob sie nach ihrer Feststellung von der Gemeinde verweigert oder (was erst nach Ablauf eines angemessenen Zeitraums für die Erfüllung ersehen werden kann) ohne ausdrückliche Weigerung unterlassen worden war, in sachlicher Hinsicht, ob die Leistung der Gemeinde gesetzlich oblag. Er hat aber nicht zu prüfen, ob die Feststellung der Leistung notwendig und zweckmäßig gewesen ist (OVG. **14** 107, **20** 67, **26** 144, **46** 11, PrVBl. **22** 120, **33** 246), auch nicht, ob die Gemeinde imstande ist, das Verlangte zu leisten (PrVBl. **28** 746, **33** 246). Die Prüfung, ob die Gemeinde gesetzlich zu der Leistung verpflichtet ist, steht jedoch dem Verwaltungsrichter dann nicht zu, wenn die Leistung in einem besonders geregelten und mit besonderen Rechtsmitteln ausgestatteten Verfahren festgestellt worden war. In einem derartigen Falle kann die gesetzliche Verpflichtung der Gemeinde zu der Leistung nur in dem Verfahren geprüft werden, das für den Angriff gegen die Feststellung der Leistung durch besondere gesetzliche Vorschrift zugelassen ist. Dies gilt besonders für die Feststellung einer Leistung mittels einer an die Gemeinde erlassenen polizeilichen Verfügung, wo die Rechtsmittel des LVG. §§ 127 ff. zugelassen sind, und auch für die Anordnung einer Leistung durch die Wegepolizeibehörde, wo die Rechtsmittel des ZG. § 56 stattfinden. Die Prüfung des Verwaltungsrichters ist hier darauf beschränkt, ob die Feststellung der Leistung durch eine hierzu an sich gesetzlich berufene Behörde erfolgt ist, also auf deren Zuständigkeit (OVG. **14** 107, **27** 80, **35** 104, **46** 12). Dasselbe gilt auch von Verfügungen der Wasserpolizeibehörde, wo die Rechtsmittel des Wassergesetzes § 347 gegeben sind (PrVBl. **22** 121) und von Leistungen zu Schulbauten, die gemäß § 47 des Zuständigkeitsgesetzes der Gemeinde auferlegt worden sind, aber nicht von Leistungen für die Schule, welche auf Grund des Gesetzes vom 26. Mai 1887 im Beschlußverfahren festgestellt sind (OVG. **23** 123, **24** 134).

Handelte es sich bei der Zwangsetatisierung um jährlich wiederkehrende Leistungen, so kann auch dann, wenn die Zwangsetatisierungsverfügung unanfechtbar geworden ist, die Aufhebung der Feststellung der Leistung wegen veränderter Umstände begehrt werden und gegenüber dem die Aufhebung (oder Abänderung) ablehnenden Beschluß von neuem die Klage gegen die Zwangsetatisierung angestellt werden (OVG. **30** 142).

Die Entscheidung im Verwaltungsstreitverfahren kann nur die (gänzliche oder teilweise) Abweisung der Klage oder die Aufhebung der Zwangsetatisierung aussprechen.

§ 142.

Durch königliche Verordnung kann eine Gemeindevertretung aufgelöst werden. Es ist sodann binnen sechs Wochen, vom Tage der Auflösungsverordnung ab gerechnet, eine Neuwahl anzuordnen. Bis zur Einführung der neugewählten Gemeindeverordneten beschließt an Stelle der Gemeindevertretung der Kreisausschuß.

§ 143.

Bezüglich der Dienstvergehen [10]) der Gemeindevorsteher, der Schöffen, der Gutsvorsteher und der Ver-

---

10) **Dienstvergehen.** Ein Dienstvergehen begeht ein Gemeindebeamter, der während der Dauer seines Amtes (vgl. OVG. **22** 423, **49** 415) die Pflichten verletzt, die ihm sein Amt auferlegt, oder sich durch sein Verhalten in oder außer dem Amte der Achtung, des Ansehens oder des Vertrauens, die sein Beruf erfordert, unwürdig zeigt (§ 2 des Disziplinargesetzes vom 21. Juli 1852). Über die allgemeinen Pflichten der Beamten bestimmt § 2 II 10 des ALR., daß diese außer den allgemeinen Untertanenpflichten dem Oberhaupte des Staates besondere Treue und Gehorsam schuldig sind. Verschwiegenheit über amtliche Angelegenheiten ist den Beamten durch die Kab.Order vom 21. November 1835 (GS. S. 237) anbefohlen worden. — Die Gemeindebeamten sind zum Gehorsam gegen dienstliche Anordnungen der ihnen vorgesetzten Behörden und Beamten verpflichtet, sofern diese Anordnungen nicht gegen ein Verbotsgesetz verstoßen oder Handlungen betreffen, die außerhalb des Geschäftskreises des Beamten liegen (OVG. **12** 423, **26** 412, **49** 804). Die Gemeindebeamten sind zur wahrheitsmäßigen Auskunftserteilung und Berichterstattung an ihre vorgesetzten Behörden verpflichtet (OVG. **38** 20, **42** 429). Sie sind ferner verpflichtet, gegen Vorgesetzte die schuldige Ehrerbietung, gegen andere Beamte die ihnen gebührende Achtung nicht zu verletzen, anderen Personen nicht Veranlassung zu ungesetzlichen Handlungen zu geben, das Gemeindeinteresse anderen, auch persönlichen Rücksichten vorzuziehen (PrVBl. **10** 125). Sie dürfen die Bestrebungen von politischen Parteien nicht bewußt fördern oder unterstützen, welche die Grundlagen der bestehenden Rechts- und Staatsordnung bekämpfen (OVG. **55** 472, **14** 407; vgl. in betreff der polnischen Nationalpartei OVG. vom 11. Januar 1888, MBl. S. 92, hinsichtlich der Sozialdemokratie OVG. **63** 468). Sie haben der vorgesetzten Staatsbehörde und den Inhabern der öffentlichen Ämter im Staatsdienste gegenüber die Pflicht rücksichtsvoller Achtung. Bei der Erörterung politischer Angelegenheiten muß dem besonderen Gewichte, welches der Amtscharakter dem öffentlichen Auftreten eines Beamten verleiht, die besonnene Berücksichtigung der mit dem Amte verbundenen

bandsvorsteher, sowie der sonstigen Beamten[11]) der Landgemeinden, Gutsbezirke und Gemeindeverbände[11a]) kommen

Pflicht des Maßhaltens (und unter Umständen der Zurückhaltung) entsprechen (OVG. **14** 408). Ein Beamter verletzt daher die ihm obliegenden Pflichten, wenn er in der öffentlichen Erörterung politischer Fragen von einer sachlichen Erörterung zu offenbar unwahren, ungerechten Behauptungen und zu verletzenden persönlichen Angriffen übergeht und sich zu Handlungen hinreißen läßt, die geeignet sind, ihm die Achtung und das Vertrauen in eine gerechte, unparteiische Amtsführung zu entziehen. Im übrigen ist auch einem Beamten eine außeramtliche politische Tätigkeit keineswegs versagt und es liegt darin, daß er sich zu Anschauungen bekennt, welche denen der Staatsregierung nicht entsprechen, sondern von einer Oppositionspartei vertreten werden, noch keine Verletzung seiner Amtspflichten (OVG. **55** 472).

Die Gemeindebeamten haben im Gemeindebezirk ihren Wohnsitz zu nehmen und dürfen ihn ohne Vorwissen und Genehmigung ihrer Vorgesetzten nicht verlegen (OVG. **51** 425).

Disziplinarisch strafbar wegen Verletzung der Amtspflicht macht sich auch ein Beamter, der sich durch eigenes Verschulden (ohne eine krankhafte Veranlagung) in einen solchen Zustand von chronischem Alkoholismus versetzt, daß er dadurch unfähig wird, sein Amt ordnungsmäßig zu führen (OVG. **53** 436). — Soweit nicht durch Gesetz oder durch die Anstellungsbedingungen besondere Bestimmungen getroffen sind, dürfen auch Gemeindebeamte ein Nebenamt oder eine mit fortlaufender Remuneration verbundene Nebenbeschäftigung nicht übernehmen, ohne von ihrem Vorhaben der vorgesetzten Dienstbehörde Mitteilung zu machen und sich zu versichern, daß von dieser Anstände nicht erhoben werden. Schon die Unterlassung der Mitteilung über das Vorhaben ist eine Verletzung der Amtspflicht (OVG. **57** 508). Den Gemeindebeamten ist es nicht gestattet, auswärtigen Gewerbetreibenden Hilfsdienste durch Beschaffung von Adressen, von Personen aus der Gemeinde, die als Käufer oder Besteller in Betracht kommen, gegen Entgelt (Geschenke) zu leisten (Minist.Vf. vom 8. Februar 1913, MBl. S. 35). — Abgesehen von den Disziplinarstrafen können die Gemeindebeamten auch durch Exekutivstrafen von ihrer vorgesetzten Dienstbehörde zur Erfüllung ihrer Pflicht angehalten werden (§ 100 des Disziplinargesetzes vom 21. Juli 1852 und §§ 132 ff. des LVG. sowie OVG. **5** 75 und oben Anm. 1).

11) **Gemeindebeamte.** Dem Disziplinargesetz unterstehen nicht nur die besoldeten Gemeindebeamten, sondern auch die ein Ehrenamt bekleidenden (s. oben Anm. **1** zu § 74 und Anm. **24** zu § 84).

Ein Staatsbeamter, der ein Gemeindeamt als Nebenamt bekleidet, untersteht hinsichtlich der von ihm in diesem Nebenamte begangenen Dienstvergehen der für das Gemeindeamt zuständigen Disziplinarbehörde (OVG. **5** 41, **25** 414).

11a) S. Zweckverbandsgesetz (Anhang) §§ 19, 22 und 26.

die Bestimmungen des Gesetzes vom 21. Juli 1852 (GS. S. 463) mit folgenden Maßgaben zur Anwendung:

1. Die Befugnis, gegen diese Beamten Ordnungsstrafen zu verhängen, steht dem Landrate,[11b]) und im Umfange des den Provinzialbehörden beigelegten Ordnungsstrafrechts dem Regierungspräsidenten zu.[12])

Gegen die Strafverfügungen des Landrats findet innerhalb zwei Wochen die Beschwerde an den Regierungspräsidenten, gegen die Strafverfügungen des Regierungspräsidenten innerhalb gleicher Frist die Beschwerde an den Oberpräsidenten statt.

2. Gegen den auf die Beschwerde in den Fällen zu 1 in letzter Instanz ergehenden Beschluß des Regierungspräsidenten oder des Oberpräsidenten findet die Klage bei dem Oberverwaltungsgerichte statt.[13])

3. In dem Verfahren auf Entfernung aus dem Amte[14]) wird die Einleitung des Verfahrens von dem

---

11b) **Landrat.** Über die Befugnis des dem Landrat beigegebenen Regierungsassessors zur Straffestsetzung s. oben Anm. 2.

12) **Strafbefugnisse.** Der Landrat darf nach §§ 15, 18, 19 des Gesetzes vom 21. Juli 1852 verhängen: Warnung, Verweis, Geldstrafe bis zu 9 Mark und gegen Unterbeamte (Gemeindediener, Nachtwächter u. dgl.) Arreststrafe bis zu 3 Tagen; der Regierungspräsident: Warnung, Verweis, Geldstrafen bis zu 90 Mark (bei besoldeten Beamten jedoch nicht über den Betrag eines monatlichen Diensteinkommens hinaus) und gegen Unterbeamte Arreststrafe bis zu 8 Tagen. — Der Gemeindevorsteher darf den ihm unterstellten Gemeindebeamten, zu denen auch die Schöffen gehören, auf Grund des § 18 des Gesetzes vom 21. Juli 1852 Warnungen und Verweise erteilen (OVG. **53** 434). Hingegen steht den Gemeindebeamten nur die Beschwerde im Aufsichtswege (§ 139) gemäß § 21 des Disziplinargesetzes, aber nicht die Klage im Verwaltungsstreitverfahren zu.

Besteht ein Amtsbezirk nur aus einer Gemeinde, so sind die Beamten des Amtes zugleich Gemeindebeamte und es sind für sie als solche die Verwaltungsgerichte als Disziplinargerichte zuständig (OVG. **44** 427).

13) **Klagefrist.** Die Klage muß nach § 144 innerhalb einer Frist von zwei Wochen nach Zustellung des Beschlusses erhoben werden.

14) **Förmliches Disziplinarverfahren.** Auf das Verfahren finden die Bestimmungen des Gesetzes vom 21. Juli 1852 mit folgenden Maßgaben Anwendung: die Entscheidung erfolgt auf Grund mündlicher Verhandlung, das Gutachten des Disziplinar-

Landrat oder von dem Regierungspräsidenten verfügt, und von denselben der Untersuchungkommissar und der Vertreter der Staatsanwaltschaft ernannt. Als entscheidende Disziplinarbehörde erster Instanz tritt an die Stelle der Bezirksregierung der Kreisausschuß;[14a]) an die Stelle des Staatsministeriums tritt das Oberverwaltungsgericht. Der Vertreter der Staatsanwaltschaft bei dem Oberverwaltungsgericht wird von dem Minister des Innern ernannt.

In dem vorstehend zu 3 vorgesehenen Verfahren ist entstehendenfalls auch über die Tatsache der Dienstunfähigkeit der ländlichen Gemeindebeamten Entscheidung zu treffen.[15])

---

hofes ist nicht einzuholen; das Disziplinarverfahren kann mit Rücksicht auf den Ausfall der Voruntersuchung durch Beschluß der in erster Instanz zuständigen Behörde eingestellt werden; die Erhebung eines Kostenpauschquantums findet nicht statt (LVG. § 157 Nr. 2). — Nach Auflösung des Dienstverhältnisses kann die Einleitung des Disziplinarverfahrens nicht mehr stattfinden (OVG. 58 453). Das förmliche Verfahren auf Entfernung aus dem Amte findet gegen den stellvertretenden Gutsvorsteher nur dann statt, wenn seine Entfernung aus dem Amte von der Aufsichtsbehörde gegen den Willen desjenigen herbeigeführt werden soll, der ihn ernannt hat; andernfalls bedarf es nur der Zurücknahme des erteilten Auftrags zur Stellvertretung (OVG. 7 183). Auch gegen einen kommissarischen Gemeindevorsteher findet dieses Verfahren nicht statt, wenn die Möglichkeit besteht, ihn durch Widerruf des ihm erteilten Auftrags seiner Stellung zu entsetzen (OVG. 59 449). — Die baren Auslagen des Verfahrens vor dem Kreisausschusse trägt die Kreiskommunalkasse, wenn das Verfahren eingestellt oder der Angeschuldigte freigesprochen wird (Kreisordnung § 164, Minist.Erlaß vom 26. März 1880, MBl. S. 167). Ihr fließen auch die verhängten Geldstrafen zu (Minist.Erlaß vom 23. März 1878, MBl. S. 46).

14a) **Rechtsmittel.** Gegen die Entscheidung des Kreisausschusses ist die Berufung an das Oberverwaltungsgericht zulässig.

15) **Dienstunfähigkeit.** Das in § 143 bezeichnete Verfahren ist zur Feststellung der Dienstunfähigkeit erforderlich bei den nicht lediglich auf Kündigung angestellten Gemeindebeamten, falls sie ihre Dienstunfähigkeit bestreiten und deshalb ihrer Versetzung in den Ruhestand widersprechen, und zwar auch dann, wenn eine Pensionsberechtigung noch nicht eingetreten ist (OVG. 54 484). Zur Stellung des Antrags auf Einleitung dieses Verfahrens ist nicht die Gemeindeversammlung (Gemeindevertretung), sondern nur der Gemeindevorsteher befugt. Das Verfahren wird von dem Landrat

§ 144.

Zuständig in erster Instanz ist im Verwaltungsstreitverfahren für die in diesem Gesetze vorgesehenen Fälle,[16] sofern nicht im einzelnen ein anderes bestimmt ist,[16a] der Kreisausschuß. Die Frist zur Anstellung der Klage beträgt in allen Fällen zwei Wochen.[17]

Die Gemeindeversammlung, die Gemeindevertretung, der Gemeindevorstand und der Gemeindeverband (Titel IV)[17a] können zur Wahrnehmung ihrer Rechte im Verwaltungsstreitverfahren einen besonderen Vertreter bestellen.[18]

§ 145.

Auf Gemeindeverbände, denen eine Stadtgemeinde angehört (§ 138), finden an Stelle der §§ 139, 140, 141, 143, 144 die entsprechenden Vorschriften für Stadtgemeinden (§§ 7, 15, 19, 20, 21 des Gesetzes über die Zuständigkeit der Verwaltungs- und Verwaltungsgerichtsbehörden vom 1. August 1883 [GS. S. 237]) sinngemäße Anwendung.[19]

---

eingeleitet (vgl. Disziplinargesetz §§ 88—95 und OVG. **23** 60, **53** 445, **54** 479).

16) **Verwaltungsstreitverfahren.** Ein Verwaltungsstreitverfahren findet statt in den Fällen der §§ 3, 4, 9, 67, 69, 71, 73, 112, 118, 130, 134, 136, 140, 141 und 143 der LGO. — Über die Berechnung der Frist s. LVG. § 52, über die Erfordernisse der Klage § 63 daselbst.

16a) **Sondervorschriften.** Die Zuständigkeit ist anders bestimmt in den §§ 141 u. 145. S. auch ZVG. (Anhang) §§ 19, 22 u. 26.

17) **Klagefrist.** Die Frist kann durch Einverständnis der Parteien nicht abgeändert werden (OVG. **14** 191).

17a) S. Anm. 1a.

18) **Vertretung im Verwaltungsstreitverfahren.** Erfolgt nicht die Bestellung eines besonderen Vertreters, so wird die Landgemeinde gemäß § 88 Nr. 7 vom Gemeindevorsteher (OVG. **31** 109 und **45** 133), der Zweckverband gemäß ZVG. § 10 Nr. 6 von dem im Statute bestimmten Vertreter des Verbandes auch ohne besondere Vollmacht vertreten. Steht der Gemeindevorsteher im Streitverfahren als Partei der Gemeindeversammlung (Gemeindevertretung) gegenüber, so wird diese, solange ein besonderer Vertreter nicht bestellt ist, von dem zur Stellvertretung des Gemeindevorstehers berufenen Schöffen vertreten.

19) **Zuständige Behörden für Gemeindeverbände, denen eine Stadtgemeinde angehört.** An die Stelle der Vorschrift des § 145

Sechster Titel.

Ausführungs- und Übergangsbestimmungen.

§ 146.

Das gegenwärtige Gesetz tritt mit dem 1. April 1892 in Kraft.

Mit diesem Zeitpunkt treten alle entgegenstehenden Bestimmungen, insbesondere die §§ 18 bis 78 Teil II Tit. 7 Allgem. Landrechts,[1]) das Gesetz, betreffend die Landgemeindeverfassungen in den sechs östlichen Provinzen der preußischen Monarchie, vom 14. April 1856 die §§ 22 bis 45 sowie der § 53 der Kreisordnung vom 13. Dezember 1872 in der Fassung vom 19 März 1881 und die §§ 24 bis 37 des Gesetzes über die Zuständigkeit der Verwaltungs- und Verwaltungsgerichtsbehörden vom 1. August 1883 für die im § 1 genannten Provinzen außer Kraft. Die Bestimmungen der §§ 51, 51 a und 55 a Absatz 2 der Kreisordnung bleiben auch fernerhin in Kraft.

Rechte und Pflichten,[1a]) welche auf besonderen Titeln des öffentlichen Rechts [2]) beruhen, bleiben insoweit in

---

sind für Zweckverbände, denen eine Stadt angehört, die Bestimmungen der §§ 19, 22 u. 26 des Zweckverbandsgesetzes (s. Anhang) getreten.

1) **Fortdauernde Geltung landrechtlicher Vorschriften.** Die Vorschriften des Titel 6 Teil II des ALR. sind, soweit ihnen Bestimmungen der LGO. nicht entgegenstehen, in Kraft geblieben und, soweit sie öffentliches Recht darstellen, auch durch das BGB. nicht berührt worden.

1a) **Fortbestehende Rechtsverhältnisse.** Es handelt sich hier nur um Rechte und Pflichten innerhalb des Gemeindeverbandes, nicht um Rechte und Pflichten der Gemeinde selbst, daher auch nicht um eine Wegebaupflicht der Gemeinde als Polizeilast (PrVBl. 27 664).

2) **Besondere Titel des öffentlichen Rechts.** Solche Titel sind: a) Willenserklärungen, und zwar einseitige Widmungen und Stiftungen oder Vereinbarungen (s. Anschütz im PrVBl. 22 88), sofern sie eine öffentlich-rechtliche Verpflichtung oder Berechtigung unabhängig von Gesetzes- oder Gewohnheitsrecht begründen oder feststellen und unter Mitwirkung oder Zustimmung derjenigen Behörde abgeschlossen oder abgegeben

worden sind, welche für die Anordnungen auf dem betreffenden Rechtsgebiete zuständig ist. Hierher gehören die unter Zustimmung der Wegepolizeibehörde eingegangenen Verpflichtungen zur Anlage und Unterhaltung von öffentlichen Wegen (OVG. **25** 249, **28** 225, **30** 262 und 272), die Vereinbarungen über Unterhaltung von Wegen und Wasserläufen sowie über Gemeindenutzungen und Gemeindelasten, die in Auseinandersetzungsrezessen bezüglich der gutsherrlichen Rechte und Pflichten und in den Separationsrezessen gemäß §§ 4, 7, 43, 94, 95, 159 und 169 der Verordnung vom 20. Juni 1817 (GS. S. 161), § 1 des Gesetzes vom 7. Juni 1821 (GS. S. 83) und §§ 7, 11 der Verordnung vom 30. Juni 1834 (GS. S. 96) getroffen worden sind (OVG. **2** 255, **3** 99, **7** 190, **10** 101, **28** 223, **31** 103), ferner die Feststellungen in Abgabenregulierungsplänen, die gemäß dem Gesetze vom 3. Januar 1845 (GS. S. 25), oder in Lastenverteilungsplänen, die gemäß dem Gesetze vom 26. August 1876 (GS. S. 405) aufgestellt worden sind (OVG. **7** 186, **12** 177, **4** 109), sodann die Bestimmungen in Urbarien, welche die Gemeindeverfassung betreffen (OVG. **9** 69), ferner Festsetzungen über öffentlich-rechtliche Verpflichtungen des Erbpächters in Erbpachtverträgen, die vom Könige oder in dessen Auftrag von der Landespolizeibehörde genehmigt worden sind (PrVBl. **28** 929), die Vereinbarungen zwischen Rittergütern und Gemeinden in den ehemals zum Königreiche Westfalen gehörigen Landesteilen auf Grund des § 3 der Verordnung vom 31. März 1833 (PrVBl. **30** 41) und die Vereinbarungen über die Unterhaltung von Volksschulen (OVG. **11** 166, **36** 204; PrVBl. **11** 143 und 170, **13** 6), endlich die älteren (KAG. § 21; OVG. **59** 153) und neueren Vereinbarungen der Gemeinden mit Steuerpflichtigen (KAG. §§ 13, 43). — S. auch KAG. § 21, Wegeordnung für die Provinz Sachsen vom 11. Juli 1891 (GS. S. 311) § 43, für die Provinz Westpreußen vom 27. September 1905 (GS. S. 357) § 42, für die Provinz Posen vom 15. Juli 1907 (GS. S. 243) § 41.

b) Entscheidungen, sofern sie nicht nur das bestehende Recht feststellen (OVG. **28** 236), sondern neues Recht erzeugen, wie Entscheidungen über Auseinandersetzungen zwischen Kreisen (OVG. **2** 1 und **7** 57) oder Gemeinden (LGO. § 3), über die Gemeindeabgaben von wüsten Hufen (§ 28), über die Zuschüsse der Betriebsgemeinden (KAG. § 53).

c) Die Verjährung, soweit hierdurch ein Anspruch auf Befreiung von öffentlich-rechtlichen Verpflichtungen den berechtigten öffentlichen Körperschaften gegenüber ersessen worden ist, wie z. B. die Ersitzung der Freiheit von Schullasten (OVG. **34** 244) oder von der Wegebaulast (OVG. **9** 167, **12** 253) oder, soweit sie als Erwerbstitel für öffentliche Rechte durch Gesetz ausdrücklich zugelassen ist (wie z. B. für das Recht auf Untertanen: ALR. II 7 §§ 91, 92).

d) Privilegien, durch welche einzelnen Personen oder Grundstücken besondere Rechte beigelegt worden sind (wie z. B. eine die Rittergutseigenschaft oder die Eigenschaft eines selbständigen

Kraft, als diese Titel von den bisherigen allgemeinen und besonderen gesetzlichen Vorschriften, Ordnungen, Gewohnheitsrechten und Observanzen abweichende Bestimmungen enthalten. Eine solche Abweichung wird nicht vermutet. [3])

§ 147.

Die bei Verkündigung dieses Gesetzes bereits bestehenden Ortsstatuten, allgemeinen Gewohnheitsrechte und Observanzen bleiben, soweit dieses Gesetz ortsstatutarische Regelung zuläßt, unbeschadet der Bestimmung in Absatz 2, einstweilen, längstens auf drei Jahre, in Kraft. [4])

Gutsbezirkes einem Grundstücke verleihende Kabinettsorder. (S. OVG. **6** 119).

Die besonderen Titel des öffentlichen Rechtes stehen erstens im Gegensatze zu den allgemeinen Titeln des öffentlichen Rechts, nämlich den Gesetzen, dem Herkommen (Gewohnheitsrecht, Observanz) und den Ortsstatuten (Ortsgesetzen), und zweitens zu besondern Rechtstiteln privatrechtlicher Art. Auch Verträge zwischen Gemeinden und Gutsbesitzern oder Gemeinden und einzelnen Gemeindegliedern über öffentlich-rechtliche Verpflichtungen sind privatrechtlicher Natur, wenn ihnen die zuständige Aufsichtsbehörde nicht beigetreten ist. Eine Ausnahme hiervon machen die im § 47 des KAG. vorgesehenen Vereinbarungen über den Verteilungsmaßstab für das gemeindesteuerpflichtige Einkommen.

3) **Allgemeines Recht und Sonderrecht.** Der Sinn dieser Vorschrift ist der, daß die auf besonderen Titeln des öffentlichen Rechtes beruhenden Rechte und Verpflichtungen trotz entgegenstehender Bestimmungen der LGO. fortbestehen sollen, wenn sie schon vor Erlaß der LGO. mit den bisherigen allgemeinen Vorschriften des öffentlichen Rechtes (den Gesetzen, Observanzen, Ortsstatuten) nicht übereinstimmten, sondern sich als Abweichungen von diesen (mithin als Sonderrecht) darstellten (s. OVG. **31** 103 und **38** 178). Daß eine solche Abweichung bestanden hat, muß derjenige beweisen, welcher sie zur Geltendmachung von Rechten oder Verpflichtungen der gedachten Art behauptet.

4) **Beseitigtes Ortsrecht.** Die erst nach der Verkündigung der LGO., dem 27. Juli 1891, erlassenen statutarischen Anordnungen sind mit dem 1. April 1892 außer Kraft getreten. Ebenso sind alle früheren Ortsstatuten, Gewohnheitsrechte und Observanzen außer Kraft getreten, die sich auf Gegenstände beziehen, die in der LGO. gesetzlich geregelt sind, sofern die LGO. nicht hierbei Verschiedenheiten gestattet oder auf statutarische Regelung verweist (LGO. § 6). Einer besonderen Beschlußfassung bedurfte es für die Aufrechterhaltung der Statuten usw. nicht, während eine solche für die Fälle des

Bis zum Inkrafttreten eines Kommunalsteuergesetzes,[5]) längstens aber bis zum 1. April 1897, können die bei Verkündigung dieser Landgemeindeordnung für Verteilung der Gemeindeabgaben[6]) statutarisch oder observanzmäßig bestehenden Maßstäbe durch Beschluß der Gemeinde mit Genehmigung des Kreisausschusses aufrecht erhalten werden.

§ 148.

Soweit den Volksschulen die Eigenschaft von Gemeindeanstalten[7]) beiwohnt, kommen in Ansehung der-

---

Abs. 2 (Maßstäbe für die Gemeindeabgaben) notwendig war. — Der dreijährige Zeitraum des Abs. 1 begann nicht mit der Verkündigung der LGO., sondern mit ihrer Gesetzeskraft und endete daher mit dem 1. April 1895.

5) **Zeitpunkt des Inkrafttretens.** Das KAG. vom 14. Juli 1893 ist am 1. April 1895 in Kraft getreten.

6) **Fortbestehen älterer Steuermaßstäbe.** Nur die Maßstäbe für die Gemeindeabgaben, aber nicht für die Gemeindedienste konnten aufrechterhalten werden. Diese Maßstäbe sind durch § 18 der LGO. beseitigt worden. Jetzt ist § 68 des KAG. für die Heranziehung zu Naturaldiensten maßgebend. Über das Fortbestehen der älteren Steuerordnungen nach dem Inkrafttreten des KAG. s. § 96 Abs. 4, § 37 Abs. 2 und § 78 daselbst.

7) **Volksschulen.** Mit Rücksicht auf die weitgehenden staatlichen Befugnisse auf dem Gebiete des Volksschulwesens unterliegen diese Schulen dort, wo sie von Landgemeinden unterhalten werden, nicht lediglich der für die sonstigen Gemeindeanstalten geltenden Bestimmungen, sondern auch noch besonderen schulrechtlichen Vorschriften; insofern sind sie nicht lediglich Gemeindeanstalten im Sinne des § 8 (s. dort Anm. 9 und PrVBl. 22 204, ferner Arndt im Verwaltungsarchiv 21 139ff.). Die Unterhaltung der Volksschulen liegt in der Provinz Posen nach Maßgabe der Vorschriften des ALR. II 12 der Sozietät der Hausväter des Schulbezirkes als einer Korporation des öffentlichen Rechts ob, in deren Eigentum auch die Schulgebäude stehen. Über die dortigen „assoziierten Rittergutsbesitzer“ s. OVG. 24 139. In der Provinz Westpreußen fällt die Schulunterhaltung nach der Schulordnung vom 11. Dezember 1845 (GS. für 1846 S. 1) den zur Schule gewiesenen Gemeinden und Gutsbezirken zu. Die Schule ist hier keine Kommunalanstalt, sondern ein selbständiges Rechtssubjekt. In den übrigen Provinzen erfolgt die Schulunterhaltung nach dem Gesetze vom 28. Juli 1906 (GS. S. 335) seit dem 1. April 1908 durch die Gemeinden und Gutsbezirke. Diese bilden entweder eigene Schulverbände oder werden zu Gesamtschulverbänden vereinigt. Die Gutsbezirke haben als Träger der Schullasten, ebenso wie die Gesamtschulverbände, die Rechte der Körperschaften des

selben die Bestimmungen dieses Gesetzes nur unter den aus den besonderen Gesetzen über die Volksschule sich ergebenden Einschränkungen zur Anwendung.

§ 149.

Der Minister des Innern erläßt die zur Ausführung dieses Gesetzes erforderlichen Bestimmungen. [8])

öffentlichen Rechts (§ 1 a. a. O.). Die Schullasten werden innerhalb der Gemeinde als Gemeindelast aufgebracht, in den Gutsbezirken vom Gutsbesitzer getragen (§ 7 a. a. O.). Steht ein Gutsbezirk nicht ausschließlich im Eigentume des Gutsbesitzers (Gutsherrn) oder steht innerhalb des Gutsbezirkes einer andern Person als dem Gutsbesitzer ein Erbbaurecht zu oder wohnen im Gutsbezirke Steuerpflichtige, die nicht in einem Lohn- oder Dienstverhältnisse zum Gutsbesitzer stehen, so sind auf dessen Antrag die Schullasten durch ein vom Kreisausschusse zu erlassendes Statut unterzuverteilen (§ 8 a. a. O.). Geschieht dies, so wird die vermögensrechtliche Verwaltung von einer besonders zu bildenden Gutsvertretung geführt, andernfalls vom Gutsvorsteher (§ 46). In Gesamtschulverbänden vertritt nach außen hin der Gutsbesitzer den Gutsbezirk, wenn keine Unterverteilung der Schullasten (nach § 8) stattfindet (§ 50 Abs. 4), dagegen der Gutsvorsteher, wenn sie stattfindet. Besteht der Gesamtschulverband lediglich aus mehreren demselben Gutsbesitzer gehörigen Gutsbezirken, so werden diese, ebenso wie Gutsbezirke, die eigene Schulverbände bilden, von dem Gutsvorsteher vertreten (§ 50 Abs. 9 a. a. O. und OVG. **60** 252, 257, 258; PrVBl. **33** 315).

In der Provinz Posen, wo die Schulen von der Hausvätersozietät zu unterhalten sind, kann durch eine freiwillige Entschließung einer Landgemeinde mit Genehmigung der Schulaufsichtsbehörde und des Kreisausschusses eine Schule als Gemeindeanstalt gegründet werden oder eine bereits bestehende Schule als eine Gemeindeanstalt von der Gemeinde übernommen werden. Zulässig ist auch die Übernahme der den Hausvätern in einem Gemeindebezirk obliegenden Schullasten auf den Haushaltsetat der Landgemeinde. Hier wird die Schule keine Gemeindeanstalt, sondern die Gemeinde hinsichtlich der Schulbeiträge eine Schuldnerin der fortbestehenden Hausvätersozietät (OVG. **14** 110, **24** 135, **28** 155 und 180).

8) **Ausführungsbestimmungen.** Diese Bestimmungen sind in den Anweisungen I, betreffend die erstmalige Bildung der Gemeindeversammlungen und Gemeindevertretungen, vom 7. November 1891 (MBl. S. 182), Anweisung II, betreffend die Gestaltung der Gemeinden und Gutsbezirke und die Bildung von Gemeindeverbänden, vom 28. Dezember 1891 (MBl. f. 1892 S. 2) und Anweisung III, betreffend die Verfassung und Verwaltung der Landgemeinden, vom 29. Dezember 1891 (MBl. f. 1892 S. 9) getroffen worden.

Wegen der Vorbereitungen für die notwendig werdenden Neuwahlen ist alsbald nach der Verkündigung des Gesetzes Anordnung zu treffen.[9]) Die Vollmacht der bisherigen Mitglieder der bestehenden Gemeindevertretungen erlischt mit dem Zeitpunkt des Inkrafttretens des Gesetzes; doch bleiben dieselben bis zur Einführung der neugewählten Gemeindeverordneten im Amte.

Die zurzeit des Inkrafttretens des Gesetzes im Amte befindlichen Gemeindevorsteher, Schöffen und sonstigen gewählten Gemeindebeamten verbleiben in demselben bis zum Ablauf ihrer Wahlperiode. Ingleichen verbleiben im Amte die besoldeten Gemeindebeamten nach Maßgabe ihres Anstellungsvertrages.

Denjenigen Gemeindeangehörigen, welche zur Zeit des Inkrafttretens dieses Gesetzes von einem Einkommen von mehr als 660 Mark bis ausschließlich 900 Mark zur Staatssteuer eingeschätzt und zu den Gemeindelasten herangezogen sind,[10]) steht in derjenigen Gemeindeversammlung, welche erstmalig über die Freilassung der im § 13 erwähnten Personen von den Gemeindelasten zu beschließen hat, ein Stimmrecht nach Maßgabe des § 48 Nr. 1 zu. Diese Beschlußfassung ist unmittelbar nach dem Inkrafttreten des Gesetzes herbeizuführen.

Diese Bestimmung findet auf die Wahlen in die Gemeindevertretung sinngemäße Anwendung.

Urkundlich unter Unserer Höchsteigenhändigen Unterschrift und beigedrucktem Königlichen Insiegel.

Gegeben Amsterdam, den 3. Juli 1891.

(L. S.) **Wilhelm.**

v. Caprivi. v. Boetticher. Herrfurth.
v. Schelling. Frhr. v. Berlepsch. Miquel.
v. Kaltenborn. v. Heyden.
Gr. v. Zedlitz. Thielen.

---

9) **Übergangsbestimmungen.** Diese Anordnung enthält Anw. I. — Über die Wahl des Gemeindevorstandes und der Gemeindevertretung in einer durch Vereinigung mehrerer Gemeinden gebildeten neuen Gemeinde s. die Verf. des Ministers des Innern vom 18. Dezember 1893 (MBl. 1894 S. 16).

10) **Übergangsbestimmung.** Es handelt sich hier nur um das Stimmrecht solcher Personen, die bereits vor dem 1. April 1892 zu den Gemeindelasten herangezogen worden sind.

Anhang.

Zweckverbandsgesetz
vom 19. Juli 1911.[1])

(GS. S. 115.)

§ 1. Städte, Landgemeinden, Gutsbezirke, Bürgermeistereien, Ämter und Landkreise[2]) können behufs Er-

---

1) **Allgemeines.** S. Friedrichs: Das Zweckverbandsgesetz vom 19. Juli 1911 (Berlin 1912), Szczesny: Das Zweckverbandsgesetz (Berlin 1912), Wirckau: Das preußische Zweckverbandsgesetz (Marburg a/L. 1913). Das für den ganzen Umfang der preußischen Monarchie erlassene Gesetz ist vom 1. Oktober 1911 ab (§ 27) an die Stelle des 4. Titels der LGO. getreten, und zwar auch dort, wo in anderen Gesetzen auf die Bestimmungen dieses Titels verwiesen wird (§ 25). — Das ZVG. ist nach dem Vorbilde des 4. Titels der LGO. gestaltet, weicht aber von diesem hauptsächlich darin ab, daß es auch die Verbindung von Städten, Bürgermeistereien, Ämtern und Landkreisen zu Zweckverbänden zuläßt und eine „nachbarliche Lage", wie sie § 128 der LGO. forderte, nicht zur Voraussetzung der Verbandsbildung macht (§ 1), daß es die Bildung von Zweckverbänden ohne Zustimmung aller Beteiligten nur zur Erfüllung gesetzlicher Aufgaben der Beteiligten gestattet (§ 2), daß es ferner die Umlagen des Verbandes (§ 17 Abs. 2) und die Vertretung der Beteiligten im Verbande anderweit regelt, und daß es endlich auch das Recht zur Erhebung von Beiträgen und Gebühren dem Verbande verleiht (§ 17 Abs. 1). — Das ZVG. unterscheidet (ebenso wie bisher die LGO.) zwischen der freiwillig (§ 1) und der zwangsweise (§ 2) erfolgenden Bildung von Zweckverbänden.

Die Vorschriften des ZVG. finden auch auf die Landgemeinden und Gutsbezirke in den Kreisen Teltow und Niederbarnim Anwendung. Nur von den Bestimmungen in § 2 (Bildung von Zweckverbänden ohne Zustimmung aller Beteiligten) sind diejenigen wenigen Landgemeinden in diesen beiden Kreisen ausgenommen, welche selbständige Glieder des Zweckverbandes Groß Berlin nach § 1 des für diesen Zweckverband erlassenen, am 1. April 1912 in Kraft getretenen Gesetzes bilden (s. unten Anm. 13).

Über das Fortbestehen der bisherigen, auf Grund der LGO. gebildeten Zweckverbände (Gemeindeverbände) s. § 8 Abs. 2.

2) **Verbandsglieder** können im Geltungsgebiete der LGO. nur

füllung einzelner kommunaler Aufgaben jeder Art [3]) miteinander zu Zweckverbänden [3a]) im Sinne dieses Gesetzes verbunden werden, wenn die Beteiligten damit einverstanden sind. [4]) Über die Bildung des Zweckverbandes beschließt

---

Städte, Landkreise, Landgemeinden und Gutsbezirke sein, und zwar sowohl kreisangehörige Städte als auch selbständige Stadtkreise, insbesondere auch die Stadt Berlin (vgl. § 26). Bürgermeistereien kommen als Verbandsglieder nur in der Rheinprovinz, Ämter nur in Westfalen in Betracht. Die Amtsbezirke der östlichen Provinzen können nicht Verbandsglieder von Zweckverbänden sein.

3) **Aufgaben der Verbände.** Die Aufgaben, deren Erfüllung Zweckverbände bei Zustimmung aller beteiligten Verbandsglieder übernehmen dürfen, können sowohl solche sein, die allen Beteiligten gesetzlich obliegen (obligatorische) oder solche, deren freiwillige Übernahme ihnen gestattet ist (fakultative). Über erstere Aufgaben s. unten Anm. 6, über die letzteren Anm. 2 und 2a zu § 5 der LGO. — Zweckverbände zwischen Kreisen und Gemeinden anderer Kreise sind zulässig und können namentlich den Wegebau, die Vorflutsbeschaffung, Anlegung von Talsperren, Kanälen, Häfen, Kleinbahnen und elektrischen Zentralen zur Aufgabe haben. — Eine Gemeinde usw. kann gleichzeitig mehreren Zweckverbänden angehören, die verschiedene Aufgaben haben. Andererseits kann ein Zweckverband mehrere kommunale Aufgaben übernehmen.

Über Zweckverbände als Gesamtarmenverbände, Wegeverbände oder Gesamtschulverbände s. § 8, über Feuerspritzenverbände und Bullenhaltungsverbände s. § 25 Abs. 3.

3a) **Rechtsstellung der Zweckverbände.** Die Zweckverbände im Sinne dieses Gesetzes sind keine Gemeinden oder gemeindeartige Gebilde, sondern korporative Zusammenschlüsse von Gemeinden höherer oder niederer Ordnung. Sie sind nicht Gebietskörperschaften mit selbständiger Mitgliedschaft der Einwohner eines Gebietes, vielmehr bilden die zu ihnen gehörigen Gemeinden usw. die Mitglieder des Verbandes und vermitteln die Beziehungen zwischen ihren Angehörigen und dem Zweckverbande (OVG. vom 24. April 1913 — I A 34/13).

4) **Einverständnis der Beteiligten.** Unter den Beteiligten sind diejenigen, Gemeinden, Gutsbezirke usw. zu verstehen, welche sich zu einem Zweckverbande vereinigen wollen. Einverständnis muß unter sämtlichen Beteiligten nicht nur darüber, daß eine Vereinigung in Form eines Zweckverbandes stattfinden soll, sondern auch darüber bestehen, welche Glieder (Gemeinden usw.) der Verband umfassen und welche Aufgaben er erfüllen soll (§ 10 Nr. 1 und 2). Dagegen ist ein Einverständnis über sämtliche anderen Gegenstände, die durch die Satzung des Verbandes zu regeln sind (§ 10 Nr. 3—7), nicht erforderlich. Kommt hierüber eine Einigung nicht zustande, so können diejenigen Punkte, über welche eine Übereinstimmung nicht erzielt ist, auf Antrag aller Beteiligten durch

der Kreisausschuß, bei Beteiligung von Städten oder Landkreisen der Bezirksausschuß.[5])

§ 2. Sind die Beteiligten nicht einverstanden, so ist die Bildung eines Zweckverbandes nur zur Erfüllung von solchen kommunalen Aufgaben, welche allen Beteiligten gesetzlich obliegen,[6]) und nur dann zulässig,

---

Beschluß des Kreisausschusses oder Bezirksausschusses festgestellt werden (§ 9 Abs. 1). Wird ein solcher Antrag nicht von allen Beteiligten gestellt, so kann die Bildung eines freiwilligen Verbandes nicht zustande kommen.

5) **Bildung des Zweckverbandes.** Nicht schon durch das Einverständnis (die Willenseinigung) der Beteiligten, sondern erst durch den Beschluß des Kreisausschusses oder Bezirksausschusses, für dessen Zulässigkeit das Einverständnis nur die Vorbedingung ist, wird der Verband ins Leben gerufen. Da ein Verband ohne eine Satzung mit dem durch § 10 vorgeschriebenen Inhalt nicht bestehen kann, so empfiehlt es sich, die Bildung des Verbandes nicht eher zu beschließen, als bis von den Beteiligten eine entsprechende Satzung, die von ihnen einstimmig angenommen, dem Kreisausschuß (Bezirksausschuß) zur Bestätigung eingereicht und zur Bestätigung geeignet befunden worden, oder bis ein Antrag auf Feststellung derjenigen notwendigen Bestimmungen der Satzung, über welche eine Übereinstimmung der Beteiligten nicht erzielt ist, von sämtlichen Beteiligten gestellt worden ist.

Gehören die Beteiligten verschiedenen Kreisen, Regierungsbezirken oder Provinzen an, so ist die für die Beschlußfassung zuständige Behörde gemäß § 58 des LVG. zu bestimmen. Gehört die Stadt Berlin zu den Mitgliedern eines freiwillig gebildeten Zweckverbandes, so ist für die Beschlußfassung die Beschlußbehörde für Groß Berlin zuständig (§ 26).

Gegen einen Beschluß, der die beantragte Bildung des Zweckverbandes ablehnt oder sie in irriger Annahme des Einverständnisses beschließt, sowie über einen die Ergänzung der Satzung betreffenden Beschluß findet die Beschwerde gemäß LVG. §§ 121 bis 123 statt.

Durch einen unanfechtbaren Beschluß, durch welchen der Verband gebildet und seine Satzung bestätigt oder festgesetzt ist, erlangt der Verband ohne weiteres die Rechte einer öffentlichen Körperschaft, wenn ihm kein Gutsbezirk angehört (§ 6 Abs. 2).

6) **Gesetzliche Aufgaben der Beteiligten.** Zwangsweise (ohne Zustimmung sämtlicher Beteiligten) kann ein Zweckverband nur zur Erfüllung von Aufgaben gebildet werden, die sämtlichen dem Verbande zuzuweisenden Gliedern gesetzlich obliegen. Daher kann ein Verband aus einem Landkreise und aus Gemeinden nicht zur Erfüllung einer Aufgabe zwangsweise gebildet werden, die entweder nur den Gemeinden, aber nicht dem Kreise, oder diesem, aber nicht jenen, gesetzlich obliegt.

wenn die Bildung des Zweckverbandes im öffentlichen Interesse notwendig ist.[7])

Der Oberpräsident kann, wenn er diese Voraussetzungen für vorliegend erachtet, auf Antrag von mindestens einem Drittel der Beteiligten[7a]) oder auf Antrag der Kommunalaufsichtsbehörde[7b]) anordnen, daß zunächst der Kreisausschuß (Bezirksausschuß) über die Ergänzung der mangelnden Zustimmung Beschluß faßt.[8]) Die Be-

---

Die gesetzlichen Aufgaben der Landkreise sind an Zahl nicht groß. Sie beziehen sich, abgesehen von der Organisation der Kreisverwaltung, auf einen Teil der außerordentlichen Armenlast (in Ostpreußen auch auf die ordentliche Armenlast der Landarmenverbände), auf die Kosten des Impfwesens, Unterstützung der Hebammenbezirke u. dgl.

Die gesetzlichen Aufgaben der Städte, Landgemeinden und Gutsbezirke haben die Organisation der Ortsverwaltung (vgl. LGO. § 114 Anm. 83), den Wegebau, die Armenpflege, die Aufbringung der Polizeikosten und die Unterhaltung der sog. polizeilichen Gemeindeanstalten (Feuerlöschwesen, Nachtwachtwesen u. dgl.), einschließlich der nach dem Reichsgesetz vom 30. Juli 1900 (RGBl. S. 306) über die Bekämpfung gemeingefährlicher Krankheiten und dem hierzu erlassenen preuß. Ausführungsgesetze vom 28. August 1905 (GS. S. 373) von den Gemeinden (Gutsbezirken) zu treffenden Einrichtungen, ferner (abgesehen von der Provinz Posen) die Unterhaltung der Volksschulen zum Gegenstande.

7) **Öffentliches Interesse.** Darüber, ob das öffentliche Interesse die Bildung eines Zweckverbandes notwendig macht, haben die im § 2 Abs. 2 und 3 bezeichneten Beschlußbehörden und der Oberpräsident nach pflichtmäßigem Ermessen zu entscheiden. Das Oberverwaltungsgericht kann zu einer Entscheidung hierüber nicht angerufen werden (§ 2 Abs. 3).

7a) **Beteiligte** sind hier diejenigen Gemeinden usw., aus denen nach dem gestellten Antrage der Zweckverband gebildet werden soll.

7b) **Kommunalaufsichtsbehörde** ist der Landrat als Vorsitzender des Kreisausschusses (LGO. § 139), wenn dem Verbande nur Landgemeinden oder Gutsbezirke angehören sollen, sonst der Regierungspräsident.

8) **Formelle Voraussetzungen der Verbandsbildung.** Der Oberpräsident kann einen Zweckverband zwangsweise nur bilden, wenn das mangelnde Einverständnis aller Beteiligten auf dem durch § 2 Abs. 2 und 3 gewiesenen Wege ergänzt worden ist (Abs. 4). Er kann aber diesen Weg nur dann beschreiten, wenn es entweder von mindestens einem Drittel der Beteiligten oder von der Kommunalaufsichtsbehörde beantragt worden ist. Der Oberpräsident ist insofern an das Ergebnis des Ergänzungsverfahrens nicht gebunden, als er die Bildung eines Zweckverbandes auch trotz der

schlußfassung erfolgt auf Grund mündlicher Verhandlung [8a]) (§ 119 Abs. 1 und 3 des Gesetzes über die allgemeine Landesverwaltung vom 30. Juli 1883, Gesetzsamml. S. 195).

Gegen den auf Beschwerde von dem Bezirksausschuß oder von dem Provinzialrate gefaßten Beschluß [8b]) steht den Beteiligten binnen vier Wochen die Klage bei dem Oberverwaltungsgerichte zu. Die Klage kann nur darauf gestützt werden, daß die Aufgabe, zu deren Erfüllung der Zweckverband gebildet werden soll, den Beteiligten nicht gesetzlich obliege. [9])

Ergänzung des Einverständnisses ablehnen darf. Er beschließt nach § 2 Abs. 4 „über" die Bildung des Zweckverbandes. Ebenso darf er sie ohne Einleitung eines Ergänzungsverfahrens ablehnen.

Der Kreisausschuß hat über die Ergänzung der mangelnden Zustimmung Beschluß zu fassen, wenn dem Zweckverbande nur Landgemeinden oder Gutsbezirke angehören sollen, sonst der Bezirksausschuß (derselbe Grundsatz wie im letzten Satze des § 1 muß hier, wie an anderen Stellen des Gesetzes, gemäß § 22 Anwendung finden). Gegen den Beschluß des Kreisausschusses ist die Beschwerde an den Bezirksausschuß, gegen den in erster Instanz gefaßten Beschluß des Bezirksausschusses die Beschwerde an den Provinzialrat innerhalb zwei Wochen gemäß LVG. § 121 zulässig. Die Beschwerde kann von jeder der Gemeinden usw. oder von der Kommunalaufsichtsbehörde erhoben werden, welche den Antrag auf Ergänzung des mangelnden Einverständnisses gestellt hatte, wenn die Ergänzung durch den Beschluß ganz oder zum Teil abgelehnt wird, dagegen von jeder der Verbandsbildung widersprechenden Gemeinde usw., wenn ihr mangelndes Einverständnis durch den Beschluß ergänzt wird.

8a) **Mündliche Verhandlung.** Zu der mündlichen Verhandlung sind alle Glieder des geplanten Verbandes und auch die Aufsichtsbehörde, wenn sie den Antrag auf Ergänzung gestellt hatte, zu laden.

8b) **Beschlußfassung in der Beschwerdeinstanz.** Daß ihr ebenfalls eine mündliche Verhandlung (wie in der ersten Instanz) vorausgehen müsse, ist nicht vorgeschrieben und daher nicht anzunehmen. Anderer Meinung ist Friedrichs (a. a. O. Anm. 9 zu § 2) und Wirckau (a. a. O. S. 35).

9) **Die Klage** kann nur von einer Gemeinde oder mehreren der Gemeinden usw. erhoben werden, welche der Verbandsbildung widersprochen haben. Sie kann auf keinen anderen Grund gestützt werden, als auf die Behauptung, daß die Aufgaben des Verbandes nicht allen Beteiligten gesetzlich obliegen (s. Anm. 6). Wer die Parteirolle des Beklagten zu übernehmen hat, ergibt sich aus

Nach Ergänzung des mangelnden Einverständnisses der Beteiligten beschließt der Oberpräsident über die Bildung des Zweckverbandes.[10])

Die Bildung eines Zweckverbandes nach Maßgabe der vorstehenden Bestimmungen unterbleibt, sofern und solange ein Beteiligter bereit und imstande ist, die gemeinsame Aufgabe dadurch zu erfüllen, daß er den übrigen Beteiligten die Mitbenutzung einer kommunalen Anstalt gegen angemessene Entschädigung einräumt.[11])

---

den Vorschriften des ZVG. nicht mit Sicherheit und ist daher zweifelhaft. Man wird annehmen können, daß die Klage gegen den Bezirksausschuß (bzw. den Provinzialrat) als die Behörde zu richten ist, deren Beschluß mit der Klage angefochten wird (ähnlich wie bei Klagen gegen Beschlüsse der Gemeindevertretung nach LGO. § 67, gegen Beschlüsse des Bezirksausschusses über Verhängung von Ordnungsstrafen durch den Kreisausschuß nach der Kreisordnung § 68 Nr. 1 und § 134 Nr. 3, wie bei Anfechtungsklagen gegen Beschlüsse aus LVG. § 126). Anderer Meinung sind Fleck (Verwaltungsarchiv 20 264), der die Bestellung eines Kommissars zur Vertretung des öffentlichen Interesses behufs Übernahme der Rolle des Beklagten für erforderlich hält, Friedrichs (a. a. O. Anm. 9 zu § 2), der als Beklagte diejenigen bei der Verbandsbildung beteiligten Gemeinden usw. ansieht, welche der Verbandsbildung nicht widersprochen haben, und Szczesny (a. a. O. Anm. 11 zu § 2), der erklärt, als Beklagte kämen diejenigen Beteiligten in Betracht, welche den Antrag bei dem Oberpräsidenten gestellt haben, eventuell die Kommunalaufsichtsbehörde. Die Klagefrist ist hier abweichend von den sonstigen gesetzlichen Vorschriften über Klagefristen auf vier Wochen bestimmt.

10) **Die Bildung des Zweckverbandes** durch den Oberpräsidenten ist formell davon abhängig, a) daß sie gemäß § 2 Abs. 2 beantragt und b) daß das mangelnde Einverständnis von Beteiligten durch die Beschlußbehörde gemäß § 2 Abs. 2 und 3 durch einen unanfechtbaren Beschluß ergänzt worden ist, materiell davon, c) daß der Zweckverband nur zur Erfüllung von Aufgaben gebildet wird, welche allen Beteiligten gesetzlich obliegen, und d) daß die Bildung im öffentlichen Interesse notwendig ist.

11) **Abwendung der Verbandsbildung.** Sie kann dadurch erfolgen, daß derjenige Beteiligte, der im Besitze einer Anstalt ist, wie die, deren gemeinsame Herstellung und Benutzung von den übrigen Beteiligten oder von der Kommunalaufsichtsbehörde beantragt ist (§ 2 Abs. 2), den übrigen Beteiligten die Mitbenutzung seiner Anstalt (Wasserleitung, Krankenhaus, Armenhaus u. dgl.) anbietet, vorausgesetzt, daß seine Anstalt zur Erfüllung der betreffenden gesetzlichen Aufgabe aller Beteiligten genügt. Einer Einigung zwischen den Beteiligten über die Höhe der für die Mitbenutzung der An-

Darüber, ob die vorangegebenen Voraussetzungen vorhanden sind, sowie über die Höhe der Entschädigung beschließt im Streitfalle der Kreis- (Bezirks-) Ausschuß, dem auch die Entscheidung über sonstige aus diesem Verhältnis entstehende Streitigkeiten zusteht.[12])

Auf die selbständigen Glieder des Zweckverbandes Groß Berlin finden die Bestimmungen dieses Paragraphen keine Anwendung.[13])

---

stalt zu zahlenden Entschädigung und über die Art und Weise der Mitbenutzung bedarf es behufs Abwendung der Bildung eines Verbandes im Zwangswege nicht. Hierüber können nötigenfalls von der Beschlußbehörde Festsetzungen getroffen werden. — Durch die Einräumung der Mitbenutzung der Anstalt entsteht zunächst nur ein privatrechtliches Vertragsverhältnis zwischen dem Eigentümer der Anstalt und den sie mitbenutzenden Gemeinden (Gutsbezirken), kein Gesellschaftsverhältnis (BGB. §§ 705 ff.). Dieses auf Vertrag beruhende Verhältnis wird jedoch dadurch ein öffentlich-rechtliches, daß die staatliche Beschlußbehörde auf Anrufen eines Beteiligten Festsetzungen über die Entschädigung und die Art der Benutzung trifft. — Ob es zur Abwendung der Verbandsbildung auch genügt, daß der ihr widersprechende Beteiligte sich bereit erklärt, die erforderliche Anstalt, die er selbst noch nicht besitzt, auf seine Kosten herzustellen und dann den übrigen Beteiligten die Mitbenutzung zu gestatten, ist mit Rücksicht auf die Entstehung der Gesetzesvorschrift sehr zweifelhaft. Ihr Wortlaut spricht gegen eine solche Auslegung. Für sie erklären sich Friedrichs (a. a. O. Anm. 13 zu § 2), Szczesny (a. a. O. Anm. 15 zu § 2) und Wirckau (a. a. O. S. 37). — Ist aus dem in § 2 Abs. 5 vorgesehenen Grunde von der Bildung des beantragten Zweckverbandes Abstand genommen worden, so kann sie später doch erfolgen, sobald der Beteiligte seine Bereitwilligkeit widerruft oder die getroffene Vereinbarung aufkündigt oder sich außerstande zeigt, die Anstalt in dem erforderlichen Umfang und in der erforderlichen Art herzustellen und zu unterhalten.

12) **Zuständigkeit.** Über die Zuständigkeit des Kreisausschusses und des Bezirksausschusses s. § 22.

13) **Selbständige Glieder des Zweckverbandes Groß Berlin** sind nach § 1 des Zweckverbandsgesetzes für Groß Berlin

a) die Stadtkreise Berlin, Charlottenburg, Schöneberg, Neukölln, Deutsch-Wilmersdorf, Lichtenberg und Spandau sowie die Landkreise Teltow und Niederbarnim;

b) die Gemeinden Steglitz, Groß-Lichterfelde, Friedenau, Cöpenick, Boxhagen-Rummelsburg, Pankow, Weißensee und Reinickendorf;

c) andere Landgemeinden der Landkreise Teltow und Niederbarnim, sobald sie mit Rücksicht auf ihre Einwohnerzahl gemäß § 15 jenes Gesetzes einen Anspruch auf Zubilligung eines Vertreters in der Verbandsversammlung erlangen.

§ 3. Gemeinden können nach Maßgabe des § 1 mit Gutsbezirken auch zur gemeinschaftlichen Festsetzung und Durchführung von Straßen- und Baufluchtlinienplänen verbunden werden.[14])

§ 4. Im Falle der Bildung eines Zweckverbandes zur gemeinschaftlichen Festsetzung und Durchführung von Straßen- und Baufluchtlinienplänen gehen die den Gemeinden in den §§ 11 bis 15 des Gesetzes, betreffend die Anlegung und Veränderung von Straßen und Plätzen in Städten und ländlichen Ortschaften, vom 2. Juli 1875 (Gesetzsamml. S. 561) zugewiesenen Rechte und Pflichten auf den Zweckverband über; Gutsbezirke werden den Gemeinden gleichgeachtet.[15]) Für das Einspruchs- und

---

14) **Bildung von Zweckverbänden für Fluchtlinienfestsetzung.** Die Vorschrift des § 3 hat nicht Zweckverbände zum Gegenstande, welche lediglich aus Gemeinden bestehen. Die Verbindung von Gemeinden und Gutsbezirken zu dem im § 3 bezeichneten Zwecke kann nur im Wege freiwilliger Einigung (§ 1), nicht im Zwangswege (§ 2) erfolgen, weil die Festsetzung von Fluchtlinien in Gutsbezirken nicht eine ihnen gesetzlich obliegende Aufgabe ist, ihnen sogar nach dem Gesetze vom 2. Juli 1875 gar nicht zusteht (vgl. OVG. **55** 244). Durch die Verbandsbildung gemäß § 3 erlangt der Verband die Befugnis, auch für den zum Verbande gehörigen Gutsbezirk Fluchtlinien mit der durch das erwähnte Gesetz bestimmten Rechtswirkung festzusetzen und die dort vorgesehenen Statute zu erlassen. Da jedoch hiermit nach § 11 des Fluchtliniengesetzes eine Enteignung verbunden ist, so kann ein solcher Verband, dem ein Gutsbezirk angehört, jene Befugnisse in vollem Umfange nur dann wahrnehmen, wenn ihm die Rechte einer öffentlichen Körperschaft gemäß ZVG. § 6 beigelegt werden (s. unten Anm. 19). Geschieht dies nicht, so entbehrt er die Fähigkeit, Grundeigentum im Wege der Enteignung zu erwerben. Mehrere Gutsbezirke können (ohne Hinzutritt von Gemeinden) zu Zweckverbänden behufs Erfüllung der gedachten Aufgabe nicht verbunden werden.

15) **Befugnisse der Zweckverbände für Fluchtlinienfestsetzung.** Das Verhältnis der §§ 3 und 4 zueinander ist infolge der Abänderungen, welche der Regierungsentwurf im Landtag erfahren hat, nicht ganz klar. Das Ergebnis dieser Änderungen ist folgendes: Die Vorschrift des § 3 bezieht sich nur auf freiwillig (§ 1) gebildete Zweckverbände, die des § 4 sowohl auf freiwillig als auch auf zwangsweise gebildete. Da aber der Zwangsweg für Gutsbezirke ausgeschlossen ist (s. Anm. 14), so können für die Anwendung des § 4 Zweckverbände dieser Art, zu denen Gutsbezirke gehören, nur infolge freiwilliger Bildung dieser Verbände in Be-

Klageverfahren finden §§ 69, 70 des Kommunalabgabengesetzes vom 14. Juli 1893 (Gesetzsamml. S. 152) mit der Maßgabe Anwendung, daß für den Einspruch der Verbandsvorsteher zuständig ist.[16])

§ 5. Die Bestimmungen der vorstehenden Paragraphen finden auf die Fälle einer Veränderung in der Zusammensetzung sowie einer Auflösung des Zweckverbandes sinngemäße Anwendung.[17])

---

tracht kommen. Auch für Gemeinden ist eine zwangsweise Bildung (§ 2) von Zweckverbänden mit der hier bezeichneten Aufgabe nur dann zulässig, wenn die Festsetzung von Fluchtlinien eine den Gemeinden gesetzlich obliegende Aufgabe ist. Dies kann aber nur dann der Fall sein, wenn die Ortspolizeibehörde die Festsetzung von Fluchtlinien auf Grund des § 1 des Gesetzes vom 2. Juli 1875 von allen bei dem Zweckverbande beteiligten Gemeinden verlangt hat.

Die Vorschrift des § 4 ZVG., daß Gutsbezirke den Gemeinden gleichgeachtet werden, bezieht sich auf die Ausübung der in den §§ 11 bis 15 des Fluchtliniengesetzes vorgesehenen Befugnisse und ihre Rechtsfolgen, aber nicht auf die Erlangung der Rechtspersönlichkeit für einen Zweckverband, welchem ein Gutsbezirk angehört. Hierfür ist § 6 des ZVG. maßgebend.

16) **Rechtsmittel.** Es handelt sich hier um Einsprüche und Klagen wegen Heranziehung zu Straßenanliegerbeiträgen gemäß § 15 des Fluchtliniengesetzes. Der Einspruch ist (KAG. § 69) binnen 4 Wochen nach der Heranziehung bei dem Verbandsvorsteher einzulegen, der auf den Einspruch zu beschließen hat. Die in § 4 ausgesprochene Zuständigkeit „für den Einspruch" bezieht sich auf diese Beschlußfassung, nicht auf die Einlegung des Einspruchs. Gegen den Beschluß steht dem Herangezogenen binnen zwei Wochen die Klage zu. Zur Entscheidung über die Klage ist, je nachdem zu dem Verband eine Stadt oder ein Landkreis gehört oder nicht, der Kreisausschuß oder der Bezirksausschuß zuständig (ZVG. § 22).

17) **Veränderung und Auflösung eines Zweckverbandes.** Die Vorschrift des § 5 hat nur Veränderungen in der Zusammensetzung des Zweckverbandes (in seinen Gliedern) und die Auflösung des Verbandes zum Gegenstande. Darüber, ob und wie eine Änderung (Einschränkung oder Ausdehnung) der Aufgaben des Verbandes erfolgen kann, enthält das Gesetz keine Bestimmung. Ein praktisches Bedürfnis für eine solche Änderung kann ebenso leicht eintreten, wie das für eine Änderung in der Zusammensetzung des Verbandes. Sie wird unter denselben Voraussetzungen und Formen zuzulassen sein, wie die Änderung in der Zusammensetzung. In beiden Fällen handelt es sich um die Änderung einer für den Bestand des Verbandes wesentlichen Bestimmung (s. oben Anm. 4), die in der Satzung enthalten sein muß (§ 10 Nr. 1

und 2), aber in der durch diese vorgeschriebene Art (nach § 10 Abs. 2) geändert werden darf. Anderer Meinung ist Friedrichs (a. a. O. § 2 zu § 10), der eine Änderung des Zweckes des Verbandes nur mittels Gründung eines neuen Zweckverbandes für möglich hält, und Wirckau (a. a. O. S. 76), der Änderungen in den Aufgaben des Verbandes mittels einer Satzungsänderung für zulässig, im Zwangswege aber für unzulässig erachtet. Auch abgesehen hiervon ist die Vorschrift des § 5 so dunkel und unzureichend, daß die Frage, wann und wie eine Veränderung der Zusammensetzung des Zweckverbandes oder seine Auflösung erfolgen kann, zu erheblichen Zweifeln und Meinungsverschiedenheiten Anlaß gibt. Zunächst ist festzuhalten, daß die erwähnte Veränderung und Auflösung stets nur durch einen Beschluß der Behörde rechtswirksam bewirkt werden kann, ebenso wie der Verband nur durch einen solchen Beschluß der Behörde (im Falle des § 1: Kreisausschuß oder Bezirksausschuß, im Falle des § 2: der Oberpräsident) ins Leben gerufen wird. Unter welchen Voraussetzungen aber die Behörde einen solchen Beschluß fassen darf oder fassen muß, ist aus der Vorschrift des § 5 nicht zweifelsfrei zu entnehmen, namentlich nicht, ob dies schon dann der Fall ist, wenn die tatsächlichen Voraussetzungen für die Verbandsbildung (Einverständnis der Beteiligten bei einem freiwilligen Verbande, Notwendigkeit des Verbandes im öffentlichen Interesse bei einem zwangsweise gebildeten Verbande) zu bestehen aufgehört haben, oder nur dann, wenn ein diesen Voraussetzungen entgegengesetzter Zustand (einstimmiges Verlangen der Beteiligten bei einem freiwilligen Verbande, Notwendigkeit der Auflösung im öffentlichen Interesse bei einem Zwangsverband) eingetreten ist. Zweckmäßigkeitsgründe sprechen dafür, der ersten Auffassung den Vorzug zu geben. Geschieht dies, so besteht folgende Rechtslage: Sind in der Satzung (§ 10) über die Zulässigkeit eine Veränderung oder Auflösung des Verbandes sowie über die Voraussetzungen und die Formen, unter denen sie stattfinden darf, Bestimmungen enthalten, so ist ihnen entsprechend zu verfahren. Für Beschlüsse des Verbandsausschusses hierüber kann durch die Satzung eine größere Stimmenmehrheit als die einfache erfordert werden (§ 14 Abs. 2). Enthält die Satzung keine solche Bestimmungen, so wird dann bei der „sinngemäßen Anwendung" der Vorschriften der §§ 1 und 2 zwischen Änderungen in der Zusammensetzung des Verbandes und seiner Auflösung unterschieden werden müssen. Änderungen können unter denselben Voraussetzungen und in denselben Formen erfolgen, wie die Neubildung des Verbandes, also bei Übereinstimmung aller Beteiligten durch Änderung der Satzung mit Genehmigung des Kreisausschusses (Bezirksausschusses), bei mangelndem Einverständnis aller Beteiligten aber, wenn es sich um obligatorische Gemeindeaufgaben handelt, durch Beschluß des Oberpräsidenten nach Stellung eines Antrags auf Änderung von mindestens einem Drittel der Beteiligten oder von der Kommunalaufsichtsbehörde und nach Ergänzung der mangelnden Zustimmung von Beteiligten durch die Beschlußbehörde (§ 2 Abs. 2 und 3). Die Zulässigkeit einer Erweiterung des Verbandes ist außerdem davon abhängig, daß sie im öffentlichen Interesse notwendig ist (§ 2 Abs. 1), während die Einschränkung der Zusammensetzung des Verbandes umgekehrt erfolgen muß, soweit das früher vorhanden gewesene öffentliche Interesse an dem bisherigen Umfange fortgefallen ist. War der Verband freiwillig und nicht nur zur Erfüllung obligatorischer Gemeindeaufgaben, sondern auch zur Erfüllung fakultativer oder nur solcher Aufgaben gebildet, so ist eine Ausdehnung des Verbandes auf neue Glieder nur bei Zustimmung aller Beteiligten mittels Beschlusses des Kreisausschusses (Bezirksausschusses) möglich. Das Verlangen eines Verbandsgliedes auf Einschränkung des Umfanges des freiwillig gebildeten Verbandes muß bei Widerspruch eines anderen Beteiligten hiergegen, wenn die Satzung nicht etwas anderes bestimmt, die Auflösung des Verbandes durch den Kreisausschuß (Bezirksausschuß) zur Folge haben. Eine Mitwirkung des Oberpräsidenten findet hierbei nicht statt. Ebenso muß bei freiwillig und nur zur Erfüllung fakultativer Aufgaben gebildeten Verbänden auch in anderen Fällen die Auflösung des Verbandes durch jene Behörden beschlossen werden, sobald auch nur ein Beteiligter sie verlangt, da dann das als Grundlage für die Verbandsbildung erforderlich gewesene Einverständnis aller Beteiligten fortgefallen ist, aber selbstverständlich nur dann, wenn deren freie Entschließung durch die Satzung des Verbandes nicht gebunden ist. Die Auflösung eines im Zwangswege (§ 2) gebildeten Verbandes kann nur durch den Oberpräsidenten erfolgen, wenn sie von mindestens einem Drittel der Beteiligten oder der Kommunalaufsichtsbehörde beantragt wird und der Fortbestand des Verbandes im öffentlichen Interesse nicht mehr notwendig ist. — Zweifelhaft kann sein, ob ein zur Erfüllung obligatorischer Aufgaben freiwillig gebildeter Verband vom Kreisausschuß (Bezirksausschuß) aufgelöst werden muß, falls ein Glied dies verlangt und die anderen Glieder den Verband ohne das austretende Glied nicht fortbestehen lassen wollen, oder ob hiergegen dem Oberpräsidenten ein Widerspruch zusteht. Bejaht man letzteres, so würde der Oberpräsident befugt sein, zur Ergänzung des fortgefallenen Einverständnisses des seinen Austritt oder die Auflösung des Verbandes verlangenden Gliedes das im § 2 Abs. 1 und 2 geregelte Beschlußverfahren herbeizuführen und der Auflösung zu widersprechen, wenn das mangelnde Einverständnis ergänzt wird. Wird die Zulässigkeit dieses Vorgehens verneint, so müßte der Kreisausschuß (Bezirksausschuß) den Verband auflösen und es dem Oberpräsidenten überlassen, seine Wiederherstellung in dem Verfahren des § 2 herbeizuführen.

Die bisherige Auslegung des § 5 des ZVG. ist bei den Kommentatoren sehr verschieden ausgefallen. Friedrichs (a. a. O. zu § 5) hält den Kreisausschuß (Bezirksausschuß) nur für zuständig, wenn ein freiwillig gebildeter Verband freiwillig geändert werden soll, hält aber eine solche Änderung ebenfalls schon dann für zulässig, wenn auch nur eins der Verbandsglieder sie verlangt (die Mitgliedschaft „kündigt“), dagegen für unzulässig, so-

§ 6. Bei der Bildung des Zweckverbandes ist auf die sonst bestehenden Verbände (Amtsbezirke, Bürgermeistereien, Ämter, Kirchspiele, Schul-, Wegebau-, Armenverbände usw.) tunlichst Rücksicht zu nehmen. [18])

Der Zweckverband hat die Rechte einer öffentlichen Körperschaft, sofern sämtlichen Verbandsgliedern für sich diese Rechte uneingeschränkt zustehen. [19])

---

lange sie etwa nur der Verbandsausschuß (§ 11) verlangt. Den Oberpräsidenten erachtet er für die Veränderung des Bestandes oder die Auflösung des Verbandes für zuständig, wenn er selbst den Verband gebildet hat oder wenn der Verband gegen den Willen des Beteiligten verändert werden soll. Er macht jedoch die Befugnis des Oberpräsidenten hierzu davon abhängig, daß ein entsprechender Antrag von der Kommunalaufsichtsbehörde oder von einem Drittel der Beteiligten gestellt und daß die mangelnde Zustimmung einzelner Beteiligter zu der Änderung oder Auflösung im Beschlußverfahren des § 2 ergänzt worden ist. Szczesny (a. a. O. zu § 5) vertritt die Meinung, durch die Satzung könne (gemäß § 10 Abs. 2) nur über die Voraussetzungen für die Auflösung des Verbandes oder den Austritt einzelner Mitglieder Bestimmung getroffen werden, aber nicht über den Eintritt neuer Verbandsmitglieder; eine Veränderung oder Auflösung des Verbandes könne (mangels einer Bestimmung in der Satzung) nur auf Grund eines einstimmigen Beschlusses der Verbandsglieder oder, wenn ein solcher nicht zu erzielen ist, durch den Oberpräsidenten, gleichviel, ob der Verband freiwillig (§ 1) oder zwangsweise (§ 2) gebildet sei, in dem Verfahren des § 2 erfolgen, aber auch nur dann, wenn sich entweder herausstellt, daß die Änderung oder Auflösung im öffentlichen Interesse notwendig ist, oder daß die Verbandsaufgabe nicht allen Verbandsgliedern gesetzlich obliegt; der Mangel eines öffentlichen Interesses am Fortbestehen des Verbandes genüge nicht. Wirckau (a. a. O. S. 76 ff.) nimmt an, daß die Verbandssatzung auch über den Eintritt neuer Mitglieder in den Verband Bestimmungen treffen könne; daß zwar der Verband selbst, wenn die Satzung keine Bestimmungen enthält, unfähig sei, sich aufzulösen oder seine Zusammensetzung zu ändern, daß aber eine Auflösung oder Veränderung des Verbandes (in sinngemäßer Anwendung des § 1) erfolgen könne (nicht müsse) bei Einverständnis aller Verbandsglieder durch Beschluß des Kreisausschusses (Bezirksausschusses), bei Widerspruch von Beteiligten durch den Oberpräsidenten unter den Voraussetzungen und in den Formen des § 2, und zwar auch dann, wenn der Verband freiwillig (§ 1) gebildet word enwar. — Über die Auflösung eines Zweckverbandes infolge Änderungen in dem Bestande der ihn bildenden Gemeinden usw. s. unten Anm. 19a.

18) **Bestehende Verbände** s. unten § 8.

19) **Rechtliche Eigenschaft des Zweckverbandes.** Der Zweck-

Trifft diese Voraussetzung nicht zu, so können dem Zweckverband auf dessen Antrag die Rechte einer öffentlichen Körperschaft mit Königlicher Genehmigung beigelegt werden.

§ 7. Über die infolge einer solchen Verbindung oder infolge einer Änderung der Zusammensetzung oder einer Auflösung des Zweckverbandes[19a]) notwendig werdende

---

verband erlangt durch den Beschluß des Kreisausschusses (Bezirksausschusses) im Falle des § 1, des Oberpräsidenten im Falle des § 2, ohne weiteres die Rechte einer öffentlichen Körperschaft und wird damit eine vom Bestande seiner Glieder losgelöste Rechtspersönlichkeit, jedoch nur dann, wenn ihm kein Gutsbezirk angehört, da Gutsbezirke diese Rechte nicht „für sich uneingeschränkt" besitzen (s. LGO. § 122 Anm. 1). Gehört dem Zweckverband ein Gutsbezirk an, so kann er jene Rechte nur mit Königlicher Genehmigung (durch Kabinettsorder) erhalten. Die auf Grund des Titels 4 der LGO. gebildeten Zweckverbände erlangen jene Rechte, auch wenn ihnen kein Gutsbezirk angehört, sofern sie ihnen nicht schon früher auf Grund des § 129 Abs. 2 der LGO. erteilt waren, nicht ohne weiteres beim Inkrafttreten des ZVG., sondern erst, wenn ihre Satzungen diesem Gesetz entsprechend geändert (§ 8 Abs. 2) und bestätigt (§ 9) worden sind. Anderer Meinung ist Friedrichs (a. a. O. Anm. 3 zu § 6).

Stehen den Zweckverbänden die Rechte einer öffentlichen Körperschaft zu, so finden auf sie hinsichtlich der Haftung für Schaden, den ihre Vertreter oder Beamten verursachen, die Vorschriften der §§ 31, 89 des BGB. und des Gesetzes vom 1. August 1909 (GS. S. 691) Anwendung (s. LGO. § 102 Anm. 57).

Die Zweckverbände, welche die Rechte einer öffentlichen Körperschaft haben, können Grundeigentum erwerben, bedürfen hierzu aber nach dem Urteile des Kammergerichts vom 11. Januar 1904 (PrVBl. 26 179/180) der Genehmigung der staatlichen Aufsichtsbehörde gemäß ALR. II 6 §§ 25ff., 83, Art. 55 und 86 des EG. zum BGB., Art. 7 § 1 und Art. 89 Nr. 1c des AG. zum BGB. vom 20. September 1899, wenn der Wert des zu erwerbenden Grundstücks mehr als 5000 M. beträgt.

Solange ein Zweckverband die Rechte einer öffentlichen Körperschaft nicht besitzt, ist er als Gesellschaft im Sinne des ALR. II 11 anzusehen (s. Moll im PrVBl. 27 927, 32 522).

Über Gesamtarmenverbände, Wegeverbände und Gesamtschulverbände als Zweckverbände s. § 8.

19a) **Auflösung eines Zweckverbandes** kann (außer infolge eines gemäß § 5 erfolgten Ausspruchs der Behörde) auch infolge der Vereinigung aller den Verband bildenden Gemeinden (Gutsbezirke) zu einer Gemeinde eintreten. Da ein Zweckverband begrifflich nur eine Vereinigung mehrerer selbständigen Gemeinden usw. sein kann, so hört er ohne weiteres auf zu bestehen, wenn seine

Regelung der Verhältnisse zwischen den Beteiligten beschließt der Kreis- (Bezirks-) Ausschuß, vorbehaltlich der ihnen gegeneinander zustehenden Klage im Verwaltungsstreitverfahren, die bei der gleichen Behörde binnen vier Wochen anzubringen ist.[20])

Bei dieser Regelung sind erforderlichenfalls Bestimmungen zur Ausgleichung der öffentlich-rechtlichen Interessen der Zweckverbandsglieder zu treffen. Insbesondere können einzelne Beteiligte zu Vorausleistungen verpflichtet werden, wenn diejenigen, mit welchen sie verbunden werden sollen, für gewisse Verbandszwecke bereits vor der Verbindung für sich allein in genügender Weise Fürsorge getroffen haben oder aus anderen Gründen nur einen geringeren Vorteil von der Verbindung haben.[21])

Eine dem Zwecke des Verbandes dienende Einrichtung, welche einem Beteiligten gehört, verbleibt dem bisherigen

---

Glieder durch Eingemeindung zu einer Gemeinde zusammengeschmolzen werden, (vgl. OVG. **53** 70). Andrer Meinung ist Friedrichs (a. a. O. Anm. 9 zu § 5), der annimmt, diese Folge der Eingemeindung trete stets ein, wenn eins der Verbandsglieder (durch Auflösung oder Eingemeindung) fortfalle oder geteilt werde und der Zweckverband keine Korporationsrechte habe, sie trete aber nicht ein, wenn er Korporationsrechte besitze, da er dann ein selbständiges Wesen sei, das eine Veränderung in dem Bestande seiner Glieder überdauern könne. Es sei dann nur nötig, die Zusammensetzung des Verbandsausschusses und die Umlagepflicht neu zu regeln.

20) **Regelung der Verhältnisse.** Diese Regelung, die sich sowohl auf die öffentlich-rechtlichen als auch auf die privatrechtlichen Verhältnisse der Zweckverbände erstreckt, hat in ähnlicher Weise zu geschehen, wie die Auseinandersetzung bei Eingemeindungen und Ausgemeindungen (s. LGO. § 3 und die dortigen Anmerkungen 31 und 32). Die Klagefrist ist hier abweichend auf 4 Wochen bemessen. — Geht ein Zweckverband, der aus einem Gutsbezirk und einer Gemeinde besteht, durch kommunale Vereinigung des Gutsbezirks mit dem Gemeindebezirk unter, so findet keine Auflösung des Zweckverbandes und daher auch keine Auseinandersetzung statt. Wohl aber kann der frühere Gutsherr eine Ausgleichung auf Grund des § 7 Abs. 2 beanspruchen, wenn dies durch besondere Billigkeitsgründe erfordert wird (vgl. OVG. **53** 70).

Eine Einschränkung erfährt die Befugnis der zur Regelung der Verhältnisse berufenen Behörden durch die Vorschrift des § 7 Abs. 3.

21) **Ausgleichung der öffentlichen Interessen.** Sie ist nach billigem Ermessen zu treffen, ähnlich wie im Falle des § 3 der LGO. (s. dort Anm. 33).

Eigentümer; dieser kann indessen verlangen, daß das Eigentum an der Einrichtung gegen Entschädigung auf den Verband übergeht.[22])

§ 8. Die nach Maßgabe der §§ 1 und 2 gebildeten Zweckverbände[22a]) gelten in den Fällen, in denen sie die Fürsorge für die öffentliche Armenpflege oder die Erfüllung der Wegebaulast übernehmen, als Gesamtarmenverbände bezw. Wegeverbände im Sinne des § 12 des Gesetzes vom 8. März 1871 (Gesetzsamml. S. 130) bezw. der einzelnen Wegeordnungen.[23])

---

22) **Eigentum an einer Verbandseinrichtung.** Stellt der Verband eine seinem Zwecke dienende Einrichtung nicht selbst her, sondern soll sie von einem Verbandsgliede, welchem sie gehört, dem Verbande zur Verfügung gestellt werden, so hat dieses Verbandsglied die Wahl, ob es Eigentümer der Einrichtung bleiben oder sie dem Verbande übereignen will. Dieser kann als solcher das Eigentum aber nur erwerben, wenn er rechtsfähig ist (s. oben Anm. 19), andernfalls würden nur die Glieder des Verbandes die Einrichtung als gemeinschaftliches Gesellschaftseigentum erwerben können. — Das Recht des bisherigen Eigentümers der Einrichtung auf Fortdauer seines Eigentums schließt nicht aus, daß die Verwaltung der Einrichtung dem Verbande übertragen wird, und zwar nötigenfalls auch gegen den Willen des Eigentümers auf Grund des § 7 Abs. 1 durch Beschluß des Kreisausschusses (Bezirksausschusses). In derselben Weise ist auch die Höhe der Entschädigung für die Übertragung des Eigentums festzusetzen.

22a) **Zweckverbände für die Reichsversicherung.** Nach § 527 der Reichsversicherungsordnung werden Gemeinden und Gutsbezirke, für die eine Orts- oder Landkrankenkasse errichtet ist, ohne daß sie einen Gemeindeverband bilden, zu einem Zweckverbande zusammengeschlossen, auf welchen dann die Vorschriften des zweiten Buchs der Reichsversicherungsordnung, welche für Gemeindeverbände erlassen sind, ebenfalls Anwendnng finden. Nach Ministerialerlaß vom 21. Februar 1913 (HandelsMBl. S. 109) wird dieser Zweckverband unter entsprechender Anwendung der Vorschriften des ZVG. gebildet. — Nach dem Minist.Erlaß vom 7. Dezember 1911 (HandelsMBl. S. 447) gelten auch die nach dem ZVG. gebildeten Zweckverbände als „Gemeindeverbände“ im Sinne einer Reihe von Vorschriften der Reichsversicherungsordnung.

23) **Armenverbände. Wegeverbände.** Schon auf Grund des § 131 der LGO. waren die früher gebildeten Gesamtarmenverbände (§ 12 des Gesetzes vom 8. März 1871) Zweckverbände im Sinne der LGO. geworden. In Zukunft findet auf sie das ZVG. (§ 8 Abs. 2) Anwendung. Es können auch neue Zweckverbände für die öffentliche Armenpflege als Gesamtarmenverbände nur nach Maßgabe der Vorschriften des neuen ZVG. freiwillig (§ 1) und zwangs-

Auf die nach den bisherigen Gesetzen gebildeten Zweckverbände findet dieses Gesetz mit der Maßgabe Anwendung, daß deren Satzungen in Geltung bleiben, bis sie vorschriftsmäßig geändert sind.[24])

Hinsichtlich der Gesamtschulverbände verbleibt es bei §§ 1 ff. des Gesetzes, betreffend die Unterhaltung der öffentlichen Volksschulen, vom 28. Juli 1906 (Gesetzsamml. S. 335).[25])

§ 9. Die Rechtsverhältnisse des Zweckverbandes sind durch eine Satzung zu regeln, die von den Beteiligten im Wege der Vereinbarung festzustellen ist und der Bestätigung des Kreis- (Bezirks-) Ausschusses unterliegt. Soweit eine Übereinstimmung der Beteiligten nicht erzielt

---

weise (§ 2) gebildet werden. Dasselbe gilt von den Wegeverbänden im Sinne der Wegeordnung für die Provinz Sachsen vom 11. Juli 1891 (§ 18 daselbst), für die Provinz Westpreußen vom 27. September 1905 (§ 20 daselbst), für die Provinz Posen vom 15. Juni 1907 (§ 19 daselbst) und für die Provinz Ostpreußen vom 10. Juli 1911 (§ 18), falls sie die erforderliche Organisation besitzen (vgl. OVG. **51** 252) oder auf Grund des ZVG. § 8 Abs. 2 erhalten. — Die Gesamtarmenverbände und die Gesamtschulverbände haben stets die Rechte öffentlicher Körperschaften, auch wenn zu ihnen Gutsbezirke gehören (s. oben Anm. 19).

24) **Bisherige Zweckverbände.** Die Vorschrift des § 8 Abs. 2 findet keine Anwendung auf die Feuerspritzenverbände und Bullenhaltungsverbände (s. § 25 Abs. 3), wohl aber auf die bestehenden Verbände zwischen selbständigen Gutsbezirken (Rittergütern) und Landgemeinden in den ehemals zum Königreiche Westfalen gehörigen Teilen der Provinz Sachsen, die auf Grund der Verordnung vom 31. März 1833 gebildet worden sind (vgl. PrVBl. 25 366 und LGO. Anm. 37 zu § 4). — Stehen die Vorschriften der Satzung eines älteren Zweckverbandes mit den Vorschriften des neuen ZVG. im Widerspruch, so gehen sie ihm vor, solange sie nicht geändert worden sind. Die Neubildung von Zweckverbänden nach Maßgabe der aufgehobenen Vorschriften der LGO. §§ 128—138 ist nicht zulässig, insbesondere auch nicht, wenn die Verbände die öffentliche Armenpflege oder die Erfüllung der Wegebaulast zum Gegenstande haben sollen.

25) **Gesamtschulverbände** können nicht als Zweckverbände auf Grund der Vorschriften des ZVG., sondern neu nur nach Maßgabe der Vorschriften des § 3 Volksschulunterhaltungsgesetzes gebildet, aus bestehenden Zweckverbänden aber gemäß § 56 dieses Gesetzes umgestaltet werden (s. Moll im PrVBl. **29** 949). Dieses Gesetz gilt aber nicht in den Provinzen Westpreußen und Posen (s. LGO. § 148 **Anm. 7**).

ist, erfolgt die Feststellung der Satzung durch Beschluß des Kreis- (Bezirks-) Ausschusses auf Grund mündlicher Verhandlung (§ 119 Abs. 1 und 3 des Gesetzes über die allgemeine Landesverwaltung vom 30. Juli 1883) und zwar bei freiwilliger Verbandsbildung auf Antrag aller Beteiligten, bei Verbandsbildung nach § 2 ohne Antrag. 26)

In der Satzung kann vorgesehen werden, daß die Verbandsverwaltung durch Beschluß des Verbandsausschusses einem Verbandsglied übertragen wird. 27)

---

26) **Feststellung der Satzung des Verbandes.** Bei Bildung jedes Verbandes ist zunächst eine Einigung der Beteiligten über die Satzung anzustreben. Wird diese Einigung nur über einen Teil der Satzung erzielt und sind die einstimmig angenommenen Vorschriften der Satzung zur Bestätigung geeignet, so kann eine Feststellung durch die Beschlußbehörde nur für die übrigen Vorschriften in Frage kommen („soweit eine Übereinstimmung nicht erzielt ist"). — Der Beschluß über die Bildung des Verbandes (s. § 1 letzter Satz und § 2 Abs. 4) wird dem Beschlusse der Behörde über die Feststellung der Satzung vorausgehen müssen. Es ist auch für Verbandsbildungen, die im Wege des Zwanges erfolgen (§ 2), empfohlen worden, nach unanfechtbar gewordener Verbandsbildung den Beteiligten wiederum Gelegenheit zu geben, sich über eine Satzung zu einigen (s. aber oben Anm. 5).

Eine Feststellung der Satzung oder einzelner ihrer Bestimmungen durch die Beschlußbehörde kann bei freiwillig gebildeten Verbänden (§ 1) nur erfolgen, wenn sie von sämtlichen Beteiligten beantragt wird. Erweisen sich bei diesen Verbänden Vorschriften der vereinbarten Satzung als ungeeignet zur Bestätigung, und wird eine Übereinstimmung aller Beteiligten über anderweitige Bestimmungen oder über Stellung eines Antrags auf Feststellung durch die Beschlußbehörde nicht erzielt, so kann der Verband keine Tätigkeit ausüben. Dagegen hat bei zwangsweise gebildeten Verbänden (§ 2) die Feststellung der Satzung, „soweit" sie nicht ganz oder teilweise von den Beteiligten vereinbart worden ist und zur Bestätigung geeignet befunden wird, auch ohne Antrag der Beteiligten durch die Beschlußbehörde zu geschehen.

Gegen die betreffenden Beschlüsse steht den Beteiligten die Beschwerde gemäß § 121 des LVG. binnen zwei Wochen zu.

27) **Verbandsverwaltung durch ein Verbandsglied.** Die Verwaltung durch ein Verbandsglied (eine Gemeinde, den Besitzer eines Gutsbezirks, den Kreisverband usw.) tritt an die Stelle der die Regel bildenden Verwaltung durch einen Verbandsvorsteher (§ 10 Nr. 6). Die Übertragung kann nicht in der Satzung selbst erfolgen, sondern in ihr nur dem Verbandsausschuß gestattet werden. Unter „Verwaltung" ist hier nicht auch die dem Ver-

In Zweckverbänden, die aus Gemeinden (selbständigen Gütern) einer Bürgermeisterei oder eines Amtsverbandes zusammengesetzt sind, können die Beteiligten durch die Satzung die Verbandsverwaltung der Bürgermeisterei (dem Amtsverbande), gegebenenfalls gemäß Artikel 15 Abs. 1 des Gesetzes, betreffend die Gemeindeverfassung in der Rheinprovinz, vom 15. Mai 1856 (Gesetzsamml. S. 435), § 5 Abs. 2 der Landgemeindeordnung für die Provinz Westfalen vom 19. März 1856 (Gesetzsamml. S. 265), übertragen.[28])

§ **10.** Die Satzung muß enthalten:[29])

1. die Bezeichnung der Verbandsglieder;
2. die Bezeichnung der von dem Zweckverbande zu erfüllenden kommunalen Aufgaben;
3. die Benennung des Zweckverbandes und die Angabe des Ortes, an dem die Verwaltung geführt wird; als solcher kann der Wohnort des jeweiligen Verbandsvorstehers bezeichnet werden;

---

bandsausschusse nach dem ZVG. zustehende „Beschlußfassung über die Angelegenheiten des Zweckverbandes" (§ 11), insbesondere nicht auch die über Erhebung von Gebühren und Beiträgen (§ 17), Aufnahme von Anleihen und über Verbandsumlagen (§ 24) zu verstehen, sondern die ausführende Verwaltung und Vertretung des Verbandes nach außen hin sowie die dem Verbandsvorsteher nach § 21 zustehende Beschlußfassung über Beschwerden und Einsprüche. Anderer Meinung ist Szczesny (a. a. O. Anm. 3 zu § 9), der annimmt, daß das betreffende Verbandsglied, dem die „Verbandsverwaltung" übertragen wird, auch an die Stelle des Verbandsausschusses tritt.

28) **Verbandsverwaltung durch eine Bürgermeisterei oder einen Amtsverband** kommt nur in der Rheinprovinz und in Westfalen in Betracht.

29) **Inhalt der Satzung.** Der § 10 bezeichnet den notwendigen Inhalt jeder Verbandssatzung. Die unter Nr. 6 vorgesehene Bestimmung kommt nicht in Betracht, wenn die Verbandsverwaltung einem Verbandsgliede gemäß § 9 Abs. 2 übertragen wird. Dann erfährt auch die Vorschrift unter Nr. 4 insofern eine Änderung, als der Ort, an welchem die Verwaltung geführt wird, nicht in der Satzung benannt werden kann, sondern stets der Ort ist, an welchem die Verwaltung des Verbandsgliedes (Landkreis, Gemeinde, Gutsbezirk) geführt wird, welchem die Verbandsverwaltung durch Beschluß des Verbandsausschusses übertragen wird. Die in Nr. 6 geforderte Bestimmung der Satzung über die Vertretung des Zweckverbandes nach außen ist bereits durch § 11 des Gesetzes gegeben.

4. Bestimmungen über die Zusammensetzung des Verbandsausschusses und der anderen Beschlußorgane sowie über die Wahl der Abgeordneten und Ersatzmänner (§§ 11, 12, 13);
5. Bestimmungen über die Beschlußfähigkeit des Verbandsausschusses und über das Stimmverhältnis bei Abstimmungen (§§ 14 und 16);
6. Bestimmungen über die Wahl oder die sonstige Art der Berufung des Verbandsvorstehers und seines Stellvertreters sowie über die Vertretung des Zweckverbandes nach außen;
7. Bestimmungen über die Umlegung der zur Deckung der gemeinsamen Ausgaben erforderlichen Abgaben auf die Verbandsglieder (§ 17).

Ferner können Bestimmungen über Änderungen der Satzung sowie darüber aufgenommen werden, unter welchen Voraussetzungen die Auflösung des Zweckverbandes oder das Ausscheiden einzelner Verbandsglieder zulässig sein soll und wie in solchen Fällen die Verhältnisse zwischen den Beteiligten zu regeln sind (§ 7).[30]

Die Satzung ist durch die Regierungsamtsblätter und durch die für Bekanntmachungen der beteiligten Kommunalverbände bestimmten Veröffentlichungsorgane sowie gegebenenfalls durch die Kreisblätter zur öffentlichen Kenntnis zu bringen.

§ 11. Über die Angelegenheiten des Zweckverbandes beschließt der Verbandsausschuß; die Satzung kann daneben noch andere Beschlußorgane vorsehen.[31] Ausführende Behörde ist der Verbandsvorsteher, welcher zugleich den Zweckverband nach außen vertritt.[32]

---

30) **Änderung oder Auflösung des Zweckverbandes** s. oben Anm. 17, insbesondere auch über Änderung der Aufgaben des Verbandes.

31) **Andere Beschlußorgane.** Ihre Bildung wird nur bei großen Verbänden mit einer ausgedehnten Verwaltung in Frage kommen. Ihre Zuständigkeit und die Formen ihrer Beschlußfassung müssen durch die Satzung oder durch Beschlüsse des Verbandsausschusses bestimmt werden.

32) **Vertretung des Zweckverbandes nach außen.** Da sie dem Verbandsvorsteher gesetzlich zukommt, kann hierüber in der Satzung keine abweichende Bestimmung getroffen werden (§ 10 Nr. 6). In=

§ 12. Der Verbandsausschuß besteht aus Abgeordneten der Verbandsglieder.

Jedes Verbandsglied hat mindestens einen Abgeordneten zu stellen. Im übrigen werden die Abgeordneten auf die Verbandsglieder nach dem Verhältnisse der Einwohnerzahl oder nach dem Maßstab entweder ihrer Beteiligung an den von dem Zweckverbande zu erfüllenden Aufgaben oder ihres der Kreisbesteuerung, bei Stadt- oder Landkreisen der Provinzialbesteuerung zugrunde zu legenden Solls der Staats- und staatlich veranlagten Steuern oder eines anders berechneten Steuersolls oder nach einem anderen in der Satzung zu bestimmenden Maßstabe verteilt. Indessen soll in Zweckverbänden mit mehr als drei Verbandsgliedern die Abgeordnetenzahl eines Verbandsglieds der Regel nach hinter der Hälfte der Gesamtzahl zurückbleiben.[33])

Die Verteilung der Abgeordneten kann mit Rücksicht auf eingetretene Veränderungen von Zeit zu Zeit neu geregelt werden.[34])

§ 13. Dem Verbandsausschusse[35]) gehört ohne Wahl als Abgeordneter einer Gemeinde der Bürgermeister

---

folge seiner Vertetungsbefugnis ist der Verbandsvorsteher auch ohne Vollmacht zur Vertretung des Verbandes in Zivilprozessen und im Verwaltungsstreitverfahren befugt. — Er ist bei wegepolizeilichen Verfügungen, die gegen den Zweckverband als Wegeverband gerichtet werden, zur Erhebung des Einspruchs und der Klage berufen (OVG. 39 208).

33) **Maßstab für die Vertretung im Verbande.** Welcher der verschiedenen gesetzlich zulässigen Maßstäbe (Einwohnerzahl, Interesse, Leistungsfähigkeit) in die Satzung aufzunehmen ist, wird nach den besonderen Verhältnissen jedes Zweckverbandes zu bestimmen sein. Es können auch mehrere dieser Maßstäbe verbunden werden. In einem aus mehr als drei Gliedern bestehenden Verbande soll es in der Regel keinem Gliede durch Zuweisung der Stimmenmehrheit ermöglicht werden, allein über die Verbandsverwaltung zu bestimmen.

34) **Neuregelung der Vertretung.** Sie wird in der Satzung für den Ablauf eines bestimmten Zeitraumes oder für den Eintritt bestimmter Veränderungen vorzusehen sein. Andernfalls kann sie nur im Wege der Änderung der Satzung erfolgen und bedarf dann der Bestätigung (§ 9).

35) **Mitglieder des Verbandsausschusses.** Die Abgeordneten der Verbandsglieder sind teils gesetzlich bestimmte, teils ge-

(Gemeindevorsteher, auch in der Rheinprovinz und Westfalen) oder ein von ihm zu bestimmendes Mitglied der Gemeindeverwaltung, als Abgeordneter einer Bürgermeisterei, eines Amtes, eines Landkreises der Bürgermeister, der Amtmann, der Vorsitzende des Kreisausschusses an. In der Rheinprovinz und Westfalen kann als Abgeordneter der Gemeinde an Stelle des Gemeindevorstehers durch den Kreisausschuß der Bürgermeister (Amtmann) zum Mitgliede des Verbandsausschusses bestellt werden. Die Vertretung in Behinderungsfällen erfolgt nach der Bestimmung dieser Mitglieder.

---

wählte. Zunächst entsendet jedes Verbandsglied, mit Ausnahme der Gutsbezirke, seinen Vorsteher (Gemeindevorsteher, Bürgermeister, Amtmann, Vorsitzender des Kreisausschusses) oder das von dem Gemeindevorsteher (in der Rheinprovinz und in Westfalen von dem Kreisausschuß) bestimmte Mitglied der Gemeindeverwaltung (bzw. den Bürgermeister oder Amtmann) als seinen Abgeordneten in den Verbandsausschuß. Dieser Abgeordnete hat für den Fall seiner Behinderung selbst seinen Vertreter zu bestimmen. Unter Mitgliedern der Gemeindeverwaltung werden nicht alle Gemeindebeamten, sondern nur die Mitglieder der zur Verwaltung der Gemeinde berufenen Körperschaften (des kollegialischen Gemeindevorstandes und der Gemeindevertretung) sowie die zur Vertretung und Unterstützung des Gemeindevorstehers berufenen Schöffen (Beigeordnete usw.) zu verstehen sein. Anderer Meinung ist Friedrichs (a. a. O. Anm. 2 zu § 13). Sofern einem Verbandsgliede nach der Verbandssatzung ein Recht auf mehr als einen Abgeordneten zusteht, werden diese Abgeordneten und ihre Stellvertreter durch die Gemeindeversammlung oder Gemeindevertretung (in Städten mit Magistratsverfassung gemeinschaftlich von der Stadtverordnetenversammlung und dem Magistrate) gewählt. Im übrigen hat die Satzung über die Art der Wahl zu bestimmen. — Der Abgeordnete eines Gutsbezirks, der alle dem Gutsbezirke zustehenden Stimmen allein zu führen hat, wird von dem Gutsbesitzer (s. LGO. § 122 Anm. 2) bestimmt, der auch sich selbst die Vertretungsbefugnis beilegen darf. Dieses Recht des Gutsbesitzers geht in den Fällen des § 124 Nr. 1, 2 und 4 (s. dort Anm. 9) auf den stellvertretenden (ernannten) Gutsvorsteher über. Ist der bestimmte Abgeordnete des Gutsbezirks an der Wahrnehmung seines Auftrags behindert, so kann der Gutsbesitzer (in den erwähnten Fällen der ernannte Gutsvorsteher) für ihn einen anderen Abgeordneten bestimmen. In anderen Fällen als den erwähnten (LGO. § 122 Nr. 1, 2 und 4) darf die Bezeichnung des Abgeordneten des Gutsbezirks durch den Stellvertreter des Gutsvorstehers (§ 124 Abs. 1) nicht erfolgen, wohl aber im Behinderungsfalle des ernannten Gutsvorstehers durch dessen Stellvertreter (s. LGO. § 124 Abs. 2).

Im übrigen werden die Abgeordneten der Beteiligten durch ihre Vertretungskörperschaften, in Städten unter Zutritt des Magistrats, auf eine zu bestimmende Zeit gewählt. Für jeden gewählten Abgeordneten wird ein Ersatzmann gewählt, der im Fall der Behinderung des ersteren auch ohne besondere Einladung befugt ist, für ihn einzutreten. Wählbar sind nur solche Personen, welche in die Vertretungskörperschaft gewählt werden können.[35a])

In Gutsbezirken hat der Gutsbesitzer über die Vertretung des Gutsbezirkes zu befinden. Wo nach den Gesetzen ein Stellvertreter bestellt werden muß, hat, abgesehen von den Fällen, in denen die Stellvertretung wegen auswärtigen Aufenthalts des Gutsbesitzers erforderlich geworden ist, der Stellvertreter über die Vertretung des Gutsbezirkes zu befinden. Der Vertreter muß zur Übernahme des Amtes als Gutsvorsteher befähigt sein.[35b]) Er hat, wenn auf den Gutsbezirk mehrere Stimmen entfallen, diese Stimmen allein zu führen.

§ 14. Der Verbandsausschuß ist, sofern nicht die Satzung anderes vorschreibt, bei Anwesenheit von zwei Dritteln der Mitglieder beschlußfähig. Eine Ausnahme findet statt, wenn nach festgestellter Beschlußunfähigkeit eine neue Sitzung zur Beschlußfassung über denselben Gegenstand anberaumt ist. In diesem Falle ist der Verbandsausschuß ohne Rücksicht auf die Zahl der Erschienenen

---

35a) **Wählbarkeit.** In den Landgemeinden der sieben östlichen Provinzen sind hierfür die Bestimmungen des § 50 Abs. 3, §§ 40 bis 46, § 53 maßgebend (s. Anm. 9 zu LGO. § 50).

35b) **Befähigung zum Gutsvorsteher.** Es fehlt in der LGO. § 123 an einer Bestimmung darüber, welche Eigenschaften zum Amte eines Gutsvorstehers befähigen oder diese Befähigung ausschließen. Jedenfalls trifft letzteres zu bei Personen, die nach LGO. § 124 nicht selbst die Gutsvorstehergeschäfte ausüben dürften, wenn sie Eigentümer des Gutes wären. Auch im ZVG. fehlt (anders wie bei dem Verbandsvorsteher nach § 15) jede Bestimmung darüber, wer darüber zu entscheiden hat, ob der ernannte Vertreter die erforderliche Befähigung hat und auf welchem Wege eine solche Entscheidung herbeigeführt werden kann. Eine Bestätigung des Vertreters durch eine Behörde (wie beim Gutsvorsteher nach LGO. § 125) findet nicht statt.

beschlußfähig. Auf diese Folge ist in der Einladung zur zweiten Sitzung aufmerksam zu machen.

Die Abstimmung erfolgt nach einfacher Stimmenmehrheit.[36]) Jedoch kann die Satzung für bestimmte Angelegenheiten, insbesondere für Satzungsänderungen und für die Auflösung des Zweckverbandes, eine größere Mehrheit der Stimmen vorsehen.

§ 15. Der Verbandsvorsteher und sein Stellvertreter werden, sofern die Satzung nicht eine andere Art der Bestellung vorschreibt,[37]) vom Verbandsausschuß aus der Zahl seiner Mitglieder auf eine zu bestimmende Amtszeit gewählt.

Die Wahl des Verbandsvorstehers bedarf, wenn der Gewählte nicht schon anderweitig als Bürgermeister, Amtmann, Gemeinde-, Guts-, Amtsvorsteher oder Stellvertreter eines dieser Beamten, als Mitglied eines Gemeindevorstandes, als Landrat, Kreisdeputierter oder Mitglied einer Kreisverwaltungsbehörde[38]) bestätigt oder ernannt ist und sein Amt noch bekleidet, der Bestätigung durch die Kommunalaufsichtsbehörde nach den für die

---

36) **Abstimmung.** Bei Stimmengleichheit gibt die Stimme des Verbandsvorstehers nach § 16 den Ausschlag, soweit einfache Stimmenmehrheit genügt, was von den Bestimmungen der Satzung abhängt. Daher muß die Abstimmung eine offene sein (s. LGO. § 107 Anm. 68). Im übrigen kann die Satzung über die Art der Abstimmung entscheiden. Friedrichs (a. a. O. § 14 Anm. 3) meint, daß die Abstimmung nur, soweit ein Gutsbezirk mit mehreren Stimmen beteiligt ist, offen sein müsse, im übrigen aber durch Zettel erfolgen könne, wobei der Vorsitzende eine zweite Stimme abzugeben habe, wenn sich Stimmengleichheit ergebe. Szczesny (a. a. O. § 14 Anm. 2) hält ebenfalls eine Abstimmung mittels Stimmzettels für zulässig, aber eine gesonderte Abgabe der Stimme des Vorstehers, die dann aufhört, eine geheime zu sein, für nötig.

37) **Wahl des Verbandsvorstehers.** Die Satzung kann beispielsweise vorschreiben, daß der Vorsteher einer bestimmten, dem Verbande angehörigen Gemeinde oder der Besitzer eines bestimmten Gutsbezirkes Verbandsvorsteher ist, so daß eine Wahl nicht stattzufinden hat.

38) **Mitglieder einer Kreisverwaltungsbehörde.** In der Provinz Posen werden die Mitglieder des Kreisausschusses gemäß Art. IV § 1 des Gesetzes vom 19. Mai 1889 (GS. S. 108) vom Oberpräsidenten ernannt.

Bestätigung von Gemeindebeamten mit der Maßgabe des § 22 dieses Gesetzes geltenden Vorschriften.[39])

Wird gegen die Gültigkeit der Wahl eines Verbandsvorstehers, welcher nach der vorstehenden Bestimmung einer besonderen Bestätigung nicht bedarf, Einspruch erhoben, so entscheidet hierüber der Verbandsausschuß. Gegen den Beschluß findet die Klage bei dem Kreis- (Bezirks-) Ausschusse statt.[40])

§ 16. Der Verbandsvorsteher führt den Vorsitz im Verbandsausschuß[40a]) und gibt, soweit einfache Stimmenmehrheit genügt, bei Stimmengleichheit den Ausschlag.

---

39) **Bestätigung des Verbandsvorstehers.** Sie geschieht, wenn dem Verband eine Stadt oder ein Landkreis angehört, durch den Regierungspräsidenten, andernfalls durch den Landrat als Vorsitzenden des Kreisausschusses (s. LGO. § 139). Ersterer darf die Bestätigung nur unter den in § 13 des ZG. bezeichneten Voraussetzungen, letzterer unter denen des § 84 der LGO. versagen. Gegen die Versagung ist die Beschwerde, ersterenfalls bei dem Minister des Innern gemäß ZG. § 13, letzterenfalls bei dem Bezirksausschuß gemäß LVG. § 121, zulässig (vgl. LGO. § 84 Anm. 23).

Für die Frage, ob der Verbandsvorsteher der Bestätigung bedarf, kommt es nur darauf an, ob er *zur Zeit der Wahl* das Amt, für welches er früher ernannt oder bestätigt ist, noch bekleidet. Der spätere Verlust dieses Amts begründet nicht die Notwendigkeit einer Bestätigung.

40) **Einspruch gegen die Wahl des Verbandsvorstehers.** Für den Einspruch und die Klage sind Fristen hier nicht vorgesehen. Sie sind daher an eine Frist nicht gebunden. *Friedrichs* (a. a. O. Anm. 4 zu § 15) meint, daß eine Frist von zwei Wochen für den Einspruch in Analogie des § 63 Abs. 2 der LGO. gelte, für die Klage auf Grund des § 144 Abs. 1 Satz 2 der LGO., der durch § 25 des ZVG. nicht aufgehoben sei. Hierbei ist nicht beachtet, daß das ZVG. nicht lediglich für das Geltungsgebiet der LGO. erlassen ist. *Wirckau* (a. a. O. S. 58) nimmt an, daß die „übliche“ Frist von 14 Tagen gelten müsse. *Szczesny* (a. a. O. Anm. 5 zu § 15) ist hinsichtlich der Klagefrist derselben Ansicht wie *Friedrichs*, verneint aber eine Frist für den Einspruch. Der *Bezirksausschuß* ist zur Entscheidung über die Klage zuständig, wenn dem Verband eine Stadt oder ein Landkreis angehört (vgl. § 1).

Gegen die Gültigkeit der Wahl eines Verbandsvorstehers der einer besonderen Bestätigung bedarf, können die erwähnten Rechtsmittel nicht eingelegt werden. Die Prüfung der Gültigkeit der Wahl liegt in diesem Falle der für die Bestätigung zuständigen Aufsichtsbehörde ob.

40a) **Aufgaben des Verbandsvorstehers.** Der Verbandsvor-

§ 17. Der Zweckverband ist berechtigt, in sinngemäßer Anwendung des Kommunalabgabengesetzes vom 14. Juli 1893 (Gesetzsamml. S 152) Gebühren und Beiträge zu erheben.[41])

Soweit die eigenen Einnahmen des Zweckverbandes, die Gebühren und die Beiträge zur Bestreitung der Verbandsausgaben nicht ausreichen, wird der Fehlbetrag auf die Verbandsglieder nach dem Maßstab entweder ihrer Beteiligung an den von dem Zweckverbande zu erfüllenden Aufgaben oder ihres der Kreisbesteuerung, bei Stadt- oder Landkreisen der Provinzialbesteuerung zugrunde zu legenden Solls der Staats- und staatlich veranlagten Steuern oder eines anders berechneten Steuersolls oder nach einem anderen in der Satzung zu bestimmenden Maßstab umgelegt.[42])

---

steher hat außer der Leitung der Verhandlungen des Verbandsausschusses gemäß § 11 die Beschlüsse des Verbandsausschusses auszuführen und den Zweckverband nach außen zu vertreten, die Beamten des Zweckverbandes gemäß § 12 anzustellen und über Beschwerden und Einsprüche gemäß §§ 4 und 21 zu entscheiden. — S. auch oben Anm. 27.

41) **Gebühren und Beiträge.** Gebühren können gemäß § 4 des KAG. für die Benutzung der von dem Verband im öffentlichen Interesse unterhaltenen Veranstaltungen (Anlagen, Anstalten und Einrichtungen), Beiträge nach § 9 des KAG. behufs Deckung der Kosten für Herstellung und Unterhaltung von Veranstaltungen, welche durch das öffentliche Interesse erfordert werden, von denjenigen Grundeigentümern und Gewerbetreibenden erhoben werden, denen durch die Veranstaltungen besondere wirtschaftliche Vorteile erwachsen. Für die Bemessung der Gebühren kommen die §§ 4, 7 und 8 des KAG., für die Beitragserhebung § 9 zur Anwendung, für Schlachthausgebühren und Fleischuntersuchungsgebühren § 11 daselbst. Die Gebühren und Beiträge unterliegen nach § 90 daselbst der Beitreibung im Verwaltungszwangsverfahren. Über die Rechtsmittel gegen die Heranziehung zu Gebühren und Beiträgen trifft § 21 des ZVG. Bestimmung. — Eine Verpflichtung des Verbandes zur Erhebung von Gebühren, wie sie § 4 des KAG. bestimmt, ist im § 17 des ZVG. nicht ausgesprochen. Anderer Meinung ist Friedrichs (Anm. 2 zu § 16), der auch § 3 des KAG., auf gewerbliche Unternehmungen des Zweckverbandes für anwendbar erachtet. Im Falle des § 3 handelt es sich aber nicht um die öffentlich-rechtlichen „Gebühren" des § 4, sondern um privatrechtliche Vergütungen.

42) **Einnahmen und Umlagen des Zweckverbandes.** Eigene Einnahmen können dem Verbande namentlich aus Schenkungen,

§ 18. Den Verbandsgliedern bleibt die Aufbringung der Verbandsumlagen nach Maßgabe ihrer Verfassung vorbehalten.[43])

Steht ein Gutsbezirk, der zu den Verbandsgliedern gehört, nicht ausschließlich im Eigentume des Gutsbesitzers oder steht innerhalb des Gutsbezirkes einer anderen Person als dem Gutsbesitzer ein Erbbaurecht zu, so kann auf Antrag des Gutsbesitzers ein Statut erlassen werden, welches die Unterverteilung der Verbandslasten regelt und hierbei den mitheranzuziehenden Grundbesitzern, Erbbauberechtigten oder sonstigen Einwohnern des Gutsbezirkes eine entsprechende Mitwirkung einräumt. Das Statut wird nach Anhörung der Beteiligten vom Kreisausschusse festgestellt. Dabei muß die Regelung der Beitragspflicht nach dem Interesse der Beteiligten an den Aufgaben des Zweckverbandes erfolgen. Das Statut unterliegt der

---

Vermächtnissen, Staatsbeihilfen, Vermietungen, Verpachtungen und Verkäufen zufließen, ferner als Gebühren und Beiträge. Der hierdurch nicht gedeckte Geldbedarf des Verbandes ist durch Steuern (Verbandsumlagen) aufzubringen. Der Maßstab für diese Umlagen ist in der Satzung nach billigem Ermessen unter Berücksichtigung aller Umstände des einzelnen Falles zu bestimmen, ohne daß den im § 17 an erster Stelle bezeichneten Maßstäben (Interesse und Leistungsfähigkeit der Verbandsglieder) vor anderen Maßstäben ein Vorzug gesetzlich zukommt. — Über die Notwendigkeit einer Genehmigung der Umlagen s. § 24.

43) **Aufbringung der Verbandsumlagen in Gemeinden und Landkreisen.** Die zum Verbande gehörigen Gemeinden und Landkreise sind nicht berechtigt, die Verbandsumlagen durch eine besondere Zwecksteuer aufzubringen. Sie müssen sie vielmehr auf ihren Etat übernehmen und ebenso wie alle anderen Bedürfnisse erheben, also die Gemeinden nach Maßgabe des KAG. und der demgemäß ergangenen Gemeindebeschlüsse und aufgestellten Ortsstatuten, die Landkreise aber nach Maßgabe des Kreis- und Provinzialabgabengesetzes vom 23. April 1906. Die Frage, ob hierbei mit Rücksicht auf die besonderen Vorteile, die aus den Verbandsveranstaltungen einzelnen Teilen des Gemeindebezirkes oder einzelnen Klassen der Gemeindeangehörigen erwachsen, eine entsprechende Mehr- oder Minderbelastung mit Gemeindesteuern oder eine Erhebung von Beiträgen durch die Gemeinde gemäß KAG. §§ 9 und 20 zulässig sei, ist bei der Beratung des Gesetzes im Landtage bejaht worden. Soweit jedoch der Verband von seinem Rechte, Beiträge zu erheben, selbst Gebrauch macht, wird eine nochmalige Erhebung von Beiträgen durch die Verbandsglieder nicht zuzulassen sein.

Bestätigung durch den Bezirksausschuß.[43a]) Die Bestätigung ist insbesondere auch dann zu versagen, wenn die Vorteile der Beteiligten an dem Zweckverbande nicht in richtigem Verhältnisse zu den von ihnen zu übernehmenden Lasten stehen. Einwohner des Gutsbezirkes, die in einem Lohn- oder Dienstverhältnisse zum Gutsbesitzer stehen, scheiden bei der Unterverteilung der Verbandslasten aus.[44])

§ 19. Die auf Beschluß des Verbandsausschusses vom Verbandsvorsteher anzustellenden Beamten des Zweckverbandes gelten als Beamte von Landgemeinden, bei Beteiligung von Städten oder Landkreisen als solche von Städten.[45])

---

43 a) **Beschluß des Bezirksausschusses.** Gegen den die Bestätigung versagenden Beschluß des Bezirksausschusses steht dem Gutsbesitzer (als Antragsteller) die Beschwerde bei dem Provinzialrat zu, gegen den Bestätigungsbeschluß des Bezirksausschusses dem Gutsbesitzer und jedem der in § 18 bezeichneten „Beteiligten".

44) **Aufbringung der Verbandsumlagen in Gutsbezirken.** Der Regelvorschrift nach (s. LGO. § 122) hat der Gutsbesitzer die kommunalen Lasten des Gutsbezirks und daher auch die Verbandslasten allein zu tragen. Im § 18 Abs. 2 wird eine Unterverteilung der Verbandslasten im Gutsbezirk unter bestimmten Voraussetzungen nach dem Vorgang auf anderen Verwaltungsgebieten (s. Anm. 3 zu LGO. § 122) zugelassen. Eine Besonderheit weist hierbei die Vorschrift des § 18 insofern auf, als die Unterverteilung des Beitrags des Gutsbezirks an den Verband nicht (wie bei den Armenlasten und Schullasten) nach Maßgabe der Vorschriften über Gemeindesteuern, sondern nur nach dem Maßstabe des Interesses der Gutseinsassen an den Aufgaben des Zweckverbandes geschehen darf. Als Grundbesitzer oder Erbbauberechtigte können auch juristische Personen im Gutsbezirke beitragspflichtig sein, wie ihnen auch (anders als in Gemeinden) nach § 20 Abs. 2 dieselben Rechte wie den Einwohnern hinsichtlich der Mitbenutzung der Einrichtungen des Verbandes zustehen.

Zu den Einwohnern des Gutsbezirks, die in einem Lohn- oder Dienstverhältnisse zu dem Gutsbesitzer stehen, gehören nnr solche, die sich in einem privatrechtlichen; auf Leistung vou Arbeiten oder Diensten gerichteten, Vertragsverhältnis zum Gutsherrn befinden, daher in einem fiskalischen Gutsbezirke nicht die als Staatsbeamte und auf einem Königlichen Familiengute nicht die als Hofbeamte angestellten Förster (vgl. OVG. **54** 171, **57** 247).

Das erlassene Statut kann auf Antrag des Gutsbesitzers wieder aufgehoben werden.

45) **Beamte des Zweckverbandes.** Es handelt sich hier um die Anstellung besoldeter Beamten. Auf die Anstellung und

Wenn der Zweckverband eine bis dahin von einem Verbandsgliede geführte Verwaltung übernimmt, so ist er verpflichtet, die bisher von diesem hierfür angestellten Beamten mit ihren Besoldungs- und Ruhegehaltsansprüchen auf Verlangen des Verbandsglieds in seinen Dienst zu übernehmen. Die Beamten treten in diesem Falle in den Dienst des Zweckverbandes über.[46])

§ 20. Die Angehörigen der Verbandsglieder[47]) sind zur Mitbenutzung der öffentlichen Anlagen, Anstalten und

---

Versorgung dieser Beamten finden, wenn dem Verband eine Stadt oder ein Landkreis angehört, diejenigen Vorschriften des Kommunalbeamtengesetzes vom 30. Juli 1899 Anwendung, welche sich auf die Beamten der Stadtgemeinden, wenn der Verband aber nur aus Landgemeinden oder Gutsbezirken besteht, diejenigen Vorschriften dieses Gesetzes, welche sich auf die Beamten der Landgemeinden beziehen. Von diesen Vorschriften hängt es auch ab, ob die Beamten nur auf Lebenszeit oder auch auf Kündigung angestellt werden können, in welcher Form ihre Anstellung zu erfolgen hat, welche vermögensrechtliche Ansprüche ihnen gegen den Verband zustehen und in welchem Verfahren sie geltend zu machen sind (vgl. LGO. § 118 Anm. 92). Auch die Vorschriften des Disziplinargesetzes gelten für die Verbandsbeamten (s. LGO. §§ 143 und 145). S. auch ZVG. §§ 22, 26.

Der Verbandsausschuß hat nur zu beschließen, welche Beamtenstellen zu besetzen sind und welche Besoldungen zu gewähren sind, die Auswahl des Anzustellenden steht dem Verbandsvorsteher (ohne Mitwirkung des Verbandsausschusses) zu (vgl. LGO. § 88 Anm. 37, 117 Anm. 91, 92). Für die Verpflichtung des Zweckverbandes zum Ersatz von Schaden, den Beamte des Zweckverbandes durch Verletzung der Amtspflicht Dritten verursacht haben, kommen dieselben Vorschriften wie für die Gemeindebeamten (s. LGO. § 102 Anm. 57) zur Anwendung.

46) **Übertritt von Beamten in den Dienst des Verbandes.** Auch hier handelt es sich nur um besoldete Beamte, und zwar solche, die ausschließlich oder in der Hauptsache für die Gemeindeanstalt oder Gemeindeeinrichtung angestellt worden waren, deren Verwaltung von dem Zweckverbande übernommen wird (s. § 7 Abs. 3). Die Beamten, die von dem Verbandsglied für die betreffende Verwaltung angestellt worden waren, sind verpflichtet, in den Dienst des Verbandes überzutreten (über die hinsichtlich des Übertritts der Beamten bei Eingemeindungen geltenden Grundsätze vgl. LGO. § 3 Anm. 30). — Auf Personen, die keine „Beamten“ sind, sondern nur durch privatrechtlichen Dienstvertrag angenommen sind, bezieht sich die Vorschrift des § 19 Abs. 2 nicht. Anderer Ansicht: Friedrichs (a. a. O. § 19 Anm. 7) und Szczesny (§ 19 Anm. 2 am Schluß).

47) **Mitbenutzung von Verbandsanstalten.** Als Angehörige

Einrichtungen des Zweckverbandes nach Maßgabe der für diese bestehenden Bestimmungen berechtigt.

Soweit Gutsbezirke zu den Verbandsgliedern gehören und eine Unterverteilung der Verbandslasten gemäß § 18 Abs. 2 erfolgt, haben die zu den Verbandslasten mitherangezogenen Grundbesitzer, Erbbauberechtigten und Einwohner die gleichen Rechte wie Gemeindeangehörige.

§ 21. Auf Beschwerden und Einsprüche, welche betreffen

1. das Recht zur Mitbenutzung der Anlagen, Anstalten und Einrichtungen des Zweckverbandes,
2. die Heranziehung zu den Gebühren, Beiträgen und Umlagen für Verbandszwecke,

beschließt der Verbandsvorsteher.

---

der Verbandsglieder gelten hinsichtlich der Landgemeinden der 7 östlichen Provinzen diejenigen, welche innerhalb des Gemeindebezirks einen Wohnsitz haben, mit Ausnahme der nicht angesessenen servisberechtigten Militärpersonen (LGO. § 7), hinsichtlich der Stadtgemeinden der östlichen Provinzen alle Einwohner des Stadtbezirks mit Ausnahme der servisberechtigten Militärpersonen (Städteordnung vom 30. Mai 1853 § 3), hinsichtlich der Landkreise alle diejenigen, welche innerhalb des Kreises einen Wohnsitz haben, mit Ausnahme der nicht angesessenen servisberechtigten Militärpersonen des aktiven Dienststandes (Kreisordnung vom 13. Dezember 1872 § 6). — Für die zu Zweckverbänden gehörenden Gutsbezirke ist in Abs. 2 des § 20 eine abweichende Regelung getroffen. Der Regel nach hat in Gutsbezirken der Gutsbesitzer allein die Kommunallasten zu tragen und daher auch allein den auf den Gutsbezirk entfallenden Verbandsbeitrag zu zahlen. Ein Recht auf Mitbenutzung der öffentlichen Verbandseinrichtungen des Verbandes steht den Gutseinwohnern, soweit es ihnen nicht durch besondere Gesetze eingeräumt ist (wie für die Volksschulen usw.) der Regel nach gesetzlich nicht zu, sondern nur soweit die Satzung des Verbandes es ihnen zubilligt. Eine Ausnahme macht nach § 20 Abs. 2 der Fall, daß die Grundbesitzer usw. in Gutsbezirken zu den Verbandslasten gemäß § 18 Abs. 2 herangezogen werden. Dann sollen sie auch hinsichtlich der Benutzung der Verbandseinrichtungen dieselben Rechte haben wie die Gemeindeangehörigen in Gemeinden, welche Verbandsglieder sind. Die Benutzungsrechte gehen in dem Gutsbezirke dann insofern noch weiter als in Gemeinden, als auch die nicht im Gutsbezirk wohnenden Grundbesitzer und Erbbauberechtigten, und zwar auch wenn sie juristische Personen sind, das Recht auf Mitbenutzung haben.

Über den Begriff der öffentlichen Anstalten usw. s. LGO. § 8 Anm. 9.

Einsprüche in den Fällen zu 2 sind binnen einer Ausschlußfrist von vier Wochen einzulegen.[48])

Gegen die auf Beschwerde und Einsprüche ergangenen Beschlüsse findet binnen einer Frist von zwei Wochen die Klage im Verwaltungsstreitverfahren bei dem Kreis-(Bezirks-) Ausschusse statt. Gegen die Entscheidung des Bezirksausschusses in den Fällen zu 2 ist nur das Rechtsmittel der Revision zulässig.[49])

Durch Einspruch und Klage wird die Verpflichtung zur Zahlung der Beträge nicht aufgeschoben.

§ 22. Hinsichtlich der staatlichen Zuständigkeiten wird der Zweckverband einer Landgemeinde, bei Beteiligung von Städten oder Landkreisen einer Stadt gleichgeachtet. Auf die Dienstvergehen des Verbandsvorstehers und seines Stellvertreters finden nach der gleichen Unterscheidung die die ländlichen oder städtischen Gemeindevorstände betreffenden Bestimmungen Anwendung.[50])

Die gewählten Mitglieder des Verbandsausschusses werden vom Vorsitzenden vereidigt. Sie können nach § 39 des Gesetzes über die allgemeine Landesverwaltung vom 30. Juli 1883 im Wege des Disziplinarverfahrens ihrer Stellen enthoben werden.[51])

---

48) **Beschwerden und Einsprüche.** Sie sind, soweit sie die Mitbenutzung der Anlagen usw. des Zweckverbandes betreffen (Nr. 1), an eine Frist nicht gebunden (s. hierüber LGO. § 9 Anm. 11). Einsprüche (nicht auch Beschwerden) gegen die Heranziehung im Falle der Nr. 2 sind innerhalb der Frist von 4 Wochen bei dem Verbandsvorsteher einzulegen.

49) **Klage.** Sie ist bei dem Kreisausschuß anzubringen, wenn dem Verbande nur Landgemeinden oder Gutsbezirke angehören, andernfalls bei dem Bezirksausschuß (s. § 22). Gegen die Entscheidung des Kreisausschusses findet die Berufung an den Bezirksausschuß statt, die gemäß LVG. § 86 bei dem Kreisausschuß einzulegen ist. Die Revision, welche gegen die in erster oder in zweiter Instanz ergangene Entscheidung des Bezirksausschusses zulässig ist, muß nach LVG. § 95 Abs. 2 bei demjenigen Gericht eingelegt werden, welches in *erster* Instanz entschieden hat.

50) **Staatliche Zuständigkeit.** Sie kommt namentlich für die Staatsaufsicht und die aus ihr fließenden Befugnisse in Betracht. Für Zweckverbände in den 7 östl. Provinzen, denen nur Landgemeinden oder Gutsbezirke angehören, ist sie durch LGO. §§ 139 bis 144 geregelt, für andere Verbände findet namentlich ZG. §§ 7—21 Anwendung.

51) **Gewählte Mitglieder des Verbandsausschusses.** Auf die

§ 23. Der Verbandsausschuß beschließt über die Öffentlichkeit seiner Verhandlungen.

§ 24. Beschlüsse des Verbandsausschusses, welche betreffen

1. Anleihen,[52]) durch die der Zweckverband mit einem Schuldenbestande belastet oder der bereitsvorhandene Schuldenbestand vergrößert werden würde, sowie Übernahme von Bürgschaften auf den Zweckverband,
2. Belastung der Verbandsglieder durch Umlagen über fünfundzwanzig Prozent des Gesamtaufkommens der der Kreis- (Provinzial-) Besteuerung zugrunde liegenden Staats- u. staatlich veranlagten Steuern,[53])

bedürfen der Bestätigung durch den Kreis- beziehungsweise Bezirksausschuß.

§ 25. Der vierte Titel der Landgemeindeordnungen

a) für die sieben östlichen Provinzen der Monarchie vom 3. Juli 1891 (Gesetzsamml. S. 233),
b) für die Provinz Schleswig-Holstein vom 4. Juli 1892 (Gesetzsamml. S. 155),
c) für die Provinz Hessen-Nassau vom 4. August 1897 (Gesetzsamml. S. 301)

sowie § 18 Abs. 4 des Gesetzes, betreffend die Anstellung und Versorgung der Kommunalbeamten, vom 30. Juli 1899 (Gesetzsamml. S. 141), insoweit sich diese letztere Bestimmung auf Zweckverbände bezieht, werden aufgehoben.

(ohne Wahl) durch das Gesetz berufenen Mitglieder (§ 13 Abs. 1) findet die Vorschrift des § 22 Abs. 2 keine Anwendung. Die Dienstentlassung der gewählten Mitglieder kann in dem durch das Disziplinargesetz vom 21. Juli 1852 und LVG. § 39 geregelten Verfahren stattfinden.

52) **Anleihen.** Über die Zulässigkeit ihrer Aufnahme und deren Prüfung s. LGO. § 114 Anm. 82.

53) **Bestätigung von Umlagebeschlüssen.** Es kommt für die Notwendigkeit der Bestätigung darauf an, ob der Gesamtbetrag der Jahresumlage des Zweckverbandes, gleichviel nach welchem Maßstabe sie auf die einzelnen Verbandsglieder (Gemeinden usw.) erfolgt (§ 17 Abs. 2), 25 Prozent des Gesamtaufkommens der im § 24 bezeichneten Steuern in den Bezirken der Verbandsglieder übersteigt, aber nicht darauf, ob diese Höhe für ein einzelnes Verbandsglied überschritten wird. Anderer Ansicht sind Friedrichs (Anm. 2 zu § 24), Szczesny (Anm. 2 zu § 24) und Wirckau (S. 56).

Soweit die Gesetze auf die in vorstehendem Absatz aufgehobenen Bestimmungen verweisen, tritt an deren Stelle das vorliegende Gesetz.

Die besonderen Bestimmungen über Feuerspritzen-[54]) und Bullenhaltungsverbände[55]) bleiben unberührt.

§ 26. Im Falle der Beteiligung der Stadt Berlin bei Bildung eines Zweckverbandes gemäß § 1 beschließt an Stelle des Bezirksausschusses die Beschlußbehörde für Groß Berlin.[56])

§ 27. Dieses Gesetz tritt am 1. Oktober 1911 in Kraft. Der Minister des Innern ist mit seiner Ausführung beauftragt.

Urkundlich usw.

---

54) **Feuerspritzenverbände.** Sie sind Verbände von Gemeinden oder Gutsbezirken zur gemeinschaftlichen Anschaffung und Unterhaltung von Feuerspritzen. Sie haben nicht die Eigenschaft von Körperschaften des öffentlichen Rechts und können freiwillig mit Genehmigung des Kreisausschusses oder zwangsweise auf dessen Anordnung gebildet werden. Über ihre Angelegenheiten hat ein Statut Bestimmung zu treffen, das von den Beteiligten zu vereinbaren ist und der Bestätigung des Kreisausschusses unterliegt. Kommt eine Vereinbarung nicht zustande, so stellt der Kreisausschuß das Statut fest (OVG **19** 335), der auch über eine infolge Vereinbarung oder Aufhebung eines Spritzenverbandes notwendig werdende Auseinandersetzung zu beschließen hat (s. ZG. §§ 139, 140 und PrVBl. **30** 468).

Die Spritzenverbände sind befugt, sich zu Zweckverbänden nach Maßgabe des ZVG. umzugestalten.

55) **Bullenhaltungsverbände.** Zu ihrer Bildung sind Landgemeinden nach Maßgabe besonderer für einzelne Provinzen erlassener Gesetze verpflichtet. Diese Verpflichtung ist eingeführt in der Rheinprovinz durch Gesetz vom 27. Juni 1890 (GS. S. 217), in den Provinzen Hessen-Nassau und Schlesien durch Gesetz vom 19. August 1897 (GS. S. 393), in der Provinz Sachsen durch Gesetz vom 7. Juni 1899 (GS. S. 115) und in Westfalen durch Gesetz vom 25. Juli 1900 (GS. S. 305 und 350).

56) **Beschlußbehörde für Groß Berlin.** Sie besteht nach § 39 des Zweckverbandsgesetzes für Groß Berlin aus dem Oberpräsidenten oder seinem Stellvertreter als Vorsitzenden, aus den Verwaltungsgerichtsdirektoren der Bezirksausschüsse für den Stadtkreis Berlin und zu Potsdam oder ihren Stellvertretern, sowie aus vier auf sechs Jahre gewählten Mitgliedern. Über deren Wahl und Beeidigung, über den Sitz der Behörde und ihre Beschlußfassung trifft § 39 a. a. O. nähere Bestimmung.

Schlagwortverzeichnis.

(Die Zahlen verweisen auf die Seiten.)

Aberkennung der Ehrenrechte und der Fähigkeit zur Bekleidung von Ämtern 70.
Abfindungsländereien des Gutsherrn 35, 36.
Abgabe für Teilnahme an Gemeindenutzungen 59, 148, 149; s. auch Gemeindeabgaben.
Abgabenregulierungspläne im Gutsbezirk 214; Rechtstitel 240.
Abgeordnete von Stimmberechtigten 72, 81, 82; von Mitgliedern des Zweckverbandes 264—266.
Ablehnung von Wahlen 120, 123; von Gemeindeämtern 127—130.
Ablösung der Gemeindeabgaben von wüsten Hufen 58; der Verpflichtung zur Wahrnehmung der Gutsvorstehergeschäfte 163; s. auch Rezesse.
Abschrift der Wählerliste 106; des Feststellungsbeschlusses über die Gemeinderechnung 211.
Absteigequartier 52.
Abstimmung bei Wahlen der Gemeindeverordneten 115 bis 118; bei Wahl des Gemeindevorstehers und der Schöffen 156—159; in der Gemeindeversammlung und Gemeindevertretung 189.
Abteilungen s. Wahlabteilungen.
Abtrennung von Bezirksteilen s. Bezirksveränderungen.
Ackernahrung, spannfähige 73, 74.
Adliges Gut s. Rittergut.
Akklamation s. Zuruf.
Akten, Aufbewahrung 170.
Aktiengesellschaften, Stimmrecht 74; Vertretung 79; als Gutsbesitzer 219.
Allmenden s. Gemeindegliedervermögen.
Alter für das Gemeinderecht 67; für Gemeindeämter 128.
Altertümer 195.
Amt s. Gemeindeamt.
Ämter im Zweckverbande 271, 272.
Amtsanwalt s. Staatsanwaltschaft.
Amtsbezeichnung bei Gemeindebeamten 203.
Amtsbezirke bei Bildung von Zweckverbänden 246, 256.
Amtsblatt, Veröffentlichungen 20, 246.
Amtsdauer, Gemeindeverordnete 126; Gemeindevorsteher und Schöffen 154; Abgeordnete im Zweckverbande 266.
Amtsdiener, Wählbarkeit 98.

Amtspflichten der Gemeindebeamten 234, 235.
Amtstitel von Gemeindebeamten 203.
Amtsvorsteher, Wählbarkeit 98; Gutachten über Gewählte 159; sein Organ 177; Aufträge an den Gemeindevorsteher und Gutsvorsteher 179; Stellvertreter im Gutsbezirke 218; Vereidigung der Gemeindebeamten 162, des Gutsvorstehers 220; als Verbandsvorsteher 267; als Organ des Landrats 224.
Anfechtung von Wahlen 132, 268; von Gemeindebeschlüssen 133—137, 225.
Angehörige s. Gemeindeangehörige.
Angelegenheiten der Gemeinden 45, 165; des Zweckverbandes 246, 262, 263.
Angesessene, Begriff 64, 65, 95; Stimmrecht 81; in der Gemeindevertretung 94—96, 104.
Anlagen s. Einrichtungen.
Anleihen der Gemeinde, Genehmigung 197, 232; des Zweckverbandes 275.
Anordnung, statutarische, s. Statut.
Anrechnung von Steuerzahlungen als Voraussetzung des Gemeinderechts 67; bei dem Forensalstimmrechte 74.
Anstalten der Gemeinde s. Gemeindeanstalten; des Verbandes 258, 269, 272, 273.
Anstellung von Beamten 169, 201—203, 271.
Anstellungsurkunde 202.
Anweisung der Einnahmen und Ausgaben 169, 175; der Aufsichtsbehörde 222.
Anzeigen in Strafsachen 178.
Armbinde der Schulzen 152.
Armenlast bei Bezirksveränderungen 23, 29; im Gutsbezirke 214.
Armenpflege durch Zweckverbände 247, 259.
Armenpflegedeputation 150, 161, 185, 186.
Armenunterstützung, Einfluß auf das Gemeinderecht 63, 72.
Armenverbände der Gutsbezirke 212, 214; als Zweckverbände 246, 256.
Arreststrafe 236.
Auen 17, 39, 40.
Aufenthalt als Gegensatz zum Wohnsitze 52; des Gutsherrn im Gutsbezirke 219.
Aufgaben s. Angelegenheiten.
Auflösung von Gemeinden und Gutsbezirken 10—12; Rechtsfolgen 23—25; von Zweckverbänden 253—256, 263; von Gemeindevertretungen 234.
Aufsicht des Gemeindevorstehers 169, 186; des Gemeindevorstandes 175; über Gemeindewaldungen 142, 194; des Staates 222.
Aufsichtsbehörden, Wählbarkeit ihrer Mitglieder 96, 97; über die Gemeindeverwaltung 224, 225.
Ausbleiben in Gemeindeversammlungen 192.
Auseinandersetzung bei Bezirksveränderungeu 23—31; über die Schulzendotation 181—183; bei Veränderungen der Zweckverbände 253—256, 263.
Auseinandersetzungsrezesse s. Gemeinheitsteilungen, Regulierungen, Separationsinteressenten, Rezesse.
Ausführung der Gemeindebeschlüsse 169; der Gesetze 168; der LGO. 243; des ZVG. 276.
Ausgaben, Anweisung 169, 207; Voranschlag 206, 207; Leistung

207; Eintragung in das Rechnungsbuch 208; des Zweckverbandes 269; s. auch Zwangsetatisierung..
Ausgleichung der Interessen s. Auseinandersetzungen.
Aushebungsgeschäft 165.
Auslagen des Gemeindevorstehers 162, 164; der Schöffen 164.
Auslegung der Gemeindegliederliste 61; der Wählerliste 105, 106, 139; des Voranschlags 206; der Gemeinderechnung 211.
Ausschließung der Öffentlichkeit 191; von der Abstimmung 190; aus der Versammlung 192.
Aussetzung der Ausführung eines Beschlusses 168, 226.
Auswärtige Stimmberechtigte s. Forensen.

Badeanstalt der Gemeinde 54.
Bahnpolizeibeamte, Wählbarkeit 98.
Bauernland 3; Erwerb durch den Gutsherrn 33—36; s. auch Wüste Hufen.
Baufluchtlinien, ihre Festsetzung im Zweckverbande 252.
Beamte, Wählbarkeit 96—99; im Zweckverbande 271; s. auch Ämter, Gemeindebeamte, Gemeindevorsteher, Gutsbezirk, Staatsbeamte.
Beanstandung von Beschlüssen 168, 225, 226.
Beerdigungen in Fällen nicht natürlichen Todes 178.
Beglaubigung von Wahlvollmachten 116.
Begräbnisplätze, kommunale Zugehörigkeit 38; Gemeindeanstalten 53.
Beigeordneter, Titel des ersten Schöffen 150.
Beihilfen bei Auseinandersetzungen 31.
Beiladung im Streitverfahren, über Gemeindegrenzen und Gemeindezugehörigkeit 32; über Gültigkeit von Wahlen 135; über Richtigkeit der Wählerliste 135, 136.
Beisitzer bei Wahlen 114, 156.
Beiträge im Zweckverbande 269, 270.
Beitreibung von Abgaben und Einkaufsgeld 148.
Bekanntmachung, Ortsüblichkeit 110; durch eine Zeitung 112; der Auslegung der Wählerliste 105; des Wahlergebnisses 123; der Sitzungen und der Tagesordnung 186; der Veräußerung von Grundstücken 200; der Auslegung des Voranschlags 206; der Auslegung der Gemeinderechnung 209; des Verbandsstatuts 263.
Belastung, neue, der Gemeindeangehörigen 197—199.
Beratungen des Gemeindevorstehers mit den Schöffen 169; des Wahlvorstandes 156; der Gemeindeversammlung und Gemeindevertretung 186.
Berggewerkschaft, Stimmrecht 75; Vertretung 79; als Gutsbesitzer 219.
Bergwerkseigentum der Gemeinde 196.
Berichtigung der Gemeindegliederliste 61; der Wählerliste 105, 108.
Beschlagnahme durch den Gemeinde- oder Gutsvorsteher 178.
Beschlüsse s. Gemeindebeschlüsse.
Beschlußbuch 192.
Beschlußfähigkeit des Gemeindevorstandes 176; der Gemeindeversammlung und Gemeindevertretung 188—190; des Verbandsausschusses 263, 266, 267.

Beschlußfassung des Wahlvorstandes 116, 120, 122; des Gemeindevorstehers (Gemeindevorstandes) 130—134, 144, 145, 175, 176; der Gemeindeversammlung und der Gemeindevertretung 130—134, 189, 190; bei Zweckverbänden 263, 267, 268; Anweisung hierzu 223.

Beschwerden gegen Beschlüsse über Bezirksveränderungen 15, 18; gegen Auseinandersetzungsbeschlüsse 26; wegen Mitbenutzung der Gemeindeanstalten 55, 56; gegen die Wahlbezirkseinteilung 93; wegen Besitz des Gemeinderechts, Zugehörigkeit zu einer Klasse der Stimmberechtigten, Wählbarkeit, Ausübung des Stimmrechts, Richtigkeit der Wählerliste, Gültigkeit von Wahlen, Verhängung von Nachteilen wegen Nichterfüllung von Gemeindepflichten 130—132; wegen Teilnahme an den Gemeindenutzungen 144—147; wegen Einkaufsgeld und Abgaben für diese Teilnahme 149; über Versagung der Bestätigung 156, 160; über Festsetzung der baren Auslagen und Entschädigung des Gemeindevorstehers und der Schöffen 164; gegen Heranziehung zu Lasten im Gutsbezirke 216, 217; gegen Bildung eines Zweckverbandes 247, 249; gegen Versagung der Bestätigung der Verbandssatzung 247; wegen Mitbenutzung der Einrichtungen des Verbandes 273; gegen Heranziehung zu den Lasten des Verbandes 273, gegen Festsetzung des Verbandsstatuts 247; über Disziplinarstrafen 236, s. auch Einsprüche.

Beschwerdefrist s. Fristen.

Besitzer des Gutes s. Gutsbesitzer.

Besoldung, Begriff 97; des Gemeindevorstehers 154, 163; der Schöffen 155, 204, 205; der Gemeindebeamten 97, 98.

Besondere Rechtstitel s. Titel.

Bestätigung der Gemeindebeamten 159, 160; des Gutsvorstehers 220; der Verbandssatzung 247; des Verbandsvorstehers 268; der Beschlüsse des Verbandsausschusses 275, s. auch Genehmigung.

Bestrafung s. Geldstrafen, Ordnungsstrafen.

Betriebssteuer, Erhebung 166.

Bevollmächtigte s. Vertreter, Vertretung, Vollmacht.

Bezirksfreiheit s. Gemeindefreiheit.

Bezirksveränderungen 8—22, Veröffentlichung 20, Rechtswirkungen 20—25, 32—37; Mitteilungen hierüber 20, 23.

Brüder als Gemeindevorsteher und Schöffen 155; in der Gemeindevertretung 99, 100.

Bullenhaltungsverbände 276.

Bürgerliche Ehrenrechte s. Ehrenrechte.

Bürgermeister, Titel von Gemeindevorstehern 150.

Bürgermeistereien im Zweckverbande 245, 246.

Bürgerrecht, sein Erwerb bei Einverleibungen 42.

Bürgervermögen s. Gemeindegliedervermögen.

Bürgschaften der Gemeinde 197; des Zweckverbandes 275.

castrum nobile im Gutsbezirke 213.

Decharge s. Entlastung.

Defekte 211.

Deichpflichtige, keine Gemeindegliederklasse 142.

Denkmalpflege 195.

Deputationen in der Gemeindeverwaltung 185.
Dienstabzeichen des Gemeindevorstehers 152.
Dienstaufsicht s. Aufsicht.
Dienste s. Gemeindedienste.
Diensteid, Form 162; s. auch Vereidigung.
Diensteinkommen der Gemeindebeamten 204, 205.
Dienstmiete von Personen zu Gemeindediensten 202.
Dienstpflichten der Gemeindebeamten 234, 235.
Dienstsiegel 171; des Gutsvorstehers 218.
Dienstunfähigkeit der Gemeindebeamten, Feststellung 237.
Dienstvergehen der Gemeindebeamten 170, 234, 235, 274.
Dienstwohnung, Genuß durch die Hinterbliebenen eines Gemeindebeamten 194, 195.
Distriktskommissarius, Vereidigung 162, 210; sein Organ 168; Aufträge an Gemeindevorsteher und Gutsvorsteher 171.
Disziplinarstrafrecht des Gemeindevorstehers 170, 236; des Landrats 236, des Regierungspräsidenten 225, 235.
Disziplinarverfahren 224, 234, 235, 272, 274.
Domänen als Gutsbezirke 6, 7.
Dorf, Begriff 1, 2.
Dorfauen s. Auen.
Dorfgemeine 1.
Dorfgericht 151, 152.
Dorfgeschworene s. Schöffen.
Dorfrichter s. Gemeindevorsteher.
Durchsuchungen durch den Gemeinde- oder Gutsvorsteher 178.

Ehefrauen, Gemeinderecht 62; Stimmrecht 76, 78; als Gutsherrn 213; s. auch Frauen.
Ehemann, Gemeinderecht 67; Stimmrecht 76; als Gutsherr 213.
Ehrenämter 126, 127, 150.
Ehrenfeldhüter 150; Bestätigung 161.
Ehrenrechte, bürgerliche, Voraussetzung des Gemeinderechts 63; Verlust 69, 71; des Vertreters Stimmberechtigter 80; des Gutsherrn 220.
Eid s. Vereidigung.
Einführung der Gemeindeverordneten 125, 126.
Eingemeindung von Grundstücken 8—18; Einfluß auf Gemeinderecht 63.
Eingetragene Genossenschaften, Stimmrecht 75; Vertretung 79; als Gutsbesitzer 219.
Einkaufsgeld 148.
Einladung zur Wahl 110—112; zur engeren Wahl 121, 122; zu Sitzungen 186, des Verbandsausschusses 267.
Einnahmen, Anweisung 169; Voranschlag 206; Eintragung in das Rechnungsbuch 208; keine Zwangsetatisierung 232; des Zweckverbandes 269.
Einquartierungslast s. Quartierleistung.
Einrichtungen der Gemeinde s. Gemeindeanstalten; des Zweckverbandes 258, 269, 272, 273.
Einsichtnahme in die Wählerliste 105, 106; in den Voranschlag 206; in die Gemeinderechnung 211.
Einsprüche wegen Benutzung von Gemeindeanstalten 55, 56; gegen die Richtigkeit der Gemeindegliederliste 61; die Wählerliste 61, 107, 108, 121, 130; 131; die Gültigkeit von Wahlen 124, 132; den Besitz oder Verlust des Gemeinderechts 130, 131; die Zugehörigkeit zu einer Klasse von Stimmberechtigten 131; die Wähl-

barkeit 131; die Ausübung des Stimmrechts durch Dritte 131; die Berechtigung zur Ablehnung oder Niederlegung von Gemeindeämtern 133; mündliche und bedingte 125; wegen Teilnahme an den Gemeindenutzungen 145—148; wegen Einkaufsgeldes und Abgaben für diese Teilnahme 149; gegen Heranziehung zu Lasten im Gutsbezirke 216, 217; gegen die Wahl des Verbandsvorstehers 268; wegen Mitbenutzung der Einrichtungen des Verbandes 273; gegen Heranziehung zu den Verbandslasten 273.
Eintragung in den Voranschlag s. Zwangsetatisierung.
Einwohnergemeinde 2.
Einziehung bäuerlicher Stellen zum Vorwerkslande 34, 35, 57.
Elektrizitätswerk der Gemeinde 54.
Elterliche Gewalt 67, 80.
Engere Wahl bei der Wahl von Gemeindeverordneten 121, 122; bei der Wahl des Gemeindevorstehers und der Schöffen 158.
Entfernung aus dem Amte, Disziplinarstrafe 236, 274.
Entlassung von Gemeindebeamten mittels Kündigung 203.
Entlastung der Gemeinderechnung 209, 210.
Entmündigung 68.
Entschädigung bei Auseinandersetzungen 27—31; des Gemeindevorstehers und der Schöffen 162—164.
Entscheidungen, Rechtstitel 240.
Entschuldigungsgründe für Ablehnung von Ämtern 128.
Erbbaurecht, Voraussetzung des Gemeinderechts 65; Veräußerung durch die Gemeinde 196; im Zweckverbande 270, 273.
Erben im Grundbesitze 67.
Erbpacht und **Erbzinsgüter** 7.
Erbschulzerei 180.
Erbuntertänigkeit der Bauern 4, 5.
Ergänzungs- und **Ersatzwahlen** 100—104; Zeit der Neuwahlen von Gemeindeverordneten 110, 111; Neuwahl von nicht bestätigten Gemeindebeamten 160, 161.
Ermittelungen, strafrechtliche 178.
Ersatzansprüche wegen kommunaler Belastung 43.
Ersatzpflicht der Gemeinde und der Gemeindebeamten für Schaden 184, des Zweckverbandes 257.
Erwerb des Gemeinderechts s. Gemeinderecht.
Erwerbung von Grundstücken durch die Gemeinde, Formen 174, 196; durch Gemeindeverbände 157.
Etat s. Voranschlag, Zwangsetatisierung.

Fabrikbesitzer, Stimm- und Wahlrecht als Forensen 74.
Feldgemeinschaft 38.
Feldhüter 150; Bestätigung 161; Anstellung 203.
Feldmark, bäuerliche 2, 4, 34; städtische 41; außerhalb der Staatsgrenzen 9.
Festnahme, vorläufige, durch den Gemeinde- oder Gutsvorsteher 178.
Feststellung des Voranschlags 207; der Gemeinderechnung 209, 210; von Leistungen und Ausgaben 229, 233.
Feuerlöschwesen, Gemeindeeinrichtung 55; des Gutsbezirks 214.
Feuerspritzenverbände 276.
Fideikommißbesitzer als Gutsherr 216.
Finanzvermögen der Gemeinde, Begriff 138.

Fischereiberechtigungen als Gemeindevermögen 139.
Fiskalische Gutsbezirke 6, 7.
Fiskus s. Staatsfiskus.
Flecken 2.
Fleischbeschauer, kein Gemeindebeamter 203.
Fluchtlinien im Gutsbezirk 219; im Zweckverbande 252.
Flurbuch, Flurkarte 40, 41.
Flüsse, Gemeindezugehörigkeit 38, 39, 40.
Forensaleinkommen bei der Einreihung in die Wählerabteilung 86, 88, 89.
Forensen, Begriff und Stimmrecht 73, 74; Ausübung des Stimmrechts 79, 80; Benutzung der Gemeindeanstalten 49; der Verbandsanstalten 272, 273; Teilnahme an den Gemeindenutzungen 143, 144.
Forsten als Gutsbezirke 7, 8; s. a. Gemeindewaldungen.
Forsthüter, Bestätigung 162; Anstellung 203.
Forstschutzbeamte, Wählbarkeit zu Gemeindebeamten 98.
Frauen, Gemeinderecht 62; Stimmrecht 76; Vertretung im Stimmrechte 78; Vertretung als Gutsherrn 219; s. auch Ehefrauen.
Freigüter 5.
Fristen für Beschwerden und Einsprüche 55, 124, 209; für Klagen 26, 56, 133—137, 146—148, 217; für die weitere und fernere Beschwerde bei Bezirksveränderungen 16, 18; für Beschwerden und Einsprüche gegen Einkaufsgeld und Abgaben für Teilnahme an den Gemeindenutzungen 145; für Beschwerden und Einsprüche gegen Heranziehung zu Lasten im Gutsbezirke 217, im Zweckverbande 249, 253, 274.
Fristwahl 112, 113.
Gasanstalt der Gemeinde 54.
Gebühren im Zweckverbande 269.
Gehalt der Gemeindebeamten, Vorauszahlung 204; s. auch Besoldung.
Geheime Sitzung der Gemeindeversammlung oder Gemeindevertretung 191.
Geistliche, Gemeinderecht 64; Wählbarkeit 98.
Geistliche Güter, Gemeindezugehörigkeit 7.
Geldstrafen für Ausbleiben und Ordnungswidrigkeiten in der Gemeindeversammlung 192; als Disziplinarstrafen 236.
Gemeindeabgaben 56—60; von wüsten Hufen 56—58; Zahlung als Voraussetzung des Gemeinderechts 64, 67, 72; stärkere Heranziehung als Strafe 129; Verteilung 174.
Gemeindeakten, Aufbewahrung 170.
Gemeindeämter, Recht zur Bekleidung unbesoldeter 62; Verlust 69, 70; Ruhen 72, 73; Verpflichtung zur Übernahme 126—129; Verlust der Fähigkeit zur Übernahme als Strafe 129; Begriff und Arten 126, 127, 150, 161, 162.
Gemeindeangehörige, Begriff 49, 273.
Gemeindeangelegenheiten, Begriff und Umfang 45, 165—167, 183.
Gemeindeanstalten, Begriff, Arten, Mitbenutzung 53—54; Beschwerden und Einsprüche 56; Verwaltung 169, 185; Beaufsichtigung 169, 175, 185.
Gemeindearbeiten, ihre Vergebung 184; s. auch Gemeindedienste.
Gemeindebeamte, Rechtsstellung bei Eingemeindungen 23, Begriff 97, 126, 150; Wählbarkeit zu Gemeindever=

ordneten 97; Arten 149, 150, 161, 162, 201, 202; Rechtsstellung 201, 202; Entlassung 203; Besoldung, Pension 97, 98, 204, 205; Bestätigung 159—161; Anstellung 149, 169, 201—203; Disziplin 170, 234—236.
Gemeindebeschlüsse, Aussetzung der Ausführung 168; Vorbereitung und Ausführung 168, 169; Beanstandung 168, 225—227; Beurkundung 192.
Gemeindebezirk, Bestand und Veränderung 3, 9—22; Grenzen 31—42; Beschluß über kommunale Eigenschaft und Grenzen 42—44.
Gemeindediener 150; Anstellung 203.
Gemeindedienste 174; Nachtwachtdienste 203; Eintragung in das Gemeinderechnungsbuch 208; Maßstab 242.
Gemeindeeigenschaft, Beschlußfassung hierüber 42—44.
Gemeindeeinnehmer, Kaution 203; Obliegenheiten 208—210.
Gemeindeeinrichtungen s. Gemeindeanstalten, Begräbnisplätze, Elektrizitätswerke, Feuerlöschwesen, Gasanstalten, Kanalisation, Leihhäuser, Markthallen, Müllabfuhr, Sparkassen, Straßenbeleuchtung, Wasserwerke.
Gemeindeforstbeamte, Anstellung 142; Besoldung und Uniform 203, 204.
Gemeindefreiheit, Beseitigung 9, 43; von Grundstücken außerhalb der Staatsgrenzen 9.
Gemeindeglieder, Begriff 49, 60; Vertreter von Stimmberechtigten 78, 79.
Gemeindegliederliste 60, 61; Streichung von Eintragungen 70; Vermerk des Ruhens des Gemeinderechts 61, 70; Beschwerde über Eintragungen 131.
Gemeindegliedervermögen, Begriff 138—141; Umwandlung 142; Teilnahme an den Nutzungen 143, 144; Beschwerden und Einsprüche 145, 149; Klage 146—148; Einkaufsgeld und Abgabe 148; Veränderungen im Genusse der Nutzungen 199.
Gemeindegrenzen s. Gemeindebezirk.
Gemeindegrundstücke, Erwerb und Veräußerung 174, 195, 196; Grundbuchblatt 194, 195; Genehmigung der Veräußerung 195; Form der Veräußerung 200, 201; Verpachtung 201.
Gemeindehaushalt 164, 206—211.
Gemeindejagd siehe Jagdnutzung.
Gemeindeinteresse, Verletzung 168; Widerspruch mit dem Privatinteresse von Stimmberechtigten 190.
Gemeindekasse, Beaufsichtigung 169, 175; Kassengeschäfte der Jagdgenossenschaft 194; Vereinnahmungen und Verausgabungen 208, 209; Revision 209, 210.
Gemeindenutzungen s. Gemeindegliedervermögen.
Gemeindeorganisation 3.
Gemeinderechnung s. Rechnungs-Buch, -Jahr, -Legung, -Periode, -Revision, -Wesen.
Gemeinderecht, Inhalt 60, 61; Voraussetzungen 62—67; Verleihung 68; Verlust 69, 70; Ruhen 61, 70, 71.
Gemeindeschreiber, Bestätigung 162; Anstellung 203.
Gemeindeschulen als Gemeindeanstalten 54; Voranschlag

207; s. auch Volksschulen, Gymnasien.
Gemeindesiegel 151, 171.
Gemeindesteuererheber, Anstellung 203.
Gemeindestimmrecht siehe Stimmrecht.
Gemeindeverbände s. Zweckverbände.
Gemeindeverfassung 1.
Gemeindevermögen, Begriff 138, 139; Umwandlung in Gemeindegliedervermögen 141; Verwaltung 168, 169, 175, 193; Veräußerung 194—196, 200, 201.
Gemeindeverordnete, Anzahl 84; Wählbarkeit 96—100; Amtsdauer 100, 125; Wahl 85—96, 110—122; Befugnisse 177; s. auch Gemeindevertretung.
Gemeindeversammlung, Vorsitz 167; Geschäftskreis 183—185, 193; Zusammenberufung und Tagesordnung 186; Beschlußfähigkeit 188; Prüfung der Gemeinderechnung 208—210.
Gemeindevertretung, Einführung, Zusammensetzung 83, 84; Wahlverfahren 110—124; Zahl der angesessenen Mitglieder 94—96; Bildung 100—104; Beschlußfassung 130—133; Vorsitz 167; Geschäftskreis 183—186; Zusammenberufung und Tagesordnung 186, 187; Sitzungstage 188; Beschlußfähigkeit 188, 189; Prüfung der Gemeinderechnung 208, 209; Auflösung 234.
Gemeindeverwaltung 165—174; laufende 169, 173, 183; kommunale und obrigkeitliche 165, 185; durch Kommissionen 185.
Gemeindevorstand, kollegialischer, Einführung 152, 153; Befugnisse 175; Beschlußfassung 175, 176; Anweisung der Einnahmen und Ausgaben 169, 207; Prüfung der Gemeinderechnung 209, 210.
Gemeindevorsteher, Mitglied der Gemeindevertretung 84, 98; Vorsitzender des Wahlvorstandes 114, 155; Entschädigung 97, 162—164; Beschlüsse auf Beschwerden und Einsprüche 130, 133, 145; Amtsstellung 149, 150; Vertretung 151, 152; Amtsdauer 154; besoldeter 155—159; Wahl 155—159; Bestätigung 159; Vereidigung 162; Amtsgeschäfte 165—174, 185; Rechtsgeschäfte für die Gemeinde 171—173; polizeiliche Aufgaben 177—179; Leistung der Ausgaben 169; Kassenführung 169; Kassen- und Rechnungsrevision 207—210; Gemeindevertreter im Zweckverbande 264, 265, 267; Beanstandung von Beschlüssen 225.
Gemeindewahlen s. Wahlen.
Gemeindewaisenrat 127.
Gemeindewaldungen, Verwaltung 142; Staatsaufsicht 142, 194.
Gemeindewege kein Gemeindegliedervermögen 139.
Gemeinheiten s. Gemeindegliedervermögen.
Gemeinheitsteilungen 36, 140, 141, 166, 240.
Gemeinwohl, Verletzung 168.
Gemengelage von Grundstücken 14, 19.
Gendarmen, Gemeindeangehörigkeit 50; Wählbarkeit 98.
Genehmigung, bedingte 200; zur Veräußerung oder Veränderung von Sachen mit wissenschaftlichem, geschichtlichem oder künstlerischem Werte 194, 195; zur Ver-

äußerung von Grundstücken 195, 196; zu Verzichtleistungen und Schenkungen 197; zur Annahme von Schenkungen 197, zu Anleihen der Gemeinde 197, der Zweckverbände 275; zu neuen Belastungen in Gemeinden 197, 198, in Zweckverbänden 275; zur Erteilung des Zuschlags beim Verkaufe von Grundstücken 201; zu Verpachtungen 201; zur Erwerbung von Grundeigentum durch Zweckverbände 257.
Generalbevollmächtigte von Gesellschaften, Stimmrecht 79; Wählbarkeit 91, 92.
Generalkommission, Befugnisse bei Gemeinheitsteilungen und Regulierungen 36.
Generalstabskarte, Beweismittel der Gemeindezugehörigkeit 40.
Genossenschaften, eingetragene, Stimmrecht 75; Vertretung 79.
Gerechtigkeiten, Gerechtsame der Gemeinde, Veräußerung 174, 196, 201.
Gerichtsbarkeit der Rittergüter 5.
Gerichtsmänner, Gerichtsgeschworene s. Schöffen.
Gerichtsschreiber im Dorfgericht 151.
Gesamtarmenverbände als Zweckverbände 259.
Gesamtschulverbände als Zweckverbände 260.
Geschäftskreis der Gemeindeversammlung und der Gemeindevertretung 183—185; des Gemeindevorstehers 165—179; des kollegialischen Gemeindevorstandes 175.
Geschworenenlisten 166.
Gesellschaften mit beschränkter Haftung, Stimmrecht 75; Wahlrecht ihrer Mitglieder 89.
Gewässer, Gemeindezugehörigkeit 6, 38, 40.
Gewerbepolizeiliche Angelegenheiten 166.
Gewerbetreibende, Stimmrecht 82, 83; s. auch Fabrikbesitzer.
Gewerbliche Anlagen, Stimmrecht ihrer Besitzer 74.
Gewerbliche Unternehmungen der Gemeinde 54, 139.
Gewohnheitsrecht s. Herkommen.
Gnadenmonat, Gnadenquartal für die Hinterbliebenen eines Gemeindebeamten 204.
Grenzen der Gemeinden und Gutsbezirke 31—43.
Grundbesitzer, Stimmrecht 73—76, 81—83; s. auch Angesessene, Forensen.
Grundbuch, Beweismittel der Gemeindezugehörigkeit 40; von Gemeindegrundstücken 194.
Grundherr, Schullasten im Gutsbezirke 215.
Grundsteuerkataster, Beweismittel der Gemeindezugehörigkeit 40.
Grundstück, zum Gemeinderecht befähigendes 65—67; zum Forensalstimmrecht befähigendes 73—76.
Gut, selbständiges 4—6; Begriff 212, 213.
Gutsbesitzer, Begriff 16, 212, 213; s. auch Gutsherr.
Gutsbezirk, Begriff 1, 2, 212; Entstehung 4, 5, innerhalb einer Stadt 6, 41; Leistungsunfähigkeit 13; Grenzen 31—43; Auflösung 10, 11; Zersplitterung 14, 19; Vereinigung mit einer Gemeinde oder mit einem anderen Gutsbezirke 11—15, 17, 23—25; Beschluß über sein Bestehen 41—43; Lasten 214—216; Beamte; 218; Vertretung im

Zweckverbande 266; Staatsaufsicht 222—224; in Zweckverbänden 245, 246, 270, 271.
Gutsherr, Begriff 16, 212, 213; ehemalige Rechte 5; jetzige Rechte und Pflichten 217, 218; Streitverfahren über die Person des Gutsherrn 41; Rechtsnachfolger 213; eines Fideikommisses 216.
Gutsuntertanen 5.
Gutsvorsteher, Wahrnehmung der Geschäfte durch einen Gemeindevorsteher 163; Rechte und Pflichten 217, 218; Stellvertreter 217, 219—221; im Zweckverbande 266—268.
Gymnasien, Gemeindeanstalten 55.

Haffe, Gemeindezugehörigkeit 6.
Haftpflicht der Gemeinde für Amtshandlungen ihrer Beamten 184, 203.
Handbuch für die Gemeindeeinnahmen und -Ausgaben 208.
Handdienste s. Gemeindedienste.
Handschlag, Verpflichtungsform 126.
Hausstand, eigener, Begriff 67.
Hausvätersozietät, Schulunterhaltung 243.
Hebammenbezirke 248.
Hebeliste für Gemeindesteuern 208.
Herkommen, Begriff 143; bei Teilnahme an Gemeindenutzungen 143; Geltungsdauer 241, 242.
Herrschaft, Begriff 8, 214.
Herrschaftliche Rechte 5.
Hilfsbeamte der Staatsanwaltschaft 179, 218.
Hinterbliebene der Gemeindebeamten, Bezüge 204; s. auch Witwengeld.
Hintersassen des Gutsherrn 5.
Historischer Wert von Gemeindesachen 194, 195.
Holzungen s. Gemeindewaldungen.
Hufen, wüste 56—58.
Hünengräber 195.
Hypothekenbuch s. Grundbuch.

Jagdgenossenschaft und **Jagdnutzung** 166, 193, 194; Buchung der Einnahmen und Ausgaben 208.
Jagdvorsteher 166, 194, 218.
Jahresrente, Entschädigung bei Auseinandersetzungen 28.
Impfwesen 248.
Interesse, s. Gemeindeinteresse, Öffentliches Interesse und Vertreter.
Interessentenvermögen, Begriff 138—141; Verwaltung 140; Rechtsstreitigkeiten 139, 147.
Juristische Personen, Stimmrecht 74, 75; Vertretung 79; Teilnahme an den Gemeindenutzungen 144; als Gutsherr 219; im Zweckverbande 272, 273.

Kämmereigüter, Gemeindezugehörigkeit 41, 42.
Kämmereivermögen s. Gemeindevermögen.
Kanalisation, Gemeindeanstalt 54.
Kassenwesen s. Gemeindekassen.
Kataster s. Grundsteuerkataster.
Kaution des Gemeindeeinnehmers 203.
Kirchendiener, Wählbarkeit 98, 99.
Kirchengrundstücke, Gemeindezugehörigkeit 38.
Kirchspiele als Zweckverbände 256.

Klage im Verwaltungsstreitverfahren, bei Auseinandersetzungen 26, 27, 258; bei Streitigkeiten über Gemeindeeigenschaft und Gemeindegrenzen 31—33; wegen Benutzung von Gemeindeanstalten 56; wegen Abgaben von wüsten Hufen 58, 59; gegen die Richtigkeit der Gemeindegliederliste 61, 136; gegen Beschlüsse des Gemeindevorstehers und der Gemeindevertretung 133—136; wegen der Gemeindenutzungen 146—148; wegen des Gemeinderechts 136; wegen der Gehaltsansprüche 204; wegen Gültigkeit von Wahlen und gegen Richtigkeit der Wählerliste 131, 134, 135, 137; gegen die Richtigkeit der Liste der Gemeindeglieder und sonstigen Stimmberechtigten 130, 131; Heranziehung zu Lasten im Gutsbezirke 217; gegen Heranziehung zu Verbandslasten 274; wegen Gültigkeit der Wahl des Verbandsvorstehers 268; wegen Mitbenutzung der Verbandseinrichtungen 274; gegen Beanstandungen 227; gegen Zwangsetatisierungen 232; gegen Ordnungsstrafen 193, 236; bei mündlichem Bescheid 133, 134; Zulässigkeit einer Widerklage 32; aufschiebende Wirkung 137.

Klassen von Gemeindeangehörigen, Begriff 138; Teilnahme an den Gemeindenutzungen 142; s. auch Wahlabteilungen.

Klostergüter 6.

Kollegialischer Gemeindevorstand s. Gemeindevorstand.

Kollektivstimmen 72, 81, 82.

Kölmische Güter 5.

Kolonien im Gutsbezirke 6.

Kommanditgesellschaften auf Aktien, Stimmrecht 74, 75; Vertretung 79; als Gutsbesitzer 219.

Kommissarius für die Auseinandersetzung mit dem Schulzengutsbesitzer 181; s. auch Vertreter des öffentlichen Interesses.

Kommissarische Gemeindebeamte, Ernennung 160; Entschädigung 164.

Kommissarischer Vertreter eines Gemeindebeamten 73, 164; eines Abgeordneten Stimmberechtigter 72.

Kommissionen für Gemeindebildungen 37; in der Gemeindeverwaltung 169, 185; zur Vorprüfung der Gemeinderechnung 209.

Kommunalaufsicht s. Aufsicht.

Kommunalfreiheit s. Gemeindefreiheit.

Konkurs 68, 72.

Kontrolle der Wehrpflichtigen 165.

Korporationsrechte der Gemeinden 44—45; der Zweckverbände 256, 257.

Krankheit, Entschuldigungsgrund 127; Bekämpfung übertragbarer im Gutsbezirke 212, 214.

Kreisabgaben bei Umgemeindungen 28; als Maßstab für die Verbandsumlagen 269.

Kreisblatt, Bekanntmachung der Veräußerung von Grundstücken 206; der Satzung des Zweckverbandes 263.

Kreisgrenzen, Veränderung 21, 22.

Kreiskommissionen s. Kommissionen.

Kreissekretär als Vertreter des Landrats 224.

Kreissteuern im Gutsbezirke 216.
Kreistagsabgeordnete, ihre Wahl 189.
Kriegsleistungen 166, 215.
Kruggrundstücke, Gemeindezugehörigkeit 38.
Kunstwert von Gemeindeeigentum 195.

Lagerbuch 141.
Landabfindungen des Gutsherrn 35, 36.
Landdotation des Gemeindevorstehers 163.
Landgemeinde, Begriff 1; Entstehung 3; Auflösung 10, 11; Leistungsfähigkeit 13; Grenzen 33—39; Aufgaben 45; Rechte 45; Selbstverwaltung 46; Namen 46; Vertretung im Zweckverbande 264—266; Staatsaufsicht 222—226; Vertretung im Streitverfahren 238.
Landkreise im Zweckverbande 245—247.
Landsassengüter 6.
Landschaftlicher Kreditverband der Rittergüter 16.
Landstraßen, Gemeindezugehörigkeit 6, 38.
Landsturmrollen 166.
Lastenverteilungspläne, Rechtstitel 240.
Laufende Verwaltung 172, 183.
Legen der Bauern 34.
Lehnschulzengut 180—182.
Lehrer, s. Volksschullehrer.
Leichnam, Sicherstellung 178.
Leihhäuser, Gemeindeanstalten 139.
Leistungen, Feststellung durch die Aufsichtsbehörde 229.
Leistungsfähigkeit einer Gemeinde oder eines Gutsbezirkes 10.
Liste der Gemeindeglieder und Stimmberechtigten 61; s. auch Gemeindegliederliste und Wählerliste.
Los, Entscheidung hierdurch 67, 91, 96, 100, 101, 102, 158.
Löschung von Namen in der Wählerliste 69, 70, 71, 108.

Mahnung an Abgabenzahlung 72.
Marktflecken s. Flecken.
Markthallen der Gemeinde 54.
Maßgabe bei Genehmigungen 200.
Meistgebot bei Veräußerung und Verpachtung von Gemeindegrundstücken 200, 201.
Meldung umziehender Personen 179.
Militärangelegenheiten 165, 166; im Gutsbezirke 215.
Militäranwärter, Anstellung 170.
Militärpersonen, Gemeindeangehörigkeit 49, 50.
Minderjährige, Stimmrecht 74; Vertretung 78.
Miteigentümer von Grundstücken, Gemeinderecht 67; Forensalstimmrecht 73; als ansässige Gemeindeverordnete 95; als Gutsherrn 213, 219.
Mühlen, Gemeindezugehörigkeit 38.
Müllabfuhr, Gemeindeeinrichtung 54.
Musterungsgeschäft 165, 166.

Nachteile für Amtsablehnung 129.
Nachtwächter als Gemeindebeamte 150, 202.
Nachtwachwesen, Gemeindeeinrichtung 55; Gemeindedienste 202; im Gutsbezirke 214.
Namen von Gemeinden und Ortschaften 46, 93.
Naturdenkmäler 195.
Naturaldienste s. Gemeindedienste.

Naturalleistungen für die bewaffnete Macht 166; im Gutsbezirke 215.
Nebenamt, Nebentätigkeit im Gemeindedienste 202.
Neuwahl der aufgelösten Gemeindevertretung 234; s. auch Ergänzungs- und Ersatzwahlen.
Nichtangesessene, Wählbarkeit 94—96, 104; s. auch Angesessene.
Niederlegung von Gemeindeämtern 130.
Nießbraucher von Grundstücken, Vertreter im Stimmrechte 79.
Normaljahr 33, 34.
Notstand, seine Beseitigung 55.
Nottestament 167.
Nutzungen s. Gemeindegliedervermögen.

Obrigkeit der Landgemeinde 165—167; des Gutsbezirkes 217.
Obrigkeitliche Angelegenheiten 45—47, 218.
Obrigkeitliche Befugnisse, Ausübung durch Gemeindebeamte 202; des Gutsvorstehers 217, 218.
Observanz s. Herkommen.
Offenlegung der Wählerliste 105.
Öffentliches Interesse an Bezirksveränderungen 12–15, 18, 19; Ausgleichung bei Auseinandersetzungen 27—30, 258; Bildung von Zweckverbänden 248; an der Zwangsetatisierung 230.
Öffentlichkeit der Wahlen 113; der Sitzungen in der Gemeinde 191; des Verbandsausschusses 275.
Offiziere, Gemeindeangehörigkeit 49, 50.
Ordnung in den Versammlungen der Gemeinde oder der Gemeindevertretung 191.
Ordnungsstrafen für Ausbleiben oder Ordnungswidrigkeit in der Gemeindeversammlung 192; für Amtsvergehen 170, 236.
Organe, verfassungsmäßige, von Personengesamtheiten, Vertreter im Stimmrecht 79; Wählbarkeit 91, 92.
Ortschaft, Begriff 25, 93; Namen 46, 93.
Ortsarmenverband s. Armenverband.
Ortsobrigkeit s. Obrigkeit.
Ortspolizei s. Polizeiaufsicht, Polizeibeamte, Polizeiliche Aufgaben, Polizeiverordnungen, Polizeiverwaltung.
Ortsstatut s. Statut.
Ortssteuererheber, Wählbarkeit zum Gemeindeverordneten 97.
Ortsüblichkeit einer Bekanntmachung 111; s. auch Bekanntmachung.
Ortsverfassung 1, 47 187.

Pächter, Verteter im Stimmrechte 79.
Parzellierung s. Zersplitterung.
Pension der Gemeindebeamten 204, 205.
Personengesamtheiten, Stimmrecht 74; Vertretung 79; Teilnahme an den Gemeindenutzungen 143.
Petitionsrecht der Gemeinden 45.
Petschaft s. Dienstsiegel.
Pfarrgrundstücke, Gemeindezugehörigkeit 38.
Pfleger des Gutsbesitzers 219.
Polizeiaufsicht 179.
Polizeibeamte, Wählbarkeit 98; Bestätigung 162.
Polizeiliche Aufgaben des Gemeindevorstehers und des Gutsvorstehers 177—179, 217, 218.

Polizeiverordnungen, Geltung in eingemeindeten Bezirksteilen 23.
Polizeiverwaltung, Organe 177; städtische in Landgemeinden 42.
Polnische Landesteile, Gemeinden und Gutsbezirke in den ehemals polnischen Landesteilen 4, 6.
Polnische Nationalpartei 234.
Postsendungen, ihre Frankierung 171.
Privileg, Rechtstitel 240.
Protokoll über Wahlen 115, 117, 123, 156, 158; über Gemeindebeschlüsse 192; über Kassenrevision 209.
Protokollbuch 192.
Protokollführer bei Wahlen 117, 156.
Prozeßvertretung der Gemeinde 174, des Verbandes 263, 264.
Prüfung der Gemeinderechnung 209, 210.

Quartierleistung 166; im Gutsbezirke 215.

Rabbiner, Wählbarkeit 99.
Realberechtigungen der Gemeinde 196, 201.
Realgemeinde 2.
Rechnungsbuch 208.
Rechnungsführer 208.
Rechnungsjahr 206.
Rechnungslegung 209, 210.
Rechnungsperiode 208.
Rechnungsrevision 169, 175, 186, 209—211.
Rechnungswesen, Beaufsichtigung 169, 175; Ordnung 208—211.
Rechtsmittel s. Beschwerde, Einspruch, Klage.
Rechtstitel, besondere 239—241.
Regierungsamtsblatt siehe Amtsblatt.
Regierungsassessor als Vertreter des Landrats 224.
Regulierungen, gutsherrlich-bäuerliche 34, 36, 37, 240.
Reichsangehörigkeit 63, 80, 219.
Reichsfiskus, Stimmrecht 75.
Reisekosten der Wahlmänner 46; der Gemeindebeamten 205.
Rekrutierungsstammrolle 165.
Rentengütergemeinden 18, 25, 26.
Repräsentanten, Stimmrecht s. Organe.
Restgut, Begriff 213.
Revision der Gemeindekasse 208, 209; der Gemeinderechnung 209.
Rezesse über die Auseinandersetzung mit dem Schulzengutsbesitzer 181, 182; Rechtstitel 240; s. auch Auseinandersetzung, Gemeinheitsteilung.
Richter s. Gemeindevorsteher.
Richterliche Beamte, Wählbarkeit 98.
Rittergut, Begriff 4; Vorrechte 8; im Gebiete des ehemaligen Königreichs Westfalen 8; in der Oberlausitz 6; im ehemaligen Herzogtume Warschau 6.
Rittergutsbesitzer auf Erbpachtsgütern 7; auf Gütern, die keine Gutsbezirke bilden 8, 16.
Rittergutsmatrikel 4.
Rittersitz im Gutsbezirke 213.
Ruhegehalt s. Pension.
Ruhen des Gemeinderechts 70—73.

Sächsische Landesteile, Landgemeinden in den ehemals sächsischen Landesteilen 4, 8.
Satzung des Zweckverbandes 247, 260—263; s. auch Statut.
Schadenersatz s. Ersatzpflicht.
Schänke als Ort für Gemeindeversammlungen 188.

Schatullkölmische Güter 5.
Schenkungen an Gemeinden 196; der Gemeinden 197.
Schiedsmänner, keine Gemeindebeamten 127; Bestätigung 162.
Schlafstelleninhaber, Gemeinderecht 68.
Schmieden, Gemeindezugehörigkeit 38.
Schöffen, Mitglieder der Gemeindevertretung 84, 98, 155; Stellvertreter des Gemeindevorstehers im Wahlvorstande 114, 155; Vertreter der Gemeinde im Streitverfahren 136; Amtsstellung 151, 152; Zahl 151, 152; Stellvertreter 152; besoldete 155; Wahl 153—159; Bestätigung 159—161; Vereidigung 162; Auslagen 164; Beratung 169; Unterzeichnung von Urkunden 171; Zuziehung bei der Rechnungsprüfung 209; Gemeindevertreter im Zweckverbande 265.
Schöffenlisten der Gerichte 166.
Scholze s. Gemeindevorsteher.
Schriftführer s. Protokollführer.
Schulen, öffentliche, als Gemeindeanstalten 54.
Schullasten der Gemeinden 47; der Gutsbezirke 214, 215; Träger 242, 243.
Schulverbände als Zweckverbände 260; Schulunterhaltung 242, 243.
Schulvorsteher 150; Bestätigung 161.
Schulze s. Gemeindevorsteher.
Schulzenamt, Verpflichtung zu seiner Verwaltung 180—182.
Schulzendienstland bei Eingemeindungen 24.
Schulzengut, Teil des Gemeindebezirkes 36; Aufhebung der Verpflichtung 180—182.
Schulzenstab 152.
Schulzimmer, Versammlungsort der Gemeinde 188.
Schwemmkanalisation 54.
Selbständigkeit einer Person 67; kommunale von Landgütern s. Gutsbezirk.
Selbstverwaltung 46, 47, 165, 222.
Separationen s. Gemeinheitsteilungen.
Separationsinteressenten 138—140, 166.
Sitzungen der Gemeindeversammlung und Gemeindevertretung 186—192; des Verbandsausschusses 266, 267, 268; Öffentlichkeit 191, 275; Leitung 191.
Sitzungstage der Gemeindevertretung 188.
Sitzungszimmer 188; Entfernung von Zuhörern 191.
Sohn und Vater als Gemeindevorsteher und Schöffe 155; in der Gemeindevertretung 99.
Sozialdemokratie 234.
Spanndienste s. Gemeindedienste.
Sparkassen, Gemeindeanstalten 139; Vertretung 169.
Spritzenverbände 276.
Staatsangehörigkeit als Voraussetzung des Gemeinderechts 63.
Staatsangelegenheiten, Verwaltung durch den Gemeindevorsteher 45, 165—167.
Staatsanwaltschaft, Wählbarkeit ihrer Beamten 98; Gemeindevorsteher und Gutsvorsteher ihre Hilfsbeamte 178, 179, 218.
Staatsaufsicht s. Aufsicht.
Staatsbeamte, Wählbarkeit 96, 97; Ablehnung von Gemeindeämtern 127—129; mittelbare 202, 218.

Staatsfiskus, Stimmrecht 75; Vertretung 79.
Staatssteuern, Veranlagung 165.
Stadtbezirk, Eingemeindungen 9, 20.
Stadtgemeinden, Begriff 1; Umwandlung in Landgemeinden 2; Bezirksveränderungen 20, 22; im Zweckverbande 245, 246, 274.
Stadtkreis, Eingemeindungen 20, 22.
Standesbeamte 150; Entschädigung 163; Gemeindevorsteher 166; Anstellung 203; im Gutsbezirke 214, 218.
Statut, Statutarische Anordnung, in Gemeinden 47, 48, 152, 175, 176, 187, 191, 192, 205; im Gutsbezirke 214; s. auch Satzung.
Stellvertreter der Schöffen 152, 176; des Gemeindevorstehers 114, 151, 176; der Gemeindeglieder im Stimmrechte 76—80; des Gutsvorstehers 217—221; des Verbandsvorstehers 267; des Landrats 224; s. auch Vertreter, Vertretung.
Stempelpflichtigkeit der Vollmachten 77, 78.
Steuerausschußmitglieder 150, 186.
Steuerbücher, Beweismittel für Gemeindezugehörigkeit 40.
Steuererheber s. Gemeindesteuererheber.
Steuerprivilegien bei Auseinandersetzungen 30; beim Einkaufsgeld 148.
Steuerverwaltung 165.
Steuerzahlungen, Anrechnung für das Gemeinderecht 67.
Stichwahl s. Engere Wahl.
Stiefkinder, Stiefvater, Vertretung im Stimmrechte 78, 80; gleichzeitig als Gemeindevorsteher und Schöffe 155.
Stiftungen als Rechtstitel 239.
Stimmabgabe bei der Wahl der Gemeindeverordneten 115—119; in der Gemeindeversammlung und Gemeindevertretung 189, 190.
Stimmberechtigte, Vertretung durch Abgeordnete 82; durch sonstige Vertreter 76—80; Wählbarkeit 96; Eintragung in die Wählerliste 104, 105.
Stimmenmehrheit bei der Wahl der Gemeindeverordneten 120—122; bei der Wahl des Gemeindevorstehers und der Schöffen 158, 159; in der Gemeindeversammlung und Gemeindevertretung 189, 190; im Zweckverbande 266, 267.
Stimmrecht in der Gemeinde 61, 62; der Forensen, der juristischen, weiblichen und unselbständigen Personen 73—76; Vermehrung der Stimmen 81—83; bei der Wahl des Gemeindevorstehers und der Schöffen 156, 157.
Stimmzähler 157.
Stimmzettel 157, 158.
Strafbare Handlungen, Ermittelungen durch den Gemeindevorsteher und Gutsvorsteher 178.
Strafen s. Disziplinarstrafen, Geldstrafen, Ordnungsstrafen.
Straßenbeleuchtung, Gemeindeeinrichtung 55.
Straßenfluchtlinien, ihre Festsetzung im Zweckverbande 252.
Streichung in der Gemeindegliederliste oder Wählerliste s. Löschung.

Tagesordnung der Gemeindeversammlung und Gemeindevertretung 186, 187; Bekanntmachung 191.
Taubstumme, ihre Abstimmung 117.
Tausch von Grundstücken 200.

Taxe, Aufnahme durch das Dorfgericht 151; bei Veräußerung von Grundstücken oder Realberechtigungen der Gemeinde 201.
Terminwahl 113.
Testamente, Nottestamente 167.
Titel des Gemeindevorstehers 150; der Gemeindebeamten 203; des öffentlichen Rechts 239—241.
Todesfälle, nicht natürliche 178.
Trennstücke des Gutsbezirkes 6, 34—40; des Schulzengutes 180.

Überreste der Vorzeit 195.
Überschreitungen des Voranschlags 207.
Umlegung der Ausgaben des Zweckverbandes 269, 270, 273.
Umwandlung von Gemeinden und Gutsbezirken 2, 11—16; von Stadtgemeinden in Landgemeinden 2; von Gemeindegliedervermögen in Gemeindevermögen 142.
Ungültigkeit von Wahlen 120, 124, 135—137; der Wahl des Verbandsvorstehers 268.
Uniform der Gemeindeforstbeamten 204.
Unselbständigkeit s. Selbständigkeit.
Unterstützung der Familien von Soldaten 166.
Untertanen des Gutsherrn 5, 38.
Unterverteilung von Lasten im Gutsbezirke 214, 215; der Zweckverbandsumlagen 270, 271.
Urbarien, Beweismittel für Gemeindezugehörigkeit 41; Rechtstitel 240.
Urkunden, Aufbewahrung 170; Form 171—173.
Urlisten der Schöffen und Geschworenen 166.
Urteile, Rechtstitel 240.

Vater, Gemeinderecht u. Stimmrecht 67, 74; Vertreter des Stimmberechtigten 78, 80; neben seinem Sohne als Gemeindeverordneter, 99, 100; als Gemeindevorsteher oder Schöffe 155.
Veränderung von Sachen mit wissenschaftlichem, geschichtlichem oder künstlerischem Werte 194, 195; im Genusse der Gemeindenutzungen 141, 142, 199.
Veräußerung von Gemeindeeigentum, Formen 174, 194, 195, 200, 201.
Verbände s. Zweckverbände.
Verbandsvorsteher 263, 267—273.
Vereidigung der Gemeindebeamten 162; des Gutsvorstehers 220; der gewählten Mitglieder des Verbandsausschusses 274.
Vereinbarungen der beteiligten Gemeinden bei Bezirksveränderungen 22; Rechtstitel 239, 240; bei Bildung von Zweckverbänden 246.
Vereinigung von Landgemeinden und Gutsbezirken 9—22.
Vergebung von Gemeindearbeiten 184.
Vergütung des stellvertretenden Gutsvorstehers 217, 221.
Verjährung von Abgaben und Einkaufsgeld 149; Rechtstitel 240.
Verkauf s. Veräußerung.
Verleihung herrschaftlicher Rechte für ein Gut 5, 7.
Verleihungsurkunde bei Gemeindenutzungen 143.
Verlust des Gemeinderechts 69, 70; der bürgerl. Ehrenrechte 70; der Gemeindeämter 70.
Vermögen der Gemeinde bei Auseinandersetzungen 24, 25, 31; der Beteiligten in Zweckverbänden 259; s. auch Gemeindevermögen.

Verpachtung der Gemeindejagd 193, 194; von Gemeindegrundstücken 201.
Verpflichtung durch Handschlag 126.
Verpflichtungen, öffentlich-rechtliche der Gemeinden 47, 165, 198; der Gutsbezirke 214—216.
Versammlung s. Gemeindeversammlungen.
Verschwägerte 176.
Versicherung, Geschäfte der Kranken-, Unfall- und Invaliditätsversicherung 165.
Verstärkung der Gemeindevertretung 100—103.
Versteigerung von Gemeindegrundstücken 200, 201.
Verträge bei Eingemeindungen 22; als Rechtstitel s. Vereinbarungen.
Vertreter des öffentlichen Interesses im Streitverfahren 33; der Stimmberechtigten 76—80, 91, 92; s. auch Stellvertretung u. Vertretung.
Vertretung der Gemeinde 170; im Streitverfahren 136, 174, 238; bei Rechtsgeschäften 171—173; im Zweckverbande 264, 266; des Gemeindevorstehers 151, 176, 238; des Schöffen 152, 176; der Gemeindevertretung im Streitverfahren 238; des Zweckverbandes 263; kommissarische bei Ruhen des Gemeinderechts 73, bei Nichtbestätigung der Gemeindevorsteher oder Schöffen 160.
Verwahrung, vorläufige, festgenommener Personen 178, 179.
Verwaltung des Gemeindevermögens und der Gemeindeanstalten 169; laufende 169, 172, 173, 183; Begriff der Teilnahme an der Verwaltung der Gemeinde 129.
Verwaltungsstreitverfahren s. Klage.
Verwaltungsvermögen der Gemeinde, Begriff 139.
Verwaltungszwangsverfahren wegen Einkaufsgelder und Abgaben für Teilnahme an den Gemeindenutzungen 149; wegen Gebühren und Beiträgen im Zweckverbande 269.
Verwandte in der Gemeindevertretung 99, 100; in der Gemeindeverwaltung 155; Beschlußfassung über ihre Angelegenheiten in der Gemeinde 176, 190.
Verweis, Disziplinarstrafe 170, 236.
Verzichtleistungen der Gemeinde 197.
Volksschulen als Gemeindeanstalten 54, 242; Begriff 99; Unterhaltung 242, 243.
Volksschullehrer, Gemeinderecht 64; Wählbarkeit 98; keine Gemeindebeamte 127.
Vollmachten der Gemeinde 171, 174; des Gemeindevorstehers 174; der Stimmberechtigten 77, 78, 116.
Voranschlag des Gemeindehaushalts, Aufstellung 169, 175, 206; Erlaß der Aufstellung 207, 208; s. auch Zwangsetatisierung.
Vorausleistungen bei der Auseinandersetzung 28, 30, 258.
Voreinschätzungskommission, Staatsamt 127.
Vormund, Vertreter von Stimmberechtigten 78; des Gutsbesitzers 219.
Vorprüfung der Gemeinderechnung 209.
Vorrechte der Rittergüter 8; des Schulzengutsbesitzers 181.
Vorsteher s. Gemeindevorsteher, Gutsvorsteher, Verbandsvorsteher.
Vorwerksland, gutsherrliches 7, 34.

Wahl der Gemeindeverordneten 85—96, 100—124; Einspruch und Klage gegen die Gültigkeit 130—133; des Gemeindevorstehers und der Schöffen 155—159; der Kreistagsabgeordneten 189; des Verbandsvorstehers 267; s. auch Engere Wahl.
Wahlabteilungen 85—91, 100—103.
Wählbarkeit zum Gemeindeverordneten 93, 96—100; der Vertreter in Ausübung des Stimmrechts 91, 92; zum Gemeindevorsteher oder Schöffen 154; zum Verbandsvorsteher 267, 268.
Wahlbeeinflussungen 118, 119.
Wahlbezirke 92, 93.
Wahlergebnis, Feststellung bei der Wahl der Gemeindeverordneten 120—122; Bekanntmachung 123; bei der Wahl des Gemeindevorstehers und der Schöffen 158.
Wählerliste, Vermerk über Ruhen des Gemeinderechts 70, 71; Eintragung der Steuerbeträge 87—90; Aufstellung und Auslegung 104—107; Grundlage der Stimmberechtigung 109; Einspruch gegen die Richtigkeit 131, 132; Klage und Urteil wegen der Richtigkeit 134, 135; bei Neuwahlen 137; bei Wahl des Gemeindevorstehers und der Schöffen 156; für Wahlen zum Landtage oder Reichstage 166.
Wahlklassen s. Wahlabteilungen.
Wahlperiode der Gemeindeverordneten 100—104; des Gemeindevorstehers und der Schöffen 154.
Wahlprotokoll 115, 117, 123, 158, 159.
Wahlraum 112, 156.
Wahlrecht s. Stimmrecht.
Wahlstimmen bei der Wahl der Gemeindeverordneten 115—122; bei der Wahl des Gemeindevorstehers und der Schöffen 156, 158.
Wahlstunden 112, 113.
Wahltag 112.
Wahlurne 157.
Wahlversammlung 114.
Wahlvollmacht s. Vollmacht.
Wahlvorstand bei der Wahl der Gemeindeverordneten 115; bei der Wahl des Gemeindevorstehers und der Schöffen 155.
Waisengeld s. Witwengeld.
Waisenrat 150, 218; Bestätigung 161.
Waldbesitz s. Gemeindewaldungen.
Warnung, Disziplinarstrafe 170, 236.
Warschau, Gutsbezirke und Landgemeinden im ehemaligen Herzogtume Warschau 4, 6.
Wasserwerke, Gemeindeanstalten 54.
Wege, Gemeindezugehörigkeit 6, 39, 40; Gemeindeanstalten 54; innerhalb von wüsten Hufen 59.
Wegebaulast der Gemeinde 47, 59; des Gutsbezirkes 214.
Wegebauverbände als Zweckverbände 259, 260.
Weibliche Personen s. Ehefrauen, Frauen.
Westfalen, Rittergüter im ehemaligen Königreiche Westfalen 8, 37, 240.
Widerklage bei Grenzstreitigkeiten 32.
Widmungen als Rechtstitel 239.
Willenserklärungen, Rechtstitel 239.
Wirtshäuser als Ort für Gemeindeversammlungen 188.
Witwen s. Frauen.
Witwengeld und **Waisengeld** der Hinterbliebenen von Gemeindebeamten 204, 205.

Wohnhaus, Voraussetzung des Gemeinderechts 64, 65; Voraussetzung des Forensalstimmrechts 74.
Wohnplatz, Benennung 46.
Wohnsitz, Begriff 51, 73; Voraussetzung des Gemeinderechts 64, 65, 73; Verlegung 68; mehrfacher von Wahlberechtigten 79, 90.
Wohnung, Begriff 51, 52.
Wüste Hufen, Begriff und Abgabepflicht 56—58.

Zeitung, Bekanntmachungen in ihr 110.
Zersplitterung des Gutsbezirkes 6, 14, 19, 212.
Zerstückelung eines Schulzenguts 180.
Zugvieh, Ackernahrung 74.
Zuhörer in Versammlungen 191.
Zuruf, Wahlform 114, 155, 156.
Zusammenberufung der Versammlungen 186, 187.
Zuschlag bei Veräußerung von Gemeindegrundstücken 201.
Zuständigkeit im Verwaltungsstreitverfahren 238.
Zustellungen an die Gemeinde 170.
Zuwendungen von Todes wegen an Gemeinden 196.
Zwangsetatisierung 227—233.
Zwangsmittel des Gemeindevorstehers 165; des Amtsvorstehers 177; der Aufsichtsbehörden 223, 224, 235.
Zwangsvollstreckung gegen Gemeinden 211.
Zweckverbände 245—247.
Zweckverband Groß Berlin 244, 247, 251, 276.
Zweckverbandsgesetz, allgemeines 245—276.

G. Pätz'sche Buchdruckerei Lippert & Co. G. m. b. H., Naumburg a. d. S.

FSC
www.fsc.org
MIX
Papier | Fördert
gute Waldnutzung
FSC® C083411

Kolibri 360 GmbH
Ferdinand-Jühlke-Straße 7
99095 Erfurt, Deutschland
produktsicherheit@kolibri360.de